山东省本科高校教学改革重点研究项目"基于动机需求的大学生学习指导改革实验研究"(2015—2018)(项目编号:2015Z092)

地方新建本科高校大学生学习与发展研究报告

魏晨明　王　玲　王金素　著

中国社会科学出版社

图书在版编目(CIP)数据

地方新建本科高校大学生学习与发展研究报告/魏晨明，王玲，王金素著.—北京：中国社会科学出版社，2020.8

ISBN 978-7-5203-6962-6

Ⅰ.①地… Ⅱ.①魏…②王…③王… Ⅲ.①高等学校—大学生—学习—研究报告—山东②高等学校—大学生—发展—研究报告—山东 Ⅳ.①G645.5

中国版本图书馆 CIP 数据核字(2020)第 145697 号

出 版 人	赵剑英
责任编辑	孔继萍
责任校对	季 静
责任印制	郝美娜
出　　版	中国社会科学出版社
社　　址	北京鼓楼西大街甲 158 号
邮　　编	100720
网　　址	http://www.csspw.cn
发 行 部	010-84083685
门 市 部	010-84029450
经　　销	新华书店及其他书店
印　　刷	北京君升印刷有限公司
装　　订	廊坊市广阳区广增装订厂
版　　次	2020 年 8 月第 1 版
印　　次	2020 年 8 月第 1 次印刷
开　　本	710×1000　1/16
印　　张	31.5
插　　页	2
字　　数	483 千字
定　　价	188.00 元

凡购买中国社会科学出版社图书，如有质量问题请与本社营销中心联系调换
电话：010-84083683
版权所有　侵权必究

前　言

改革开放以来，我国共召开了以"全国教育工作会议"冠名的大会四次，平均大致每十年间隔召开一次，每次都有一个主题，并出台相应的文件或决定。大致梳理如下：

1985年5月，第一次全国教育工作会议。大会主题是：教育要面向现代化，面向世界，面向未来；出台了《中共中央关于教育体制改革的决定》等相关文件。

1994年6月，第二次全国教育工作会议。主题是：落实教育优先发展的战略地位；出台了《中国教育改革和发展纲要》等相关文件。

1999年6月，第三次全国教育工作会议。主题是：全面推进素质教育，振兴教育事业；出台了《中共中央国务院关于深化教育改革全面推进素质教育的决定》等相关文件。

2010年7月，第四次全国教育工作会议。主题是：坚持育人为本，以改革创新为动力，以促进公平为重点，以提高质量为核心，推动教育事业在新的历史起点上科学发展；出台了《国家中长期教育改革和发展规划纲要》等相关文件。

2018年9月，首次以"全国教育大会"冠名召开了改革开放以来的全国第五次教育工作会议。习近平总书记出席会议并发表重要讲话。这次大会是对党的十九大报告中"教育版块"内容的再动员、再部署，是习近平治国理政"教育篇"的"展映"，意义重大，影响深远。大会提出了诸多新理论、新思想、新判断、新表述，将教育的战略地位提升为"国之大计""党之大计"，提出了教育立德树人根本任务、坚持扎根中国大地办教育、坚持把服务中华民族伟大复兴作为教育的重要使命等新思想、新判断。① 这次大会的主题是：办好人民满意的教育，建设教育强国，实现教育现代化；大会出台了《中国教育现代化2035》和《加快推进教育现代化实施方案》（2018—2022）等相关文件。

高等教育承担着培养人才、科学研究、社会服务和文化创新与传承的功能，在建设教育强国、实现教育现代化的伟大征程中担负着重要的、不可或缺的重要使命和任务。改革开放以来，我国高等教育取得了举世瞩目的成就，已经开始迈向高等教育普及化阶段，基本解决了上学难的问题，基本满足了社会主义现代化建设的需要，中国教育的发展已经跨入世界中上水平。但是，我们应该看到，我国高等教育"山多峰少、大而不强""结构失调、短板明显"的现象仍然严重，问题依然突出，与党和国家的要求不相适应，同人民群众的期待不相契合，同我国综合国力和国际地位不相匹配。

据统计，目前我国高等学校有1245所，其中部属和中央高校119所，占9.56%，民办高校419所，占33.65%，地方高校707所，占56.79%。② 在地方高校中，有半数以上是1999年以后由2所（或2所以上）专科学校合并升格的本科高校，人们经常称之为"地方新建本科高校"。"地方新建本科高校"承担着为地方区域经济和社会发展提供智力支持和服务的重要功能，是促进地方经济和社会发展的重要力量。

进入新时代，我国高等教育同样面临着极大的挑战与机遇。主要表现在：

一是实现两个一百年的新的奋斗目标、实现中华民族伟大复兴的中国梦，要求高等教育的发展要尽快迈向新的征程；

二是人民对美好生活的向往和不平衡不充分发展之间新的主要社会矛盾，对高等教育发展提出了新的要求；

三是我国已经进入"强起来"的新的社会发展阶段，发展环境和条

---

① 《习近平在中国共产党第十九次全国代表大会上的报告》，2017年10月，（http://cpc.people.com.cn/n1/2017/1028/c64094－29613660.html）。

② 吴岩：《在高等学校专业设置与教学指导委员会第一次全体会议上的讲话》，2019年6月，（http://gjs.njit.edu.cn/info/1064/1599.htm）。

件已经发生根本变化，尤其是在高等教育普及化背景下，以人工智能、大数据等为主要特征的第四次工业革命的到来，深刻影响改变着人们的生产生活方式、思维学习方式等，对高等教育的教育教学改革提出了新的课题。

作为"地方新建本科高校"，如何定好位、转好型、服好务，尽快实现转型发展、内涵发展、特色发展，既是学校的当务之急，也是高等教育发展的迫切需要。从实现供给侧改革的思路出发，学校首先要从了解和分析需求方的特点、特征以及诉求开始。

基于此，潍坊学院"大学生学习与发展"研究团队，以山东省6所新建本科高校——潍坊学院（2000年）、泰山学院（2002年）、滨州学院（2004年）、枣庄学院（2004年）、菏泽学院（2004年）、德州学院（2009年）为研究对象，对当前大学生成长和发展涉及的9个方面的问题（包括学习动机、学习策略、学习拖延、影响学习投入度的因素、自我效能感、社会交往、社会情感、生涯规划、择业感受），从学生专业类别、年级、性别、是否学生干部、家庭完整状况、父母文化程度、家庭来源（出生地性质）等7个维度进行普查，并进行统计分析与比较研究。该研究期望对"地方新建本科高校"的转型发展、内涵发展、特色发展提供依据和智力支持，同时也可以为其他类高校的发展提供借鉴和参考。

该研究大致有如下特点：

一是研究对象的针对性。从目前掌握的资料来看，针对"地方新建本科高校"群体的研究总体偏少，针对"地方新建本科高校"大学生学习与发展的分类（文科类、理工类和艺体类）研究、比较研究更为缺乏。

二是研究内容的全面性。目前，针对大学生学习和发展中的一个问题或几个问题进行研究的较多，但是对大学生的学习和发展中包括学习动机、学习策略、学习拖延、学习投入度、自我效能感、社会交往、情感素质、生涯适应力、择业感受等9个方面问题全面、系统研究的较少。

三是研究视角的独特性。从目前研究现状看，从一个角度或几个角度对大学生学习和发展问题研究的较多，但是从学生专业类别、年级、性别、是否学生干部、家庭完整状况、父母文化程度、家庭来源（出生地性质）等7个维度进行全面研究，至今还没有看到。

四是研究方法的实证性和科学性。本研究综合运用了文献法、比较法、问卷调查法、访谈调查法、统计分析法等研究方法，更加突出其实证性。所有研究专题的结论均通过数据比较、数据分析进行呈现，让研究结果和存在的问题一目了然、一清二楚。另外，本研究使用的量表，均具有较好的信度和效度；采用分层抽样与整体抽样法选取样本，样本覆盖面广、代表性强；正式实测前，首先进行了试测、矫正，问卷发放、回收时间以及数据统计时间均在规定的统一时间段完成，以保证研究的科学性。

2018年6月，该研究通过了鉴定。专家组鉴定意见认为：该研究基于问题和需求导向设计研究思路，视角清晰新颖，研究内容全面、系统，研究方法科学、合理，研究成果具有重要的理论意义和应用价值，达到国内同类研究先进水平。

期待该研究成果能够为国家教育行政部门制定政策、科学决策提供参考和依据，为高校管理人员、专任教师以及思政课教师开展更加有针对性的教育工作提供智力支持和科学指导，为广大教育科学研究工作者开展研究提供启发和借鉴。总之，能够为新时代"地方新建本科高校"的发展及人才培养水平和质量的提高尽微薄之力，将是我们"大学生学习和发展"研究团队的幸事、乐事！

魏晨明
2019年10月于鸢都

目 录

第一章 研究背景与现状 …………………………………………（1）
    第一节 研究背景 ………………………………………………（1）
    第二节 研究现状 ………………………………………………（3）

第二章 研究目的与意义 …………………………………………（16）
    第一节 研究目的 ………………………………………………（16）
    第二节 研究意义 ………………………………………………（17）

第三章 研究内容与方法 …………………………………………（18）
    第一节 研究内容 ………………………………………………（18）
    第二节 研究计划与方法 ………………………………………（18）

第四章 研究结果与分析 …………………………………………（20）
    第一节 地方新建本科高校大学生学习动机现状与分析 ………（20）
    第二节 地方新建本科高校大学生学习策略现状与分析 ………（56）
    第三节 地方新建本科高校大学生学习拖延状况与分析 ………（121）
    第四节 地方新建本科高校大学生学习投入度影响因素
           状况调查 ………………………………………………（153）
    第五节 山东地方新建本科高校大学生学业自我效能感
           状况调查 ………………………………………………（212）
    第六节 山东地方新建本科高校大学生社会交往状况调查 ……（233）

第七节　山东地方新建本科高校大学生情感素质调查 …………（345）

第八节　山东新建本科高校大学生生涯适应力状况调查 ………（411）

第九节　山东新建地方本科高校大学生择业感受（焦虑）

　　　　现状调查 ……………………………………………………（468）

主要参考文献 ……………………………………………………（488）

后　　记 …………………………………………………………（494）

第一章

研究背景与现状

第一节 研究背景

改革开放40年来，我国高等教育得到长足发展，取得了巨大的成就。从发展阶段上看，大致可以分为以下五个阶段。

1. 恢复高考阶段（1978—1989年）。这一阶段，根本扭转了"读书无用论"的观念和靠"推荐"上学的弊端，学校唯"分数"论，学生得到全面发展。

2. 高等教育转轨阶段（1989—1998年）。这一阶段，我国高等教育招生、录取等政策与世界开始接轨，学生开始交费上学，毕业生就业实行双向选择。

3. 扩大规模阶段（1998—2006年）。这一阶段，高等教育进入全面扩校、合校、升格阶段，高等教育发展开始进入大众化阶段。

4. 高教整顿、提升质量阶段（2006—2012年）。这一阶段，高等教育以合格评估为杠杆，开始进入高教整顿、提升质量阶段。

5. 内涵、特色发展阶段（2012年至今）。2017年我国高等教育毛入学率达到45.7%，高等教育开始迈进普及化阶段，多渠道办学、内涵式发展、特色发展是这一阶段高等教育发展的主要特点。

目前，我国已建成世界上规模最大的高等教育体系，整体教育发展水平已跨入世界中上水平。高等教育基本解决了人民群众上学难的问题，基本满足了社会主义现代化建设的需要。但是，高等教育"大而不强、山多峰少、结构失调、短板明显"的弊端依然存在，培养的人才水平和质量离高等教育现代化和建设高等教育强国的要求还有较大的差距。

"地方新建本科高校",一般是指2000年前后由2所(或2所以上)专科学校合并升格的地方本科高校。据统计,目前我国高等学校有1245所,其中部属和中央高校119所,占9.56%,民办高校419所,占33.65%,地方高校707所,占56.79%。① 在地方高校中,有半数以上是1999年以后由2所(或2所以上)专科学校合并升格的本科高校,所以,"地方新建本科高校"不仅是我国高等教育的重要力量,更是为地方区域经济和社会发展提供智力支持和服务的主力军。

2015年11月,教育部、发改委、财政部联合发布《关于引导部分地方普通本科高校向应用型转变的指导意见》,成为高校合格评估后国家引导、推动地方新建本科院校向"新型"本科院校转型发展的重要举措,意见中明确提出了地方新建本科高校"转型发展、内涵发展、特色发展"的要求。② 本书认为,推动地方新建本科高校"转型发展、内涵发展、特色发展",不仅是地方本科高校适应区域经济社会发展需要的必然要求,还应该着眼于我国高等教育进入普及化背景下大学生学习和发展的特点和需求,只有二者有机结合,才能真正实现地方本科高校的"转型发展、内涵发展、特色发展",为新时代高等教育的发展做出贡献。

基于此,本书以山东省6所新建本科高校——潍坊学院(2000年)、泰山学院(2002年)、滨州学院(2004年)、枣庄学院(2004年)、菏泽学院(2004年)、德州学院(2009年)为例,对当前大学生成长和发展涉及的9个方面的问题(包括学习动机、学习策略、学习拖延、影响学习投入度的因素、自我效能感、社会交往、社会情感、生涯规划、择业感受)进行普查,获得第一手资料,并进行统计处理和分析,提出观点和建议,期望对地方新建本科高校"转型发展、内涵发展、特色发展"提供借鉴和依据。

---

① 吴岩:《在高等学校专业设置与教学指导委员会第一次全体会议上的讲话》,2019年6月27日,(http://gjs.njit.edu.cn/info/1064/1599.htm)。

② 过建春、李志宏:《地方新建本科院校特色发展之路探索》,《中国高等教育》2017年8月。

第二节 研究现状

本书以国内研究现状为主,梳理、分析了改革开放以来国内对大学生学习和发展研究的特点以及存在的问题,使研究更具针对性和有效性。

一 大学生学习动机研究

从 1983 年至今,在知网中篇名含有"大学生学习动机"的文章有 1328 篇。2006 年发表相关文章 67 篇,之后研究呈上升趋势(见图 1—2—1),2013 年发表文章 107 篇,达到高峰。这说明大学生的学习动机在这十几年里一直是学者们关注的热点。

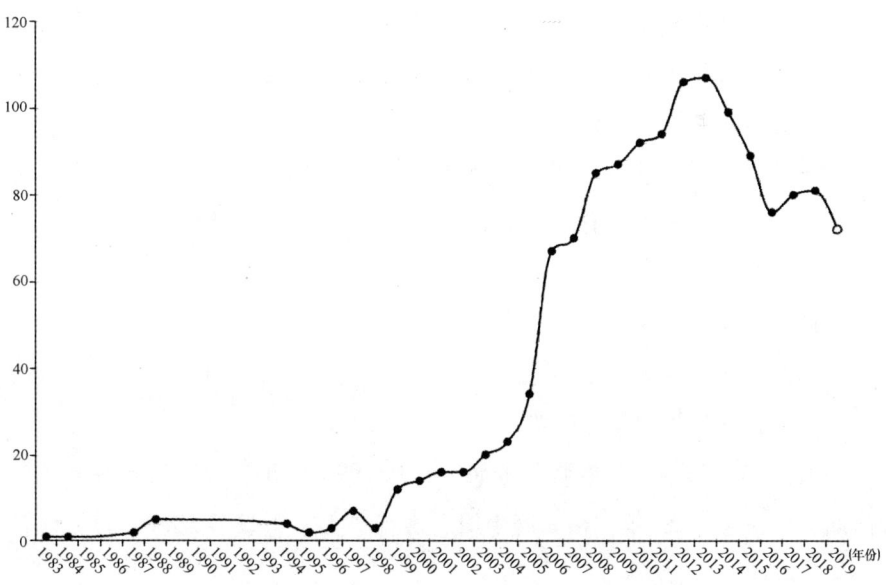

图 1—2—1 关于大学生学习动机研究的发表年度趋势

在大学生学习动机的研究中,可以大致分为三个方面。

一是大学生学习动机结构的研究。大学生的学习动机是在多种因素共同作用下形成的,可以从内在需要、外部诱因等多个角度对其进行分析。例如，黄希庭[①]等（1999）经过调查发现，大学生需要可分为6种基本类型：生理、安全、交往、尊敬、发展和贡献。大学生的6种动机与6种需要相对应：求知进取的动机对应发展的需要，社会取向动机对应贡献的需要，物质追求的动机对应生理的需要，害怕失败的动机对应安全需要，个人成就动机对应尊敬的需要，小群体取向动机对应交往的需要。池丽萍和辛自强[②]（2006）从动机的不同取向出发，将大学生学习动机划分为6个维度。其中内生动机包括挑战性和热衷性2个维度；外生动机包括依赖他人评价、选择简单任务、关注人际竞争和追求回报4个维度。

二是大学生学习动机特点的研究。有众多学者从大学生的性别、年级、专业、整体水平等方面分析了学习动机的特点[③]。在研究大学生学习动机的1328篇文章中，有617篇文章题目中包含"英语"，这些文章大多将大学生分为"英语专业"和"非英语专业"，其中153篇文章探讨非英语专业的大学生的学习动机特点，或者探讨了英语专业与非英语专业大学生的学习动机的差异。

三是对大学生学习动机影响因素的研究。在学习动机的研究中，所涉及的研究内容不断深化，开始研究动机与学习策略及绩效的关系、激发学习动机的实施路径等，并在此基础上提出激发大学生学习动机的实施途径。[④]

二　大学生学习策略研究

关于"大学生学习策略"的研究，从1996年开始有两篇学术论文见诸期刊后，至今23年，在知网中篇名含有"大学生学习策略"的文章有

---

① 黄希庭、郑涌等：《当代中国大学生心理特点与教育》，上海教育出版社1999年版，第31—33页。
② 池丽萍、辛自强：《大学生学习动机的测量及其与自我效能感的关系》，《心理发展与教育》2006年第2期。
③ 杨彩霞、谢发忠：《当代大学生研究综述》，《中国电力教育》2009年3月下。
④ 杨蓉：《大学生英语学习动机研究综述》，《重庆第二师范学院学报》2013年9月第5期。

1608篇。从2007年发表文章93篇（见图1—2—2），至今发表的文章居高不下。这说明学者们已经意识到学习策略是影响学习的关键因素。

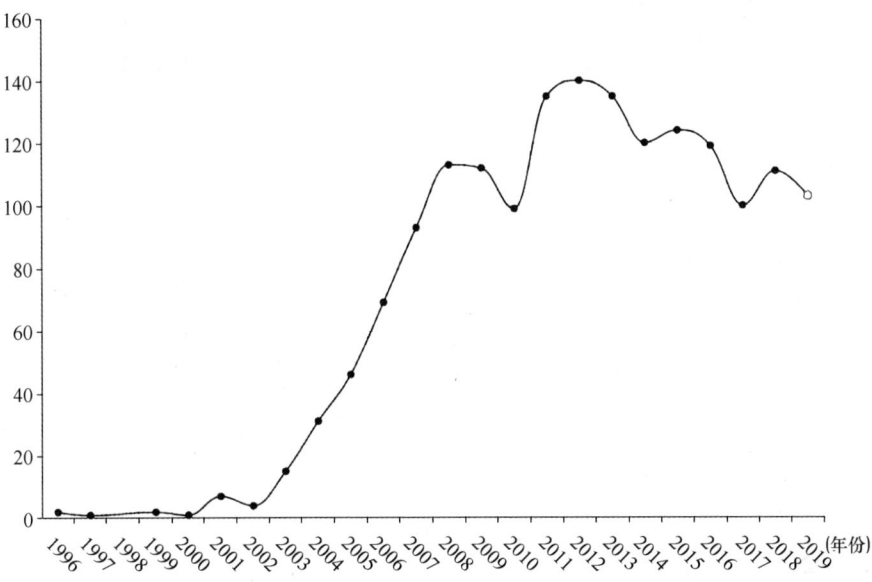

图1—2—2　关于大学生学习策略研究的发表年度趋势

大学生学习策略的研究主要集中在以下两个方面。

一是具体学习策略的应用研究。在关于大学生学习策略的1608篇文章中，题目中含有"英语"的文章有897篇，大多论述了不同专业、不同地区大学生口语学习策略、听力学习策略、词汇学习策略等，例如元认知策略在英语词汇学习中的应用。[①] 除了在英语学习中的应用外，也有研究分析了不同情境下学习策略的应用，例如，王琳涵研究了大学英语翻转课堂教学与传统教学的学习策略差异[②]。

二是学习策略的相关研究。在相关研究中，大多分析了学习策略与

[①] 田曲平：《元认知学习策略与大学英语词汇习得关系研究综述》，《湖北成人教育学院学报》2014年5月第3期。

[②] 王琳涵：《大学英语翻转课堂教学与传统教学之学习策略差异研究》，《海外英语》2018年第10期。

学习成绩、自我效能感、成就目标、学习动机、学习观念、学习焦虑等的关系。例如，蔡文伯、杨丽雪[①]（2019）对少数民族大学生的学业自我效能感、学习策略与学业成就的关系进行了研究，发现：学业自我效能感正向影响学习策略和学业成就，学习策略对学业成就也具有正向预测作用；学习策略在学业自我效能感对学业成就的影响中起到部分中介作用。

三 大学生学习拖延研究

在知网中篇名包含"大学生学习拖延"的文章有71篇，数量相对较少，而且研究时间也较晚。从2007年发表第一篇以大学生学习拖延为主题的文章后，2013年发表11篇，2017年发表文章10篇，2019年预期值为10篇（见图1—2—3），大学生学习拖延研究呈波浪形变化，仍然是当下很受关注的话题。

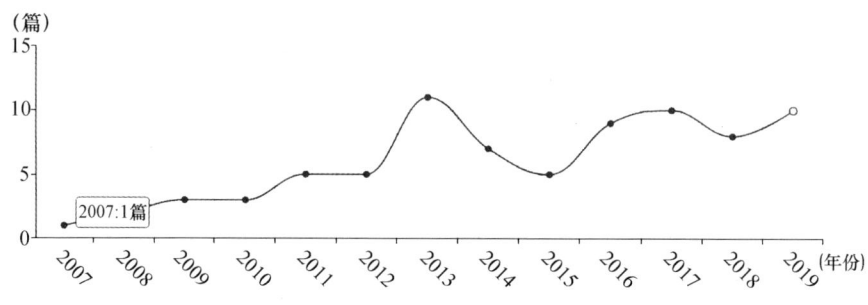

图1—2—3 关于大学生学习拖延研究的发表年度趋势

大学生学习拖延的研究主要集中在以下三个方面。

一是大学生学习拖延现状的研究。不同学者的调查研究表明，学习拖延在大学生群体中是一种普遍存在的现象。在诸多的调查研究中，庞维国[②]

[①] 蔡文伯、杨丽雪：《少数民族大学生学业自我效能感、学习策略与学业成就的关系研究》，《民族教育研究》2019年第1期。

[②] 庞维国、韩贵宁：《我国大学生学习拖延的现状与成因研究》，《清华大学教育研究》2009年第6期。

(2009)的研究范围较广,研究对象为我国东、中、西部11所高校的1669名学生。调查结果表明,约有40%的大学生存在各种层次的学习拖延。

二是大学生学习拖延成因的探究。认为大学生拖延的根源主要有主体因素(如责任感、消极完美主义、时间管理、自尊、自我效能)、任务因素(如任务的难度、期限、具体程度等)、家庭与教育环境以及生物因素等。①

三是大学生学习拖延干预研究。国内大多数学者认为可以通过时间管理、职业生涯规划、心理健康教育等多种方式对大学生学习拖延进行干预。②

四 大学生学习投入度研究

在知网中以"学习投入度"为主题的中英文文献有2286条,但是当限定主题是"大学生学习投入度"后,共有49条。大学生学习投入度的研究相对较晚,2011年和2012年分别发表了1篇以大学生投入度为主题的文章后,随后几年研究呈上升趋势(见图1—2—4)。

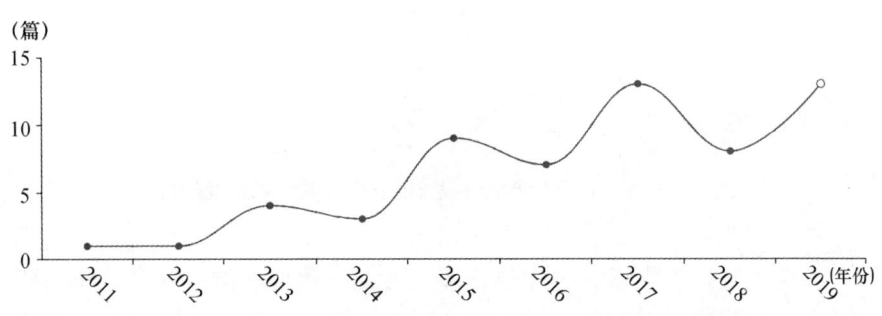

图1—2—4 关于大学生学习投入度研究的发表年度趋势

大学生学习投入度研究大致表现在以下两个方面。

---

① 焦莉莉、苗雨莹等:《关于大学生学习拖延行为的研究综述》,《才智》2017年第9期。
② 李淑丽:《我国大学生学习拖延研究述评及展望》,《济宁学院学报》2018年第4期。

一是大学生学习投入度现状研究。例如,汪雅霜①(2017)通过调查发现:高职院校学生有着较高的互动性学习投入,但自主性学习投入较低;学生个体因素影响学习投入度,其中学习兴趣的解释力最高;与院校声誉相比,院校支持力度对学习投入度的影响较大。

二是大学生学习投入度影响因素的研究。例如,刘选会等②(2017)研究发现:学生性别、生源地、年级等控制变量对专业满意度具有一定的影响,专业满意度与学习投入度和学习效果之间存在正相关关系。

五 大学生自我效能感研究

在知网中以"大学生自我效能感"为主题的文章达2179篇,但是开始研究的时间却不是很早。在2000年和2001年分别有1篇研究大学生自我效能感的文章发表,之后呈迅速上升趋势(见图1—2—5)。近几年,每年都有200多篇关于大学生自我效能感的文章发表。

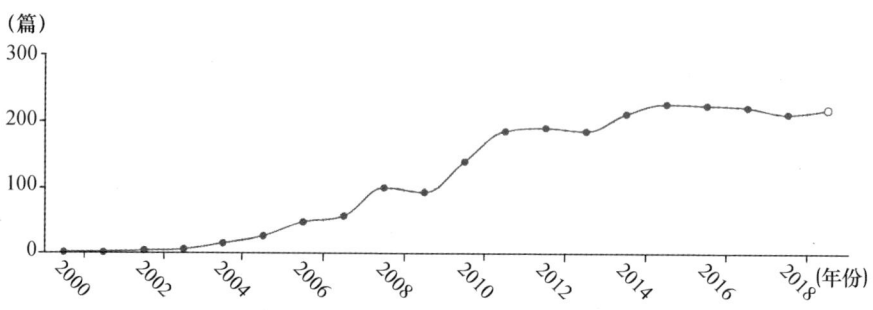

图1—2—5 关于大学生自我效能感研究的发表年度趋势

大学生自我效能感的研究包含多个方面,比如一般自我效能感、职业决策自我效能感、学业自我效能感、创业自我效能感、网络自我效能感等。在2179篇文章中以大学生"学习"并含"学业"的文献有873

---

① 汪雅霜、汪霞:《高职院校学生学习投入度及其影响因素的实证研究》,《教育研究》2017年第1期。

② 刘选会、钟定国等:《大学生专业满意度、学习投入度与学习效果的关系研究》,《高教探索》2017年第2期。

条。学业自我效能感主要集中在以下两个方面。

一是大学生学业自我效能感现状的研究。例如，王小新研究表明，大学男生的学习能力自我效能感显著高于大学女生，大学男生的学业自我效能感和学习行为自我效能感非常显著地高于大学女生；文科大学生的学习能力自我效能感显著地高于理科大学生，文理科大学生的学业自我效能感和学习行为自我效能感无显著差异；城乡大学生的学业自我效能感及学习能力自我效能感和学习行为自我效能感无显著差异[①]。

二是大学生学业自我效能感的相关研究。包括了自我效能感与英语自主学习、学习成绩、学业拖延、学习策略、焦虑、目标定向等。例如，樊维研究发现大学生学习自我效能感与专业承诺中的情感承诺因子存在显著正相关，并具有对情感承诺显著的预测作用[②]。Woles 的研究发现，作为动机变量维度之一的自我效能感与学业拖延存在负相关，自我效能感低的学生经常拖延学业任务[③]。

三是大学生学业自我效能感提升途径研究。在班杜拉自我效能感理论研究的基础上，一些研究者突破了理论层面，从实证角度来论证提高自我效能感的不同途径。例如，吴育红对 175 名非英语专业学生进行了分组对比分析，发现同伴互评能够显著提高学生的英语写作自我效能感[④]。杨晓琼和戴运财通过实证研究发现，基于批改网的自主写作模式能够有效提高学生的写作自我效能感[⑤]。凌茜和秦润山等通过问卷调查证明，基于微信平台的英语学习能够有效提高预科班学生的学习自我效

[①] 王小新、苗晶磊：《大学生学业自我效能感、自尊与学习倦怠关系研究》，《东北师大学报》（哲学社会科学版）2012 年第 1 期。

[②] 樊维：《大学生专业承诺与学习自我效能感的调查研究》，《教育教学论坛》2019 年 6 月第 25 期。

[③] Wolters, C. A., "Understanding Procrastination from a Self-regulated Learning Perspective", *Journal of Educational Psychology*, No. 95, 2003.

[④] 吴育红：《同伴互评对于自我效能感的影响——一项基于大学生英语写作的实证研究》，《山东外语教学》2013 年第 6 期。

[⑤] 杨晓琼、戴运财：《基于批改网的大学英语自主写作教学模式实践研究》，《外语电化教学》2015 年第 2 期。

能感。①

六 大学生社会交往研究

以"大学生"为主题并且含有"社会交往"关键词的文章在知网中共114篇,数量相对较少。在2011年之前每年发表的相关文章都在10篇以下,2011年之后呈现了波浪形变化(见图1—2—6)。另外从大学生社会交往中提取了其中两个维度"异性交往"和"师生交往"分别检测文献数量,发现以"大学生"为主题并含"异性交往"的文章有151篇,以"大学生"为主题并含"师生交往"的文章有29篇。其中大多数都是和"大学生社会交往"为主题的文章重合。

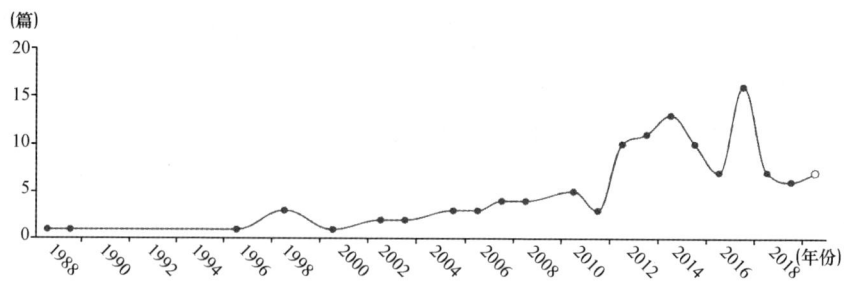

图1—2—6 关于大学生社会交往研究的发表年度趋势

在"大学生社会交往"为主题的文献中,大致从以下两个方面进行探讨。

一是大学生社会交往现状研究。在对现状进行分析的文章中,既有对当代大学生社会交往现状进行描述分析的,也有部分学者选择了某个群体来分析。例如:巴登加措、杨皓轩和廖丹滟分别对藏族和贫困大学生的交往特点进行了分析,并在此基础上提出了改进建议②。

---

① 凌茜、秦润山、郭俊利:《西北少数民族学生基于微信平台学习英语的自我效能感研究》,《外语电化教学》2016年第5期。
② 巴登加措、杨皓轩:《藏族大学生社会交往的现状与特点》,《法制与社会》2017年5月(上);廖丹滟:《论贫困大学生社会交往特点及调适》,《太原城市职业技术学院学报》2016年第6期。

二是大学生社会交往影响因素研究。在探讨大学生社会交往影响因素的时候，影响因素包括体育活动、身体意向、手机移动互联网依赖、社会支持网络、印象管理、情绪调节等。近几年不但探讨了心理因素对社会交往的影响，而且还有很多学者研究了大学生社交工具、社交方式对社会交往的影响。例如，张璐阳、程卫和李顺源等通过问卷调查研究了微信对大学生社会交往的积极影响和消极影响①。

七　大学生情感素质研究

篇名中含有"大学生情感"的文献在知网中有1174条，但是含有"大学生情感素质"的文献在知网中仅有21条。在文献中以"情感"命名的文章中，很多也是研究了情感素质，现对"大学生情感"的文章进行分析。从1979年出现第一篇研究大学生情感的文章至今已有40年，随后的十几年对大学生情感的研究都不是很多，直到2003年开始一路攀升，2012年达到顶峰，仅此一年发表文章达100篇（见图1—2—7）。之后研究文献稍有下降，但是每年也有五六十篇相关文章发表。

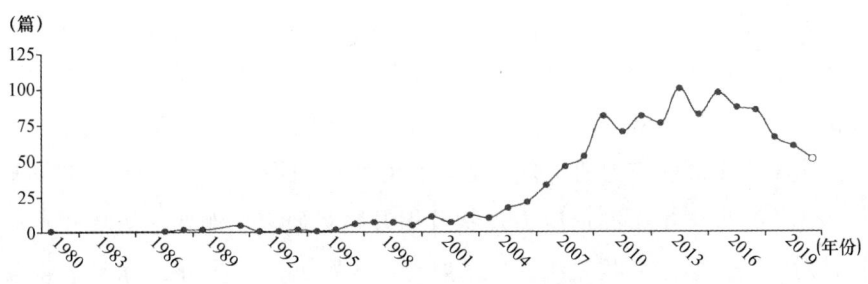

图1—2—7　关于大学生情感研究的发表年度趋势

大学生情感的研究主要集中以下三个方面：

一是大学生情感的现状研究。在现状研究的过程中，有的学者是选

---

① 张璐阳：《微信对大学生社会交往的影响研究》，《北极光》2019年第3期；程卫、李顺源等：《微信对大学生社会交往的影响及对策研究——以雅安职业技术学院为例》，《卫生职业教育》2018年第16期。

取了某个角度,例如,女大学生的情感现状、情感教育的现状;也有部分学者是选取了某个方面,包括生命情感、生活情感、感恩情感等多个方面。例如,孙慕清、宋佳琪等[①](2019)等通过问卷调查,发现我国大学生感情生活的现状总体得分是较高的。

二是大学生情感的相关研究。在大学生情感的相关研究中,包括了情感认同与行为习惯、亲子依恋与消极情感的关系、情感因素与英语成绩等多个方面。例如,许昭、颜春辉等[②](2018)研究了计划、情感在大学生身体活动意向与行为中的中介作用,发现计划、积极幸福感和心理烦恼在意向和行为之间起部分中介作用。

三是大学生情感问题理论研究。例如,单美贤、李维灿[③](2018)在借鉴已有情感能力研究的基础上构建了社交媒体环境中大学生情感能力的结构模型,实证分析了情感能力各结构要素"情感意识、情感调控、情感表达和人际交往"之间的关系。

八 大学生生涯适应力

在知网中以"大学生生涯适应力"的文献仅有 115 条,相对较少,而且研究得较晚,最早在 2010 年出现了两篇研究大学生生涯适应力的文章。随后出现了逐年上升的趋势。2017 年出现了 33 篇文献,达到了近几年的高峰,2018 年出现下滑,呈现出波浪形变化(见图 1—2—8)。

大学生生涯适应力的研究主要集中在两个方面:

第一,大学生生涯适应力现状及提升路径研究。例如,胡晓红、王艳针对不同人群在生涯关注、生涯好奇、生涯调适、生涯人际、生涯自信、生涯控制 6 个维度上的异同,并探讨了大学生生涯适应力的提升

---

① 孙慕清、宋佳琪等:《中国当代大学生生活情感现状调查分析》,《课程教育研究》2019 年第 6 期。

② 许昭、颜春辉等:《大学生身体活动意向与行为的关系:计划、情感的中介作用》,《山东体育学院学报》2018 年第 6 期。

③ 单美贤、李维灿:《社交媒体环境中大学生情感能力结构模型构建——基于结构方程模型的实证分析》,《江苏教育研究》2018 年第 30 期。

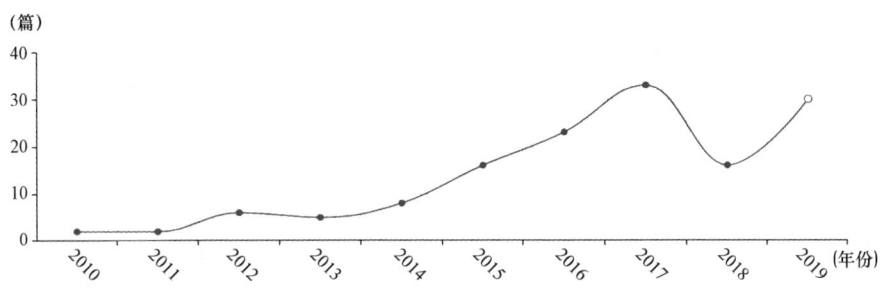

图 1—2—8　关于大学生生涯适应力研究的发表年度趋势

路径①。

第二，大学生生涯适应力与其他因素的相关研究。例如，张信勇、王雯雯研究发现主动性人格、领悟社会支持与生涯适应力呈显著正相关，并且主动性人格在领悟社会支持对生涯适应力的影响中起完全中介作用②；任云霞通过调查发现：重要他人支持、学科特定自我效能感与大学生生涯适应力之间两两存在显著正相关关系，重要他人支持对大学生生涯适应力呈现出显著的预测作用，同时学科特定自我效能感在重要他人支持与大学生生涯适应力的关系中存在显著的部分中介效应③。

九　大学生择业感受（焦虑）

在知网中以"大学生择业"为主题的文章有 2781 篇，这些文献中包含了对大学生"择业观""择业效能感""择业倾向""择业策略""择业焦虑"等方面。其中有 81 篇以"大学生择业焦虑"为主题的文章。择业焦虑的研究较晚，在 2001 年出现了第一篇文章后，直到 2005 年才出现了第二篇文章。之后大学生的择业焦虑受到了关注，但是研究呈高低不齐

---

① 胡晓红、王艳：《大学生生涯适应力现状调查及提升路径探析》，《陕西教育（高教）》2019 年第 2 期。

② 张信勇、王雯雯：《领悟社会支持与大学生生涯适应力的关系：主动性人格的中介作用》，《科教导刊》2019 年第 4 期。

③ 任云霞：《重要他人支持、学科特定自我效能感与大学生生涯适应力》，《南昌航空大学学报》（社会科学版）2018 年第 2 期。

的山峰形（见图1—2—9），2013年发表的相关文章最多，有13篇，随后有下降趋势。

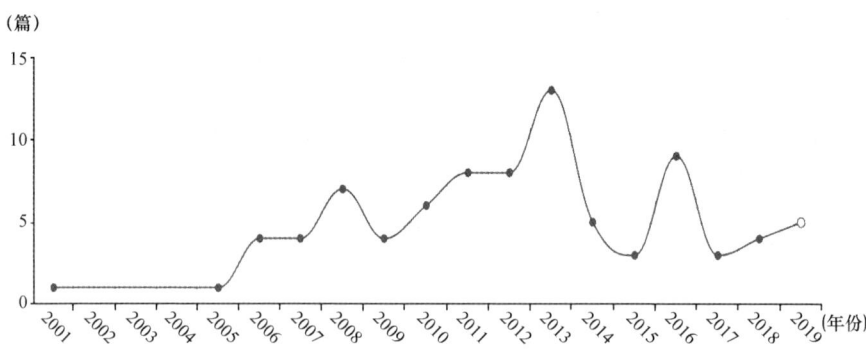

图1—2—9　关于大学生择业焦虑研究的发表年度趋势

在大学生择业感受的研究中，大致包括以下两个方面：

第一，大学生择业焦虑影响因素研究。在影响因素的研究中，从最初泛泛讨论家庭、学校和个人等主客观因素外，还进一步深入研究了大学生焦虑的内在机制。例如，宋彦喜研究了400名大一到大三的本科生发现，焦虑情况在人口统计学意义上有所不同，自我和谐及其各维度与择业焦虑均存在显著相关[1]。史文经、陈虹、林国耀对师范毕业生研究发现，就业压力和择业焦虑显著正相关，心理资本总体及其韧性、希望两因子与就业压力和择业焦虑均呈显著负相关，韧性在就业压力和择业焦虑之间起部分中介效应[2]。

第二，大学生择业焦虑干预研究。强润东、牟琳等[3]（2018）对择业焦虑进行了梳理，发现国外焦虑的干预策略有疏泄深思疗法、认知疗法、伴侣关系治疗，国内焦虑干预采用团体辅导和个别咨询相结合，行为干

---

[1] 宋彦喜：《低年级大学生的择业焦虑及其与自我和谐的关系研究》，《牡丹江教育学院学报》2018年第2期。
[2] 史文经、陈虹、林国耀：《韧性的中介作用：大学毕业生就业压力对择业焦虑的影响》，《牡丹江师范学院学报》（哲学社会科学版）2016年第1期。
[3] 强润东、牟琳：《大学生择业焦虑干预策略研究》，《才智》2018年第23期。

预和认知行为干预相结合的方法。

综上所述，以往对大学生学习与发展的研究文献为后续的研究提供了宝贵的借鉴，打下了较好的基础，并且为教育教学管理工作提供了很好的指导。但是，以往研究也存在不足和缺陷，主要表现在以下三个方面。

第一，从研究对象看，针对地方新建本科高校群体的研究总体偏少，对地方新建本科高校文科类、理工类和艺体类学生同时调研、比较研究的更为缺乏。

第二，从研究内容看，对大学生学习和发展中的一个问题或几个问题进行研究的多，对大学生的学习和发展中包括学习动机、学习策略、学习拖延、学习投入度、自我效能感、社会交往、情感素质、生涯适应力、择业感受等9个方面问题全方位的调研、系统研究的少。

第三，从研究视角看，从一个角度或几个角度对大学生学习和发展问题研究的多，从学生专业类别、年级、性别、是否学生干部、家庭完整状况、父母文化程度、家庭来源（出生地性质）等7个维度全面系统研究的少。

第二章

研究目的与意义

第一节 研究目的

2012年，党的十八大报告中首次提出了"把立德树人作为教育的根本任务"；2016年，习近平总书记在全国高校思想政治工作会议上指出，高校立身之本在于立德树人，并提出了把思想政治工作贯穿教育教学全过程的要求；2017年，党的十九大报告中，进一步对全面贯彻党的教育方针，落实立德树人根本任务提出了部署和要求；2018年，习近平总书记在全国教育大会上发表讲话，对"为什么立德、立什么德、怎样立德"进行了系统论述和说明，为新时代我国教育改革和发展指明了方向，提供了根本遵循。

从深化供给侧结构改革和以学生为中心的发展理念出发，迫切需要了解当前大学生学习、思想、生活等成长和发展的现状，为新时代地方高校办好人民满意的教育、深化教育教学改革、提升地方高校治理能力和水平提供依据和建议。

2018年3月，山东省委为深入学习贯彻习近平新时代中国特色社会主义思想和党的十九大精神，认真贯彻落实习近平总书记在参加十三届全国人大一次会议山东代表团审议时的重要讲话精神，持续推进"两学一做"学习教育常态化、制度化，全面推进中央各项决策部署在山东落实落地，决定在全省开展"大学习、大调研、大改进"活动。该项调研活动也是潍坊学院贯彻山东省委决定，深入了解地方新建本科高校大学生学习和发展全面状况，推动全省地方新建本科高校思想再解放、改革再深入、工作再抓实的重要举措，为地方新建本科高校认清优势、找准短板，尽快实现"转型发展、内涵发展、特色发展"提供事实依据和智力支持。

第二节 研究意义

一 理论意义

该项调研活动范围以地方新建本科高校为主，内容包括大学生的学习、发展、思想、生活等方方面面，涉及高等教育学、心理学、思想政治教育等学科范畴，研究成果将进一步丰富以上学科理论研究成果和实践创造成果。

二 实践意义

该研究成果不仅可以为地方新建本科高校的教育、教学和学生管理等工作提供智力支持和实践指导，以更好地提升人才培养的质量和水平，同时对于其他本科高校和高职院校的教育、教学和学生管理等工作提供借鉴和参考。

第 三 章

研究内容与方法

第一节 研究内容

本次调查内容涉及大学生成长和发展9个方面的问题，包括学习动机、学习策略、学习拖延、影响学习投入度的因素、自我效能感、社会交往、社会情感、生涯规划、择业感受。同时，对以上9个方面的问题，从学生专业类别、年级、性别、是否学生干部、家庭完整状况、父母文化程度、家庭来源（出生地性质）等7个维度进行分析和比较。

第二节 研究计划与方法

一 研究计划与步骤

（一）问卷编制、选择与试测

该研究以国内外相关研究成熟的量表为主，以自编量表为辅。正式测试前，以潍坊学院学生为被试，进行了试测，对相关量表根据实际需要进行了修订和完善，所有量表均具有较好的信度和效度，以保证调研成果的科学性。

（二）样本选取与方法

本次调查，涉及山东省内6所地方新建本科高校，包括潍坊学院（2000年）、泰山学院（2002年）、滨州学院（2004年）、枣庄学院（2004年）、菏泽学院（2004年）、德州学院（2009年）。采用分层和整群抽样法，其中潍坊学院1050人，德州学院600人，其他高校每所调查

500 人，共调查 3650 人。

学生取样计划具体如下：

菏泽学院：大一文科 200 人，大二理工科 200 人，大三艺体类 100 人。

枣庄学院：大二文科 200 人，大三理工科 200 人，大四艺体类 100 人。

泰山学院：大一艺体类 100 人，大三文科 200 人，大四理工科 200 人。

滨州学院：大一理工科 200 人，大二艺体类 100 人，大四文科 200 人。

德州学院：大一艺体类 100 人，理工科 100 人；大二文科 100 人，艺体类 100 人；大三文科 50 人，艺体类 50 人，大四理科 50 人，艺体类 50 人。

潍坊学院：大一文科 100 人，理工科 100 人，艺体类 100 人；大二文科 100 人，理科 100 人，艺体类 100 人；大三文科 100 人，理工科 100 人，艺体类 100 人；大四文科 50 人，理工科 50 人，艺体类 50 人。

(三) 问卷发放、回收与数据统计处理

本次调查于 2017 年 12 月 22 日向 6 所高校同时发放问卷，截止到 2017 年 12 月 31 日，问卷全部回收。数据录入时间于 2018 年 1 月 16 日开始，2018 年 1 月 17 日完成。

2018 年 2 月至 8 月，数据统计分析、研究报告撰写、成果鉴定验收等。

二　研究方法

本次调研活动采用了文献法、问卷和访谈调查法、比较法、归纳法、统计分析法等研究方法。运用文献法，对研究内容中涉及的大学生学习与发展的 9 个专题的国内研究现状进行了梳理和分析，运用通用量表或自编量表对 9 个方面的专题所涉及的内容进行了问卷调查，采用 SSPS 系统进行了统计和数据处理，综合运用归纳、比较等研究方法等进行研究和分析。

第四章

研究结果与分析

第一节 地方新建本科高校大学生学习动机现状与分析

动机是指引起个体活动，维持已引起的活动，并促使该活动朝向某一目标进行的内在作用。学习动机是激发并维持个体的学习活动并使活动朝向一定目标的内驱力，可分内生动机和外生动机两种。内生动机是个体为寻求挑战和乐趣、满足好奇心而参与活动的倾向，外生动机是个体为活动本身之外的其他因素（奖励、他人认可和评估、完成上级的指示、与他人竞争等）而参与活动的倾向。[1]

在认知心理学的动机理论中，最具代表性的是维纳提出的三维归因理论。该理论认为：个人将成功归因于能力和努力等内部因素时，他会感到骄傲、满意、信心十足，而将成功归因于任务容易和运气好等外部原因时，产生的满意感则较少；在付出同样努力时，能力低的应得到更多的奖励；能力低而努力的人受到最高评价，而能力高却不努力的人则受到最低评价。[2]

本调查从大学生学习动机强度、内生动机和外生动机3个维度进行调查和分析。发放问卷3650份，回收问卷3472份，剔除无效问卷后，剩余有效问卷3350份。

---

[1] 池丽萍、辛自强：《大学生学习动机的测量及其与自我效能感的关系》，《心理发展与教育》2006年第2期。

[2] 胡靖苘、段思岚：《大学生学习动机的研究方法》，《社会心理科学》2011年第2期。

本研究采用 Amabile 等人于 1994 年编制的《学习动机量表》，此量表于 2006 年经池丽萍、辛自强翻译修订[①]。该量表由内生动机和外生动机两个分量表组成，共 30 个题目。其中，内生动机分量表（3、5、7、8、10、11、13、17、20、22、23、26、27、30）共 14 个题目，其他为外生动机分量表的条目。量表采用 4 点计分，要求被试按照"完全不符合""大部分不符合""大部分符合""完全符合"4 级进行评分，分别计 1—4 分（其中 1 和 16 反向计分）。该量表总得分和各分量表得分越高，说明学习动机越强。该量表具有较好信度，总量表内部一致性系数为 0.75，内生动机分量表的一致性系数为 0.78，外生动机分量表的一致性系数为 0.80。

一 大学生学习动机状况校际间差异与分析

图 4—1—1 表明，6 所高校学习动机强度分数由高到低依次是泰山学院、滨州学院、德州学院、潍坊学院、菏泽学院、枣庄学院，其中分数最高的是泰山学院 3.415，显著高于其他高校，分数最低为枣庄学院 3.133，但并不能由此得出各高校之间存在显著性差异，它们之间的差异可能是由误差导致的，需要进一步进行差异性检验。

图 4—1—2 表明，6 所高校内生动机分数由高到低依次是泰山学院、滨州学院、德州学院、菏泽学院、潍坊学院、枣庄学院，其中分数最高的是泰山学院 3.52，显著高于其他高校，分数最低为枣庄学院 3.178，但并不能由此得出各高校之间存在显著性差异，它们之间的差异可能是由误差导致的，需要进一步进行差异性检验。

图 4—1—3 表明，6 所高校外部动机分数由高到低依次是泰山学院、德州学院、滨州学院、潍坊学院、菏泽学院、枣庄学院，其中分数最高的是泰山学院 3.31，显著高于其他高校，分数最低为枣庄学院 3.088，但并不能由此得出各高校之间存在显著性差异，它们之间的差异可能是由误差导致的，需要进一步进行差异性检验。

---

① 池丽萍、辛自强：《大学生学习动机的测量及其与自我效能感的关系》，《心理发展与教育》2006 年第 2 期。

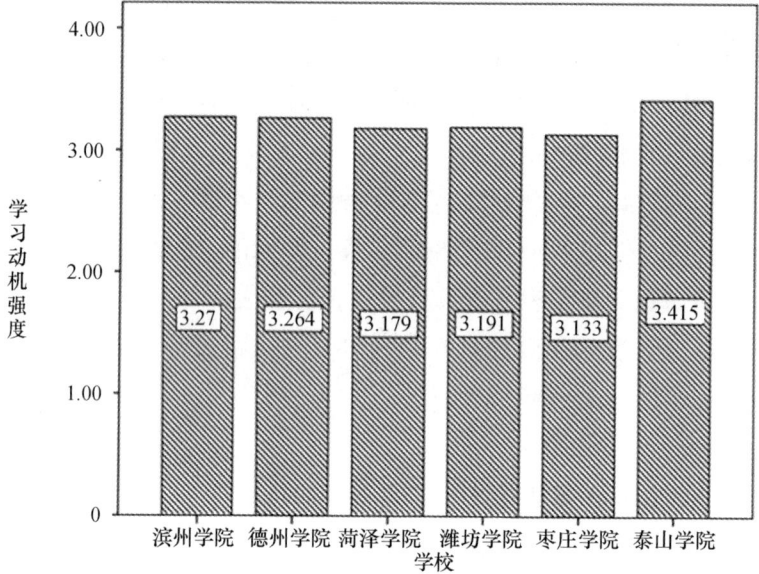

图4—1—1　各高校学习动机强度分数

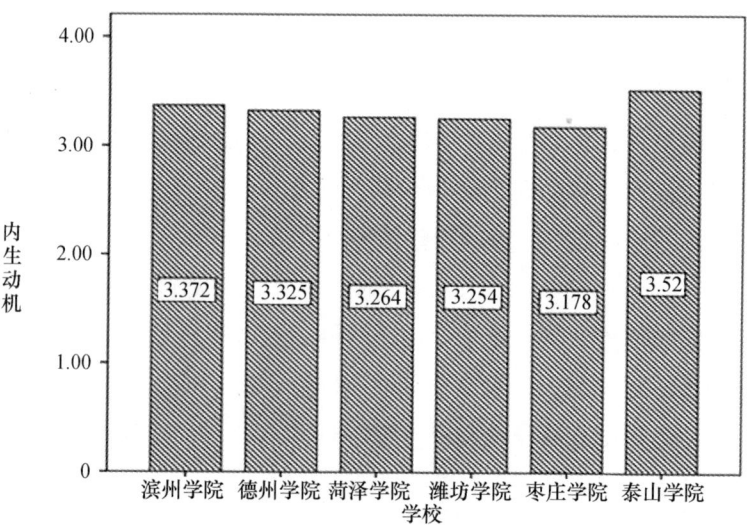

图4—1—2　各高校内生动机分数

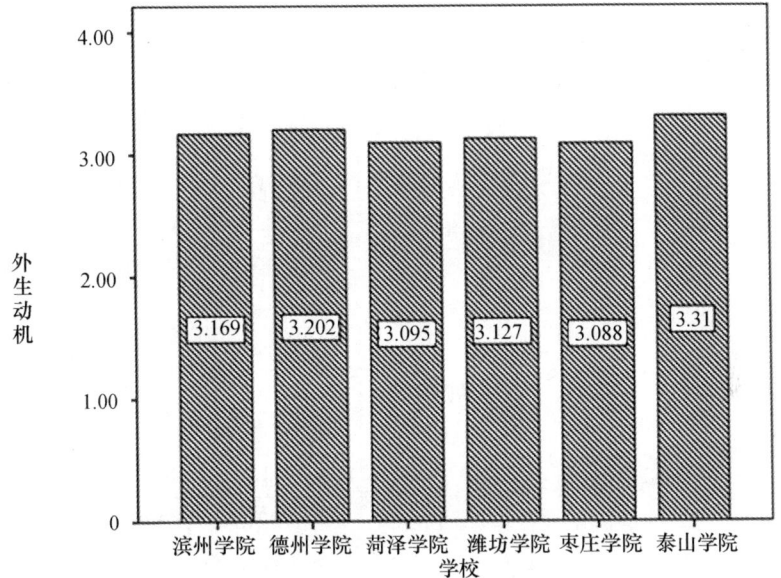

图 4—1—3　各高校外生动机分数

综上所述：泰山学院在学习动机强度、内生动机、外生动机 3 个维度中得分均最高。

对 6 所高校大学生样本的学习动机强度、内生动机、外生动机进行 F 检验，可以得出显著性水平；表 4—1—1 表明，各高校之间均存在显著性差异，其中内生动机高于外生动机。

表 4—1—1　　　各高校之间大学生学习动机状况差异比较

项　目	F
学习动机强度	8.445***
内生动机	8.422***
外生动机	7.492***

注：*表示 $p<0.05$，** 表示 $p<0.01$，*** 表示 $p<0.001$，下同。

表4—1—2 各高校之间大学生学习动机状况均值差异比较

因变量	事后检验	（I）学校	（J）学校	均值差异（I-J）	标准误
学习动机强度	LSD	滨州学院	德州学院	0.012	0.044
			菏泽学院	0.091*	0.045
			潍坊学院	0.079	0.041
			枣庄学院	0.127*	0.046
			泰山学院	-0.137*	0.046
		德州学院	滨州学院	-0.012	0.044
			菏泽学院	0.079	0.044
			潍坊学院	0.067	0.040
			枣庄学院	0.115*	0.045
			泰山学院	-0.149*	0.045
		菏泽学院	滨州学院	-0.091*	0.045
			德州学院	-0.079	0.044
			潍坊学院	-0.012	0.041
			枣庄学院	0.035	0.046
			泰山学院	-0.228*	0.046
		潍坊学院	滨州学院	-0.079	0.041
			德州学院	-0.067	0.040
			菏泽学院	0.012	0.041
			枣庄学院	0.048	0.042
			泰山学院	-0.216*	0.042
		枣庄学院	滨州学院	-0.127*	0.046
			德州学院	-0.115*	0.045
			菏泽学院	-0.035	0.046
			潍坊学院	-0.048	0.042
			泰山学院	-0.264*	0.047
		泰山学院	滨州学院	0.137*	0.046
			德州学院	0.149*	0.045
			菏泽学院	0.228*	0.046
			潍坊学院	0.216*	0.042
			枣庄学院	0.264*	0.047

续表

因变量	事后检验	(I) 学校	(J) 学校	均值差异(I−J)	标准误
内生动机	LSD	滨州学院	德州学院	0.053	0.052
			菏泽学院	0.108*	0.053
			潍坊学院	0.117*	0.049
			枣庄学院	0.179*	0.055
			泰山学院	−0.139*	0.055
		德州学院	滨州学院	−0.053	0.052
			菏泽学院	0.055	0.052
			潍坊学院	0.064	0.047
			枣庄学院	0.126*	0.054
			泰山学院	−0.192*	0.053
		菏泽学院	滨州学院	−0.108*	0.053
			德州学院	−0.055	0.052
			潍坊学院	0.009	0.049
			枣庄学院	0.071	0.055
			泰山学院	−0.247*	0.054
		潍坊学院	滨州学院	−0.117*	0.049
			德州学院	−0.064	0.047
			菏泽学院	−0.009	0.049
			枣庄学院	0.063	0.050
			泰山学院	−0.256*	0.050
		枣庄学院	滨州学院	−0.179*	0.055
			德州学院	−0.126*	0.054
			菏泽学院	−0.071	0.055
			潍坊学院	−0.063	0.050
			泰山学院	−0.319*	0.056
		泰山学院	滨州学院	0.139*	0.055
			德州学院	0.192*	0.053
			菏泽学院	0.247*	0.054
			潍坊学院	0.256*	0.050
			枣庄学院	0.319*	0.056

续表

因变量	事后检验	（I）学校	（J）学校	均值差异（I-J）	标准误
外生动机	LSD	滨州学院	德州学院	-0.029	0.039
			菏泽学院	0.075	0.040
			潍坊学院	0.041	0.037
			枣庄学院	0.07	0.041
			泰山学院	-0.135*	0.041
		德州学院	滨州学院	0.029	0.039
			菏泽学院	0.104*	0.039
			潍坊学院	0.070*	0.036
			枣庄学院	0.103*	0.040
			泰山学院	-0.106*	0.040
		菏泽学院	滨州学院	-0.075	0.040
			德州学院	-0.104*	0.039
			潍坊学院	-0.034	0.037
			枣庄学院	-0.001	0.041
			泰山学院	-0.209*	0.041
		潍坊学院	滨州学院	-0.041	0.037
			德州学院	-0.070*	0.036
			菏泽学院	0.034	0.037
			枣庄学院	0.033	0.038
			泰山学院	-0.176*	0.038
		枣庄学院	滨州学院	-0.074	0.041
			德州学院	-0.103*	0.040
			菏泽学院	0.001	0.041
			潍坊学院	-0.033	0.038
			泰山学院	-0.208*	0.042
		泰山学院	滨州学院	0.135*	0.041
			德州学院	0.106*	0.040
			菏泽学院	0.209*	0.041
			潍坊学院	0.176*	0.038
			枣庄学院	0.208*	0.042

分析表4—1—2，可得出以下三个方面的结论。

第一，6所高校学习动机强度均值差异比较情况。

（1）滨州学院与菏泽学院、枣庄学院和泰山学院之间存在显著性差异，与德州学院、潍坊学院之间不存在统计学意义上的显著性差异；具体表现为滨州学院得分显著高于菏泽学院和枣庄学院，且显著低于泰山学院。

（2）德州学院与枣庄学院、泰山学院之间存在显著性差异，与滨州学院、菏泽学院、潍坊学院之间不存在统计学意义上的显著性差异；具体表现为德州学院得分显著高于枣庄学院，且显著低于泰山学院。

（3）菏泽学院与滨州学院、泰山学院之间存在显著性差异，与德州学院、潍坊学院和枣庄学院之间不存在统计学意义上的显著性差异；具体表现为菏泽学院得分显著低于滨州学院和泰山学院。

（4）潍坊学院只与泰山学院之间存在显著性差异，与其他高校均不存在统计学意义上的显著性差异；具体表现为潍坊学院得分显著低于泰山学院。

（5）枣庄学院与滨州学院、德州学院和泰山学院之间存在显著性差异，与菏泽学院和潍坊学院之间不存在统计学意义上的显著性差异；具体表现为枣庄学院得分显著低于滨州学院、德州学院和泰山学院。

（6）泰山学院与所有学院均存在显著性差异，具体表现为泰山学院得分显著高于滨州学院、菏泽学院、枣庄学院、潍坊学院和德州学院。

第二，6所高校内生动机均值差异比较情况。

（1）滨州学院只与德州学院不存在统计学意义上的显著性差异；具体表现为滨州学院得分显著高于菏泽学院和枣庄学院，且显著低于泰山学院。

（2）德州学院与枣庄学院和泰山学院之间存在显著性差异，与滨州学院、菏泽学院和潍坊学院之间不存在统计学意义上的显著性差异；具体表现为德州学院得分显著高于枣庄学院，且显著低于泰山学院。

（3）菏泽学院与滨州学院和泰山学院之间存在显著性差异，与德州学院、潍坊学院和枣庄学院之间不存在统计学意义上的显著性差异；具体表现为菏泽学院得分显著低于滨州学院和泰山学院。

(4) 潍坊学院与滨州学院和泰山学院之间存在显著性差异，与德州学院、菏泽学院和枣庄学院之间不存在统计学意义上的显著性差异；具体表现为潍坊学院得分显著低于滨州学院和泰山学院。

(5) 枣庄学院、滨州学院、德州学院和泰山学院之间存在显著性差异，与菏泽学院和潍坊学院之间不存在统计学意义上的显著性差异；具体表现为枣庄学院得分显著低于滨州学院、德州学院和泰山学院。

(6) 泰山学院与各高校之间均存在显著性差异，具体表现为泰山学院得分显著高于滨州学院、德州学院、菏泽学院、潍坊学院和枣庄学院。

第三，6所高校外生动机均值差异比较情况。

(1) 滨州学院只与泰山学院之间存在显著性差异，与其他高校均不存在统计学意义上的显著性差异；具体表现为滨州学院得分显著低于泰山学院。

(2) 德州学院只与滨州学院之间不存在统计学意义上的显著性差异，与其他高校均存在显著性差异；具体表现为德州学院得分显著高于菏泽学院、潍坊学院和枣庄学院，且显著低于泰山学院。

(3) 菏泽学院与德州学院和泰山学院之间存在显著性差异，与滨州学院、枣庄学院和潍坊学院之间不存在统计学意义上的显著性差异；具体表现为菏泽学院得分显著低于德州学院和泰山学院。

(4) 潍坊学院与德州学院和泰山学院之间存在显著性差异，与滨州学院、菏泽学院和枣庄学院之间不存在统计学意义上的显著性差异；具体表现为潍坊学院得分显著低于德州学院和泰山学院。

(5) 枣庄学院与德州学院和泰山学院之间存在显著性差异，与滨州学院、菏泽学院和潍坊学院之间不存在统计学意义上的显著性差异；具体表现为枣庄学院得分显著低于德州学院和泰山学院。

(6) 泰山学院与各高校之间均存在显著性差异，具体表现为泰山学院得分显著高于滨州学院、德州学院、菏泽学院、潍坊学院和枣庄学院。

二　大学生学习动机年级差异与分析

图4—1—4表明，各年级学习动机强度分数由高到低依次是四年级、二年级、三年级、一年级，分数最高为四年级3.385，显著高于其他年

级，分数最低为一年级2.892。但并不能由此得出各年级之间存在显著性差异，它们之间的差异可能是由误差导致的，需要进一步进行差异性检验。

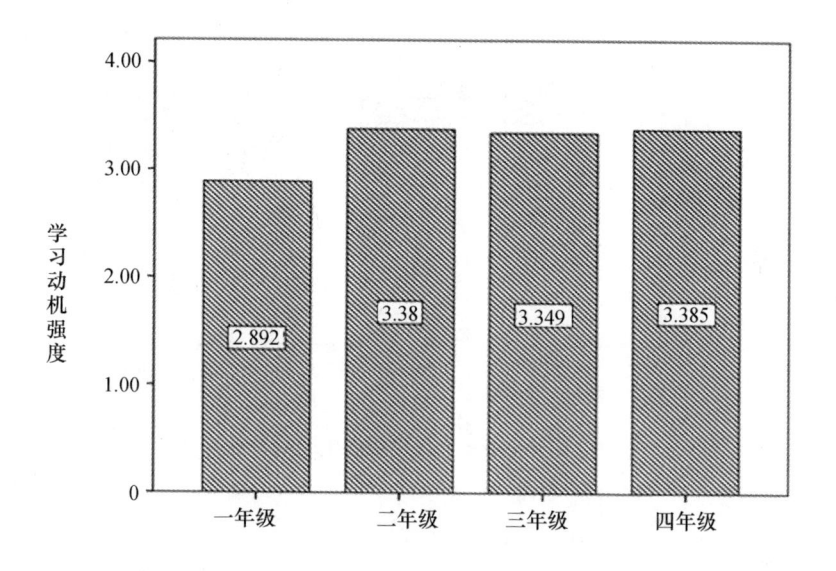

图4—1—4　各年级学习动机强度分数

图4—1—5表明，各年级内生动机分数由高到低依次是四年级、二年级、三年级、一年级，分数最高为四年级3.514，显著高于其他年级，分数最低为一年级2.90。但并不能由此得出各年级之间存在显著性差异，它们之间的差异可能是由误差导致的，需要进一步进行差异性检验。

图4—1—6表明，各年级外生动机分数由高到低依次是二年级、三年级、四年级、一年级，分数最高为二年级3.281，分数最低为一年级2.884。但并不能由此得出各年级之间存在显著性差异，它们之间的差异可能是由误差导致的，需要进一步进行差异性检验。

对不同年级大学生样本的学习动机强度、内生动机、外生动机进行F检验，可以得出显著性水平；表4—1—3表明，各年级之间均存在显著性差异，其中内生动机显著高于外生动机。

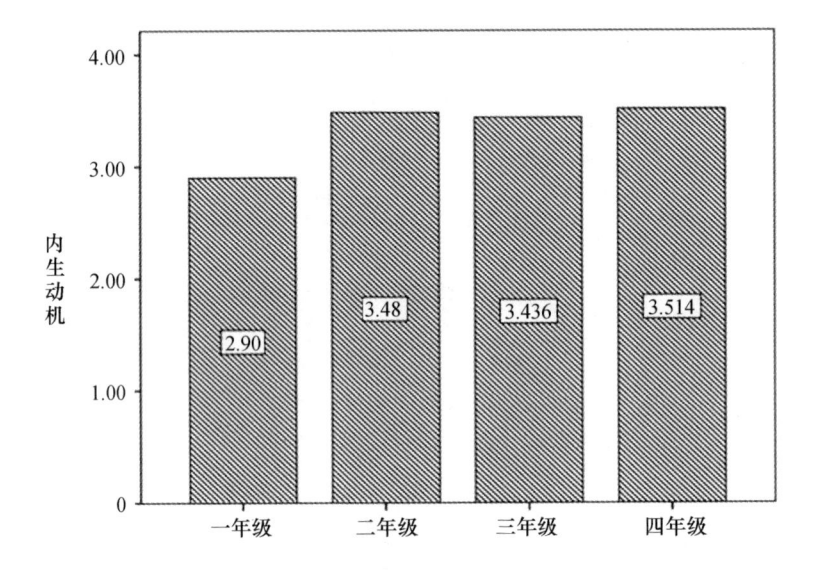

图 4—1—5　各年级内生动机分数

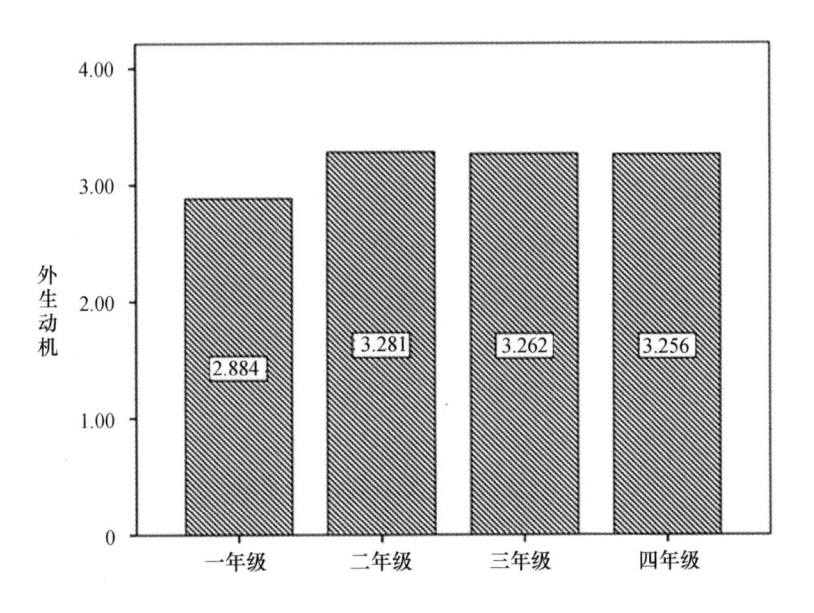

图 4—1—6　各年级外生动机分数

表 4—1—3　各年级之间大学生学习动机状况差异比较

项目	F
学习动机强度	107.714***
内生动机	109.826***
外生动机	85.035***

表 4—1—4　各年级之间大学生学习动机状况均值差异比较

因变量	事后检验	(I) 年级	(J) 年级	均值差异 (I−J)	标准误
学习动机强度	LSD	一年级	二年级	−0.491*	0.031
			三年级	−0.462*	0.034
			四年级	−0.493*	0.037
		二年级	一年级	0.491*	0.031
			三年级	0.029	0.033
			四年级	−0.002	0.036
		三年级	一年级	0.462*	0.034
			二年级	−0.029	0.033
			四年级	−0.031	0.038
		四年级	一年级	0.493*	0.037
			二年级	0.002	0.036
			三年级	0.031	0.038
内生动机	LSD	一年级	二年级	−0.585*	0.037
			三年级	−0.541*	0.040
			四年级	−0.613*	0.044
		二年级	一年级	0.585*	0.037
			三年级	0.044	0.039
			四年级	−0.029	0.043
		三年级	一年级	0.541*	0.040
			二年级	−0.044	0.039
			四年级	−0.072	0.045
		四年级	一年级	0.613*	0.044
			二年级	0.029	0.043
			三年级	0.072	0.045

续表

因变量	事后检验	(I) 年级	(J) 年级	均值差异 (I-J)	标准误
外生动机	LSD	一年级	二年级	-0.398*	0.028
			三年级	-0.383*	0.030
			四年级	-0.373*	0.033
		二年级	一年级	0.398*	0.028
			三年级	0.015	0.030
			四年级	0.024	0.033
		三年级	一年级	0.383*	0.030
			二年级	-0.015	0.030
			四年级	0.009	0.035
		四年级	一年级	0.373*	0.033
			二年级	-0.024	0.033
			三年级	-0.009	0.035

分析表4—1—4，可得出以下三个方面的结论。

第一，各年级学习动机强度均值差异比较情况。一年级与二年级、三年级和四年级之间均存在显著性差异。其中一年级与四年级的差异性显著高于一年级与其他年级的差异性，而二年级、三年级和四年级之间不存在显著性差异；具体表现为一年级得分显著低于二年级、三年级和四年级，二年级得分显著高于一年级，三年级得分显著高于一年级，四年级得分显著高于一年级。

第二，各年级内生动机均值差异比较情况。一年级与二年级、三年级和四年级之间均存在显著性差异。其中一年级与四年级的差异性显著高于一年级与其他年级的差异性，而二年级、三年级和四年级之间不存在显著性差异；具体表现为一年级得分显著低于二年级、三年级和四年级，二年级得分显著高于一年级，三年级得分显著高于一年级，四年级得分显著高于一年级。

第三，各年级外生动机均值差异比较情况。一年级与二年级、三年级和四年级之间均存在显著性差异。其中一年级与二年级之间的差异性显著高于一年级与其他年级的差异性，而二年级、三年级和四年级之间不存在显著性差异；具体表现为一年级得分显著低于二年级、三年级和四年级，二年级得分显著高于一年级，三年级得分显著高于一年级，四年级得分显著高于一年级。

原因分析：大学一年级的学生刚刚从繁重、艰苦的高中学习阶段"解放"出来，普遍存在松一口气、歇一歇的思想，再加上参加了很多社团或开始恋爱，对于学习不是很上心，对专业学习、成长成才、就业发展缺乏清醒的认识，因而求知进取动机和成就动机暂时还没有得到激发，所以学习动机不如其他年级强烈。经过两三年的大学生活，学生的社会化程度提高，学生在生活上逐渐走上独立，交往程度提高，加上同学之间相互影响，物质追求意识渐渐觉醒，二、三、四年级各种证书考试以及准备考研等学习活动，使得他们学习动机逐步增强。

三 大学生学习动机性别差异与分析

图4—1—7表明，学习动机强度女生比男生的分数高，女生分数为3.369，男生分数为2.975，但并不能由此得出性别之间显著性差异，它们之间的差异可能是由误差导致的，需要进一步进行差异性检验。

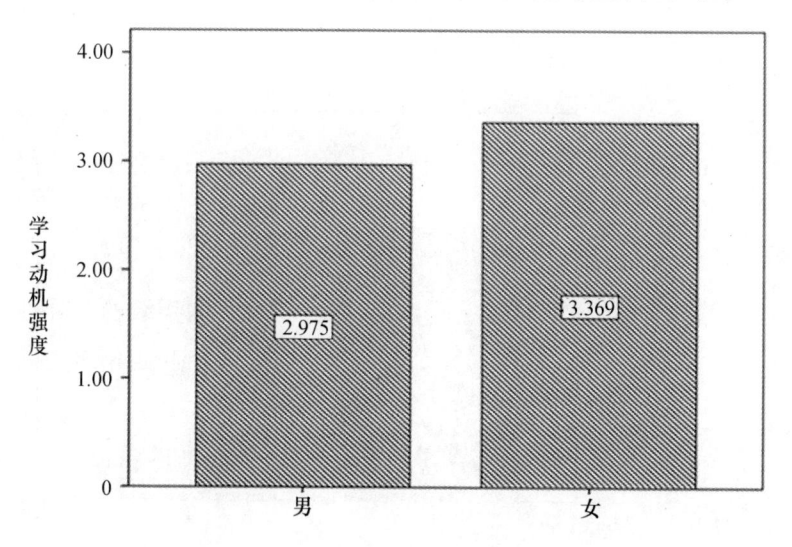

图4—1—7 男女生学习动机强度分数

图4—1—8表明，内生动机女生比男生的分数高，女生分数为3.47，男生分数为3.00。但并不能由此得出性别之间显著性差异，它们之间的差异可能是由误差导致的，需要进一步进行差异性检验。

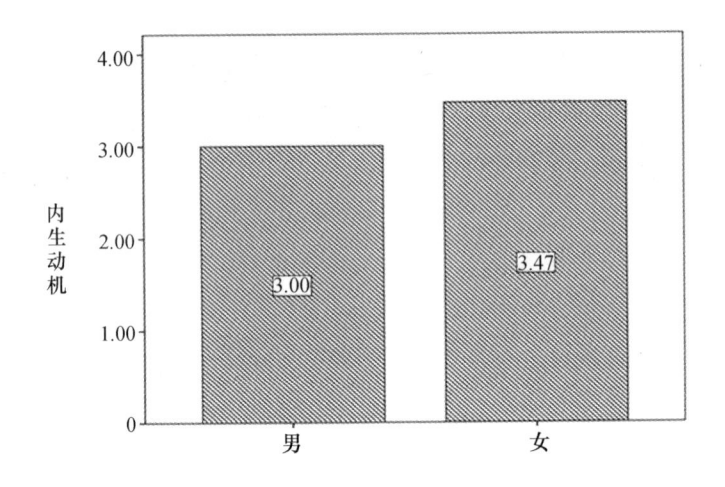

图4—1—8　男女生内生动机分数

图4—1—9表明，外生动机女生比男生的分数高，女生的分数为3.267，男生的分数为2.95。但并不能由此得出性别之间显著性差异，它们之间的差异可能是由误差导致的，需要进一步进行差异性检验。

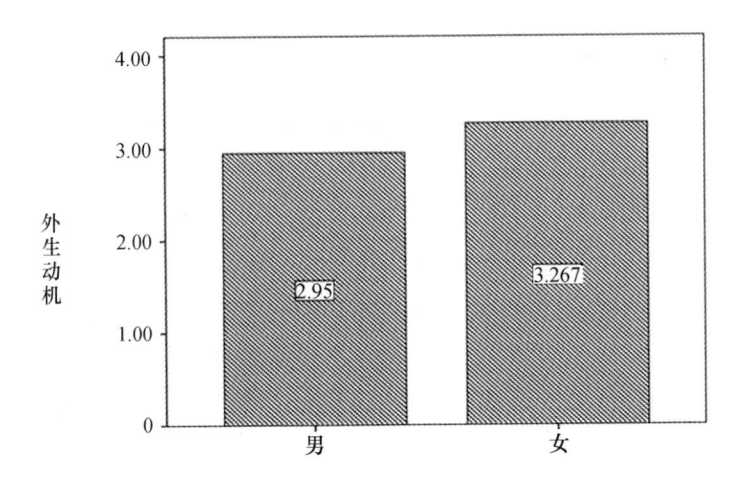

图4—1—9　男女生外生动机分数

综上所述：在学习动机强度、内生动机、外生动机状况方面女生分数均比男生高。

表4—1—5　　　　　　不同性别学生学习动机状况比较

项　目	t
学习动机强度	-12.259***
内生动机	-12.429***
外生动机	-11.280***

对不同性别学生学习动机强度、内生动机、外生动机进行独立样本 t 检验，可以得出显著性水平，结果显示学习动机强度、内生动机、外生动机均存在显著的性别差异，女生得分显著高于男生。

原因分析：女大学生作为女性中的佼佼者，不甘于仅仅做一名未来的家庭主妇，她们努力学习，学习成绩往往好于男生。[1] 一方面，她们将个人利益与集体利益、国家利益结合起来，把学习视为一种责任和义务；另一方面，女生意识到自身生存与发展的过程中可能遇到比男生更多的困难，诸如就业立业、家庭负担等，且一般情况是女生的自尊心比男生更强，这样使得她们表现出比男生更加强烈的害怕失败的动机。因此，学习过程中，女生们更加努力、更加勤奋，成绩自然而然更加突出。

四　大学生学习动机专业类别差异与分析

图4—1—10表明，学习动机强度分数由高到低依次是艺体、理科、文科，分数最高为艺体3.45，显著高于其他专业，分数最低为文科3.105。但并不能由此得出各专业之间存在显著性差异，它们之间的差异可能是由误差导致的，需要进一步进行差异性检验。

图4—1—11表明，内生动机分数由高到低依次是艺体、理科、文科，分数最高为艺体3.555，显著高于其他专业，分数最低为文科3.17。但并

---

[1]　马苓、张苗、张俊玲：《大学生学习动机的影响因素与提升对策研究》，《河北工业大学学报》（社会科学版）2010年第3期。

不能由此得出各专业之间存在显著性差异，它们之间的差异可能是由误差导致的，需要进一步进行差异性检验。

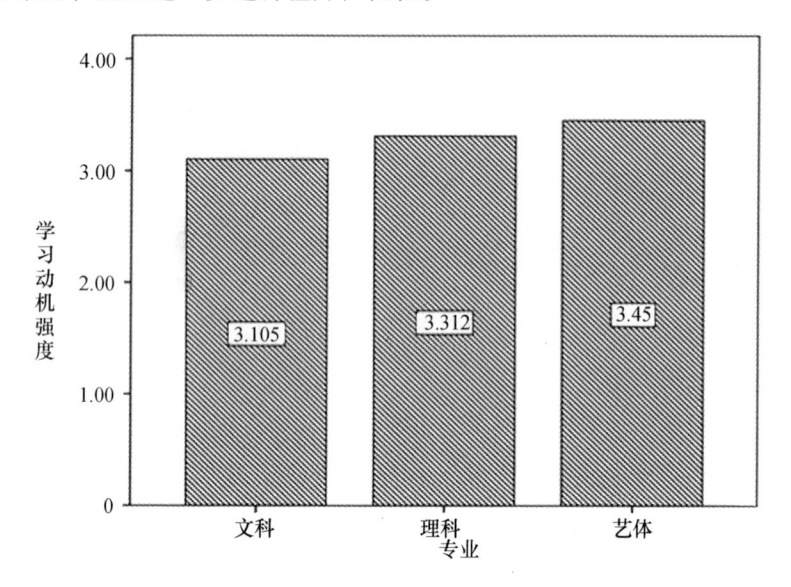

图4—1—10 各专业学习动机强度分数

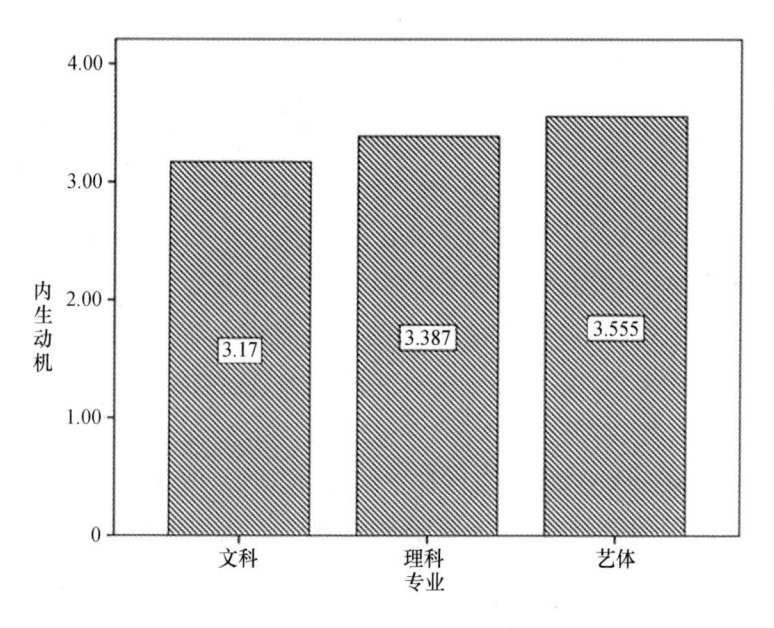

图4—1—11 各专业内生动机分数

图4—1—12表明，外生动机分数由高到低依次是艺体、理科、文科，分数最高为艺体3.345，显著高于其他专业，分数最低为文科3.04。但并不能由此得出各专业之间存在显著性差异，它们之间的差异可能是由误差导致的，需要进一步进行差异性检验。

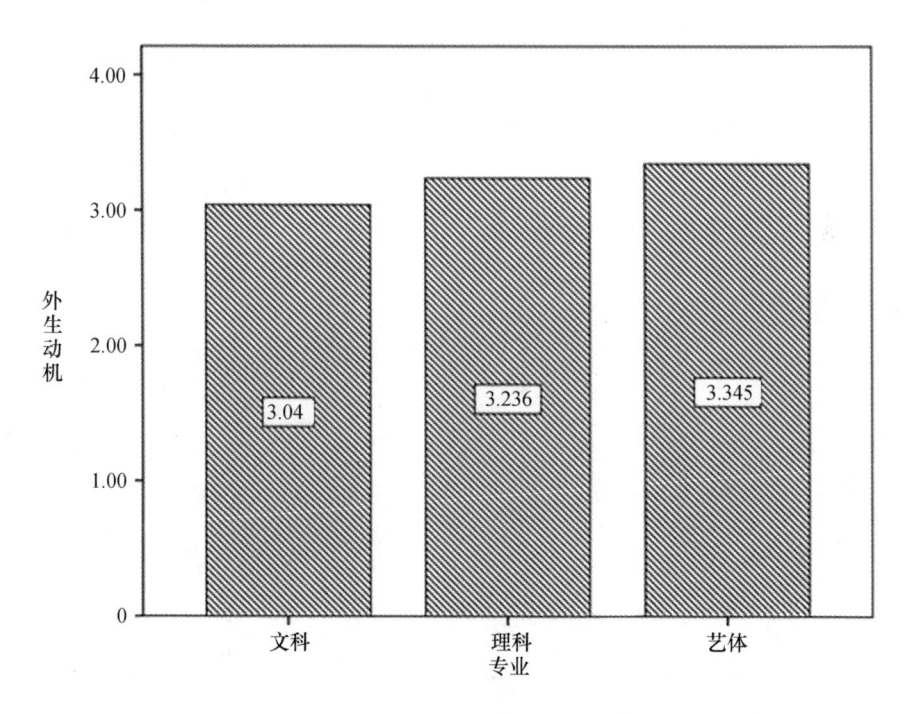

图4—1—12　各专业外生动机分数

表4—1—6　　高校各专业之间大学生学习动机状况差异比较

项　目	F
学习动机强度	60.746***
内生动机	51.510***
外生动机	61.951***

对不同专业的学生的学习动机强度、内生动机、外生动机进行F检验，可以得出显著性水平；表4—1—6表明，各专业之间均存在显著性差异。

表4—1—7　高校各专业之间大学生学习动机状况均值差异比较

因变量	事后检验	(I) 专业	(J) 专业	均值差异 (I-J)	标准误
学习动机强度	LSD	文科	理科	-0.209*	0.028
			艺体	-0.343*	0.034
		理科	文科	0.209*	0.028
			艺体	-0.134*	0.036
		艺体	文科	0.343*	0.034
			理科	0.134*	0.036
内生动机	LSD	文科	理科	-0.219*	0.033
			艺体	-0.382*	0.040
		理科	文科	0.219*	0.033
			艺体	-0.163*	0.043
		艺体	文科	0.382*	0.040
			理科	0.163*	0.043
外生动机	LSD	文科	理科	-0.198*	0.025
			艺体	-0.303*	0.030
		理科	文科	0.198*	0.025
			艺体	-0.106*	0.032
		艺体	文科	0.303*	0.030
			理科	0.106*	0.032

分析表4—1—7，可得出以下三个方面的结论。

第一，各专业学习动机强度均值差异比较情况。各专业之间均存在显著性差异。具体表现为：文科得分显著低于理科和艺体，理科得分显著高于文科且显著低于艺体，艺体得分显著高于文科和理科。

第二，各专业内生动机状况均值差异比较情况。各专业之间均存在显著性差异，其中文科与艺体之间的差异性显著高于文科与理科、艺体与理科之间的差异性。具体表现为：文科得分显著低于理科和艺体，理科得分显著高于文科且显著低于艺体，艺体得分显著高于文科和理科。

第三，各专业外生动机状况均值差异比较情况。各专业之间均存在差异性比较，其中文科与艺体之间的差异性显著高于文科与理科、艺体与理科之间的差异性;具体表现为文科得分显著低于理科和艺体,理科得分显著高于文科且显著低于艺体,艺体得分显著高于文科和理科。

原因分析,艺体类学生其专业有较强的操作性和表现性,毕业以后要在社会上立足,需要较高的专业技能,没有扎实的操作能力,难以得到社会认可,很难在社会上寻得立身和发展之所,这可能促使这一类学生在学期间就表现出较强的学习动机;而对于文科来说,就业面相对理科和艺体比较窄,就只有固定的那么几个方面,没有太大的发展空间和挑战性,所以没有太多的激发学习动机因素,而学理科的人相对来说多一些。[①]

五 大学生学习动机在是否班干部上的差异与分析

图4—1—13表明,非班干部学习动机强度分数显著高于班干部,但并不能由此得出是否班干部之间存在显著性差异,它们之间的差异可能是由误差导致的,需要进一步进行差异性检验。

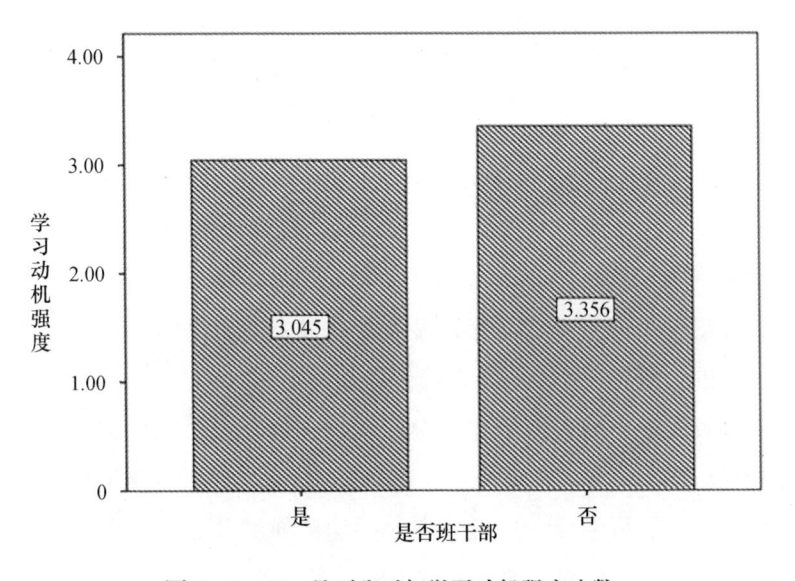

图4—1—13 是否班干部学习动机强度分数

[①] 刘淳松、张益民、张红:《大学生学习动机的性别、年级及学科差异》,《中国临床康复》2005年第5期。

图 4—1—14 表明，非班干部内生动机分数显著高于班干部，但并不能由此得出是否班干部之间存在显著性差异，它们之间的差异可能是由误差导致的，需要进一步进行差异性检验。

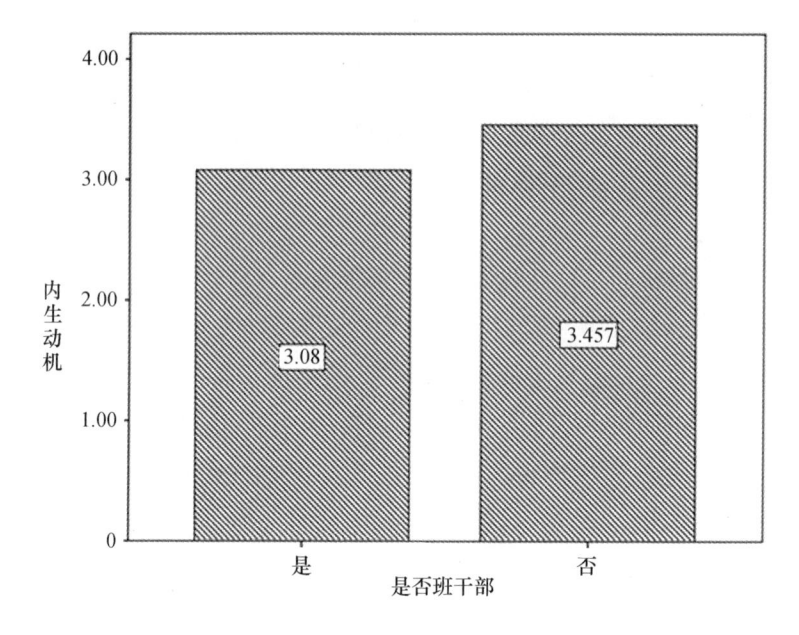

图 4—1—14　是否班干部内生动机分数

图 4—1—15 表明，非班干部外生动机分数显著高于班干部，但并不能由此得出是否班干部之间存在显著性差异，它们之间的差异可能是由误差导致的，需要进一步进行差异性检验。

对高校大学生是否班干部的学习动机强度、内生动机、外生动机得分进行独立样本 t 检验，从表 4—1—8 中可以看出，是否班干部之间存在显著性差异，非班干部学生得分在学习动机强度总分及内生动机、外生动机两个分量表上的得分均显著高于班干部学生。

原因分析：现在大学里的班干部可能每天都需要参加很多活动，有的时候没有精力去关注学习问题，大部分时间放在学校和老师布置的任务上，而不是班干部的人会花更多的时间去关注学习问题，会有更多的时间去学习。

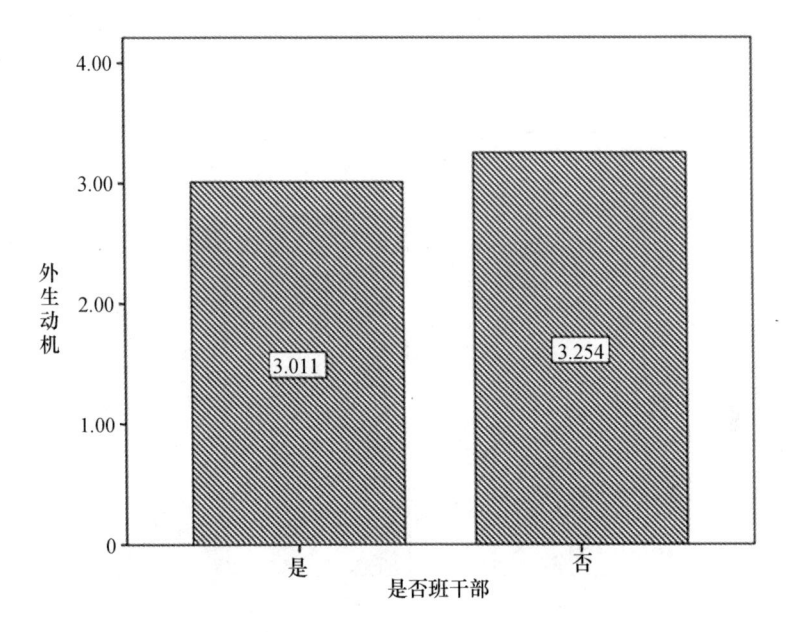

图 4—1—15　是否班干部外生动机分数

表 4—1—8　高校是否班干部之间大学生学习动机状况差异比较

项　目	t
学习动机强度	-10.689***
内生动机	-11.005***
外生动机	-9.524***

六　大学生学习动机在家庭来源上的差异及分析

图 4—1—16 表明，学习动机强度分数由高到低依次是城镇、城市、农村，分数最高为城镇 3.418，显著高于其他来源，分数最低为农村 3.145，但并不能由此得出各来源之间存在显著性差异，它们之间的差异可能是由误差导致的，需要进一步进行差异性检验。

图 4—1—17 表明，内生动机分数由高到低依次是城镇、城市、农村，分数最高为城镇 3.527，显著高于其他家庭来源，分数最低为农村 3.202，

但并不能由此表明家庭来源之间存在显著性差异，它们之间的差异可能是由误差导致的，需要进一步进行差异性检验。

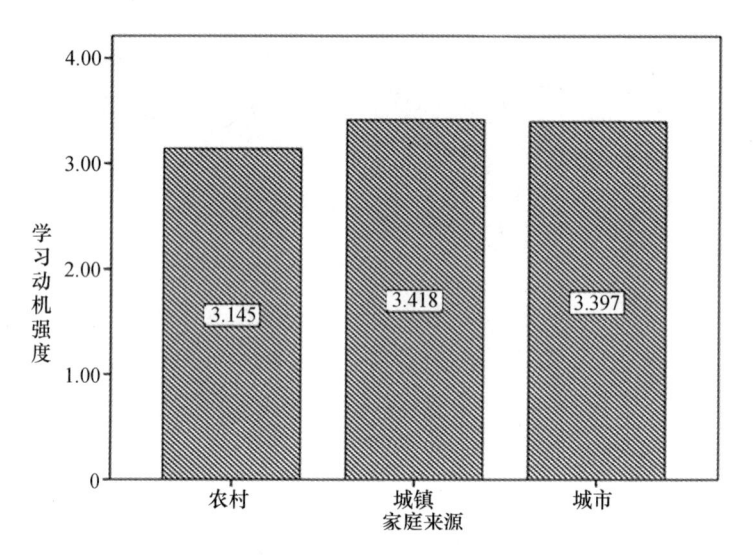

图4—1—16　不同家庭来源学习动机强度分数

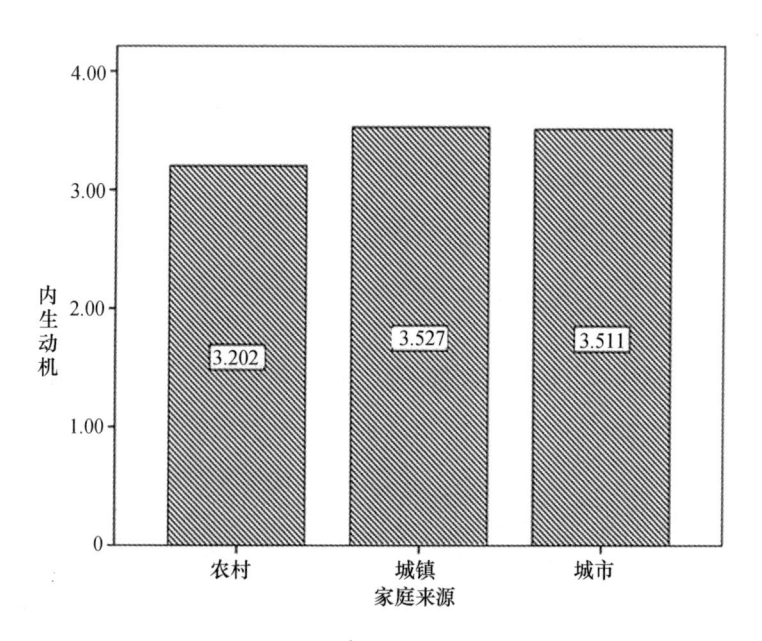

图4—1—17　不同家庭来源内生动机分数

图 4—1—18 表明，家庭来源之间外生动机分数由高到低依次是城镇、城市、农村，分数最高为城镇 3.31，显著高于其他来源，分数最低为农村 3.087，但并不能由此得出家庭来源之间存在显著性差异，它们之间的差异可能是由误差导致的，需要进一步进行差异性检验。

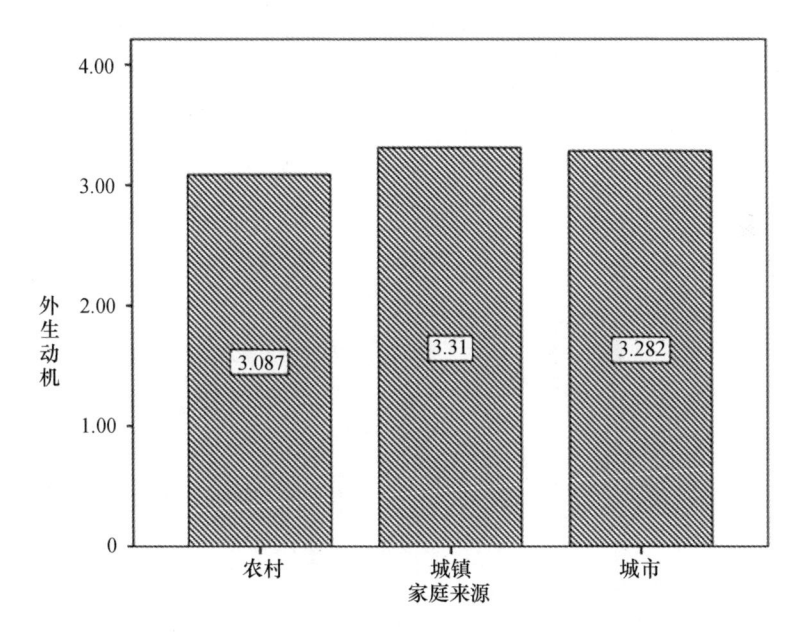

图 4—1—18　不同家庭来源外生动机分数

表 4—1—9　　不同家庭来源之间大学生学习动机状况差异比较

项　目	F
学习动机强度	52.014***
内生动机	52.651***
外生动机	41.729***

对不同家庭来源的大学生学习动机强度、内生动机、外生动机进行 F 检验，可以得出显著性水平，表 4—1—9 表明，各家庭来源之间均存在显

著性差异，其中内生动机高于外生动机。

表4—1—10　　不同家庭来源之间大学生学习动机状况均值差异比较

因变量	事后检验	(I) 家庭来源	(J) 家庭来源	均值差异 (I-J)	标准误
学习动机强度	LSD	农村	城镇	-0.271*	0.030
			城市	-0.253*	0.039
		城镇	农村	0.271*	0.030
			城市	0.018	0.044
		城市	农村	0.253*	0.039
			城镇	-0.018	0.044
内生动机	LSD	农村	城镇	-0.321*	0.036
			城市	-0.310*	0.046
		城镇	农村	0.321*	0.036
			城市	0.011	0.052
		城市	农村	0.310*	0.046
			城镇	-0.011	0.052
外生动机	LSD	农村	城镇	-0.221*	0.027
			城市	-0.197*	0.035
		城镇	农村	0.221*	0.027
			城市	0.024	0.040
		城市	农村	0.197*	0.035
			城镇	-0.024	0.040

分析表4—1—10，可得出以下三个方面的结论。

第一，家庭来源之间学习动机强度状况均值差异比较情况。农村与城镇和城市之间均存在显著性差异，其中农村与城镇之间的差异性显著高于农村与城市之间的差异性，而城镇与城市之间不存在统计学意义上的显著性差异；具体表现为农村得分显著低于城镇和城市，城镇得分显著高于农村，城市得分显著高于农村。

第二，家庭来源之间内生动机状况均值差异比较情况。农村与城镇和城市之间均存在显著性差异，其中农村与城镇之间的差异性显著高于农村与城市之间的差异性，而城镇与城市之间不存在统计学意义上的显著性差异；具体表现为农村得分显著低于城镇和城市，城镇得分显著高于农村，城市得分显著高于农村。

第三，家庭来源之间外生动机状况均值差异比较情况。农村与城镇和城市之间均存在显著性差异，其中农村与城镇之间的差异性显著高于农村与城市之间的显著性差异，而城镇与城市之间不存在统计学意义上的显著性差异；具体表现为农村得分显著低于城镇和城市，城镇得分显著高于农村，城市得分显著高于农村。

原因分析：城市和城镇较农村发展快，见世面广，接触东西多，教育方面也更加完善，并且在农村的家长眼里高学历并没有什么作用，这种观念也深入孩子的心里，从而使得学习动机不强，城镇的学习动机要比城市的高，城镇相比城市稍微弱一点儿，城镇里的人想要得到更好的生活像城市里一样，觉得他们有机会，所以他们会更加努力，会有这么一种观念，学习动机也会更强一些。[①]

七 大学生学习动机状况家庭完整状况差异

图4—1—19表明，家庭完整状况之间学习动机强度分数由高到低依次是寄养、离异再组合、单亲、健全，分数最高为寄养3.59，显著高于其他家庭完整状况，分数最低为健全3.223，但并不能由此得出家庭完整状况之间存在显著性差异，它们之间的差异可能是由误差导致的，需要进一步进行差异性检验。

图4—1—20表明，家庭状况之间内生动机分数由高到低依次是寄养、离异再组合、单亲、健全，分数最高为寄养3.676，显著高于其他家庭完整状况，分数最低为健全3.289，但并不能由此得出家庭完整状况之间存在显著性差异，它们之间的差异可能是由误差导致的，需要进一步进行差异性检验。

图4—1—21表明，家庭完整状况之间外生动机分数由高到低依次是

---

① 马苓、张苗、张俊玲：《大学生学习动机的影响因素与提升对策研究》，《河北工业大学学报》（社会科学版）2010年第3期。

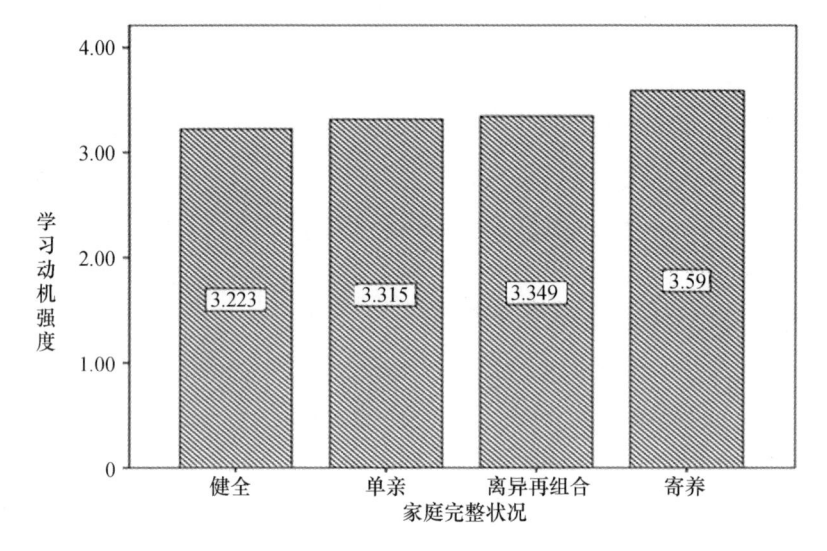

图 4—1—19　不同家庭完整状况学习动机强度分数

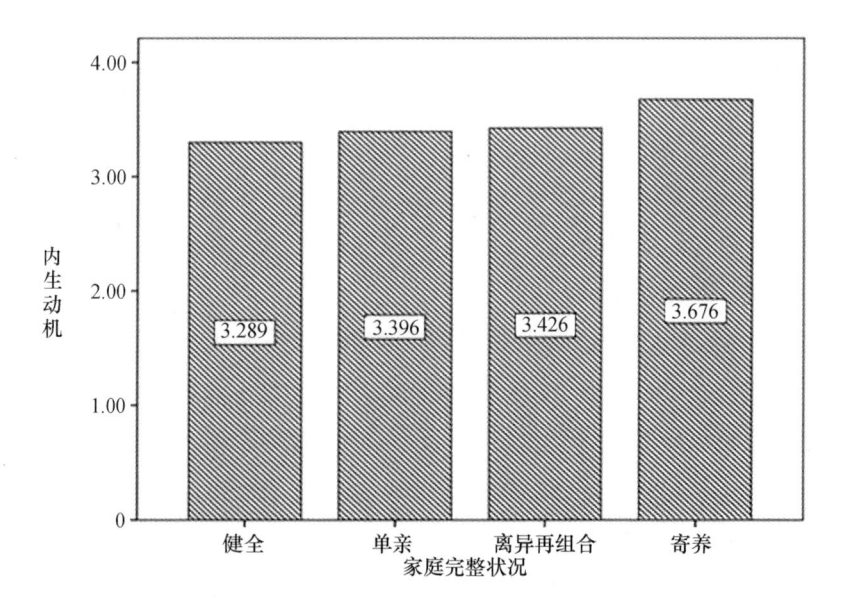

图 4—1—20　不同家庭完整状况内生动机分数

寄养、离异再组合、单亲、健全，分数最高为寄养 3.505，显著高于其他家庭完整状况，分数最低为健全 3.148，但并不能由此得出家庭完整状况之间存在显著性差异，它们之间的差异可能是由误差导致的，需要进一步进行差异性检验。

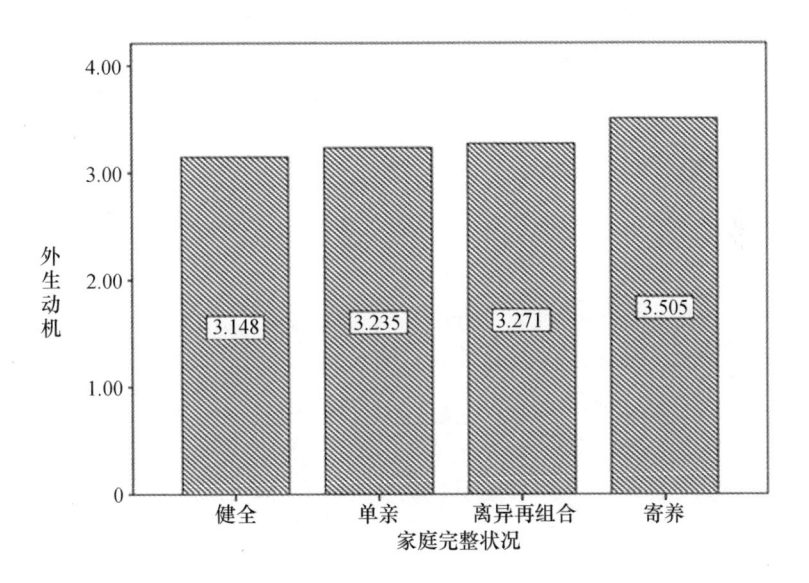

图 4—1—21　不同家庭完整状况外生动机分数

表 4—1—11　不同家庭完整状况之间大学生学习动机状况的差异比较

项　目	F
学习动机强度	3.974**
内生动机	2.943*
外生动机	4.736**

对家庭完整状况不同的大学生样本的学习动机强度、内生动机、外生动机进行 F 检验，可以得出显著性水平；表 4—1—11 表明，各家庭状况之间均存在显著性差异，其中外生动机高于内生动机。

表4—1—12　　不同家庭完整状况之间大学生学习动机状况的均值差异比较

因变量	事后检验	（I）家庭完整状况	（J）家庭完整状况	均值差异（I-J）	标准误
学习动机强度	LSD	健全	单亲	-0.090*	0.045
			离异再组合	-0.102	0.072
			寄养	-0.366*	0.143
		单亲	健全	0.090*	0.045
			离异再组合	-0.012	0.082
			寄养	-0.276	0.149
		离异再组合	健全	0.102	0.072
			单亲	0.012	0.082
			寄养	-0.265	0.159
		寄养	健全	0.366*	0.143
			单亲	0.276	0.149
			离异再组合	0.265	0.159
内生动机	LSD	健全	单亲	-0.095	0.053
			离异再组合	-0.096	0.085
			寄养	-0.376*	0.171
		单亲	健全	0.095	0.053
			离异再组合	-0.002	0.098
			寄养	-0.282	0.177
		离异再组合	健全	0.096	0.085
			单亲	0.002	0.098
			寄养	-0.280	0.189
		寄养	健全	0.376*	0.171
			单亲	0.282	0.177
			离异再组合	0.280	0.189
外生动机	LSD	健全	单亲	-0.085*	0.040
			离异再组合	-0.107	0.064
			寄养	-0.356*	0.128
		单亲	健全	0.085*	0.040
			离异再组合	-0.022	0.074
			寄养	-0.271*	0.133

续表

因变量	事后检验	(I) 家庭完整状况	(J) 家庭完整状况	均值差异 (I-J)	标准误
外生动机	LSD	离异再组合	健全	0.107	0.064
			单亲	0.022	0.074
			寄养	−0.249	0.142
		寄养	健全	0.356*	0.128
			单亲	0.271*	0.133
			离异再组合	0.249	0.142

分析表4—1—12，可得出以下三个方面的结论。

第一，不同家庭完整状况之间学习动机强度均值比较情况。

（1）健全与单亲和寄养之间存在显著性差异，其中健全与寄养之间的显著性差异要高于健全与单亲之间的显著性差异，与离异再组合之间不存在统计学意义上的显著性差异；具体表现为健全得分显著低于单亲和寄养。

（2）单亲与健全之间存在显著性差异，单亲与寄养和离异再组合之间不存在统计学意义上的显著性差异；具体表现为单亲得分显著高于健全。

（3）离异再组合与其他家庭完整状况之间均不存在统计学意义上的显著性差异。

（4）寄养与健全之间存在显著性差异，与单亲和离异再组合之间不存在统计学意义上的显著性差异；具体表现为寄养得分显著高于健全。

第二，不同家庭完整状况之间内生动机均值比较情况。

（1）健全与寄养之间存在显著性差异，与单亲和离异再组合之间不存在统计学意义上的显著性差异；具体表现为健全得分显著低于寄养。

（2）单亲与其他家庭完整状况之间均不存在统计学意义上的显著性差异。

（3）离异再组合与其他家庭完整状况之间均不存在统计学意义上的显著性差异。

(4) 寄养与健全之间存在显著性差异，与单亲和离异再组合之间不存在统计学意义上的显著性差异；具体表现为寄养得分显著高于健全。

第三，不同家庭状况之间外生动机均值比较情况。

(1) 健全与单亲和寄养之间存在显著性差异，其中健全与寄养之间的显著性差异高于健全与单亲之间的显著性差异，与离异再组合之间不存在统计学意义上的显著性差异；具体表现为健全得分显著低于单亲和寄养。

(2) 单亲与健全和寄养之间存在显著性差异，其中单亲与寄养之间的显著性差异高于单亲与健全之间的显著性差异，与离异再组合之间不存在统计学意义上的显著性差异；具体表现为单亲得分显著高于健全且显著低于寄养。

(3) 离异再组合与其他家庭完整状况之间均不存在统计学意义上的显著性差异。

(4) 寄养与单亲和健全之间存在显著性差异，其中寄养与健全之间的显著性差异高于寄养与单亲之间的显著性差异，与离异再组合之间不存在统计学意义上的显著性差异；具体表现为寄养得分显著高于健全和单亲。

原因分析：寄养家的孩子会更加懂事，为人处事更加圆滑，同时更加想要得到父母的爱和关注，不想让现在的父母伤心或担心，想要在很多方面取得成功，所以会更加努力，特别是学习这一方面，比起健全家的孩子会更加努力，现在越来越多健全家的父母对于自己的孩子太过溺爱、太过放纵，不想让孩子受到任何伤害，使得孩子不会那么想要努力学习，什么都是完整的，比起其他家庭类型就少了一些激发学习动机的因素。

八　大学生学习动机状况在父母一方最高文化程度上的差异及分析

图4—1—22表明，父母一方最高文化水平大学生学习动机强度分数由高到低依次是高中、大学及以上、初中、小学，分数最高为高中3.43，显著高于其他文化水平，分数最低为小学2.622，但并不能由此得出父母一方最高文化水平之间存在显著性差异，它们之间的差异可能是由误差导致的，需要进一步进行差异性检验。

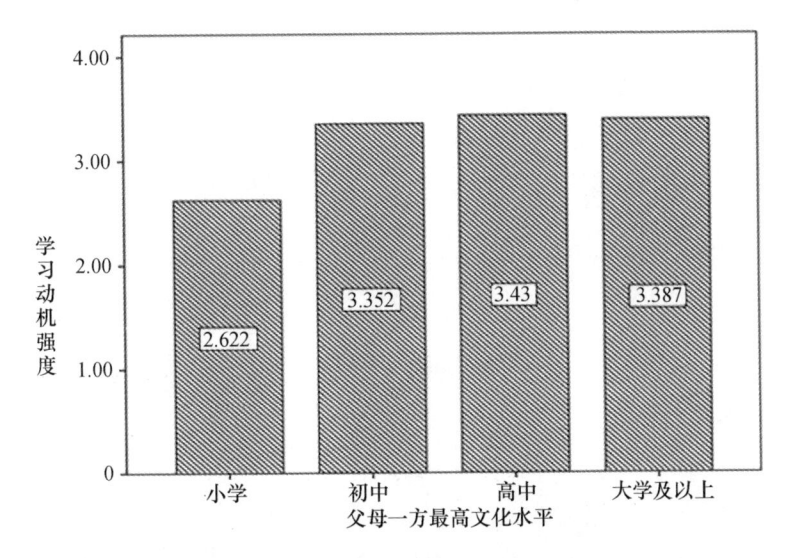

图4—1—22 不同父母一方最高文化水平学习动机强度分数

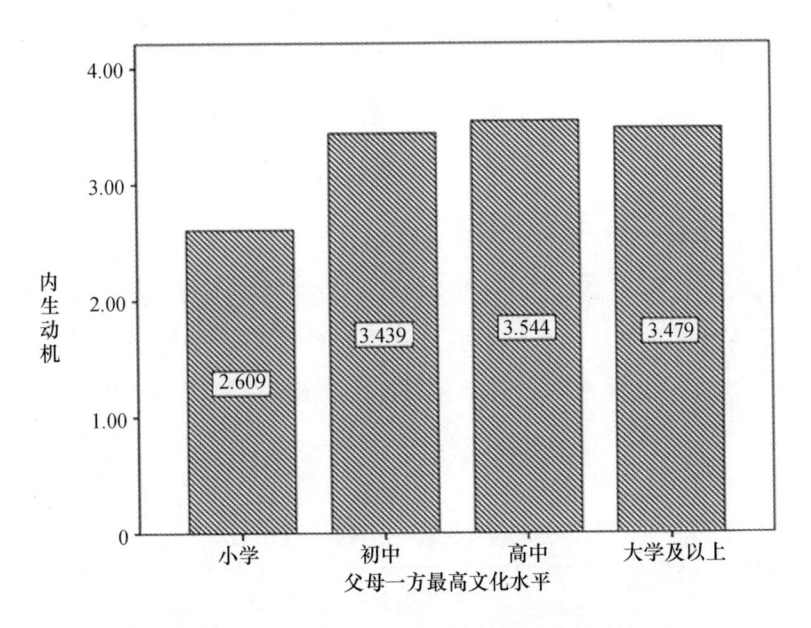

图4—1—23 不同父母一方最高文化水平内生动机分数

图 4—1—23 表明，父母一方最高文化水平大学生内生动机分数由高到低依次是高中、大学及以上、初中、小学，分数最高为高中 3.544，显著高于其他文化水平，分数最低为小学 2.609，但并不能由此得出父母一方最高文化水平之间存在显著性差异，它们之间的差异可能是由误差导致的，需要进一步进行差异性检验。

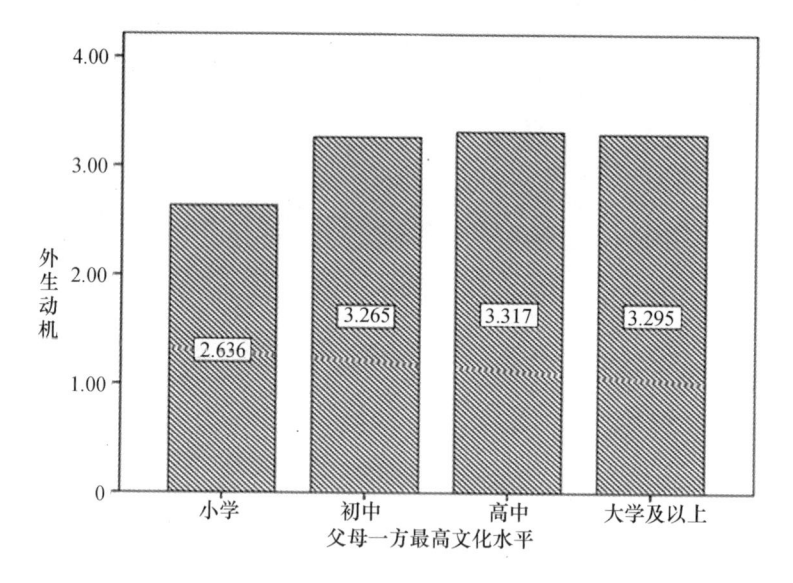

图 4—1—24　不同父母一方最高文化水平外生动机分数

图 4—1—24 结果表示，父母一方最高文化水平大学生外生动机分数由高到低依次是高中、大学及以上、初中、小学，分数最高为高中 3.317，显著高于其他文化水平，分数最低为 2.636，但并不能由此得出父母一方最高文化水平之间存在显著性差异，它们之间的差异可能是由误差导致的，需要进一步进行差异性检验。

表 4—1—13　父母一方最高文化水平之间大学生学习动机状况差异比较

项　目	F
学习动机强度	225.496***
内生动机	207.990***
外生动机	199.667***

对父母不同文化水平的大学生样本的学习动机强度、内生动机、外生动机进行F检验，可以得出显著性水平；表4—1—13结果表明，父母一方最高文化水平与学习动机之间存在显著性差异。

表4—1—14　　父母一方最高文化水平之间大学生学习动机状况均值差异比较

因变量	事后检验	(I) 父母一方最高文化水平	(J) 父母一方最高文化水平	均值差异(I-J)	标准误
学习动机强度	LSD	小学	初中	-0.720*	0.032
			高中	-0.780*	0.034
			大学及以上	-0.758*	0.045
		初中	小学	0.720*	0.032
			高中	-0.080*	0.028
			大学及以上	-0.038	0.041
		高中	小学	0.780*	0.034
			初中	0.080*	0.028
			大学及以上	0.042	0.043
		大学及以上	小学	0.758*	0.045
			初中	0.038	0.041
			高中	-0.042	0.043
内生动机	LSD	小学	初中	-0.821*	0.038
			高中	-0.927*	0.040
			大学及以上	-0.864*	0.054
		初中	小学	0.821*	0.038
			高中	-0.106*	0.033
			大学及以上	-0.043	0.049
		高中	小学	0.927*	0.040
			初中	0.106*	0.033
			大学及以上	0.063	0.051
		大学及以上	小学	0.864*	0.054
			初中	0.043	0.049
			高中	-0.063	0.051

续表

因变量	事后检验	(I) 父母一方最高文化水平	(J) 父母一方最高文化水平	均值差异 (I-J)	标准误
外生动机	LSD	小学	初中	-0.619*	0.029
			高中	-0.673*	0.031
			大学及以上	-0.651*	0.041
		初中	小学	0.619*	0.029
			高中	-0.053*	0.025
			大学及以上	-0.032	0.037
		高中	小学	0.673*	0.031
			初中	0.053*	0.025
			大学及以上	0.021	0.039
		大学及以上	小学	0.651*	0.041
			初中	0.032	0.037
			高中	-0.021	0.039

分析表 4—1—14，可得出以下三个方面的结论。

第一，父母一方最高文化水平之间的学习动机强度均值差异比较情况。

（1）小学与其他文化水平之间均存在显著性差异，其中小学与高中之间的显著性差异最高；具体表现为小学得分显著低于初中、高中和大学及以上。

（2）初中与小学和高中之间存在显著性差异，其中初中与小学之间的显著性差异高于初中和高中之间的显著性差异，与大学及以上之间不存在统计学意义上的显著性差异；具体表现为初中得分显著高于小学且显著低于高中。

（3）高中与小学和初中之间存在显著性差异，其中高中与小学之间的显著性差异高于高中和初中之间的显著性差异，与大学及以上之间不存在统计学意义上的显著性差异；具体表现为高中得分显著高于小学和初中。

（4）大学及以上与小学之间存在显著性差异，与初中和高中之间不存在统计学意义上的显著性差异；具体表现为大学及以上得分显著高于小学。

第二，父母一方最高文化水平之间的内生动机均值差异比较情况。

（1）小学与其他文化水平之间存在显著性差异，其中小学和高中之间的显著性差异最高；具体表现为小学得分显著低于初中、高中和大学及以上。

（2）初中与小学和高中之间存在显著性差异，其中初中和小学之间的显著性差异高于初中和高中之间的显著性差异，与大学及以上之间不存在统计学意义上的显著性差异；具体表现为初中得分显著高于小学且显著低于高中。

（3）高中与小学和初中之间存在显著性差异，其中高中和小学之间的显著性差异高于高中和初中之间的显著性差异，与大学及以上之间不存在统计学意义上的显著性差异；具体表现为高中得分显著高于小学和初中。

（4）大学及以上与小学之间存在显著性差异，与初中和高中之间不存在统计学意义上的显著性差异；具体表现为大学及以上得分显著高于小学。

第三，父母一方最高文化水平之间的外生动机均值差异比较情况。

（1）小学与其他文化水平之间存在显著性差异，其中小学与高中之间的显著性差异最高；具体表现为小学得分显著低于初中、高中和大学及以上。

（2）初中与小学和高中之间存在显著性差异，其中初中和小学之间的显著性差异高于初中和高中之间的显著性差异，与大学及以上之间不存在统计学意义上的显著性差异；具体表现为初中得分显著高于小学且显著低于高中。

（3）高中与小学和初中之间存在显著性差异，其中高中和小学之间的显著性差异高于高中和初中之间的显著性差异，与大学及以上之间不存在统计学意义上的显著性差异；具体表现为高中得分显著高于小学和初中。

（4）大学及以上只与小学之间存在显著性差异，具体表现为大学及以上得分显著高于小学。

原因分析：小学文化程度的父母对于自己的子女不太看重学习这一方面，文化水平不高想要自己的孩子早点儿进入社会，对于他们来说高学历没有什么作用不如早早进入社会来得实际，同时这种观念也影响着孩子，导致学习动机不强烈，高中文化水平的父母有一定的文化基础，有能力让孩子进行更高一级的教育，加之现在社会越来越重视知识分子，所以对自己的孩子更加重视学习这方面，对于大学及以上文化水平的父母，孩子会得到较好的智力遗传，所以孩子比较容易就能学会知识，一般学习成绩都很好，因此没有很强烈的学习动机。

第二节　地方新建本科高校大学生学习策略现状与分析

大学生学习策略调查，包括大学生的学习投入度和学习策略调查两个方面。

学习投入度是指学生在学习活动中所投入的心理和体力的总和，主要包括两个方面：一是描述大学生学习投入的状况；二是将个人背景变量影响学习投入度的学习投入指标作为考察大学教育质量的核心内容，这两方面的研究有助于学校全面掌握大学生的学习投入度。

学习策略（Learning strategy）是一个多学科研究的、多层次和多维度的心理品质。根据学习的心理过程进行划分，研究者从学习的知、情、意的心理过程出发，建构学习策略的结构。大学生学习策略包括5个维度：（1）资源管理策略，是指大学生在学习活动中管理可用的学习资源的一种学习策略；（2）认知策略，是指大学生在学习新知识期间，对信息加工的一些方法和技术；（3）动机信念策略，是指积极乐观的情绪和面对困难时保持积极心态的学习策略；（4）元认知策略，是指大学生在学习前、学习中和学习后期间，自我调控和监督自己学习情况的一种学习策略；（5）创新策略，是指大学生积极拓展自己、积极提升自我的一种发展性策略。

本调查中，专业学习投入度问卷包含8个题目；大学生学习策略调查问卷采用2007年解登峰编制了《大学生学习调查问卷》的测试正式版，包括资源管理策略、认知策略、动机信念策略、元认知策略和创新策略等5个分量表。[①] 其中总量表的内部一致性系数为0.82，各分量表的内部一致性系数分别为0.71、0.64、0.66、0.53。依据Henson的观点，总问卷及各问卷维度的内部一致性系数均在0.52以上，因而问卷具有较

---

① 解登峰：《大学生学习策略调查问卷的编制》，硕士学位论文，安徽师范大学，2007年。

好的信度，可以施测。

一　学校差异

图4—2—1表明，各高校的专业学习投入度分数由高到低依次是泰山学院、滨州学院、德州学院、枣庄学院、菏泽学院、潍坊学院。其中，分数最高的是泰山学院为3.204，显著高于其他高校，分数最低为潍坊学院，为2.795，但并不能由此得出各高校之间存在显著性差异。

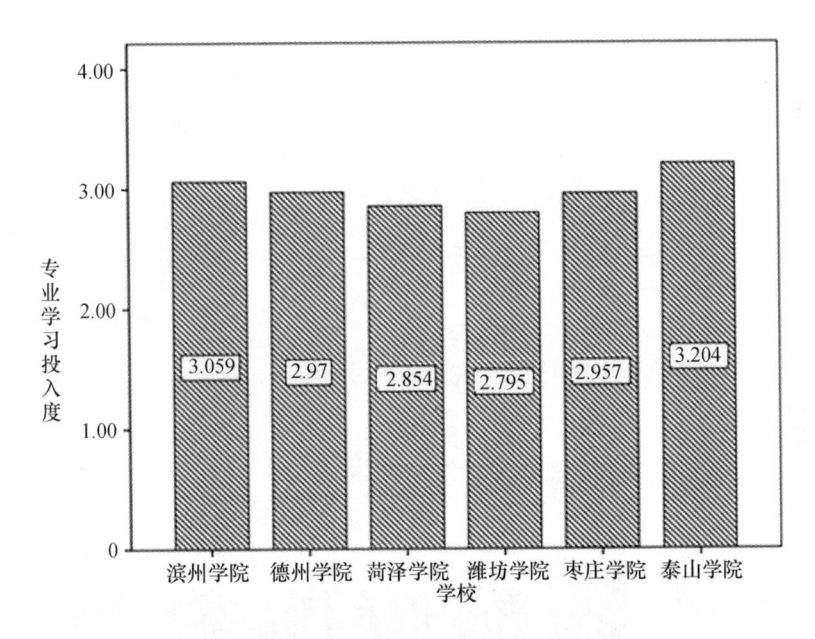

图4—2—1　不同学校专业学习投入度分数

图4—2—2表明，各高校的学习策略应用分数由高到低依次是泰山学院、滨州学院、德州学院、枣庄学院、潍坊学院、菏泽学院。其中，分数最高的是泰山学院，为3.362，显著高于其他高校，分数最低为菏泽学院为3.072，但并不能由此得出各高校之间存在显著性差异。

图4—2—3表明，各高校在资源管理策略上分数从高到低的是泰山学院、滨州学院、德州学院、枣庄学院、菏泽学院、潍坊学院。分数最高是泰山学院为3.361，分数最低是潍坊学院为3.081，但并不能由此得出各高校之间存在显著性差异。

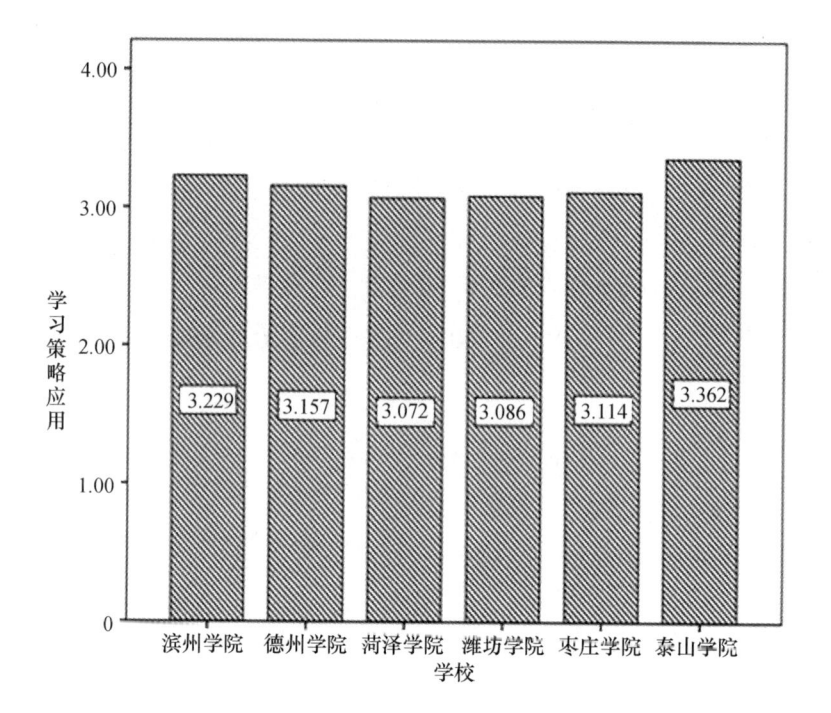

图4—2—2　不同学校学习策略应用分数

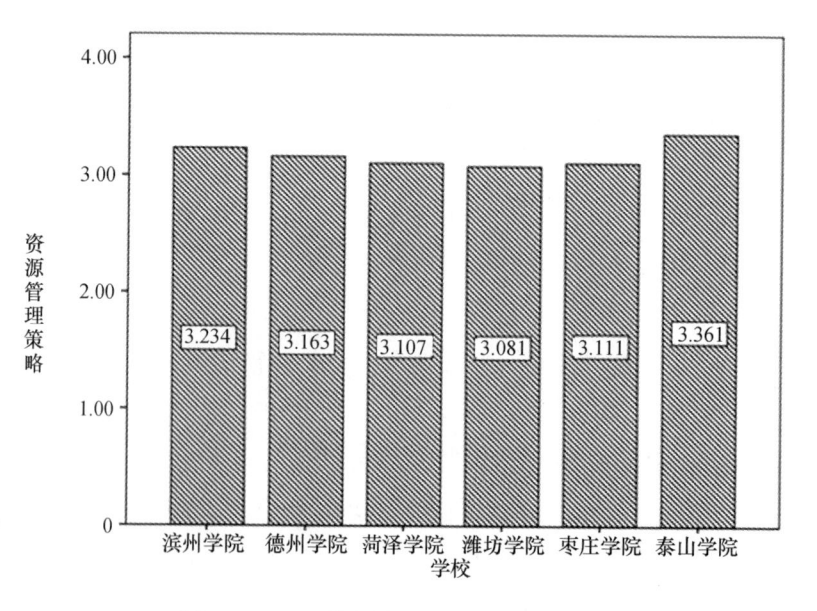

滨州学院 3.229　德州学院 3.157　菏泽学院 3.072　潍坊学院 3.086　枣庄学院 3.114　泰山学院 3.362

图4—2—3　不同学校资源管理策略分数

滨州学院 3.234　德州学院 3.163　菏泽学院 3.107　潍坊学院 3.081　枣庄学院 3.111　泰山学院 3.361

图4—2—4 表明，各高校认知策略分数从高到低的是泰山学院、德州学院、滨州学院、枣庄学院、菏泽学院、潍坊学院。其中，分数最高的是泰山学院为 3.27，分数最低是菏泽学院为 2.939，但并不能由此得出各高校之间存在显著性差异。

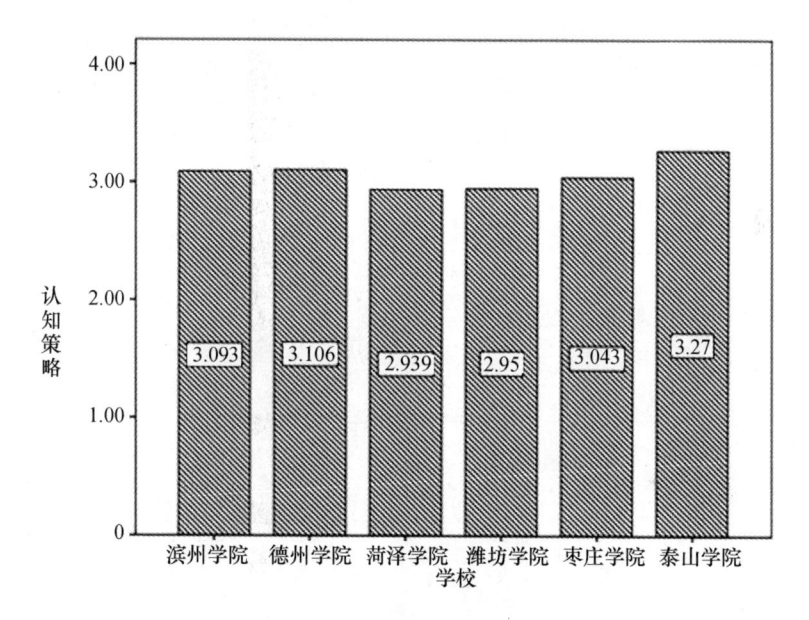

图4—2—4 不同学校认知策略分数

图4—2—5 表明，各高校的动机信念策略分数从高到低的是泰山学院、滨州学院、潍坊学院、菏泽学院、德州学院、枣庄学院。其中，分数最高的是泰山学院为 3.513，分数最低是枣庄学院为 3.199，但并不能由此得出各高校之间存在显著性差异。

图4—2—6 表明，各高校的元认知策略分数从高到低的是泰山学院、滨州学院、德州学院、枣庄学院、菏泽学院、潍坊学院。其中，分数最高的是泰山学院为 3.259，分数最低是潍坊学院为 2.986，但并不能由此得出各高校之间存在显著性差异。

图4—2—7 表明，各高校的创新策略分数从高到低的是泰山学院、滨州学院、德州学院、枣庄学院、潍坊学院、菏泽学院。其中，分数最高的是泰山学院为 3.409，分数最低是菏泽学院为 3.08，但并不能由此得出

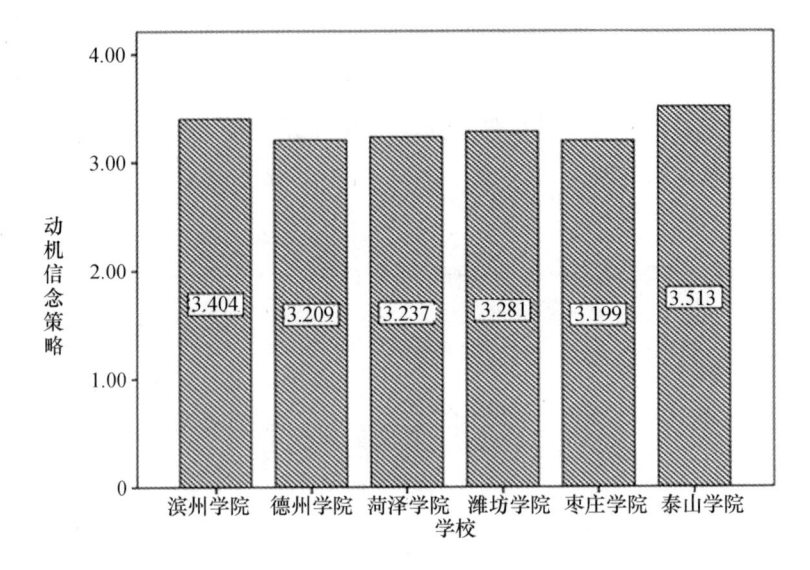

图 4—2—5　不同学校动机信念策略分数

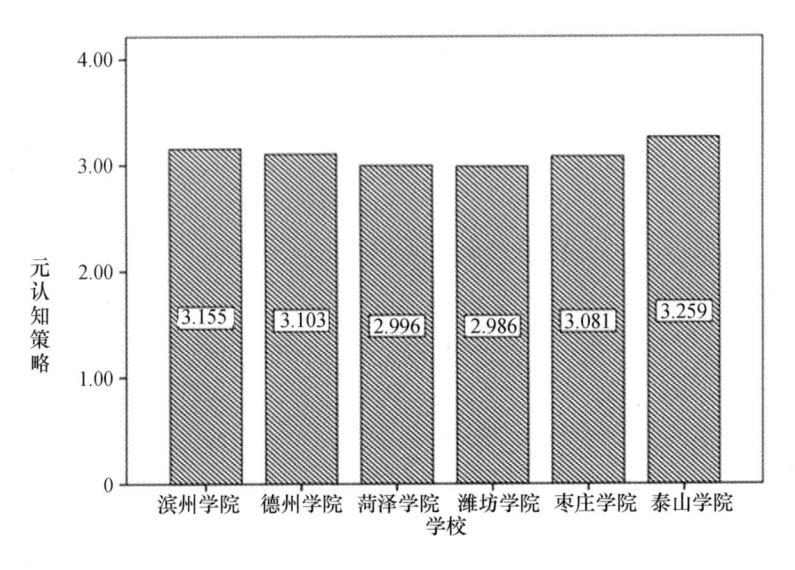

滨州学院 3.404　德州学院 3.209　菏泽学院 3.237　潍坊学院 3.281　枣庄学院 3.199　泰山学院 3.513

图 4—2—6　不同学校元认知策略分数

滨州学院 3.155　德州学院 3.103　菏泽学院 2.996　潍坊学院 2.986　枣庄学院 3.081　泰山学院 3.259

各高校之间存在显著性差异。

综上所述，泰山学院在专业学习投入度、学习策略应用、资源管理策略、认知策略、动机信念策略、元认知策略和创新策略 7 个维度中得分都最高。

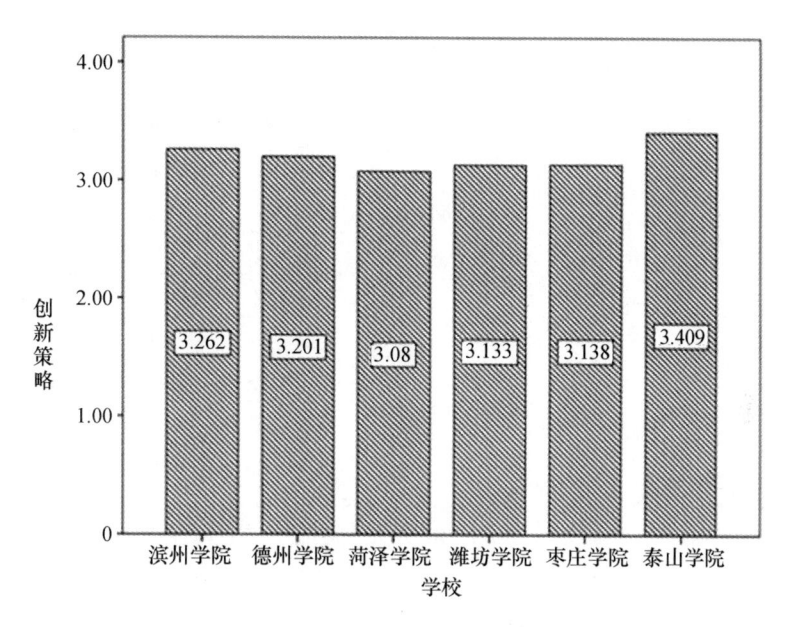

图4—2—7 不同学校创新策略分数

滨州学院 3.262　德州学院 3.201　菏泽学院 3.08　潍坊学院 3.133　枣庄学院 3.138　泰山学院 3.409

表4—2—1　　不同学校之间学习现状的差异比较

项　目	F
专业学习投入度	14.558***
学习策略应用	7.286***
资源管理策略	5.300***
认知策略	8.400***
动机信念策略	6.958***
元认知策略	6.042***
创新策略	6.433***

通过对各高校的学生样本的专业学习投入度、学习策略应用、资源管理策略、认知策略、动机信念策略、元认知策略和创新策略进行 F 检验，表4—2—1 表明，各高校之间均存在显著性差异。

表4—2—2　　不同学校之间学习现状的均值差异比较

因变量	事后检验	（I）学校	（J）学校	均值差异（I－J）	标准误
专业学习投入度	LSD	滨州学院	德州学院	0.08810	0.05514
			菏泽学院	0.20483*	0.05622
			潍坊学院	0.26353*	0.05157
			枣庄学院	0.10163	0.05790
			泰山学院	－0.14520*	0.05777
		德州学院	滨州学院	－0.08810	0.05514
			菏泽学院	0.11673*	0.05495
			潍坊学院	0.17543*	0.05019
			枣庄学院	0.01353	0.05667
			泰山学院	－0.23330*	0.05654
		菏泽学院	滨州学院	－0.20483*	0.05622
			德州学院	－0.11673*	0.05495
			潍坊学院	0.05870	0.05137
			枣庄学院	－0.10321	0.05772
			泰山学院	－0.35003*	0.05759
		潍坊学院	滨州学院	－0.26353*	0.05157
			德州学院	－0.17543*	0.05019
			菏泽学院	－0.05870	0.05137
			枣庄学院	－0.16191*	0.05321
			泰山学院	－0.40873*	0.05307
		枣庄学院	滨州学院	－0.10163	0.05790
			德州学院	－0.01353	0.05667
			菏泽学院	0.10321	0.05772
			潍坊学院	0.16191*	0.05321
			泰山学院	－0.24682*	0.05924
		泰山学院	滨州学院	0.14520*	0.05777
			德州学院	0.23330*	0.05654
			菏泽学院	0.35003*	0.05759
			潍坊学院	0.40873*	0.05307
			枣庄学院	0.24682*	0.05924

续表

因变量	事后检验	（I）学校	（J）学校	均值差异（I-J）	标准误
学习策略应用	LSD	滨州学院	德州学院	0.07127	0.05608
			菏泽学院	0.15771*	0.05718
			潍坊学院	0.14321*	0.05245
			枣庄学院	0.11517	0.05889
			泰山学院	-0.13284*	0.05876
		德州学院	滨州学院	-0.07127	0.05608
			菏泽学院	0.08644	0.05589
			潍坊学院	0.07195	0.05105
			枣庄学院	0.04390	0.05764
			泰山学院	-0.20410*	0.05751
		菏泽学院	滨州学院	-0.15771*	0.05718
			德州学院	-0.08644	0.05589
			潍坊学院	-0.01449	0.05225
			枣庄学院	-0.04253	0.05870
			泰山学院	-0.29054*	0.05857
		潍坊学院	滨州学院	-0.14321*	0.05245
			德州学院	-0.07195	0.05105
			菏泽学院	0.01449	0.05225
			枣庄学院	-0.02804	0.05412
			泰山学院	-0.27605*	0.05397
		枣庄学院	滨州学院	-0.11517	0.05889
			德州学院	-0.04390	0.05764
			菏泽学院	0.04253	0.05870
			潍坊学院	0.02804	0.05412
			泰山学院	-0.24801*	0.06025
		泰山学院	滨州学院	0.13284*	0.05876
			德州学院	0.20410*	0.05751
			菏泽学院	0.29054*	0.05857
			潍坊学院	0.27605*	0.05397
			枣庄学院	0.24801*	0.06025

续表

因变量	事后检验	（I）学校	（J）学校	均值差异（I－J）	标准误
资源管理策略	LSD	滨州学院	德州学院	0.070	0.064
			菏泽学院	0.126	0.065
			潍坊学院	0.153*	0.059
			枣庄学院	0.122	0.067
			泰山学院	－0.127	0.067
		德州学院	滨州学院	－0.070	0.064
			菏泽学院	0.056	0.063
			潍坊学院	0.082	0.058
			枣庄学院	0.052	0.065
			泰山学院	－0.197*	0.065
		菏泽学院	滨州学院	－0.126	0.065
			德州学院	－0.056	0.063
			潍坊学院	0.026	0.059
			枣庄学院	－0.004	0.067
			泰山学院	－0.253*	0.066
		潍坊学院	滨州学院	－0.153*	0.059
			德州学院	－0.082	0.058
			菏泽学院	－0.026	0.059
			枣庄学院	－0.030	0.061
			泰山学院	－0.279*	0.061
		枣庄学院	滨州学院	－0.122	0.067
			德州学院	－0.052	0.065
			菏泽学院	0.004	0.067
			潍坊学院	0.030	0.061
			泰山学院	－0.249*	0.068
		泰山学院	滨州学院	0.127	0.067
			德州学院	0.197*	0.065
			菏泽学院	0.253*	0.066
			潍坊学院	0.279*	0.061
			枣庄学院	0.249*	0.068

续表

因变量	事后检验	（I）学校	（J）学校	均值差异（I-J）	标准误
认知策略	LSD	滨州学院	德州学院	-0.01432	0.05912
			菏泽学院	0.15349*	0.06027
			潍坊学院	0.14290*	0.05529
			枣庄学院	0.04965	0.06208
			泰山学院	-0.17765*	0.06194
		德州学院	滨州学院	0.01432	0.05912
			菏泽学院	0.16781*	0.05891
			潍坊学院	0.15722*	0.05381
			枣庄学院	0.06397	0.06076
			泰山学院	-0.16333*	0.06062
		菏泽学院	滨州学院	-0.15349*	0.06027
			德州学院	-0.16781*	0.05891
			潍坊学院	-0.01059	0.05507
			枣庄学院	-0.10383	0.06188
			泰山学院	-0.33114*	0.06174
		潍坊学院	滨州学院	-0.14290*	0.05529
			德州学院	-0.15722*	0.05381
			菏泽学院	0.01059	0.05507
			枣庄学院	-0.09325	0.05704
			泰山学院	-0.32055*	0.05690
		枣庄学院	滨州学院	-0.04965	0.06208
			德州学院	-0.06397	0.06076
			菏泽学院	0.10383	0.06188
			潍坊学院	0.09325	0.05704
			泰山学院	-0.22731*	0.06351
		泰山学院	滨州学院	0.17765*	0.06194
			德州学院	0.16333*	0.06062
			菏泽学院	0.33114*	0.06174
			潍坊学院	0.32055*	0.05690
			枣庄学院	0.22731*	0.06351

续表

因变量	事后检验	（I）学校	（J）学校	均值差异（I－J）	标准误
动机信念策略	LSD	滨州学院	德州学院	0.19328*	0.06399
			菏泽学院	0.16769*	0.06524
			潍坊学院	0.12299*	0.05985
			枣庄学院	0.20543*	0.06720
			泰山学院	－0.10840	0.06705
		德州学院	滨州学院	－0.19328*	0.06399
			菏泽学院	－0.02559	0.06377
			潍坊学院	－0.07029	0.05825
			枣庄学院	0.01215	0.06577
			泰山学院	－0.30169*	0.06562
		菏泽学院	滨州学院	－0.16769*	0.06524
			德州学院	0.02559	0.06377
			潍坊学院	－0.04470	0.05962
			枣庄学院	0.03774	0.06699
			泰山学院	－0.27609*	0.06684
		潍坊学院	滨州学院	－0.12299*	0.05985
			德州学院	0.07029	0.05825
			菏泽学院	0.04470	0.05962
			枣庄学院	0.08244	0.06175
			泰山学院	－0.23139*	0.06159
		枣庄学院	滨州学院	－0.20543*	0.06720
			德州学院	－0.01215	0.06577
			菏泽学院	－0.03774	0.06699
			潍坊学院	－0.08244	0.06175
			泰山学院	－0.31384*	0.06875
		泰山学院	滨州学院	0.10840	0.06705
			德州学院	0.30169*	0.06562
			菏泽学院	0.27609*	0.06684
			潍坊学院	0.23139*	0.06159
			枣庄学院	0.31384*	0.06875

续表

因变量	事后检验	（I）学校	（J）学校	均值差异（I-J）	标准误
元认知策略	LSD	滨州学院	德州学院	0.05069	0.05924
			菏泽学院	0.15869*	0.06040
			潍坊学院	0.16838*	0.05541
			枣庄学院	0.07363	0.06220
			泰山学院	-0.10471	0.06207
		德州学院	滨州学院	-0.05069	0.05924
			菏泽学院	0.10800	0.05903
			潍坊学院	0.11768*	0.05392
			枣庄学院	0.02294	0.06088
			泰山学院	-0.15541*	0.06074
		菏泽学院	滨州学院	-0.15869*	0.06040
			德州学院	-0.10800	0.05903
			潍坊学院	0.00969	0.05519
			枣庄学院	-0.08506	0.06201
			泰山学院	-0.26340*	0.06187
		潍坊学院	滨州学院	-0.16838*	0.05541
			德州学院	-0.11768*	0.05392
			菏泽学院	-0.00969	0.05519
			枣庄学院	-0.09474	0.05716
			泰山学院	-0.27309*	0.05701
		枣庄学院	滨州学院	-0.07363	0.06220
			德州学院	-0.02294	0.06088
			菏泽学院	0.08506	0.06201
			潍坊学院	0.09474	0.05716
			泰山学院	-0.17834*	0.06364
		泰山学院	滨州学院	0.10471	0.06207
			德州学院	0.15541*	0.06074
			菏泽学院	0.26340*	0.06187
			潍坊学院	0.27309*	0.05701
			枣庄学院	0.17834*	0.06364

续表

因变量	事后检验	(I) 学校	(J) 学校	均值差异 (I-J)	标准误
创新策略	LSD	滨州学院	德州学院	0.05638	0.06372
			菏泽学院	0.18219*	0.06496
			潍坊学院	0.12925*	0.05959
			枣庄学院	0.12473	0.06690
			泰山学院	-0.14651*	0.06676
		德州学院	滨州学院	-0.05638	0.06372
			菏泽学院	0.12581*	0.06350
			潍坊学院	0.07287	0.05800
			枣庄学院	0.06835	0.06548
			泰山学院	-0.20289*	0.06533
		菏泽学院	滨州学院	-0.18219*	0.06496
			德州学院	-0.12581*	0.06350
			潍坊学院	-0.05294	0.05936
			枣庄学院	-0.05746	0.06670
			泰山学院	-0.32870*	0.06655
		潍坊学院	滨州学院	-0.12925*	0.05959
			德州学院	-0.07287	0.05800
			菏泽学院	0.05294	0.05936
			枣庄学院	-0.00452	0.06148
			泰山学院	-0.27576*	0.06132
		枣庄学院	滨州学院	-0.12473	0.06690
			德州学院	-0.06835	0.06548
			菏泽学院	0.05746	0.06670
			潍坊学院	0.00452	0.06148
			泰山学院	-0.27125*	0.06845
		泰山学院	滨州学院	0.14651*	0.06676
			德州学院	0.20289*	0.06533
			菏泽学院	0.32870*	0.06655
			潍坊学院	0.27576*	0.06132
			枣庄学院	0.27125*	0.06845

对表4—2—2进行分析,可以得出以下7个方面的结论:

(1) 各高校专业学习投入度均值差异比较情况。

①滨州学院与菏泽学院、潍坊学院和泰山学院之间存在显著性差异,与德州学院、枣庄学院之间不存在统计学意义上的显著性差异,具体表现为滨州学院分数显著高于潍坊学院、菏泽学院,且显著低于泰山学院。

②德州学院与菏泽学院、潍坊学院和泰山学院之间存在显著性差异,与滨州学院、枣庄学院之间不存在统计学意义上的显著性差异,具体表现为德州学院显著高于潍坊学院、菏泽学院,且显著低于泰山学院。

③菏泽学院与滨州学院、德州学院和泰山学院之间存在显著性差异,与潍坊学院、枣庄学院之间不存在统计学意义上的显著性差异。

④潍坊学院与其他高校均存在统计学意义上的显著性差异,只与菏泽学院之间不存在统计学意义上的显著性差异。

⑤枣庄学院与潍坊学院和泰山学院之间存在显著性差异,与滨州学院、德州学院和菏泽学院之间不存在统计学意义上的显著性差异,具体表现为枣庄学院显著高于潍坊学院,且显著低于泰山学院。

⑥泰山学院与所有学院均存在显著性差异,具体表现为泰山学院显著高于潍坊学院、菏泽学院、枣庄学院、德州学院、滨州学院。

(2) 各高校学习策略应用均值差异比较情况。

①滨州学院与菏泽学院、潍坊学院和泰山学院之间存在显著性差异,与德州学院、枣庄学院之间不存在统计学意义上的显著性差异,具体表现为滨州学院显著高于潍坊学院、菏泽学院,且显著低于泰山学院。

②德州学院只与泰山学院之间存在显著性差异,与其他高校之间不存在统计学意义上的显著性差异。

③菏泽学院与滨州学院和泰山学院之间存在显著性差异,与德州学院、潍坊学院、枣庄学院之间不存在统计学意义上的显著性差异。

④潍坊学院与滨州学院和泰山学院之间存在显著性差异,与德州学院、菏泽学院、枣庄学院之间不存在统计学意义上的显著性差异。

⑤枣庄学院只与泰山学院之间存在显著性差异,与其他高校之间不存在统计学意义上的显著性差异。

⑥泰山学院与所有学院均存在显著性差异,具体表现为泰山学院显

著高于菏泽学院、潍坊学院、枣庄学院、德州学院、滨州学院。

（3）各高校资源管理策略均值差异比较情况。

①滨州学院只与潍坊学院之间存在显著性差异，与其他高校之间不存在统计学意义上的显著性差异，具体表现为滨州学院分数显著高于潍坊学院。

②德州学院只与泰山学院之间存在显著性差异，与其他高校之间不存在统计学意义上的显著性差异。

③菏泽学院只与泰山学院之间存在显著性差异，与其他高校之间不存在统计学意义上的显著性差异。

④潍坊学院与滨州学院和泰山学院之间存在显著性差异，与德州学院、菏泽学院、枣庄学院之间不存在统计学意义上的显著性差异。

⑤枣庄学院只与泰山学院之间存在显著性差异，与其他高校之间不存在统计学意义上的显著性差异。

⑥泰山学院与滨州学院以外的其他高校均存在统计学意义上的显著性差异，只与滨州学院之间不存在统计学意义上的显著性差异，具体表现为泰山学院分数显著高于潍坊学院、枣庄学院、菏泽学院、德州学院。

（4）各高校认知策略均值差异比较情况。

①滨州学院与菏泽学院、潍坊学院和泰山学院之间存在显著性差异，与德州学院、枣庄学院之间不存在统计学意义上的显著性差异，具体表现为滨州学院分数显著高于菏泽学院、潍坊学院，且显著低于泰山学院。

②德州学院与菏泽学院、潍坊学院和泰山学院之间存在显著性差异，与滨州学院、枣庄学院之间不存在统计学意义上的显著性差异，具体表现为德州学院显著高于菏泽学院、潍坊学院，且显著低于泰山学院。

③菏泽学院与滨州学院、德州学院和泰山学院之间存在显著性差异，与潍坊学院、枣庄学院之间不存在统计学意义上的显著性差异。

④潍坊学院与滨州学院、德州学院和泰山学院之间存在显著性差异，与菏泽学院和枣庄学院之间不存在统计学意义上的显著性差异。

⑤枣庄学院只与泰山学院之间存在显著性差异，与其他高校之间不存在统计学意义上的显著性差异。

⑥泰山学院与所有学院均存在显著性差异，具体表现为泰山学院显著高于菏泽学院、潍坊学院、枣庄学院、滨州学院、德州学院。

（5）各高校动机信念策略均值差异比较情况。

①滨州学院只与泰山学院不存在统计学意义上的显著性差异，与其他高校之间存在显著性差异，具体表现为滨州学院分数显著高于枣庄学院、潍坊学院、菏泽学院、德州学院。

②德州学院与滨州学院和泰山学院之间存在显著性差异，与菏泽学院、潍坊学院和枣庄学院之间不存在统计学意义上的显著性差异。

③菏泽学院与滨州学院和泰山学院之间存在显著性差异，与德州学院、潍坊学院和枣庄学院之间不存在统计学意义上的显著性差异。

④潍坊学院与滨州学院和泰山学院之间存在显著性差异，与德州学院、菏泽学院、枣庄学院之间不存在统计学意义上的显著性差异。

⑤枣庄学院与滨州学院和泰山学院之间存在显著性差异，与德州学院、菏泽学院和潍坊学院之间不存在统计学意义上的显著性差异。

⑥泰山学院只与滨州学院之间不存在统计学意义上的显著性差异，与其他高校均存在统计学意义上的显著性差异，具体表现为泰山学院分数显著高于枣庄学院、德州学院、菏泽学院、潍坊学院。

（6）各高校元认知策略均值差异比较情况。

①滨州学院与菏泽学院、潍坊学院之间存在显著性差异，与德州学院、枣庄学院和泰山学院之间不存在统计学意义上的显著性差异，具体表现为滨州学院分数显著高于潍坊学院、菏泽学院。

②德州学院与潍坊学院和泰山学院之间存在显著性差异，与滨州学院、菏泽学院、枣庄学院之间不存在统计学意义上的显著性差异，具体表现为德州学院分数显著高于潍坊学院，且显著低于泰山学院。

③菏泽学院与滨州学院和泰山学院之间存在显著性差异，与德州学院、潍坊学院、枣庄学院之间不存在统计学意义上的显著性差异。

④潍坊学院与滨州学院、德州学院和泰山学院之间存在显著性差异，与菏泽学院和枣庄学院之间不存在统计学意义上的显著性差异。

⑤枣庄学院只与泰山学院之间存在显著性差异，与其他高校之间不存在统计学意义上的显著性差异。

⑥泰山学院只与滨州学院不存在统计学意义上的显著性差异，与其他高校之间存在显著性差异，具体表现为泰山学院分数显著高于潍坊学

院、菏泽学院、枣庄学院、德州学院。

（7）各高校创新策略均值差异比较情况。

①滨州学院与菏泽学院、潍坊学院和泰山学院之间存在显著性差异，与德州学院、枣庄学院之间不存在统计学意义上的显著性差异，具体表现为滨州学院分数显著高于菏泽学院、潍坊学院，且显著低于泰山学院。

②德州学院与菏泽学院和泰山学院之间存在显著性差异，与滨州学院、潍坊学院和枣庄学院之间不存在统计学意义上的显著性差异，具体表现为德州学院分数显著高于潍坊学院，且显著低于泰山学院。

③菏泽学院与滨州学院、德州学院和泰山学院之间存在显著性差异，与潍坊学院、枣庄学院之间不存在统计学意义上的显著性差异。

④潍坊学院与滨州学院和泰山学院之间存在显著性差异，与德州学院、菏泽学院和枣庄学院之间不存在统计学意义上的显著性差异。

⑤枣庄学院只与泰山学院之间存在显著性差异，与其他高校之间不存在统计学意义上的显著性差异。

⑥泰山学院与所有学院均存在显著性差异，具体表现为泰山学院分数显著高于菏泽学院、潍坊学院、枣庄学院、德州学院、滨州学院。

二 专业差异

图4—2—8表明，各专业的专业学习投入度分数由高到低依次是艺体、理科、文科，其中分数最高的是艺体3.234，分数最低的是文科2.825，但并不能由此得出各专业之间存在显著性差异。

图4—2—9表明，各专业的学习策略应用分数由高到低依次是艺体、理科、文科，其中分数最高的是艺体3.383，分数最低的是文科3.015，但并不能由此得出各专业之间存在显著性差异。

图4—2—10表明，各专业的资源管理策略分数由高到低依次是艺体、理科、文科，其中分数最高的是艺体3.401，分数最低的是文科3.02，但并不能由此得出各专业之间存在显著性差异。

图4—2—11表明，各专业的认知策略分数由高到低依次是艺体、理科、文科，其中分数最高的是艺体3.246，分数最低的是文科2.91，但并不能由此得出各专业之间存在显著性差异。

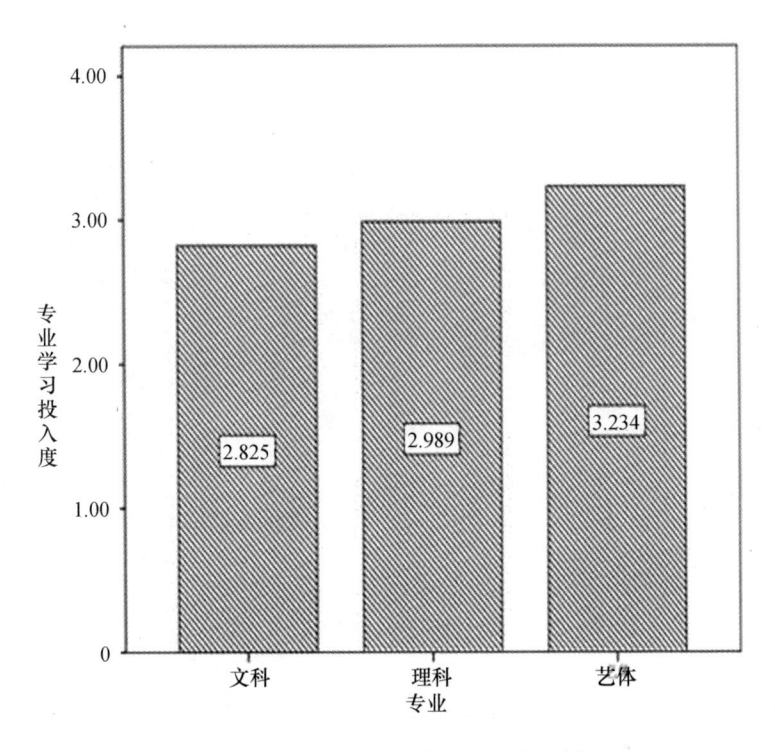

图4—2—8 不同专业学习投入度分数

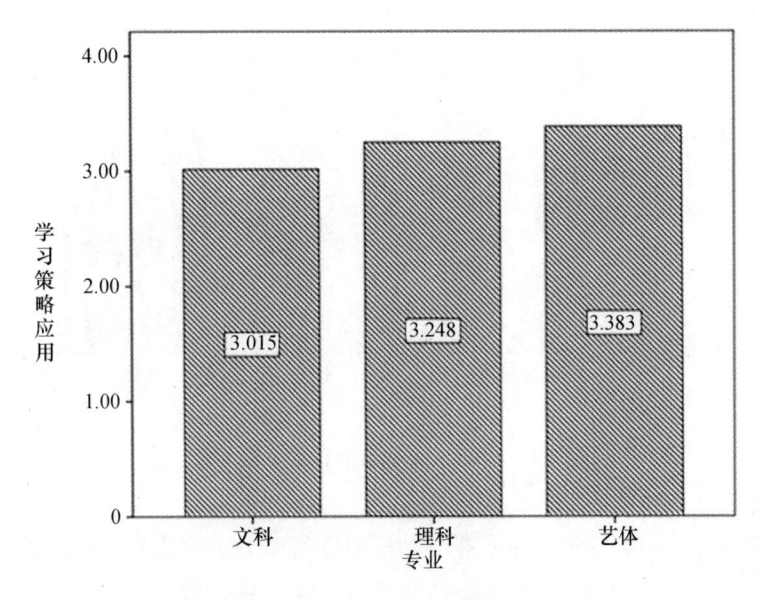

图4—2—9 不同专业学习策略应用分数

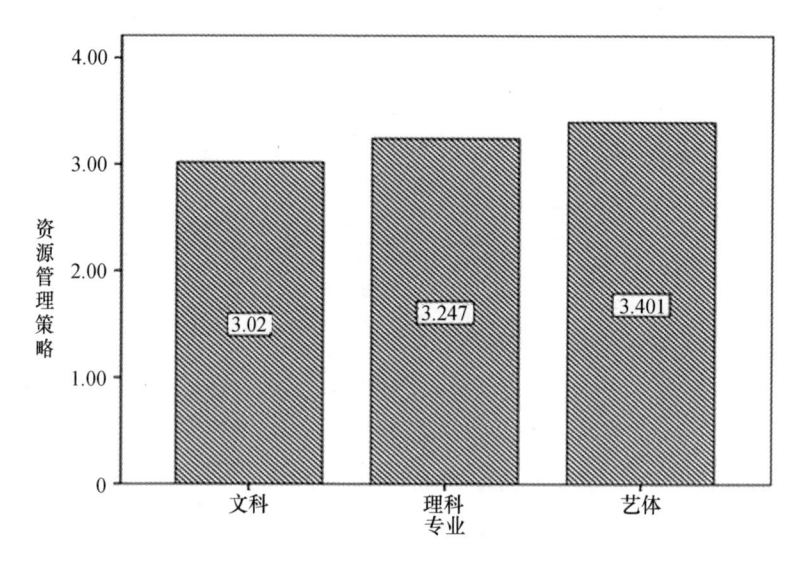

图 4—2—10　不同专业资源管理策略分数

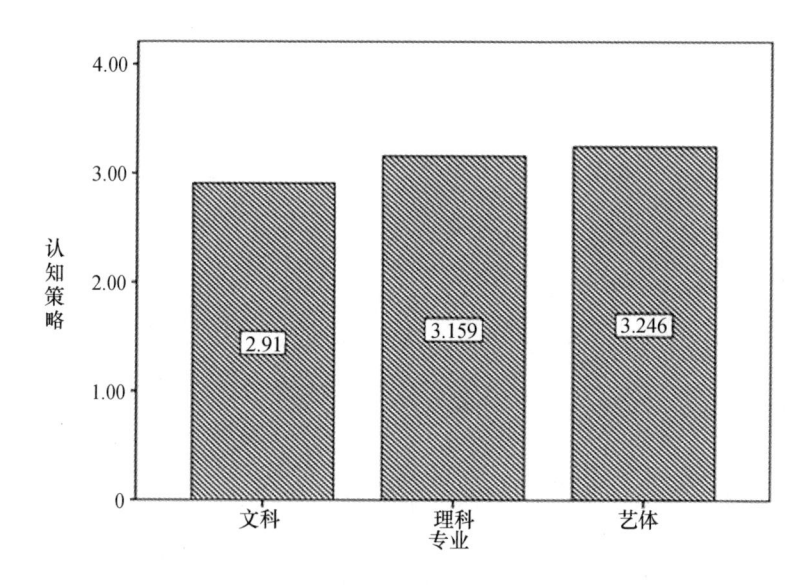

图 4—2—11　不同专业认知策略分数

图4—2—12表明，各专业的动机信念策略分数由高到低依次是艺体、理科、文科，其中分数最高的是艺体3.547，分数最低的是文科3.159，但并不能由此得出各专业之间存在显著性差异。

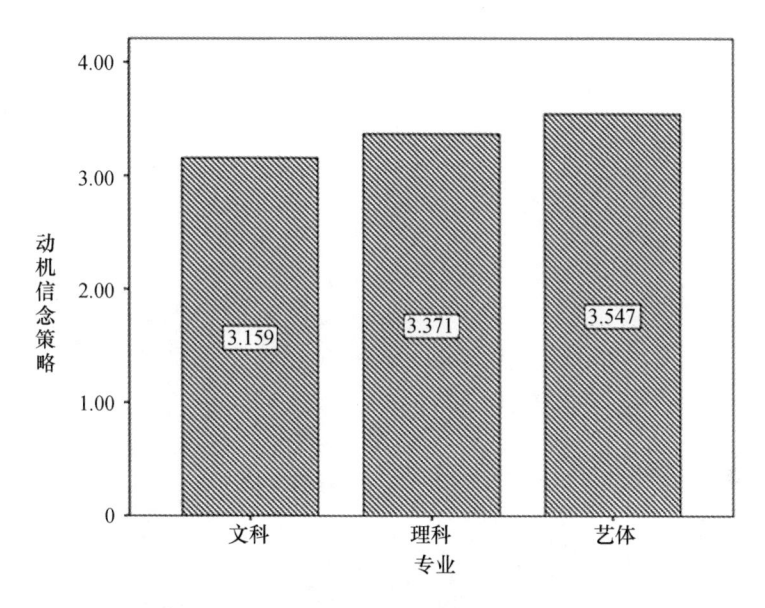

图4—2—12 不同专业动机信念策略分数

图4—2—13表明,各专业的元认知策略分数由高到低依次是艺体、理科、文科,其中分数最高的是艺体3.308,分数最低的是文科2.95,但并不能由此得出各专业之间存在显著性差异。

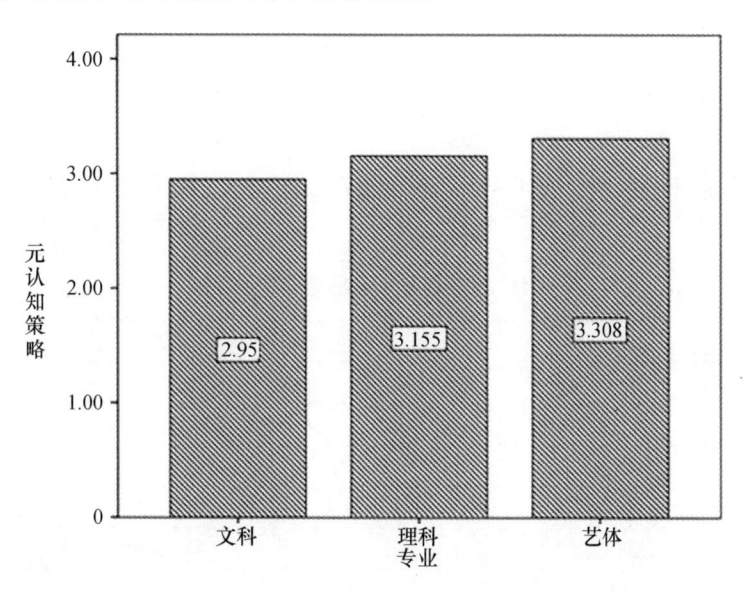

图4—2—13 不同专业元认知策略分数

图 4—2—14 表明，各专业的创新策略分数由高到低依次是艺体、理科、文科，其中分数最高的是艺体 3.411，分数最低的是文科 3.036，但并不能由此得出各专业之间存在显著性差异。

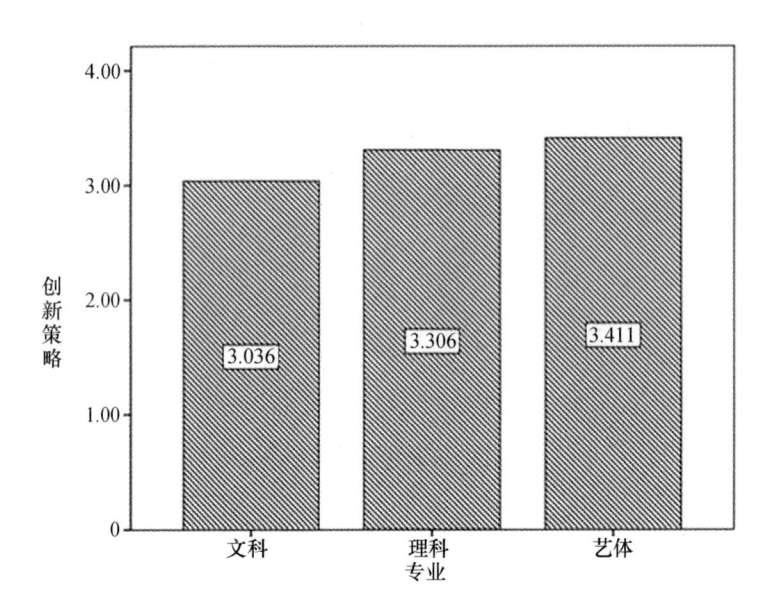

图 4—2—14　不同专业创新策略分数

通过对各专业的学生样本的专业学习投入度、学习策略应用、资源管理策略、认知策略、动机信念策略、元认知策略和创新策略进行 F 检验可以得出显著性水平，表 4—2—3 结果表明，各专业之间均存在显著性差异。

表 4—2—3　　　　　　高校各专业之间学习现状差异比较

项　目	F
专业学习投入度	46.173***
学习策略应用	42.799***
资源管理策略	34.688***
认知策略	36.111***
动机信念策略	33.736***
元认知策略	34.351***
创新策略	37.345***

表 4—2—4　　　　高校各专业之间学习现状均值差异比较

因变量	事后检验	(I) 专业	(J) 专业	均值差异 (I-J)	标准误
专业学习投入度	LSD	文科	理科	-0.16303*	0.03558
			艺体	-0.40799*	0.04296
		理科	文科	0.16303*	0.03558
			艺体	-0.24496*	0.04564
		艺体	文科	0.40799*	0.04296
			理科	0.24496*	0.04564
学习策略应用	LSD	文科	理科	-0.23175*	0.03604
			艺体	-0.36683*	0.04353
		理科	文科	0.23175*	0.03604
			艺体	-0.13508*	0.04624
		艺体	文科	0.36683*	0.04353
			理科	0.13508*	0.04624
资源管理策略	LSD	文科	理科	-0.227*	0.041
			艺体	-0.381*	0.049
		理科	文科	0.227*	0.041
			艺体	-0.154*	0.052
		艺体	文科	0.381*	0.049
			理科	0.154*	0.052
认知策略	LSD	文科	理科	-0.24912*	0.03809
			艺体	-0.33627*	0.04600
		理科	文科	0.24912*	0.03809
			艺体	-0.08715	0.04886
		艺体	文科	0.33627*	0.04600
			理科	0.08715	0.04886
动机信念策略	LSD	文科	理科	-0.21090*	0.04124
			艺体	-0.38718*	0.04981
		理科	文科	0.21090*	0.04124
			艺体	-0.17628*	0.05291
		艺体	文科	0.38718*	0.04981
			理科	0.17628*	0.05291

续表

因变量	事后检验	(I) 专业	(J) 专业	均值差异 (I-J)	标准误
元认知策略	LSD	文科	理科	-0.20457*	0.03812
			艺体	-0.35699*	0.04604
		理科	文科	0.20457*	0.03812
			艺体	-0.15242*	0.04891
		艺体	文科	0.35699*	0.04604
			理科	0.15242*	0.04891
创新策略	LSD	文科	理科	-0.26744*	0.04098
			艺体	-0.37273*	0.04949
		理科	文科	0.26744*	0.04098
			艺体	-0.10529*	0.05258
		艺体	文科	0.37273*	0.04949
			理科	0.10529*	0.05258

根据表4—2—4，通过对各专业的专业学习投入度、学习策略应用、资源管理策略、认知策略、动机信念策略、元认知策略和创新策略状况进行均值差异比较，得出以下结论：各专业之间均存在显著性差异，其中具体表现均为艺体显著高于文科和理科，理科显著高于文科。

原因分析：艺体的大学生自我压力较大，竞争也更为激烈，会更加注重学习，也可能是由于理工科所学知识应用性较强，要在社会上立足，需要较高的专业技能，扎实的学习更容易就业。

三　年级差异

图4—2—15表明，各年级专业学习投入度分数从高到低依次是四年级、二年级、三年级、一年级，分数最高的是四年级3.298，分数最低的是一年级2.549，但并不能由此得出各高校之间存在显著性差异。

图4—2—16表明，各年级学习策略应用分数从高到低依次是四年级、二年级、三年级、一年级，分数最高的是四年级3.439，分数最低的是一年级2.746，但并不能由此得出各高校之间存在显著性差异。

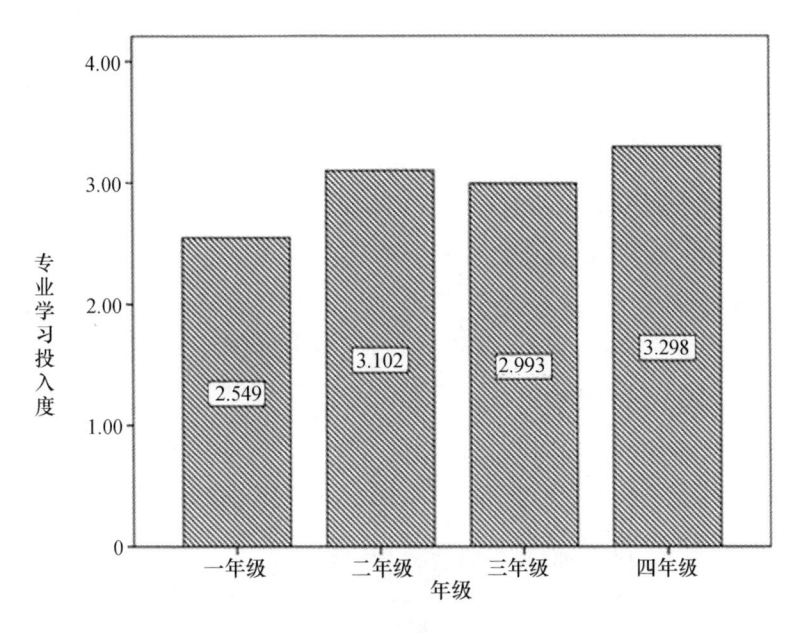

图 4—2—15　不同年级专业学习投入度分数

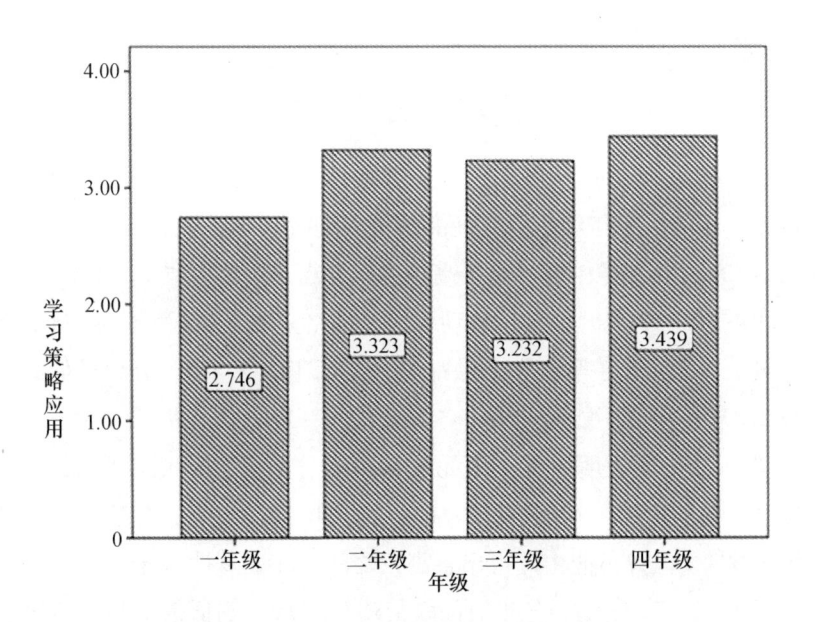

一年级 2.549　二年级 3.102　三年级 2.993　四年级 3.298

图 4—2—16　不同年级学习策略应用分数

一年级 2.746　二年级 3.323　三年级 3.232　四年级 3.439

图4—2—17表明，各年级资源管理策略分数从高到低依次是四年级、二年级、三年级、一年级，分数最高的是四年级3.454，分数最低的是一年级2.742，但并不能由此得出各高校之间存在显著性差异。

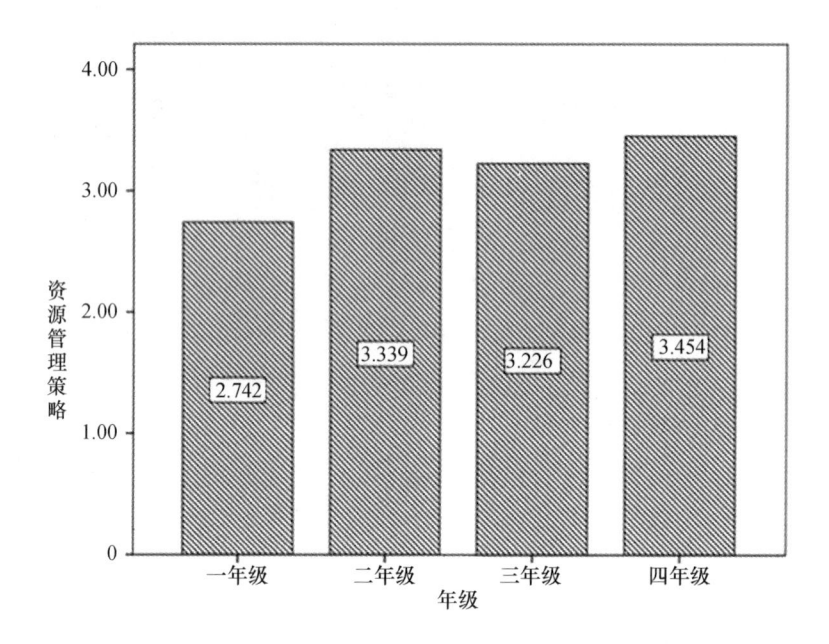

图4—2—17 不同年级资源管理策略分数

图4—2—18表明，各年级认知策略分数从高到低依次是四年级、二年级、三年级、一年级，分数最高的是四年级3.346，分数最低的是一年级2.665，但并不能由此得出各高校之间存在显著性差异。

图4—2—19表明，各年级动机信念策略分数从高到低依次是四年级、二年级、三年级、一年级，分数最高的是四年级3.555，分数最低的是一年级2.852，但并不能由此得出各高校之间存在显著性差异。

图4—2—20表明，各年级元认知策略分数从高到低依次是四年级、二年级、三年级、一年级，分数最高的是四年级3.368，分数最低的是一年级2.687，但并不能由此得出各高校之间存在显著性差异。

图4—2—21表明，各年级创新策略分数从高到低依次是四年级、二年级、三年级、一年级，分数最高的是四年级3.471，分数最低的是一年级2.783，但并不能由此得出各高校之间存在显著性差异。

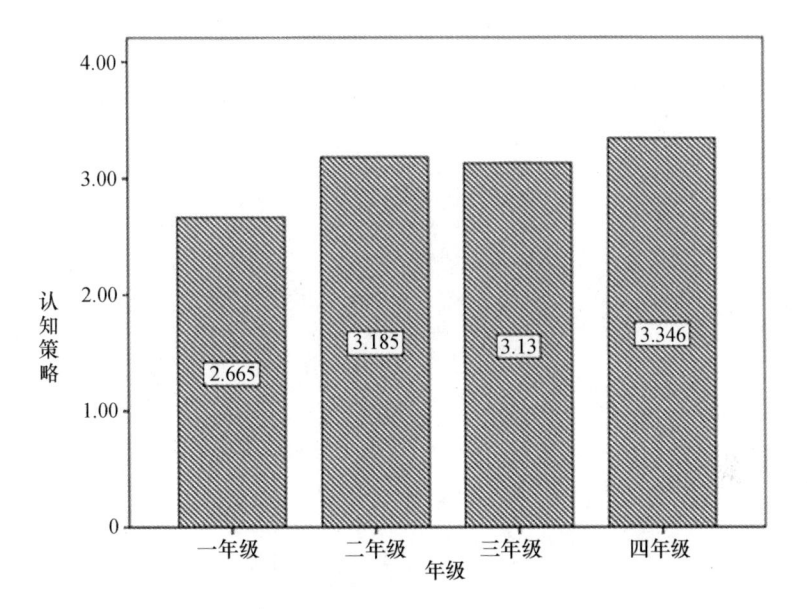

图 4—2—18 各年级认知策略分数

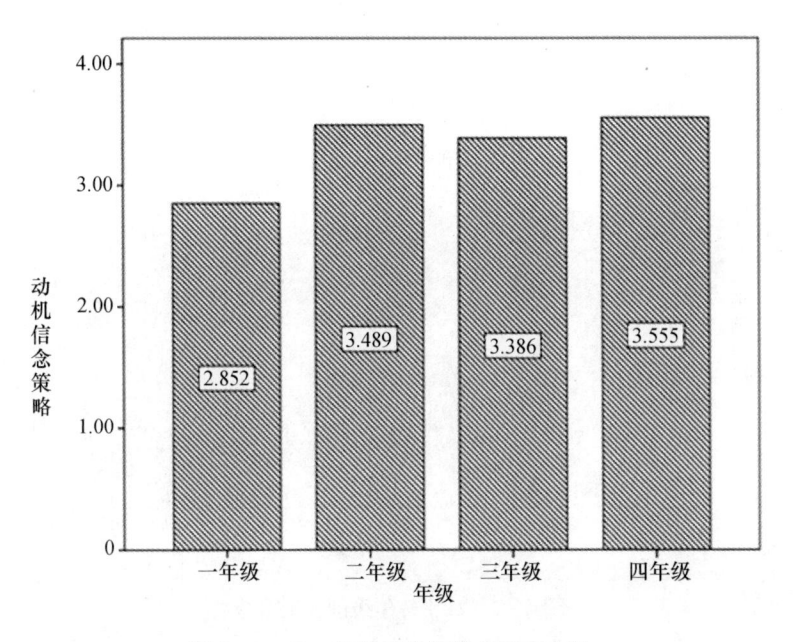

图 4—2—19 各年级动机信念策略分数

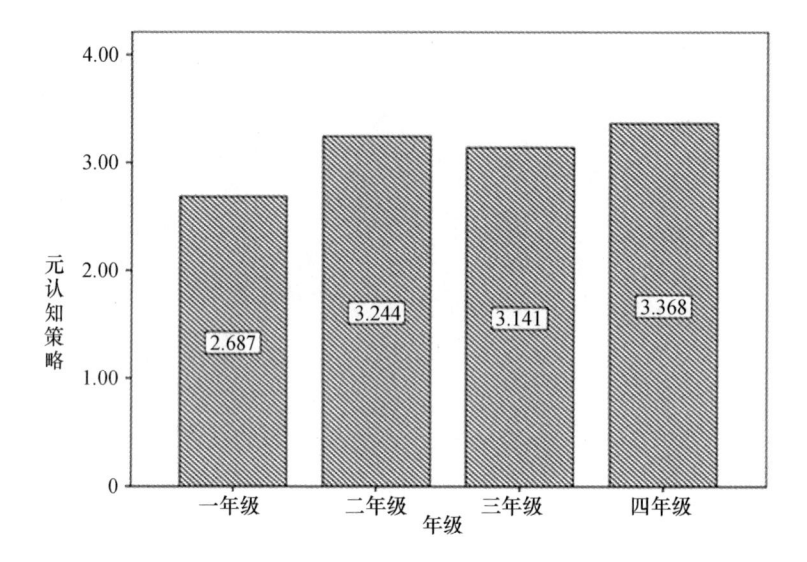

图4—2—20　各年级元认知策略分数

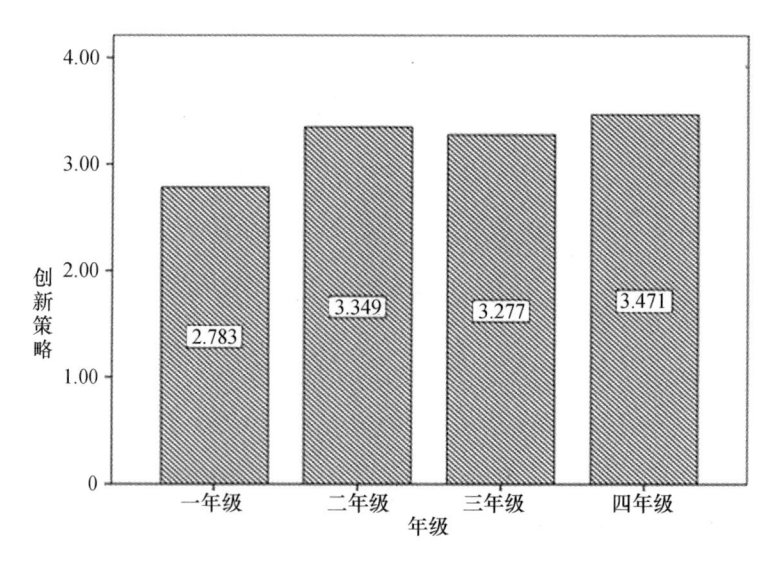

图4—2—21　各年级创新策略分数

表 4—2—5　　　　　　　　各年级学习现状差异比较

项　目	F
专业学习投入度	104.239***
学习策略应用	97.500***
资源管理策略	79.319***
认知策略	77.721***
动机信念策略	85.059***
元认知策略	81.490***
创新策略	72.191***

通过对各年级的学生样本的专业学习投入度、学习策略应用、资源管理策略、认知策略、动机信念策略、元认知策略和创新策略进行 F 检验，表 4—2—5 结果表明，各年级之间均存在显著性差异。

表 4—2—6　　　　　　　各年级学习现状均值差异比较

因变量	事后检验	(I) 年级	(J) 年级	均值差异 (I-J)	标准误
专业学习投入度	LSD	一年级	二年级	-0.55146*	0.03967
			三年级	-0.44275*	0.04268
			四年级	-0.74770*	0.04691
		二年级	一年级	0.55146*	0.03967
			三年级	0.10871*	0.04151
			四年级	-0.19625*	0.04585
		三年级	一年级	0.44275*	0.04268
			二年级	-0.10871*	0.04151
			四年级	-0.30495*	0.04847
		四年级	一年级	0.74770*	0.04691
			二年级	0.19625*	0.04585
			三年级	0.30495*	0.04847

续表

因变量	事后检验	（I）年级	（J）年级	均值差异（I-J）	标准误
学习策略应用	LSD	一年级	二年级	-0.57542*	0.04027
			三年级	-0.48406*	0.04333
			四年级	-0.69083*	0.04762
		二年级	一年级	0.57542*	0.04027
			三年级	0.09136*	0.04213
			四年级	-0.11541*	0.04654
		三年级	一年级	0.48406*	0.04333
			二年级	-0.09136*	0.04213
			四年级	-0.20677*	0.04920
		四年级	一年级	0.69083*	0.04762
			二年级	0.11541*	0.04654
			三年级	0.20677*	0.04920
资源管理策略	LSD	一年级	二年级	-0.596*	0.046
			三年级	-0.482*	0.049
			四年级	-0.710*	0.054
		二年级	一年级	0.596*	0.046
			三年级	0.114*	0.048
			四年级	-0.115*	0.053
		三年级	一年级	0.482*	0.049
			二年级	-0.114*	0.048
			四年级	-0.228*	0.056
		四年级	一年级	0.710*	0.054
			二年级	0.115*	0.053
			三年级	0.228*	0.056
认知策略	LSD	一年级	二年级	-0.51918*	0.04284
			三年级	-0.46419*	0.04609
			四年级	-0.68033*	0.05065
		二年级	一年级	0.51918*	0.04284
			三年级	0.05499	0.04482
			四年级	-0.16116*	0.04950

续表

因变量	事后检验	（I）年级	（J）年级	均值差异（I-J）	标准误
认知策略	LSD	三年级	一年级	0.46419*	0.04609
			二年级	-0.05499	0.04482
			四年级	-0.21614*	0.05234
		四年级	一年级	0.68033*	0.05065
			二年级	0.16116*	0.04950
			三年级	0.21614*	0.05234
动机信念策略	LSD	一年级	二年级	-0.64376*	0.04619
			三年级	-0.53170*	0.04969
			四年级	-0.70081*	0.05462
		二年级	一年级	0.64376*	0.04619
			三年级	0.11205*	0.04832
			四年级	0-.05706	0.05338
		三年级	一年级	0.53170*	0.04969
			二年级	-0.11205*	0.04832
			四年级	-0.16911*	0.05643
		四年级	一年级	0.70081*	0.05462
			二年级	0.05706	0.05338
			三年级	0.16911*	0.05643
元认知策略	LSD	一年级	二年级	-0.55594*	0.04277
			三年级	-0.45229*	0.04601
			四年级	-0.67913*	0.05057
		二年级	一年级	0.55594*	0.04277
			三年级	0.10365*	0.04475
			四年级	-0.12319*	0.04943
		三年级	一年级	0.45229*	0.04601
			二年级	-0.10365*	0.04475
			四年级	-0.22684*	0.05226
		四年级	一年级	0.67913*	0.05057
			二年级	0.12319*	0.04943
			三年级	0.22684*	0.05226

续表

因变量	事后检验	(I) 年级	(J) 年级	均值差异 (I-J)	标准误
创新策略	LSD	一年级	二年级	-0.56233*	0.04620
			三年级	-0.48987*	0.04971
			四年级	-0.68347*	0.05463
		二年级	一年级	0.56233*	0.04620
			三年级	0.07246	0.04834
			四年级	-0.12115*	0.05339
		三年级	一年级	0.48987*	0.04971
			二年级	-0.07246	0.04834
			四年级	-0.19360*	0.05645
		四年级	一年级	0.68347*	0.05463
			二年级	0.12115*	0.05339
			三年级	0.19360*	0.05645

根据表4—2—6，通过对各专业的专业学习投入度、学习策略应用、资源管理策略、认知策略、动机信念策略、元认知策略和创新策略状况进行均值差异比较，结果表明：各年级之间均存在显著性差异，其中具体表现为四年级显著高于二年级、三年级、一年级；二年级显著高于一年级，二年级与三年级之间不存在显著性差异；三年级显著高于一年级。

原因分析：随着学生由新生转变为老生，其心理和学习状态往往会发生变化；总体而言，大四学生的学习现状均高于大一新生，原因可能是存在部分大一学生缺乏自信心，很多大学生在进入更高一级的学习之前，没有明确的人生目标，处于极度迷茫的状态，当然大部分学生对大学的专业更是知之甚少，这就使得很多学生的专业选择都是来自父母的"指使"或者是自己随意选报的，有些学生或因家庭或因个人原因不愿意复读，会选择服从调剂而流入自己不喜欢的专业，而在后来的调换专业时没调换好而不好好学习，不愿意向别人讲述自己的专业。这种情况就会严重打击学生们的学习自信心，从而缺乏对自身专业的全面了解，从而导致大一新生的学习现状低于大四学生。[①]

四 性别差异

图4—2—22表明,在专业学习投入度分数上女生比男生的分数高,女生分数为3.093,男生分数为2.682,但并不能由此得出性别之间存在显著性差异。

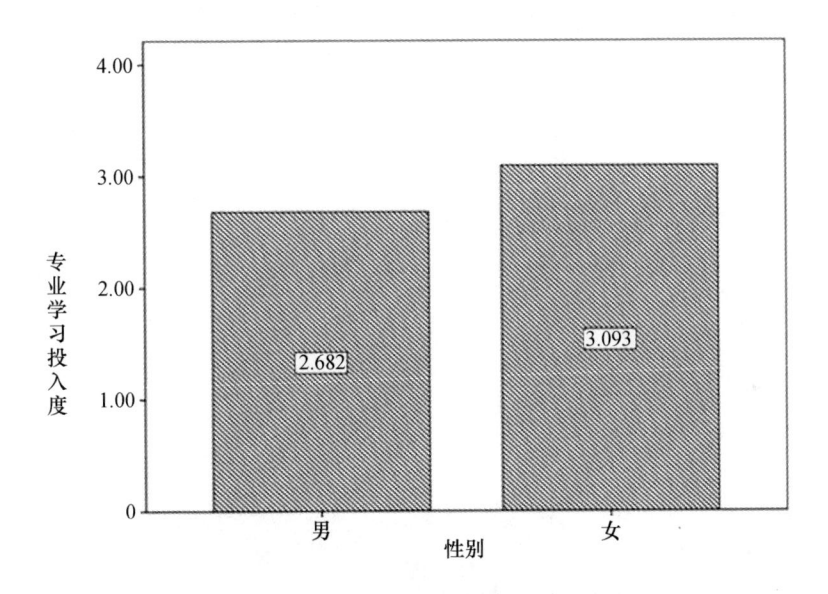

图4—2—22 男女生专业学习投入度分数

图4—2—23表明,在学习策略应用分数上女生比男生的分数高,女生分数为3.316,男生分数为2.852,但并不能由此得出性别之间存在显著性差异。

图4—2—24表明,在资源管理策略分数上女生比男生的分数高,女生分数为3.328,男生分数为2.847,但并不能由此得出性别之间存在显著性差异。

[①] 李玉亭、刘洪琦、李媛媛等:《心理资本、学习投入及学习拖延行为的关系研究——以大学生群体为例》,《商场现代化》2012年第26期。

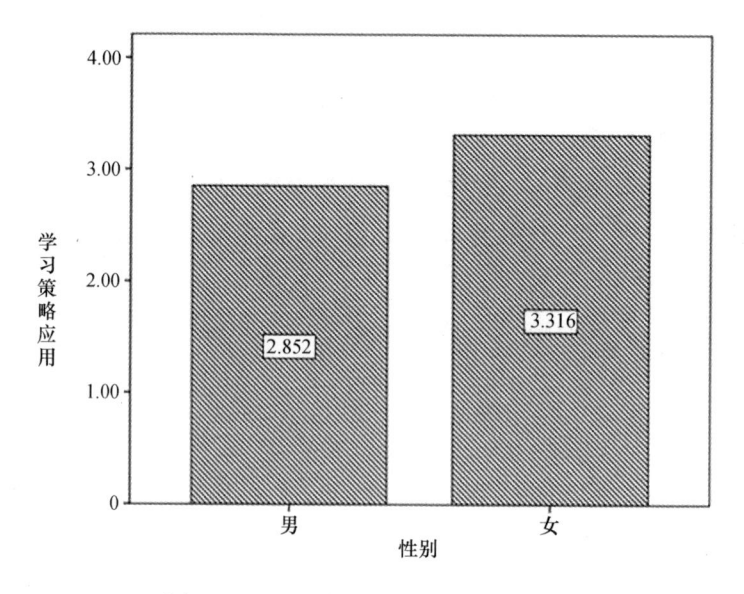

图 4—2—23　男女生学习策略应用分数

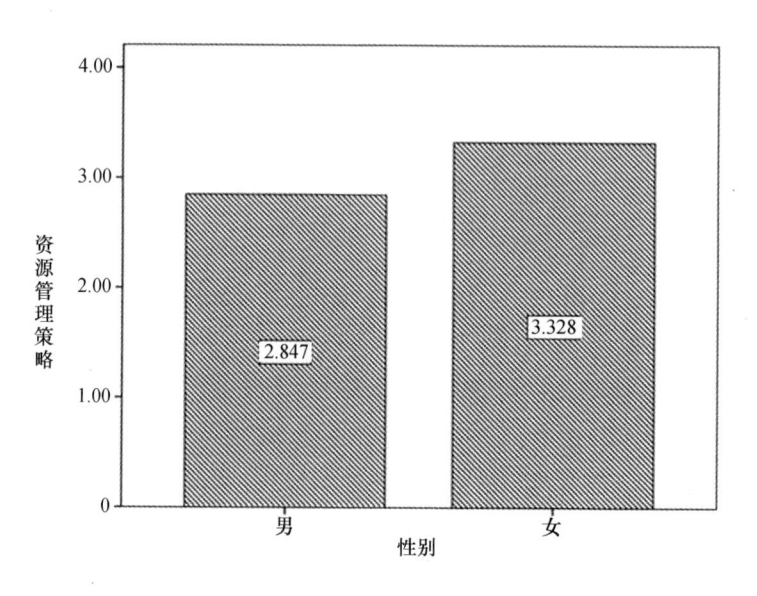

图 4—2—24　男女生资源管理策略分数

图 4—2—25 表明，在认知策略分数上女生比男生的分数高，女生分数为 3.181，男生分数为 2.806，但并不能由此得出性别之间存在显著性差异。

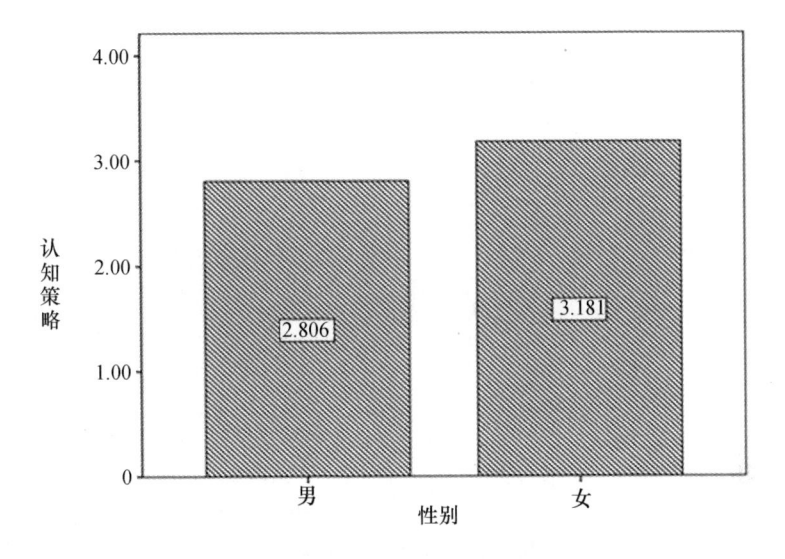

图 4—2—25　男女生认知策略分数

图 4—2—26 表明，在动机信念策略分数上女生比男生的分数高，女生分数为 3.492，男生分数为 2.92，但并不能由此得出性别之间显著性差异。

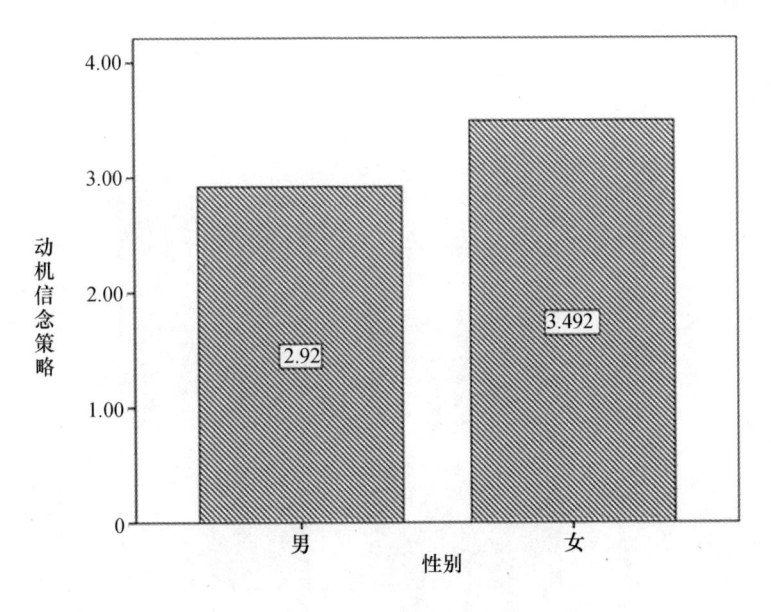

图 4—2—26　男女生动机信念策略分数

图4—2—27表明，在元认知策略分数上女生比男生的分数高，女生分数为3.233，男生分数为2.792，但并不能由此得出性别之间显著性差异。

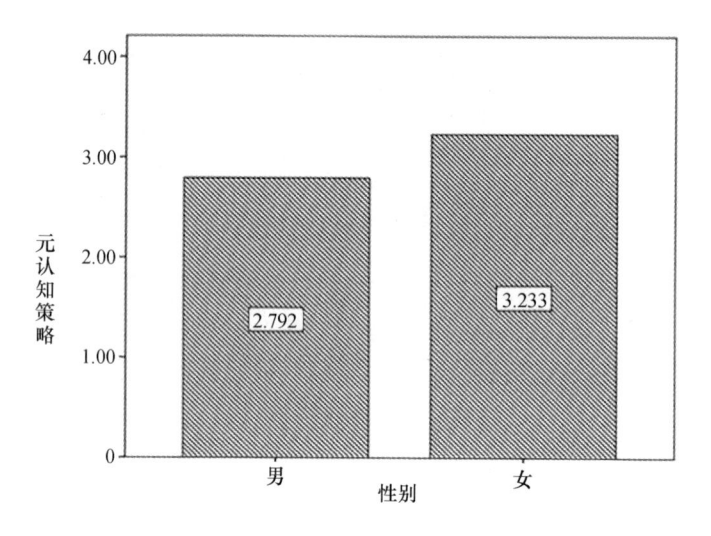

图4—2—27 男女生元认知策略分数

图4—2—28表明，在创新策略分数上女生比男生的分数高，女生分数为3.347，男生分数为2.897，但并不能由此得出性别之间存在显著性差异。

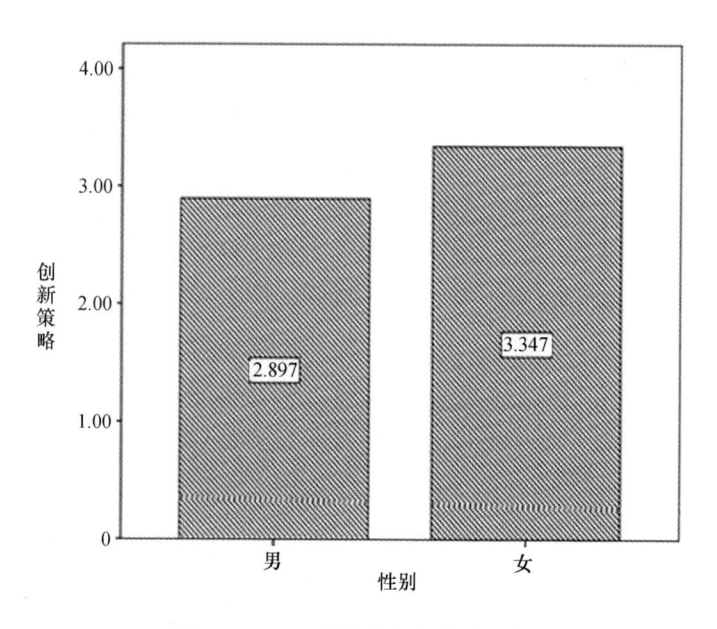

图4—2—28 男女生创新策略分数

表 4—2—7　　　　　　　　男女生学习现状差异比较

项 目	性别	$M \pm SD$	t
专业学习投入度	男	2.6819 ± 1.15399	−10.812***
	女	3.0933 ± 0.74708	
学习策略应用	男	2.8522 ± 1.18744	−11.951***
	女	3.3162 ± 0.73103	
资源管理策略	男	2.85 ± 1.249	−11.441***
	女	3.33 ± 0.906	
认知策略	男	2.8052 ± 1.22463	−9.262***
	女	3.1809 ± 0.81330	
动机信念策略	男	2.9201 ± 1.28574	−13.368***
	女	3.4924 ± 0.87902	
元认知策略	男	2.7916 ± 1.21428	−10.975***
	女	3.2334 ± 0.81107	
创新策略	男	2.8977 ± 1.29026	−10.438***
	女	3.3468 ± 0.88877	

对高校男女专业学习投入度、学习策略应用、资源管理策略、认知策略、动机信念策略、元认知策略和创新策略 7 个维度进行独立样本 t 检验，可以得出显著性水平，根据表 4—2—7，结果显示专业学习投入度、学习策略应用、资源管理策略、认知策略、动机信念策略、元认知策略和创新策略与性别之间均存在显著性差异，具体表现均为女生比男生的分数高。

原因分析：本研究中女生学习现状均高于男生，原因可能是女生对待学习的态度更认真一些，女生对于知识的渴求相对于男生来说比较大，女生在课堂中与教师的配合度比男生要高，男生一般坐在教室的后面，与教师很少互动；男生的认知策略和资源管理策略使用水平均非常显著地低于女生。导致这种显著差异的原因应从性别差异本身进行分析。在我国教育传统中，女性受教育机会相对较少，而随着社会的不断进步，女性受教育的机会不断增长，但相对于男性，她们要付出更多的努力，以获得成功。① 此外，身心发展特征和就业市场的压力等因素可能影响男女生的学习策略使用水平。面对竞争激烈的就业市场，女生只有充分发挥各种学习策略的优势，在学业上取得成功，才能克服相对弱势，而男生由于在就业市场中饱受青睐，而导致学业努力程度下降，因此学习策略使用水平低于女生。②

五 是否班干部差异

图4—2—29表明，在专业学习投入度分数中不是班干部的显著高于是班干部的，但并不能由此得出是否班干部之间存在显著性差异。

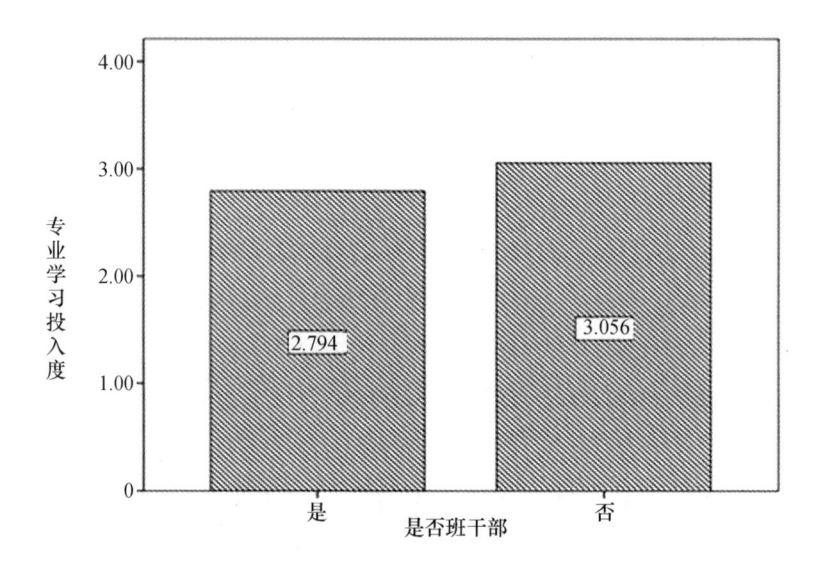

图4—2—29 是否班干部在专业学习投入度的分数

图4—2—30表明，在学习策略应用分数中不是班干部的显著高于是班干部的，但并不能由此得出是否班干部之间存在显著性差异。

---

① 余欣欣：《中学生学习策略发展的研究》，《广西师范大学学报》（哲学社会科学版）2001年第1期。
② 周海涛、景安磊、李子建：《大学生学习策略使用水平及其影响因素分析》，《中国高教研究》2014年第4期。

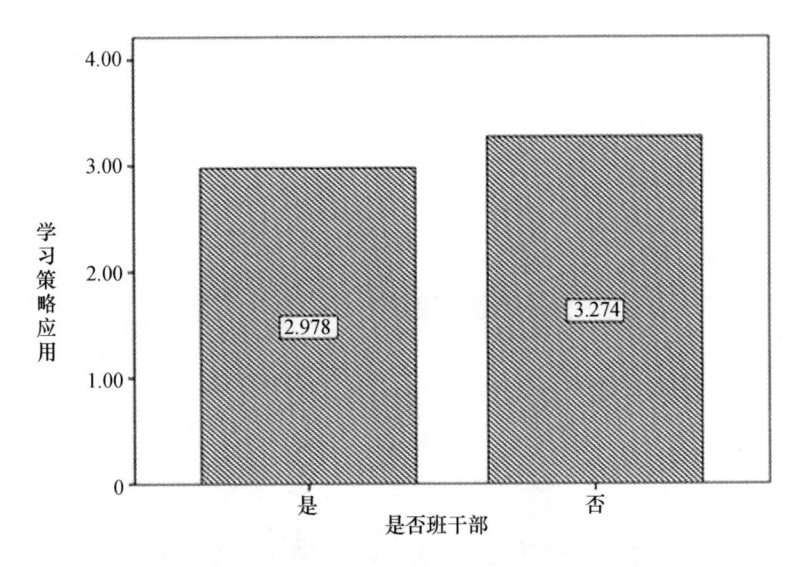

图4—2—30 是否班干部在学习策略应用的分数

图4—2—31表明，在资源管理策略分数中不是班干部的显著高于是班干部的，但并不能由此得出是否班干部之间存在显著性差异。

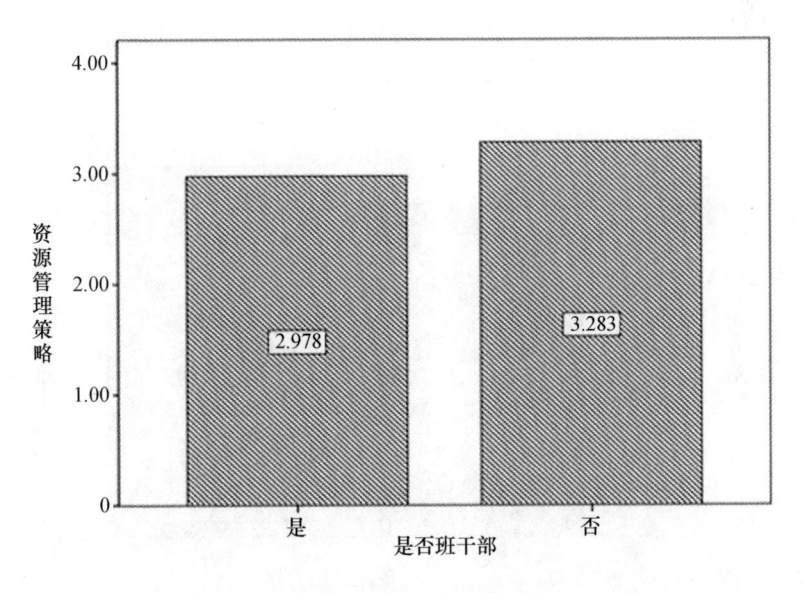

图4—2—31 是否班干部在资源管理策略的分数

图4—2—32表明，在认知策略分数中不是班干部的显著高于是班干部的，但并不能由此得出是否班干部之间存在显著性差异。

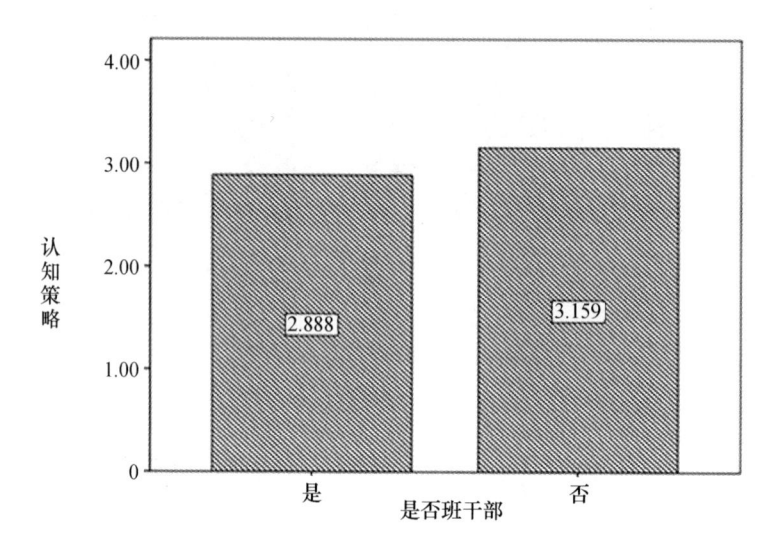

图4—2—32　是否班干部在认知策略的分数

图4—2—33表明，在动机信念策略分数中不是班干部的显著高于是班干部的，但并不能由此得出是否班干部之间存在显著性差异。

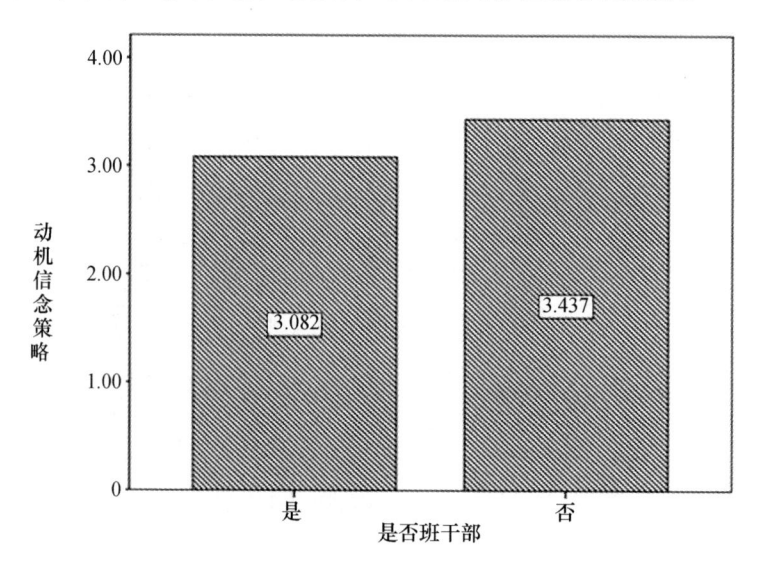

图4—2—33　是否班干部在动机信念策略的分数

图 4—2—34 表明，在元认知策略分数中不是班干部的显著高于是班干部的，但并不能由此得出是否班干部之间存在显著性差异。

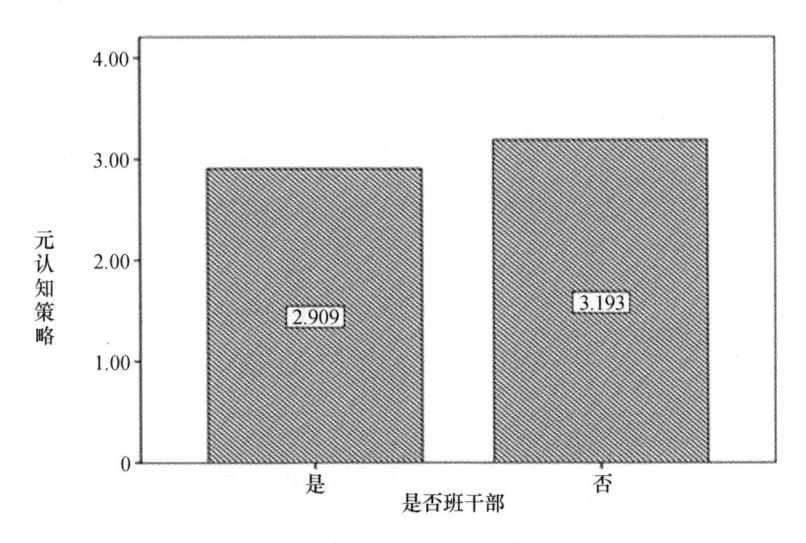

图 4—2—34　是否班干部在元认知策略的分数

图 4—2—35 表明，在创新策略分数中不是班干部的显著高于是班干部的，但并不能由此得出是否班干部之间存在显著性差异。

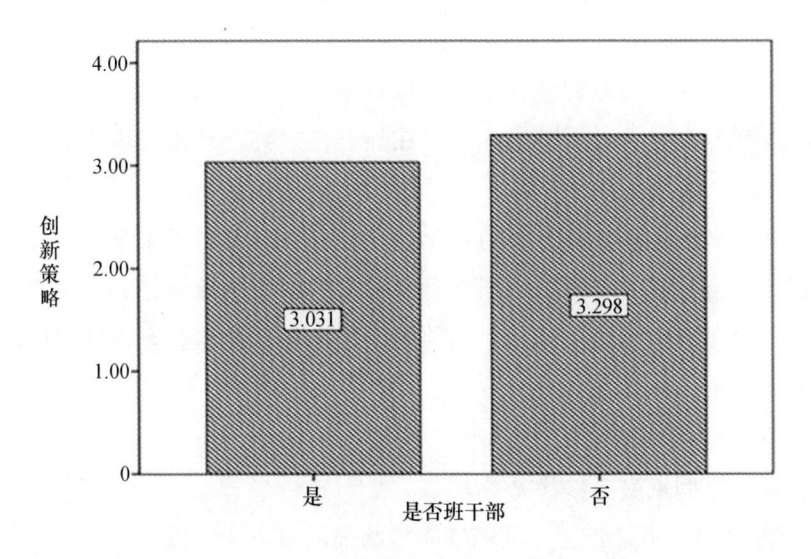

图 4—2—35　是否班干部在创新策略的分数

表4—2—8　　　　是否班干部的大学生学习现状差异分析

项　目	是否班干部	$M \pm SD$	t
专业学习投入度	是	2.7954 ± 1.10684	-7.345***
	否	3.0557 ± 0.77655	
学习策略应用	是	2.9792 ± 1.14961	-8.126***
	否	3.2740 ±.075511	
资源管理策略	是	2.98 ± 1.250	-7.531***
	否	3.28 ± 0.902	
认知策略	是	2.8892 ± 1.17661	-7.143***
	否	3.1589 ± 0.83367	
动机信念策略	是	3.0834 ± 1.27318	-8.671***
	否	3.4369 ± 0.89408	
元认知策略	是	2.9107 ± 1.16937	-7.513***
	否	3.1935 ± 0.83929	
创新策略	是	3.0330 ± 1.25692	-6.529***
	否	3.2976 ± 0.90861	

对高校大学生是否班干部在专业学习投入度、学习策略应用、资源管理策略、认知策略、动机信念策略、元认知策略和创新策略7个维度进行独立样本t检验，可以得出显著性水平，结果显示专业学习投入度、学习策略应用、资源管理策略、认知策略、动机信念策略、元认知策略和创新策略与是否班干部之间均存在显著性差异，具体表现均为不是班干部的显著高于是班干部的。

原因分析：不是班干部的大学生会拥有更多的时间来学习，在学习现状上会有较高的得分；班干部需要辅助老师完成教学任务，也需要时间来管理班级事务、协调同学间的关系等事务，就不会有特别多的时间花在学习上。

六　不同家庭完整状况差异

图4—2—36表明，不同家庭完整状况的专业学习投入度分数从高到低依次是寄养、单亲、健全、离异再组合，其中分数最高的是寄养为

3.385，分数最低的是离异再组合为 2.916，但并不能由此得出各高校不同家庭完整状况之间存在显著性差异。

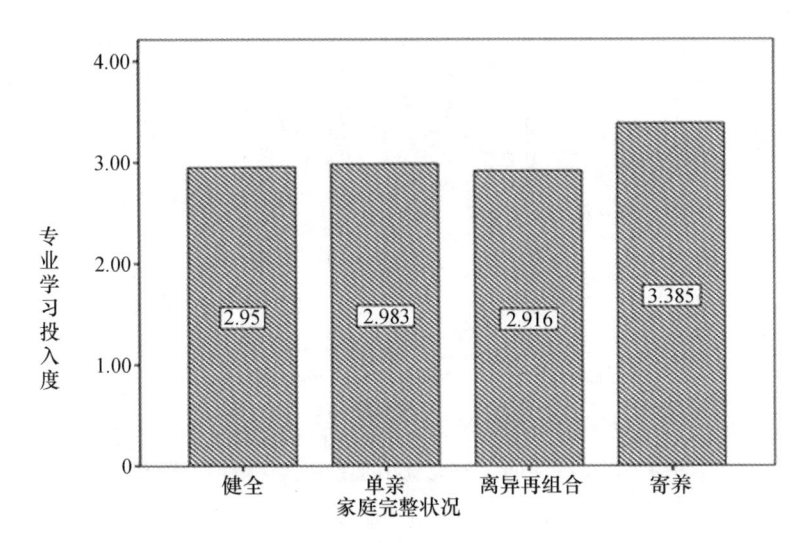

图 4—2—36 不同家庭完整状况学生专业学习投入度分数

图 4—2—37 表明，不同家庭完整状况的学习策略应用分数从高到低依次是寄养、单亲、健全、离异再组合，其中分数最高的是寄养为 3.621，分数最低的是离异再组合为 3.084，但并不能由此得出各高校不同家庭完整状况之间存在显著性差异。

图 4—2—38 表明，不同家庭完整状况的资源管理策略分数从高到低依次是寄养、单亲、健全、离异再组合，其中分数最高的是寄养为 3.673，分数最低的是离异再组合为 3.086，但并不能由此得出各高校不同家庭完整状况之间存在显著性差异。

图 4—2—39 表明，不同家庭完整状况的认知策略分数从高到低依次是寄养、单亲、健全、离异再组合，其中分数最高的是寄养为 3.721，分数最低的是离异再组合为 2.999，但并不能由此得出各高校不同家庭完整状况之间存在显著性差异。

图 4—2—40 表明，不同家庭完整状况的动机信念策略分数从高到低依次是寄养、健全、单亲、离异再组合，其中分数最高的是寄养为

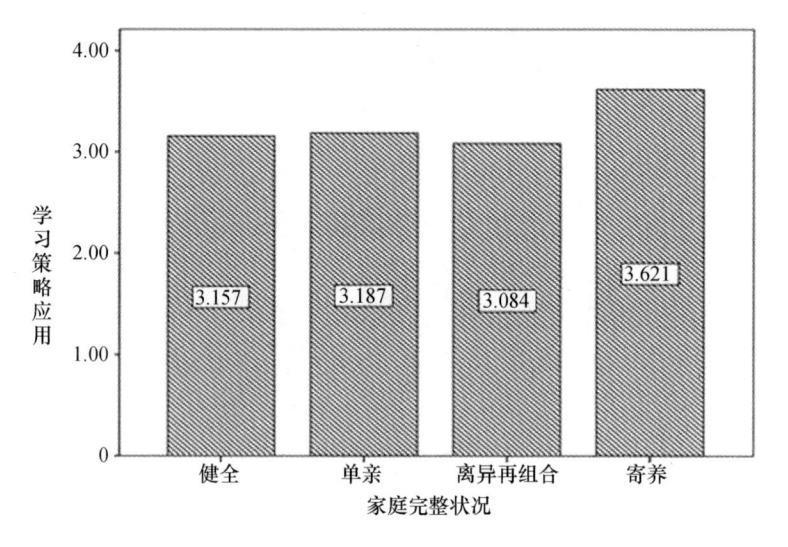

图 4—2—37　不同家庭完整状况学生学习策略应用分数

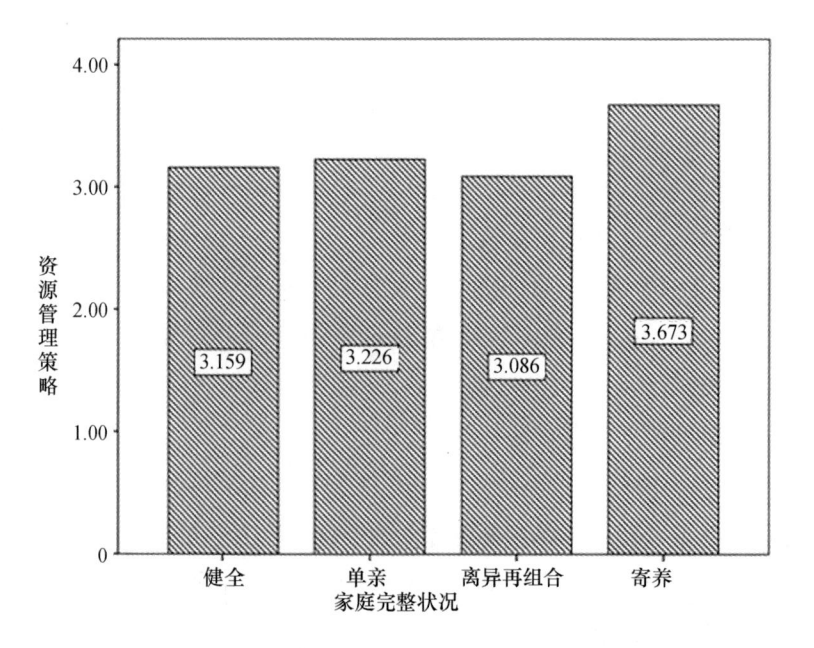

图 4—2—38　不同家庭完整状况学生资源管理策略分数

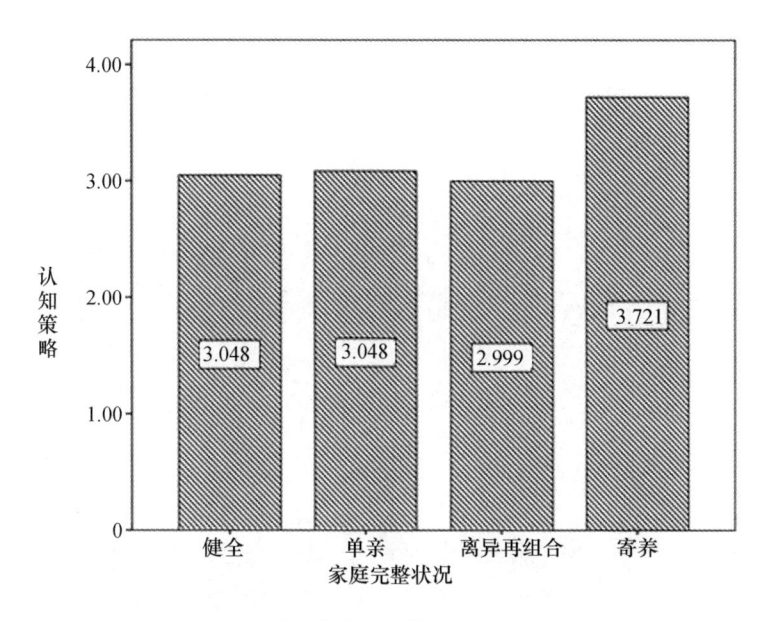

图 4—2—39 不同家庭完整状况学生认知策略分数

3.596，分数最低的是离异再组合为 3.218，但并不能由此得出各高校不同家庭完整状况之间存在显著性差异。

图 4—2—41 表明，不同家庭完整状况的元认知策略分数从高到低依次是寄养、单亲、健全、离异再组合，其中分数最高的是寄养为 3.538，分数最低的是离异再组合为 3.067，但并不能由此得出各高校不同家庭完整状况之间存在显著性差异。

图 4—2—42 表明，不同家庭完整状况的创新策略分数从高到低依次是寄养、单亲、健全、离异再组合，其中分数最高的是寄养为 3.577，分数最低的是离异再组合为 3.053，但并不能由此得出各高校不同家庭完整状况之间存在显著性差异。

通过对不同家庭完整状况的学生样本的专业学习投入度、学习策略应用、资源管理策略、认知策略、动机信念策略、元认知策略和创新策略进行 F 检验可以得出显著性水平，表 4—2—9 结果表明，只在认知策略的维度上存在显著性差异。

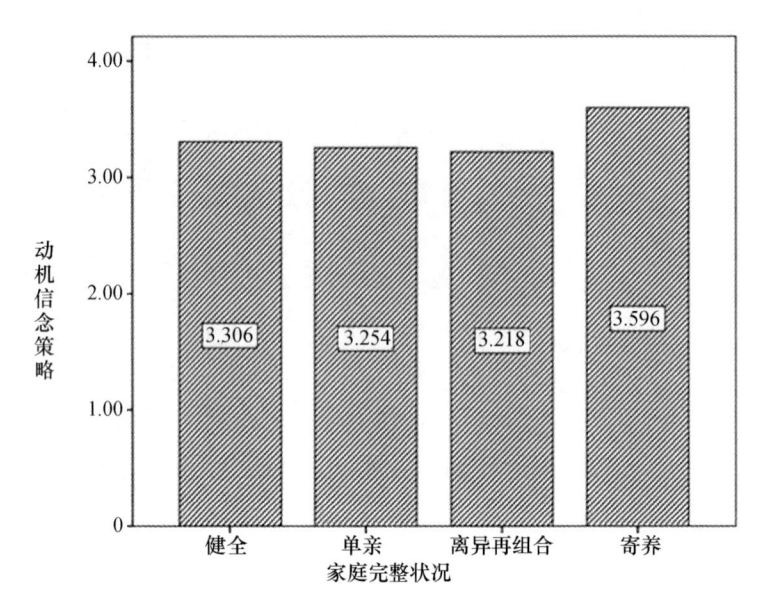

图 4—2—40　不同家庭完整状况学生动机信念策略分数

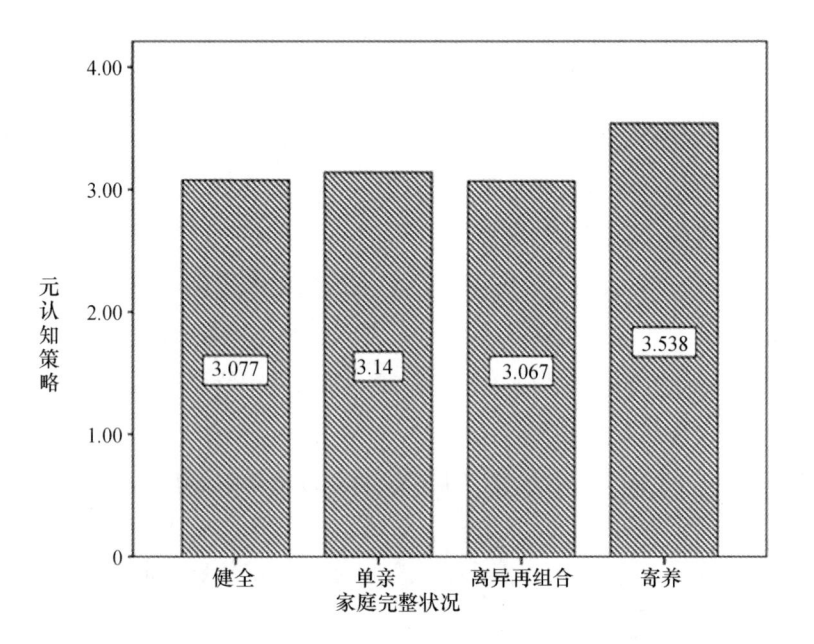

图 4—2—41　不同家庭完整状况学生元认知策略分数

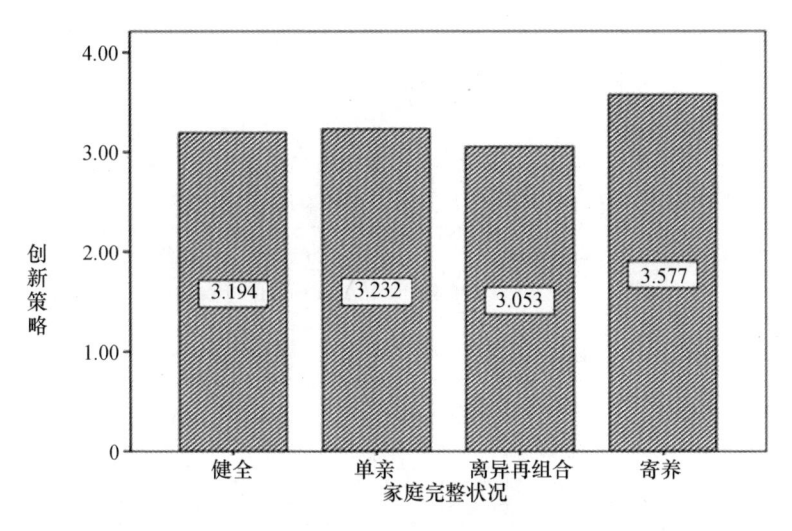

```
          4.00 ┤
               │
               │
          3.00 ┤ ┌───┐  ┌───┐         ┌───┐
               │ │///│  │///│  ┌───┐  │///│
   创           │ │///│  │///│  │///│  │///│
   新      2.00 ┤ │///│  │///│  │///│  │///│
   策           │ │3.194│ │3.232│ │3.053│ │3.577│
   略           │ │///│  │///│  │///│  │///│
          1.00 ┤ │///│  │///│  │///│  │///│
               │ │///│  │///│  │///│  │///│
               │ │///│  │///│  │///│  │///│
             0 ┴─┴───┴──┴───┴──┴───┴──┴───┴─
                  健全    单亲   离异再   寄养
                                 组合
                         家庭完整状况
```

图4—2—42　不同家庭完整状况学生创新策略分数

分析表4—2—10，可以得出以下结论：

（1）不同家庭完整状况的专业学习投入度、学习策略应用、资源管理策略、认知策略、元认知策略5维度均值差异比较情况。寄养与其他家庭完整状况之间均存在统计学意义上的显著性差异，具体表现为寄养的家庭状况显著高于单亲、健全、离异再组合的家庭状况，单亲、健全、离异再组合之间不存在显著性差异。

表4—2—9　不同家庭完整状况的大学生学习现状差异分析

项　目	F
专业学习投入度	2.072
学习策略应用	2.463
资源管理策略	2.566
认知策略	4.231**
动机信念策略	1.062
元认知策略	2.235
创新策略	1.942

表4—2—10　不同家庭完整状况的大学生学习现状均值差异分析

因变量	事后检验	(I) 家庭完整状况	(J) 家庭完整状况	均值差异 (I－J)	标准误
专业学习投入度	LSD	健全	单亲	-0.03447	0.05643
			离异再组合	0.03489	0.09078
			寄养	-0.43413*	0.18168
		单亲	健全	0.03447	0.05643
			离异再组合	0.06936	0.10413
			寄养	-0.39967*	0.18870
		离异再组合	健全	-0.03489	0.09078
			单亲	-0.06936	0.10413
			寄养	-0.46903*	0.20166
		寄养	健全	0.43413*	0.18168
			单亲	0.39967*	0.18870
			离异再组合	0.46903*	0.20166
学习策略应用	LSD	健全	单亲	-0.03334	0.05710
			离异再组合	0.07219	0.09185
			寄养	-0.46455*	0.18383
		单亲	健全	0.03334	0.05710
			离异再组合	0.10553	0.10536
			寄养	-0.43121*	0.19093
		离异再组合	健全	-0.07219	0.09185
			单亲	-0.10553	0.10536
			寄养	-0.53674*	0.20404
		寄养	健全	0.46455*	0.18383
			单亲	0.43121*	0.19093
			离异再组合	0.53674*	0.20404
资源管理策略	LSD	健全	单亲	-0.067	0.065
			离异再组合	0.073	0.104
			寄养	-0.514*	0.208
		单亲	健全	0.067	0.065
			离异再组合	0.140	0.119
			寄养	-0.447*	0.216

续表

因变量	事后检验	（I）家庭完整状况	（J）家庭完整状况	均值差异（I-J）	标准误
资源管理策略	LSD	离异再组合	健全	-0.073	0.104
			单亲	-0.140	0.119
			寄养	-0.587*	0.231
		寄养	健全	0.514*	0.208
			单亲	0.447*	0.216
			离异再组合	0.587*	0.231
认知策略	LSD	健全	单亲	-0.03664	0.06018
			离异再组合	0.04953	0.09681
			寄养	-0.67303*	0.19374
		单亲	健全	0.03664	0.06018
			离异再组合	0.08617	0.11104
			寄养	-0.63639*	0.20123
		离异再组合	健全	-0.04953	0.09681
			单亲	-0.08617	0.11104
			寄养	-0.72256*	0.21505
		寄养	健全	0.67303*	0.19374
			单亲	0.63639*	0.20123
			离异再组合	0.72256*	0.21505
动机信念策略	LSD	健全	单亲	0.04801	0.06523
			离异再组合	0.08792	0.10494
			寄养	-0.29039	0.21002
		单亲	健全	-0.04801	0.06523
			离异再组合	0.03991	0.12037
			寄养	-0.33840	0.21814
		离异再组合	健全	-0.08792	0.10494
			单亲	-0.03991	0.12037
			寄养	-0.37831	0.23311
		寄养	健全	0.29039	0.21002
			单亲	0.33840	0.21814
			离异再组合	0.37831	0.23311

续表

因变量	事后检验	(I) 家庭完整状况	(J) 家庭完整状况	均值差异 (I-J)	标准误
元认知策略	LSD	健全	单亲	-0.06433	0.06028
			离异再组合	0.01009	0.09697
			寄养	-0.46182*	0.19407
		单亲	健全	0.06433	0.06028
			离异再组合	0.07442	0.11123
			寄养	-0.39749*	0.20157
		离异再组合	健全	-0.01009	0.09697
			单亲	-0.07442	0.11123
			寄养	-0.47190*	0.21541
		寄养	健全	0.46182*	0.19407
			单亲	0.39749*	0.20157
			离异再组合	0.47190*	0.21541
创新策略	LSD	健全	单亲	-0.04675	0.06486
			离异再组合	0.14049	0.10434
			寄养	-0.38312	0.20882
		单亲	健全	0.04675	0.06486
			离异再组合	0.18724	0.11968
			寄养	-0.33636	0.21689
		离异再组合	健全	-0.14049	0.10434
			单亲	-0.18724	0.11968
			寄养	-0.52360*	0.23178
		寄养	健全	0.38312	0.20882
			单亲	0.33636	0.21689
			离异再组合	0.52360*	0.23178

(2) 不同家庭状况的动机信念策略应用均值差异比较情况。不同家庭状况之间均不存在统计学意义上的显著性差异。

(3) 不同家庭状况的创新策略应用均值差异比较情况。寄养家庭显著高于离异再组合家庭，其他家庭完整状况之间均不存在统计学意义上的显著性差异。

原因分析：寄养家庭的子女可能会因为缺乏安全感进而努力学习，从而寄养家庭的子女的学习现状显著高于单亲、健全、离异再组合的学习现状，而离异再组合家庭的子女会因为父母的离异而产生心理问题，进而导致学习现状低于其他家庭状况的子女。

七　父母一方最高文化水平差异

图 4—2—43 表明，不同的父母一方最高文化水平的专业学习投入度分数从高到低依次是高中、大学及以上、初中、小学，其中分数最高的是高中 3.169，分数最低的是小学 2.365，但并不能由此得出各高校不同父母一方最高文化水平之间存在显著性差异。

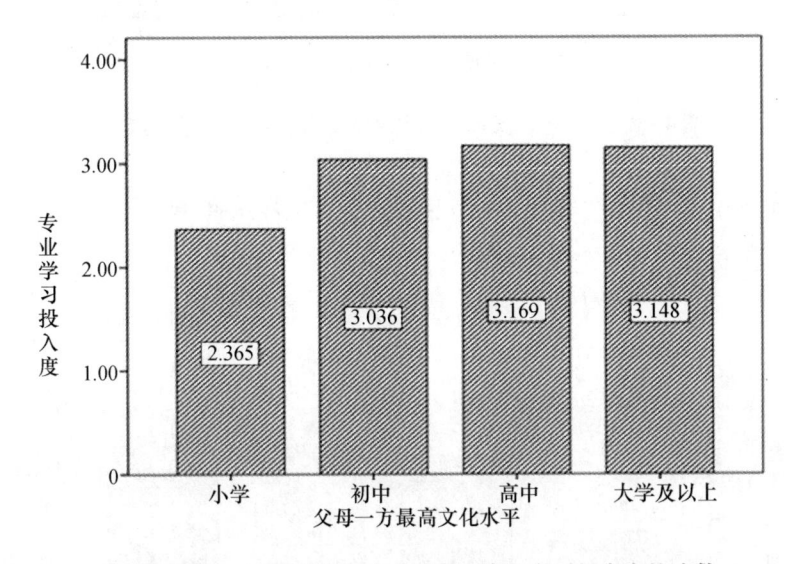

图 4—2—43　不同父母文化水平学生专业学习投入度的分数

图 4—2—44 表明，不同的父母一方最高文化水平的学习策略应用分数从高到低依次是高中、大学及以上、初中、小学，其中分数最高的是高中 3.377，分数最低的是小学 2.502，但并不能由此得出各高校不同父母一方最高文化水平之间存在显著性差异。

图 4—2—45 表明，不同的父母一方最高文化水平的资源管理策略分数从高到低依次是高中、大学及以上、初中、小学，其中分数最高的是

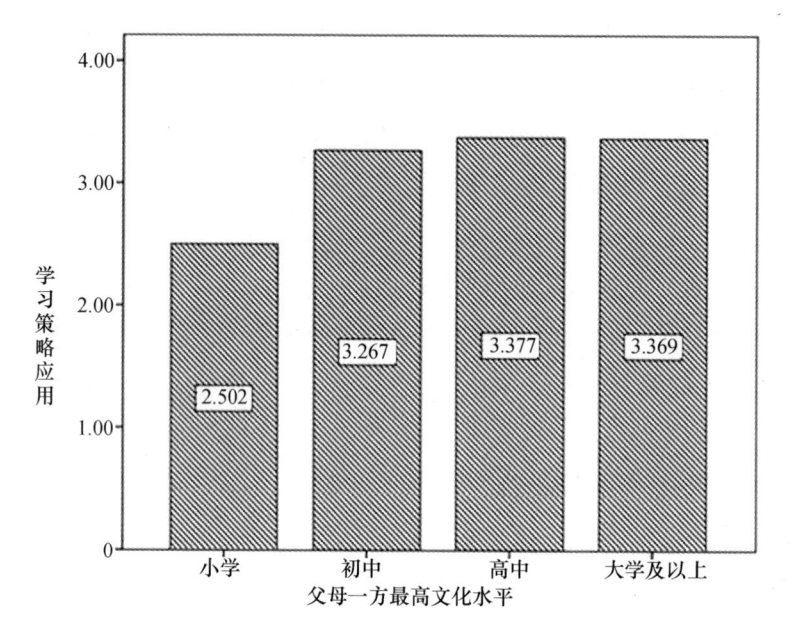

图4—2—44　不同父母文化水平学生的学习策略应用分数

高中3.379，分数最低的是小学2.523，但并不能由此得出各高校不同父母一方最高文化水平之间存在显著性差异。

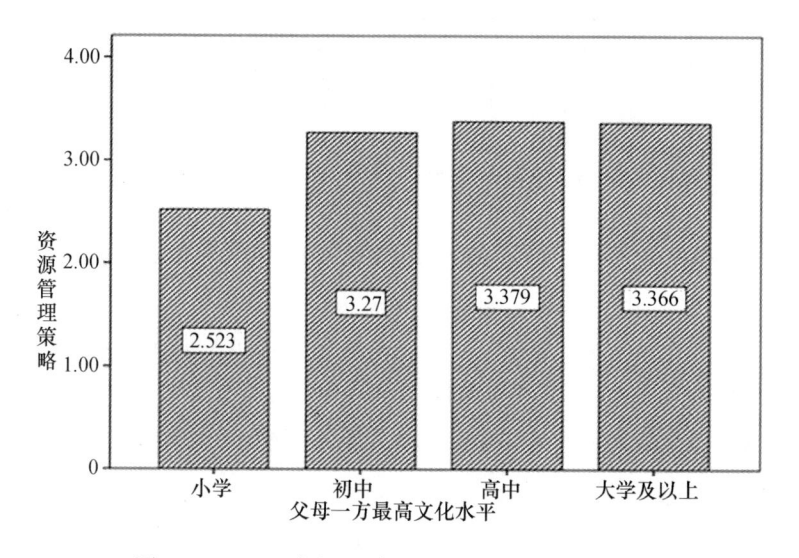

图4—2—45　不同父母文化水平的资源管理策略分数

图4—2—46表明，不同的父母一方最高文化水平的认知策略分数从高到低依次是高中、大学及以上、初中、小学，其中分数最高的是高中3.283，分数最低的是小学2.447，但并不能由此得出各高校不同父母一方最高文化水平之间存在显著性差异。

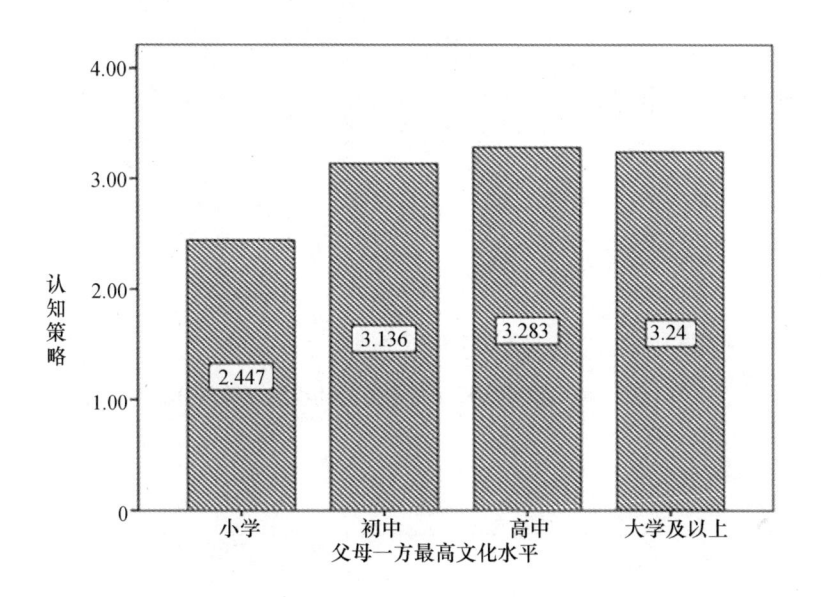

图4—2—46 不同父母文化水平的认知策略分数

图4—2—47表明，不同的父母一方最高文化水平的动机信念策略分数从高到低依次是大学及以上、高中、初中、小学，其中分数最高的是大学及以上为3.527，分数最低的是小学2.59，但并不能由此得出各高校不同父母一方最高文化水平之间存在显著性差异。

图4—2—48表明，不同的父母一方最高文化水平的元认知策略分数从高到低依次是大学及以上、高中、初中、小学，其中分数最高的是大学及以上为3.292，分数最低的是小学2.458，但并不能由此得出各高校不同父母一方最高文化水平之间存在显著性差异。

图4—2—49表明，不同的父母一方最高文化水平的创新策略分数从高到低依次是高中、大学及以上、初中、小学，其中分数最高的是高中3.432，分数最低的是小学2.495，但并不能由此得出各高校不同父母一方最高文化水平之间存在显著性差异。

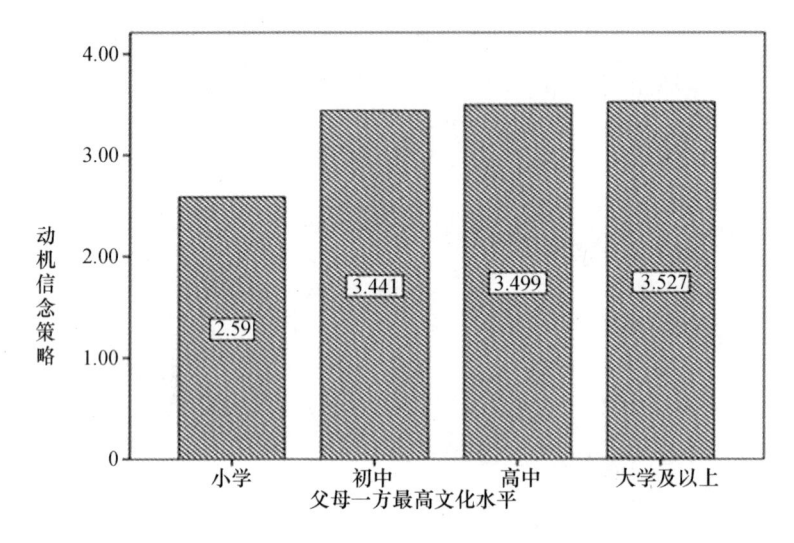

图 4—2—47　不同父母文化水平的动机信念策略分数

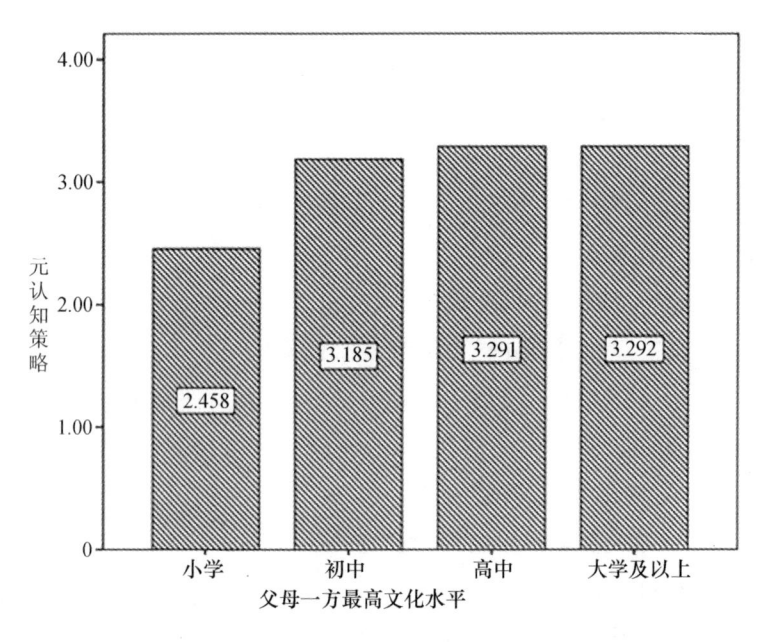

图 4—2—48　不同父母文化水平的元认知策略分数

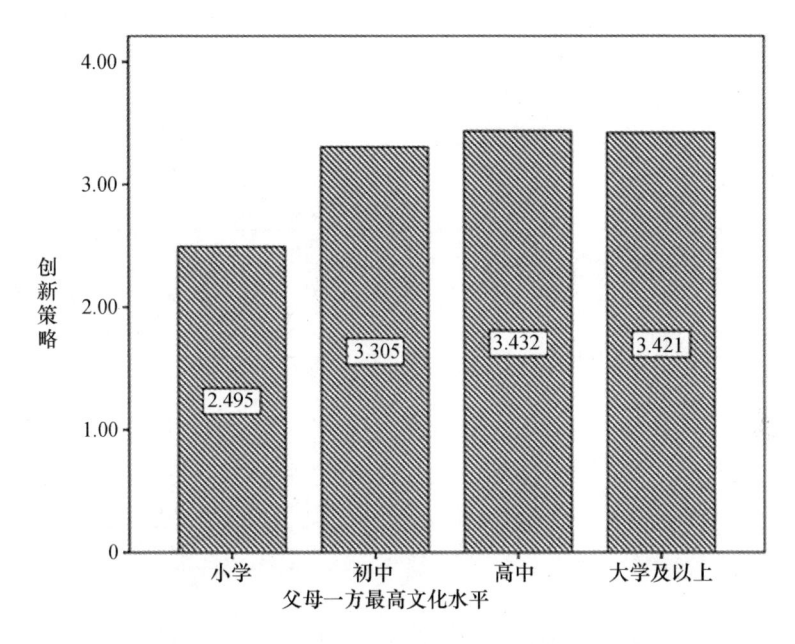

图 4—2—49 不同父母文化水平的创新策略分数

表 4—2—11　　不同父母一方最高文化水平的大学生学习现状的差异比较

项　目	F
专业学习投入度	125.256 ***
学习策略应用	152.687 ***
资源管理策略	110.452 ***
认知策略	116.406 ***
动机信念策略	132.787 ***
元认知策略	122.041 ***
创新策略	131.935 ***

通过对不同的父母一方最高文化水平的学生样本的专业学习投入度、学习策略应用、资源管理策略、认知策略、动机信念策略、元认知策略和创新策略进行 F 检验可以得出显著性水平，表 4—2—11 结果表明，不同的父母一方最高文化水平之间均存在显著性差异。

表4—2—12　不同父母一方最高文化水平的大学生学习现状的均值差异比较

因变量	事后检验	(I) 父母一方最高文化水平	(J) 父母一方最高文化水平	均值差异 (I-J)	标准误
专业学习投入度	LSD	小学	初中	-0.66815*	0.04160
			高中	-0.80145*	0.04451
			大学及以上	-0.78014*	0.05977
		初中	小学	0.66815*	0.04160
			高中	-0.13330*	0.03654
			大学及以上	-0.11199*	0.05409
		高中	小学	0.80145*	0.04451
			初中	0.13330*	0.03654
			大学及以上	0.02131	0.05636
		大学及以上	小学	0.78014*	0.05977
			初中	0.11199*	0.05409
			高中	-0.02131	0.05636
学习策略应用	LSD	小学	初中	-0.76167*	0.04165
			高中	-0.87102*	0.04456
			大学及以上	-0.86327*	0.05983
		初中	小学	0.76167*	0.04165
			高中	-0.10935*	0.03658
			大学及以上	-0.10160	0.05416
		高中	小学	0.87102*	0.04456
			初中	0.10935*	0.03658
			大学及以上	0.00775	0.05643
		大学及以上	小学	0.86327*	0.05983
			初中	0.10160	0.05416
			高中	-0.00775	0.05643
资源管理策略	LSD	小学	初中	-0.745*	0.048
			高中	-0.854*	0.051
			大学及以上	-0.841*	0.069
		初中	小学	0.745*	0.048
			高中	-0.109*	0.042
			大学及以上	-0.096	0.062

续表

因变量	事后检验	(I) 父母一方最高文化水平	(J) 父母一方最高文化水平	均值差异(I-J)	标准误
资源管理策略	LSD	高中	小学	0.854*	0.051
			初中	0.109*	0.042
			大学及以上	0.013	0.065
		大学及以上	小学	0.841*	0.069
			初中	0.096	0.062
			高中	-0.013	0.065
认知策略	LSD	小学	初中	-0.68633*	0.04456
			高中	-0.83352*	0.04767
			大学及以上	-0.79087*	0.06401
		初中	小学	0.68633*	0.04456
			高中	-0.14718*	0.03914
			大学及以上	-0.10454	0.05794
		高中	小学	0.83352*	0.04767
			初中	0.14718*	0.03914
			大学及以上	0.04264	0.06037
		大学及以上	小学	0.79087*	0.06401
			初中	0.10454	0.05794
			高中	-0.04264	0.06037
动机信念策略	LSD	小学	初中	-0.84759*	0.04790
			高中	-0.90523*	0.05125
			大学及以上	-0.93304*	0.06881
		初中	小学	0.84759*	0.04790
			高中	-0.05764	0.04207
			大学及以上	-0.08545	0.06228
		高中	小学	0.90523*	0.05125
			初中	0.05764	0.04207
			大学及以上	-0.02782	0.06489
		大学及以上	小学	0.93304*	0.06881
			初中	0.08545	0.06228
			高中	0.02782	0.06489

续表

因变量	事后检验	(I) 父母一方最高文化水平	(J) 父母一方最高文化水平	均值差异 (I-J)	标准误
元认知策略	LSD	小学	初中	-0.72535*	0.04450
			高中	-0.83135*	0.04761
			大学及以上	-0.83151*	0.06393
		初中	小学	0.72535*	0.04450
			高中	-0.10600*	0.03909
			大学及以上	-0.10616	0.05786
		高中	小学	0.83135*	0.04761
			初中	0.10600*	0.03909
			大学及以上	-0.00016	0.06029
		大学及以上	小学	0.83151*	0.06393
			初中	0.10616	0.05786
			高中	0.00016	0.06029
创新策略	LSD	小学	初中	-0.80445*	0.04768
			高中	-0.93092*	0.05102
			大学及以上	-0.92008*	0.06851
		初中	小学	0.80445*	0.04768
			高中	-0.12646*	0.04189
			大学及以上	-0.11562	0.06200
		高中	小学	0.93092*	0.05102
			初中	0.12646*	0.04189
			大学及以上	0.01084	0.06460
		大学及以上	小学	0.92008*	0.06851
			初中	0.11562	0.06200
			高中	-0.01084	0.06460

根据表4—2—12，通过对父母一方最高文化水平的学生的专业学习投入度、学习策略应用、资源管理策略、认知策略、动机信念策略、元认知策略和创新策略进行均值差异比较，得出以下结论：

（1）不同父母一方最高文化水平之间的学生专业学习投入度均值差异比较情况。

①高中与小学和初中之间存在显著性差异，具体表现为高中显著高于小学、初中，高中与大学及以上之间不存在统计学意义上的显著性差异。

②大学及以上与小学和初中之间存在显著性差异，与高中之间不存在统计学意义上的显著性差异。具体表现为大学及以上的分数显著高于小学、初中。

③小学和初中与其他文化水平之间均存在显著性差异。

（2）不同父母一方最高文化水平之间的学习策略应用、资源管理策略、认知策略、元认知策略、创新策略均值差异比较情况。

①小学与其他文化水平之间均存在显著性差异。

②初中与小学和高中之间存在显著性差异，初中与大学及以上之间不存在统计学意义上的显著性差异，具体表现为初中分数显著高于小学。

③高中与小学和初中之间存在显著性差异，高中与大学及以上之间不存在统计学意义上的显著性差异，具体表现为高中分数显著高于小学、初中。

④大学及以上与小学之间存在显著性差异，大学及以上与初中和高中之间不存在统计学意义上的显著性差异，具体表现为大学及以上分数显著高于小学。

（3）不同父母一方最高文化水平之间的动机信念策略均值差异比较情况。

①小学与其他文化水平之间存在显著性差异。

②初中只与小学之间存在显著性差异，初中与高中和大学及以上之间不存在统计学意义上的显著性差异，具体表现为初中分数显著高于小学。

③高中只与小学之间存在显著性差异，高中与初中和大学及以上之间不存在统计学意义上的显著性差异，具体表现为高中分数显著高于小学。

④大学及以上只与小学之间存在显著性差异，大学及以上与初中和高中之间不存在统计学意义上的显著性差异，具体表现为大学及以上分数显著高于小学。

原因分析：父母作为家庭教育中的教育者对子女无论是心理还是生

理的健康发展，都承担着重要的职责。① 父母一方最高学历水平基本上也会奠定整个家庭的氛围，不同学历的父母会以身作则言传身教地影响子女对学习的态度，故大学生的学习现状随着父母学历的增高而增高。较高学历水平的父母对孩子的教育方式比较灵活，教育资源和教育投入相对较多，对孩子学习策略使用水平起正向作用。家境的千差万别也将对学生处事的心态产生很大的影响，部分出身于普通工人、农民家庭的同学，因其父母的社会地位较低或家境相对较差，尤其是在与家境优越的高知家庭的同学相比之后，一种自卑的情绪油然而生，总有"先天不足"、差距较大之感。在这种心理的作用下，容易产生消极心理，对学习是不利的。

八 家庭来源差异

图4—2—50表明，不同家庭来源的专业学习投入度分数由高到低依次是城市、城镇、农村，其中分数最高的是城市为3.13，分数最低的是农村2.876，但并不能由此得出各专业不同家庭来源之间存在显著性差异。

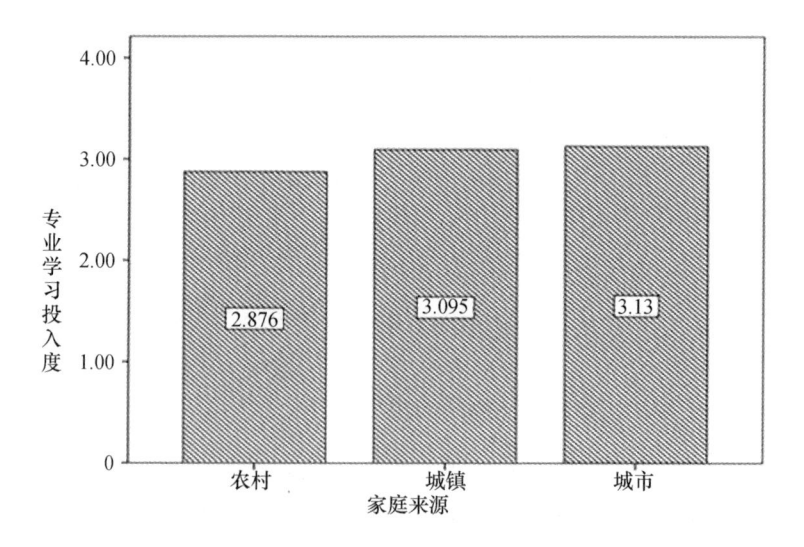

图4—2—50 不同家庭来源的专业学习投入度分数

---

① 周海涛、景安磊、李子建：《大学生学习策略使用水平及其影响因素分析》，《中国高教研究》2014年第4期。

图 4—2—51 表明，不同家庭来源的学习策略应用分数由高到低依次是城市、城镇、农村，其中分数最高的是城市为 3.366，分数最低的是农村为 3.065，但并不能由此得出各专业不同家庭来源之间存在显著性差异。

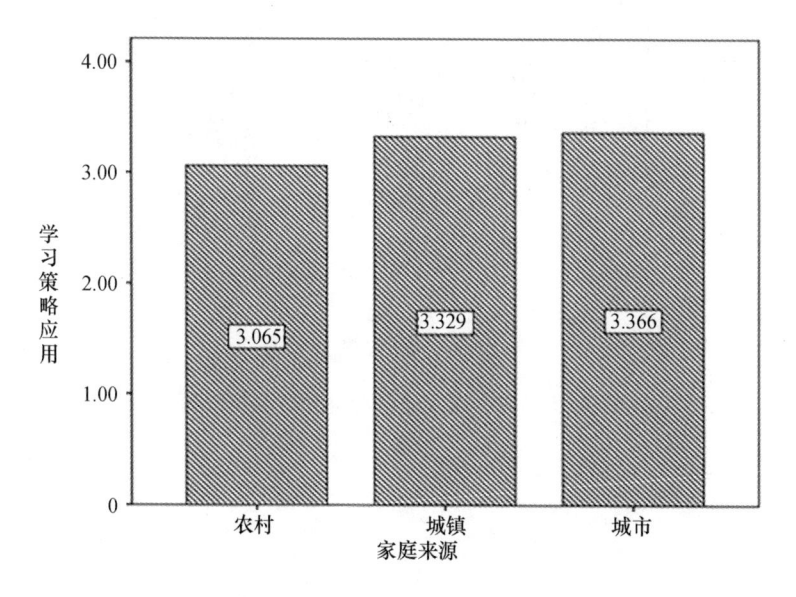

图 4—2—51　不同家庭来源的学习策略应用分数

图 4—2—52 表明，不同家庭来源的资源管理策略分数由高到低依次是城镇、城市、农村，其中分数最高的是城镇为 3.323，分数最低的是农村为 3.083，但并不能由此得出各专业不同家庭来源之间存在显著性差异。

图 4—2—53 表明，不同家庭来源的认知策略分数由高到低依次是城镇、城市、农村，其中分数最高的是城市为 3.289，分数最低的是农村为 2.947，但并不能由此得出各专业不同家庭来源之间存在显著性差异。

图 4—2—54 表明，不同家庭来源的动机信念策略分数由高到低依次是城镇、城市、农村，其中分数最高的是城镇为 3.467，分数最低的是农村为 3.214，但并不能由此得出各专业不同家庭来源之间存在显著性差异。

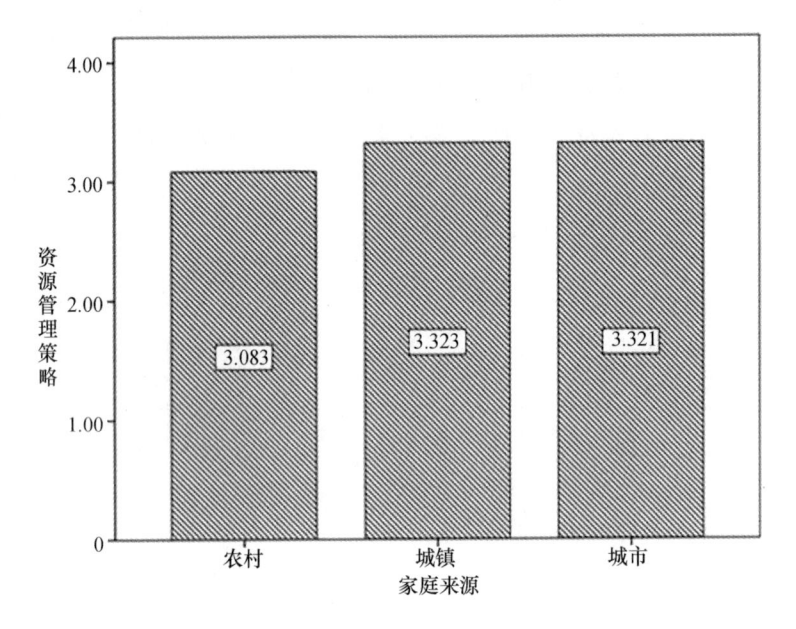

图4—2—52 不同家庭来源的资源管理策略分数

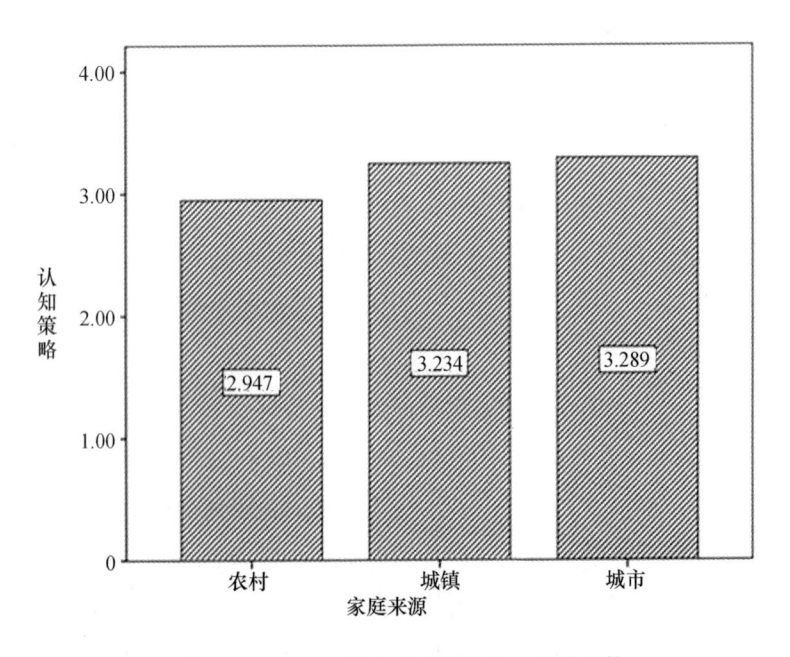

图4—2—53 不同家庭来源的认知策略分数

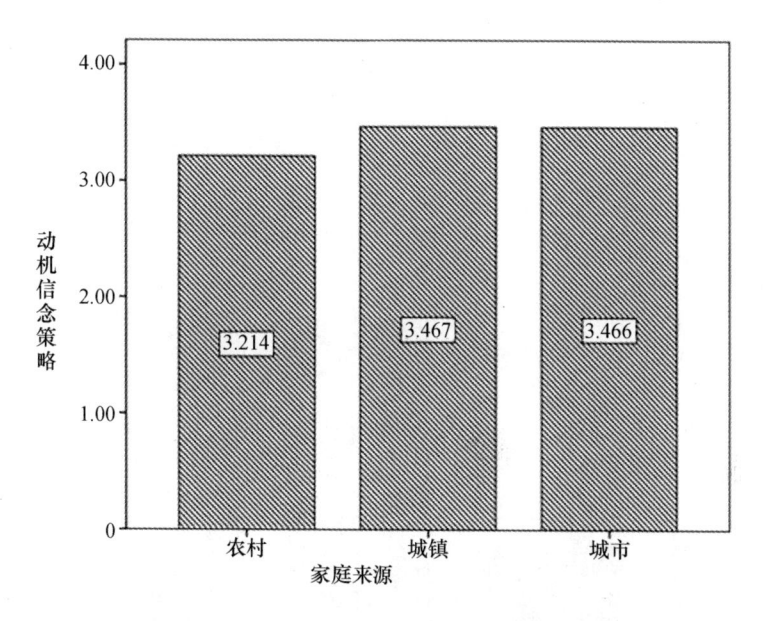

图 4—2—54 不同家庭来源的动机信念策略分数

图 4—2—55 表明，不同家庭来源的元认知策略分数由高到低依次是城市、城镇、农村，其中分数最高的是城市为 3.313，分数最低的是农村为 2.99，但并不能由此得出各专业不同家庭来源之间存在显著性差异。

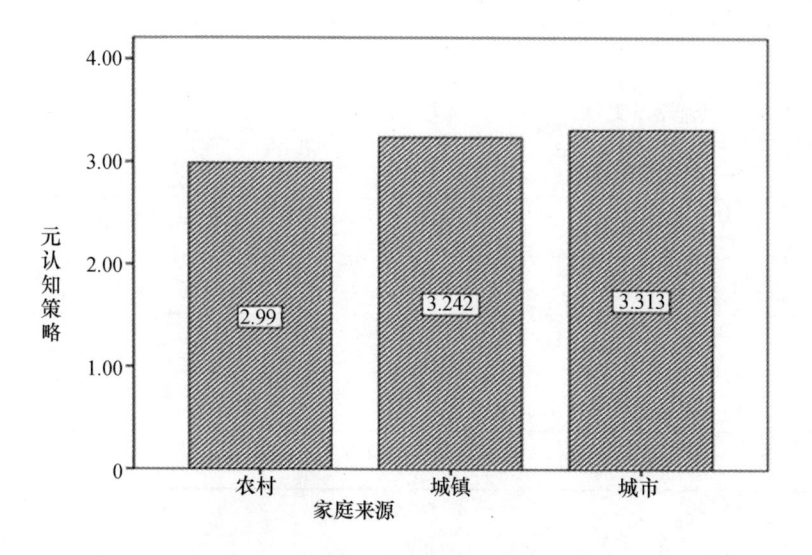

图 4—2—55 不同家庭来源的元认知策略分数

图 4—2—56 表明，不同家庭来源的创新策略分数由高到低依次是城市、城镇、农村，其中分数最高的是城市为 3.441，分数最低的是农村为 3.091，但并不能由此得出各专业不同家庭来源之间存在显著性差异。

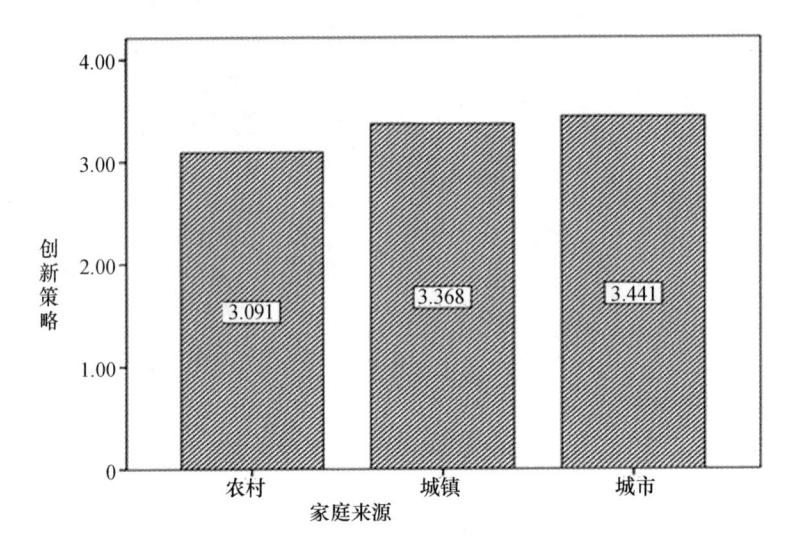

图 4—2—56　不同家庭来源的创新策略分数

表 4—2—13　　不同家庭来源的大学生学习现状的差异分析

项　目	F
专业学习投入度	24.142***
学习策略应用	34.030***
资源管理策略	19.542***
认知策略	38.965***
动机信念策略	21.689***
元认知策略	30.837***
创新策略	32.103***

通过对不同家庭来源的学生样本的专业学习投入度、学习策略应用、资源管理策略、认知策略、动机信念策略、元认知策略和创新策略进行 F 检验,可以得出显著性水平;表 4—2—13 表明,不同家庭来源的学生均存在显著性差异。

表 4—2—14　不同家庭来源的大学生学习现状的均值差异比较

因变量	事后检验	(I) 家庭来源	(J) 家庭来源	均值差异 (I-J)	标准误
专业学习投入度	LSD	农村	城镇	-0.21755*	0.03841
			城市	-0.25306*	0.04968
		城镇	农村	0.21755*	0.03841
			城市	-0.03552	0.05628
		城市	农村	0.25306*	0.04968
			城镇	0.03552	0.05628
学习策略应用	LSD	农村	城镇	-0.26224*	0.03876
			城市	-0.30068*	0.05013
		城镇	农村	0.26224*	0.03876
			城市	-0.03844	0.05679
		城市	农村	0.30068*	0.05013
			城镇	0.03844	0.05679
资源管理策略	LSD	农村	城镇	-0.238*	0.044
			城市	-0.238*	0.057
		城镇	农村	0.238*	0.044
			城市	0.000	0.065
		城市	农村	0.238*	0.057
			城镇	0.000	0.065
认知策略	LSD	农村	城镇	-0.29360*	0.04081
			城市	-0.34170*	0.05279
		城镇	农村	0.29360*	0.04081
			城市	-0.04811	0.05980
		城市	农村	0.34170*	0.05279
			城镇	0.04811	0.05980

续表

因变量	事后检验	(I) 家庭来源	(J) 家庭来源	均值差异 (I-J)	标准误
动机信念策略	LSD	农村	城镇	-0.25276*	0.04437
			城市	-0.25218*	0.05739
		城镇	农村	0.25276*	0.04437
			城市	0.00058	0.06500
		城市	农村	0.25218*	0.05739
			城镇	-0.00058	0.06500
元认知策略	LSD	农村	城镇	-0.24967*	0.04093
			城市	-0.32216*	0.05295
		城镇	农村	0.24967*	0.04093
			城市	-0.07249	0.05998
		城市	农村	0.32216*	0.05295
			城镇	0.07249	0.05998
创新策略	LSD	农村	城镇	-0.27712*	0.04404
			城市	-0.34966*	0.05697
		城镇	农村	0.27712*	0.04404
			城市	-0.07254	0.06453
		城市	农村	0.34966*	0.05697
			城镇	0.07254	0.06453

通过对不同家庭来源的专业学习投入度、学习策略应用、资源管理策略、认知策略、动机信念策略、元认知策略和创新策略进行均值差异比较，表4—2—14结果表明：

农村与城镇和城市之间均存在显著性差异，而城镇与城市之间不存在统计学意义上的显著性差异，具体表现为农村分数显著低于城镇和城市。

原因分析：近几年，尽管我国在经济、社会等各方面都得到了较大发展，取得较大成绩和进步，城乡差距在逐渐缩小，但由于家庭环境、家庭教养方式不同等原因，目前城市和农村的教育水平还存在一定的差距，城市和城镇的教育水平高于农村，农村学生的学习现状与城镇和城市之间均存在显著性差异。

第三节 地方新建本科高校大学生学习拖延状况与分析

拖延是指在开始或完成一项外显或内隐的活动时实施有目的的推迟。拖延使目标任务在最后期限内无法完成，或者目标任务在最后期限内才刚刚启动。

拖延归因大致可分为三种情况：一是强调时间的拖延，拖延者并不想躲避目前的任务，他们只是不自觉地推迟任务的开始；二是强调非理性的拖延，有人曾将拖延比作为一种"神经症"，拖延既是逃避任务的行为，又是影响其实现的行为；三是强调理性的拖延，认为拖延行为是理性化的，这满足人们的自身利益，即使有些时候是自我挫败的。[①]

大学生拖延是一种普遍存在的现象，一项调查显示大约75%的大学生认为自己有时拖延，50%认为自己一直拖延。严重的拖延症会对个体的身心健康带来消极影响，如出现强烈的自责情绪、负罪感，不断地自我否定、贬低，并伴有焦虑症、抑郁症等心理疾病；同时，对团队建设和工作任务的顺利开展及取得成效，将起到较大的消极阻碍作用。

本研究采用关雪菁（2006）翻译修订的 PASS（Procrastination Assessment Scale – Students）量表，由所罗门和罗斯布鲁姆（1984）联合编制，用来测量大学生的学业拖延水平。该量表采用5分制评分方法："1"代表从不，"2"代表几乎不，"3"代表有时候，"4"代表经常，"5"代表总是，得分越高说明拖延现象越严重。修订后量表的信度为0.86。本研究使用量表的第一部分，它由5项任务组成，用来测量被试的学业拖延水平。[②]

一 山东地方新建本科高校大学生拖延的总体情况

（一）大学生学业论文拖延总体情况

图4—3—1表明，山东地方新建本科高校大学生学业论文拖延总体情

[①] 管梓桐等：《大学生学业拖延与归因方式关系的研究》，《劳动保障世界》2018年第3期。

[②] 薛玲玲、关雪菁：《一般拖延量表的修订》，《第十届全国心理学学术大会论文摘要集》2005年。

况中"从不"的占比最高,为38.19%,其余由高到低依次为"几乎不"27.02%,"有时候"24.71%,"经常"6.62%,"总是"3.17%。

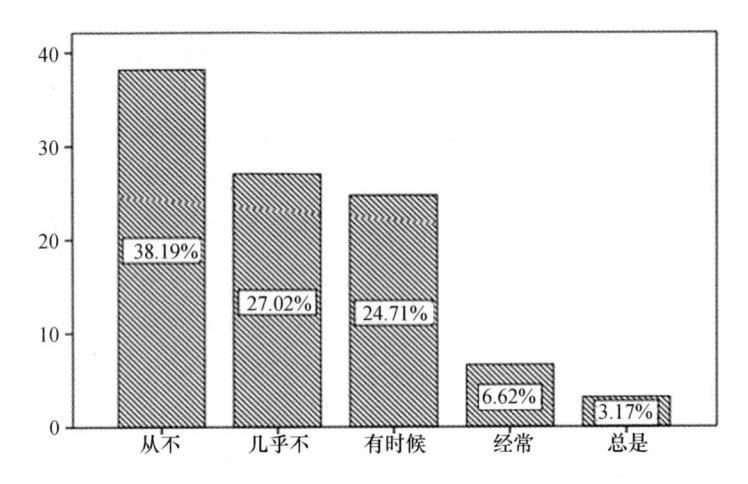

图4—3—1　各高校大学生学业论文拖延总体情况

(二) 大学生复习应考拖延总体情况

由图4—3—2可知,山东地方新建本科高校大学生复习应考拖延总体情况中"从不"的占比最高,为32.23%,其余由高到低依次为"几乎不"26.96%,"有时候"29.67%,"经常"7.81%,"总是"3.05%。

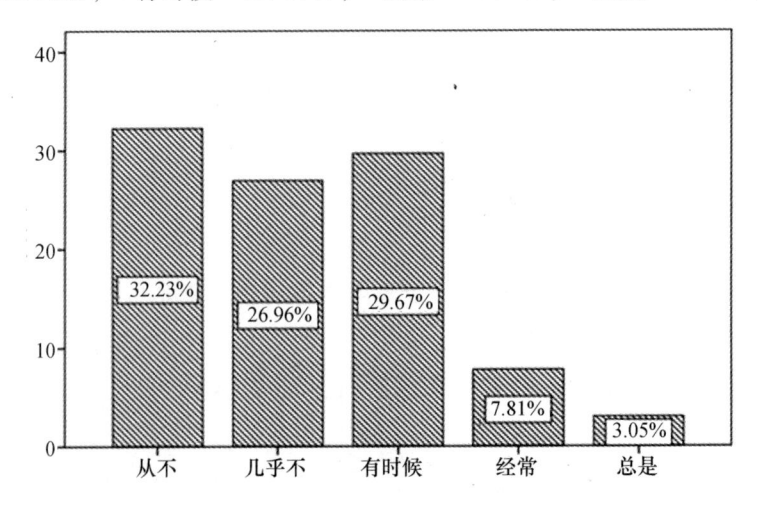

图4—3—2　各高校大学生复习应考拖延总体情况

(三) 大学生完成学科作业拖延总体情况

由图4—3—3可知，山东地方新建本科高校大学生完成学科作业拖延总体情况中"从不"的占比最高，为31.08%，其余由高到低依次为"几乎不"28.97%，"有时候"29.49%，"经常"7.60%，"总是"2.59%。

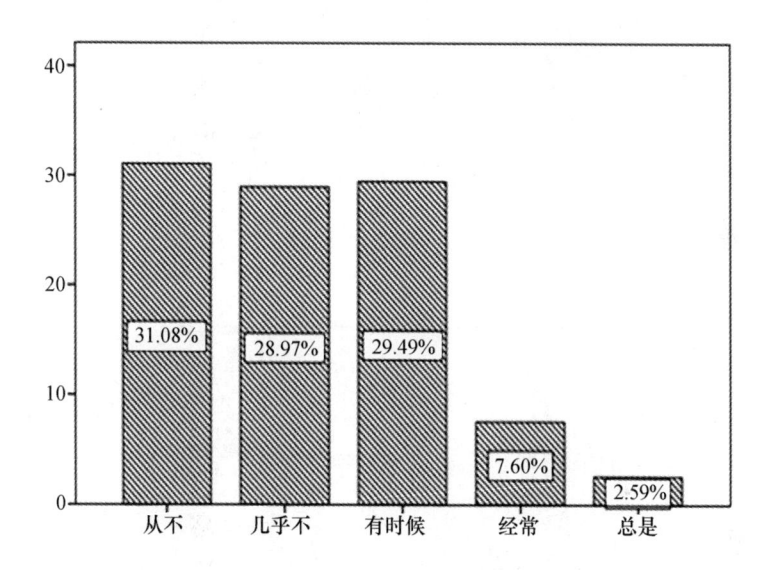

图4—3—3　各高校大学生完成学科作业拖延总体情况

(四) 大学生与学业相关的行政事务比如填表格、选课、登记注册等拖延总体情况

由图4—3—4可知，山东地方新建本科高校大学生与学业相关的行政事务比如填表格、选课、登记注册等拖延总体情况中"从不"的占比最高，为43.78%，其余由高到低依次为"几乎不"33.15%，"有时候"16.47%，"经常"4.23%，"总是"2.13%。

(五) 大学生在参加列席性事务时会拖延总体情况

由图4—3—5可知，山东地方新建本科高校大学生在参加列席性事务（比如辅导员开会、与老师见面等）时会拖延总体情况中"从不"的占比最高，为56.28%，其余由高到低依次为"几乎不"28.89%，"有时候"10.11%，"经常"2.76%，"总是"1.67%。

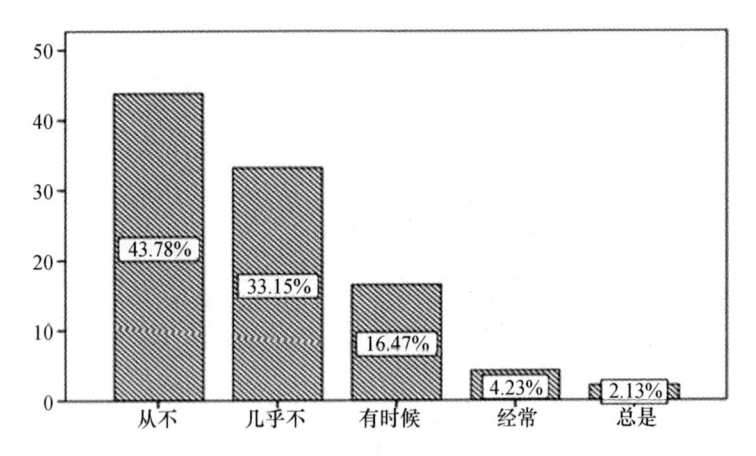

图4—3—4　各高校大学生与学业相关行政事务拖延总体情况

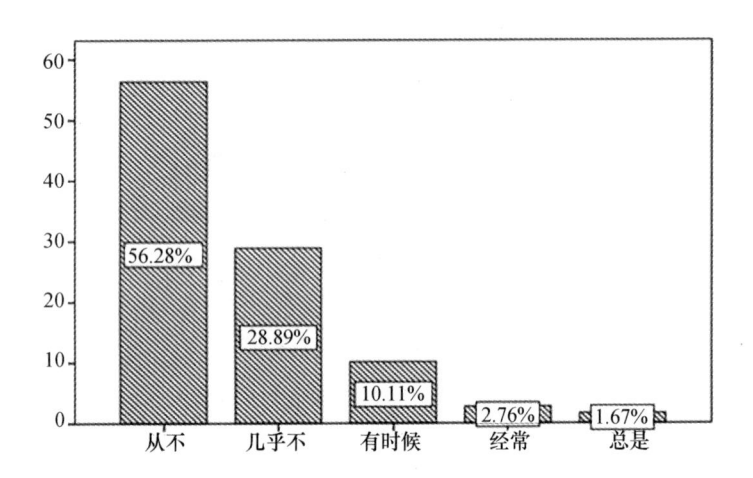

图4—3—5　各高校大学生参加列席性事务会拖延总体情况

二　山东地方新建本科高校大学生拖延情况对比

由图4—3—6可知，山东地方新建6所本科高校大学生在学业论文、复习应考、完成学科作业拖延有差异：在学业论文拖延方面，排名由高到低依次是潍坊学院、枣庄学院、菏泽学院、德州学院、泰山学院和滨州学院；在复习应考拖延方面，排名由高到低依次是，潍坊学院、菏泽学院、枣庄学院、德州学院、滨州学院和泰山学院；在完成学科作业拖延方面，排名由高到低依次是，潍坊学院、枣庄学院、菏泽学院、泰山学院、德州学院、滨州学院；在与学业相关的行政事务拖延方面，排名由高到低依次是，德州学院、枣庄学院、潍坊学院、菏泽学院、滨州学院、泰山学院；在参加列席性事务时候拖延方面，排名由高到低依次是，德州学院、枣庄学院、泰山学院、潍坊学院、菏泽学院、滨州学院。

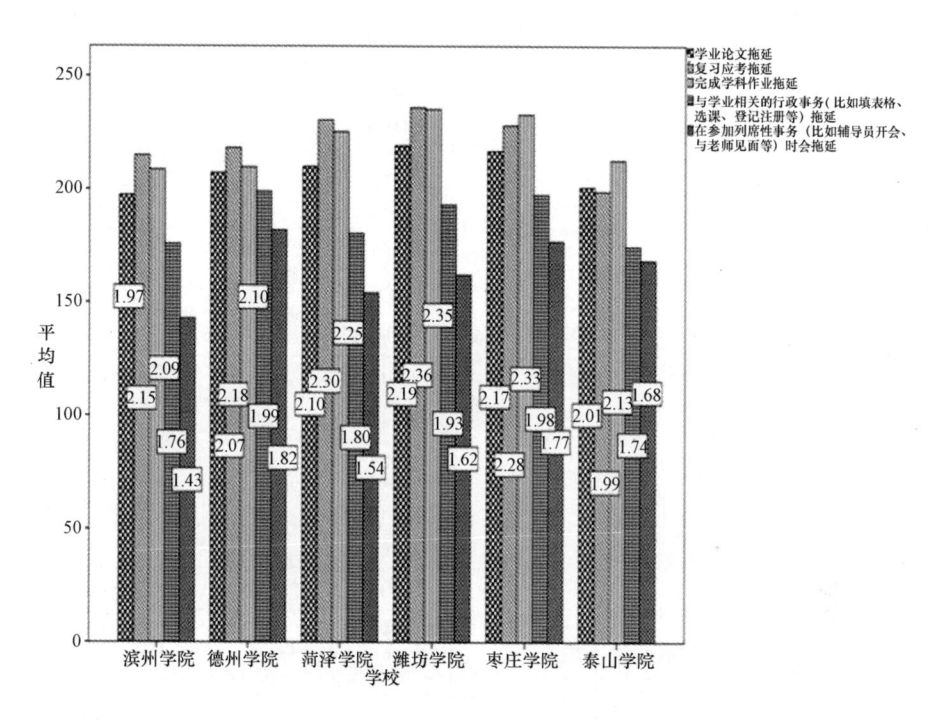

图4—3—6　6所高校大学生拖延情况对比

表4—3—1　　各高校大学生在学业论文等方面拖延的差异比较

项　目	F
学业论文拖延	3.735**
复习应考拖延	8.977***
完成学科作业拖延	8.082***
与学业相关的行政事务比如填表格、选课、登记注册等	7.180***
在参加列席性事务（比如辅导员开会、与老师见面等）时会拖延	14.906***

由表4—3—1可知，山东地方新建6所本科高校大学生在学业论文、复习应考、完成学科作业、与学业相关的行政事务和在参加列席性事务时候拖延呈显著差异。

表4—3—2　各高校大学生学业论文等方面拖延的均值差异比较

因变量	事后检验	(I) 学校	(J) 学校	平均值差值 (I-J)	标准误
学业论文拖延	LSD	滨州学院	德州学院	-0.097	0.064
			菏泽学院	-0.125	0.066
			潍坊学院	-0.217*	0.060
			枣庄学院	-0.193*	0.068
			泰山学院	-0.035	0.067
		德州学院	滨州学院	0.097	0.064
			菏泽学院	-0.027	0.064
			潍坊学院	-0.119*	0.058
			枣庄学院	-0.096	0.065
			泰山学院	0.063	0.065
		菏泽学院	滨州学院	0.125	0.066
			德州学院	0.027	0.064
			潍坊学院	-0.093	0.060
			枣庄学院	-0.069	0.068
			泰山学院	0.090	0.067
		潍坊学院	滨州学院	0.217*	0.060
			德州学院	0.119*	0.058
			菏泽学院	0.093	0.060
			枣庄学院	0.024	0.062
			泰山学院	0.182*	0.062
		枣庄学院	滨州学院	0.193*	0.068
			德州学院	0.096	0.065
			菏泽学院	0.069	0.068
			潍坊学院	-0.024	0.062
			泰山学院	0.158*	0.069
		泰山学院	滨州学院	0.035	0.067
			德州学院	-0.063	0.065
			菏泽学院	-0.090	0.067
			潍坊学院	-0.182*	0.062
			枣庄学院	-0.158*	0.069

续表

因变量	事后检验	（I）学校	（J）学校	平均值差值（I－J）	标准误
复习应考拖延	LSD	滨州学院	德州学院	－0.032	0.063
			菏泽学院	－0.155*	0.065
			潍坊学院	－0.212*	0.060
			枣庄学院	－0.131*	0.067
			泰山学院	0.160*	0.067
		德州学院	滨州学院	0.032	0.063
			菏泽学院	－0.123	0.063
			潍坊学院	－0.179*	0.057
			枣庄学院	－0.099	0.065
			泰山学院	0.192*	0.065
		菏泽学院	滨州学院	0.155*	0.065
			德州学院	0.123	0.063
			潍坊学院	－0.056	0.060
			枣庄学院	0.024	0.067
			泰山学院	0.316*	0.067
		潍坊学院	滨州学院	0.212*	0.060
			德州学院	0.179*	0.057
			菏泽学院	0.056	0.060
			枣庄学院	0.080	0.062
			泰山学院	0.372*	0.061
		枣庄学院	滨州学院	0.131*	0.067
			德州学院	0.099	0.065
			菏泽学院	－0.024	0.067
			潍坊学院	－0.080	0.062
			泰山学院	0.292*	0.068
		泰山学院	滨州学院	－0.160*	0.067
			德州学院	－0.192*	0.065
			菏泽学院	－0.316*	0.067
			潍坊学院	－0.372*	0.061
			枣庄学院	－0.292*	0.068

续表

因变量	事后检验	(I) 学校	(J) 学校	平均值差值 (I-J)	标准误
完成学科作业拖延	LSD	滨州学院	德州学院	-0.011	0.061
			菏泽学院	-0.167*	0.064
			潍坊学院	-0.267*	0.058
			枣庄学院	-0.242*	0.065
			泰山学院	-0.040	0.065
		德州学院	滨州学院	0.011	0.061
			菏泽学院	-0.156*	0.061
			潍坊学院	-0.257*	0.056
			枣庄学院	-0.231*	0.063
			泰山学院	-0.030	0.063
		菏泽学院	滨州学院	0.167*	0.064
			德州学院	0.156*	0.061
			潍坊学院	-0.101	0.058
			枣庄学院	-0.075	0.065
			泰山学院	0.127	0.065
		潍坊学院	滨州学院	0.267*	0.058
			德州学院	0.257*	0.056
			菏泽学院	0.101	0.058
			枣庄学院	0.025	0.060
			泰山学院	0.227*	0.060
		枣庄学院	滨州学院	0.242*	0.065
			德州学院	0.231*	0.063
			菏泽学院	0.075	0.065
			潍坊学院	-0.025	0.060
			泰山学院	0.202*	0.067
		泰山学院	滨州学院	0.040	0.065
			德州学院	0.030	0.063
			菏泽学院	-0.127	0.065
			潍坊学院	-0.227*	0.060
			枣庄学院	-0.202*	0.067

续表

因变量	事后检验	(I) 学校	(J) 学校	平均值差值 (I-J)	标准误
与学业相关的行政事务比如填表格、选课、登记注册等拖延	LSD	滨州学院	德州学院	-0.229*	0.057
			菏泽学院	-0.045	0.059
			潍坊学院	-0.172*	0.054
			枣庄学院	-0.215*	0.061
			泰山学院	0.015	0.060
		德州学院	滨州学院	0.229*	0.057
			菏泽学院	0.184*	0.057
			潍坊学院	0.058	0.052
			枣庄学院	0.015	0.059
			泰山学院	0.244*	0.058
		菏泽学院	滨州学院	0.045	0.059
			德州学院	-0.184*	0.057
			潍坊学院	-0.127*	0.054
			枣庄学院	-0.170*	0.061
			泰山学院	0.060	0.060
		潍坊学院	滨州学院	0.172*	0.054
			德州学院	-0.058	0.052
			菏泽学院	0.127*	0.054
			枣庄学院	-0.043	0.056
			泰山学院	0.186*	0.056
		枣庄学院	滨州学院	0.215*	0.061
			德州学院	-0.015	0.059
			菏泽学院	0.170*	0.061
			潍坊学院	0.043	0.056
			泰山学院	0.230*	0.062
		泰山学院	滨州学院	-0.015	0.060
			德州学院	-0.244*	0.058
			菏泽学院	-0.060	0.060
			潍坊学院	-0.186*	0.056
			枣庄学院	-0.230*	0.062

续表

因变量	事后检验	(I) 学校	(J) 学校	平均值差值 (I-J)	标准误
在参加列席性事务（比如辅导员开会、与老师见面等）时会拖延	LSD	滨州学院	德州学院	-0.391*	0.052
			菏泽学院	-0.112*	0.054
			潍坊学院	-0.192*	0.050
			枣庄学院	-0.341*	0.056
			泰山学院	-0.255*	0.055
		德州学院	滨州学院	0.391*	0.052
			菏泽学院	0.278*	0.052
			潍坊学院	0.198*	0.048
			枣庄学院	0.050	0.054
			泰山学院	0.136*	0.053
		菏泽学院	滨州学院	0.112*	0.054
			德州学院	-0.278*	0.052
			潍坊学院	-0.080	0.050
			枣庄学院	-0.228*	0.056
			泰山学院	-0.142*	0.055
		潍坊学院	滨州学院	0.192*	0.050
			德州学院	-0.198*	0.048
			菏泽学院	0.080	0.050
			枣庄学院	-0.148*	0.051
			泰山学院	-0.062	0.051
		枣庄学院	滨州学院	0.341*	0.056
			德州学院	-0.050	0.054
			菏泽学院	0.228*	0.056
			潍坊学院	0.148*	0.051
			泰山学院	0.086	0.057
		泰山学院	滨州学院	0.255*	0.055
			德州学院	-0.136*	0.053
			菏泽学院	0.142*	0.055
			潍坊学院	0.062	0.051
			枣庄学院	-0.086	0.057

通过对表4—3—2进行分析，可以得出以下结论：

（1）各高校完成学业论文拖延状况均值差异比较情况。

①滨州学院与潍坊学院、枣庄学院存在显著性差异，滨州学院显著低于潍坊学院、枣庄学院，与德州学院、菏泽学院、泰山学院不存在统计学意义上的显著性差异。

②德州学院与潍坊学院存在显著性差异，德州学院显著低于潍坊学院，与滨州学院、菏泽学院、枣庄学院、泰山学院不存在统计学意义上的显著性差异。

③菏泽学院与潍坊学院、滨州学院、德州学院、枣庄学院、泰山学院均不存在统计学意义上的显著性差异。

④潍坊学院与滨州学院、德州学院、泰山学院存在显著性差异，潍坊学院显著高于滨州学院、德州学院、泰山学院，与菏泽学院、枣庄学院不存在统计学意义上的显著性差异。

⑤枣庄学院与滨州学院、泰山学院存在显著性差异，枣庄学院显著高于滨州学院、泰山学院，与德州学院、菏泽学院、潍坊学院不存在统计学意义上的显著性差异。

⑥泰山学院与潍坊学院、枣庄学院存在显著性差异，泰山学院显著低于潍坊学院、枣庄学院，与滨州学院、德州学院、菏泽学院不存在统计学意义上的显著性差异。

（2）各高校复习应考拖延状况均值差异比较情况。

①滨州学院与菏泽学院、潍坊学院、枣庄学院、泰山学院存在显著性差异，滨州学院显著低于菏泽学院、潍坊学院、枣庄学院，显著高于泰山学院，与德州学院不存在统计学意义上的显著性差异。

②德州学院与潍坊学院、泰山学院存在显著性差异，德州学院显著低于潍坊学院，显著高于泰山学院，与滨州学院、菏泽学院、枣庄学院不存在统计学意义上的显著性差异。

③菏泽学院与滨州学院、泰山学院存在显著性差异，菏泽学院显著高于滨州学院、泰山学院，与德州学院、潍坊学院、枣庄学院不存在统计学意义上的显著性差异。

④潍坊学院与滨州学院、德州学院、泰山学院存在显著性差异，潍

坊学院显著高于滨州学院、德州学院、泰山学院，与菏泽学院、枣庄学院不存在统计学意义上的显著性差异。

⑤枣庄学院与滨州学院、泰山学院存在显著性差异，枣庄学院显著高于滨州学院、泰山学院，与德州学院、潍坊学院、菏泽学院不存在统计学意义上的显著性差异。

⑥泰山学院与滨州学院、德州学院、菏泽学院、潍坊学院、枣庄学院均存在显著性差异，泰山学院显著低于滨州学院、德州学院、菏泽学院、潍坊学院、枣庄学院。

（3）各高校完成学科作业拖延均值差异比较情况。

①滨州学院与菏泽学院、潍坊学院、枣庄学院存在显著性差异，滨州学院显著低于菏泽学院、潍坊学院、枣庄学院，与德州学院、泰山学院不存在统计学意义上的显著性差异。

②德州学院与菏泽学院、潍坊学院、枣庄学院存在显著性差异，德州学院显著低于菏泽学院、潍坊学院、枣庄学院，与滨州学院、泰山学院不存在统计学意义上的显著性差异。

③菏泽学院与滨州学院、德州学院存在显著性差异，菏泽学院显著高于滨州学院、德州学院，与潍坊学院、枣庄学院、泰山学院不存在统计学意义上的显著性差异。

④潍坊学院与滨州学院、德州学院、泰山学院存在显著性差异，潍坊学院显著高于滨州学院、德州学院、泰山学院，与菏泽学院、枣庄学院不存在统计学意义上的显著性差异。

⑤枣庄学院与滨州学院、德州学院、泰山学院存在显著性差异，枣庄学院显著高于滨州学院、德州学院、泰山学院，与菏泽学院、潍坊学院不存在统计学意义上的显著性差异。

⑥泰山学院与潍坊学院、枣庄学院存在显著性差异，泰山学院显著低于潍坊学院、枣庄学院，与滨州学院、德州学院、菏泽学院不存在统计学意义上的显著性差异。

（4）各高校与学业相关的行政事务拖延均值差异比较情况。

①滨州学院与德州学院、潍坊学院、枣庄学院存在显著性差异，滨州学院显著低于德州学院、潍坊学院、枣庄学院，与菏泽学院、泰山学

院不存在统计学意义上的显著性差异。

②德州学院与滨州学院、菏泽学院、泰山学院存在显著性差异，德州学院显著高于滨州学院、菏泽学院、泰山学院，与潍坊学院、枣庄学院不存在统计学意义上的显著性差异。

③菏泽学院与德州学院、潍坊学院、枣庄学院存在显著性差异，菏泽学院显著低于德州学院、潍坊学院、枣庄学院，与滨州学院、泰山学院不存在统计学意义上的显著性差异。

④潍坊学院与滨州学院、菏泽学院、泰山学院存在显著性差异，潍坊学院显著高于滨州学院、菏泽学院、泰山学院，与德州学院、枣庄学院不存在统计学意义上的显著性差异。

⑤枣庄学院与滨州学院、菏泽学院、泰山学院存在显著性差异，枣庄学院显著高于滨州学院、菏泽学院、泰山学院，与德州学院、德州学院不存在统计学意义上的显著性差异。

⑥泰山学院与德州学院、潍坊学院、枣庄学院存在显著性差异，泰山学院显著低于德州学院、潍坊学院、枣庄学院，与滨州学院、菏泽学院不存在统计学意义上的显著性差异。

（5）各高校与参加列席性事务拖延均值差异比较情况。

①滨州学院与德州学院、菏泽学院、潍坊学院、枣庄学院、泰山学院均存在显著性差异，滨州学院显著低于德州学院、菏泽学院、潍坊学院、枣庄学院、泰山学院。

②德州学院与滨州学院、菏泽学院、潍坊学院、泰山学院存在显著性差异，德州学院显著高于滨州学院、菏泽学院、潍坊学院、泰山学院，与枣庄学院不存在统计学意义上的显著性差异。

③菏泽学院与滨州学院、德州学院、枣庄学院、泰山学院存在显著性差异，菏泽学院显著高于滨州学院，显著低于德州学院、枣庄学院、泰山学院，与潍坊学院不存在统计学意义上的显著性差异。

④潍坊学院与滨州学院、德州学院、枣庄学院存在显著性差异，潍坊学院显著高于滨州学院，显著低于德州学院、枣庄学院，与菏泽学院、泰山学院不存在统计学意义上的显著性差异。

⑤枣庄学院与滨州学院、菏泽学院、潍坊学院存在显著性差异，枣

庄学院显著高于滨州学院、菏泽学院、潍坊学院,与德州学院、泰山学院不存在统计学意义上的显著性差异。

⑥泰山学院与滨州学院、德州学院、菏泽学院存在显著性差异,泰山学院显著低于德州学院,显著高于滨州学院、菏泽学院,与潍坊学院、枣庄学院不存在统计学意义上的显著性差异。

三 山东各高校大学生拖延的专业类别差异情况

由图4—3—7可知,山东新建本科地方高校大学生学业论文、复习应考、完成学科作业、与学业相关的行政事务和在参加列席性事务时候拖延的在专业类别情况中,都是理科的高于文科、高于艺体类。

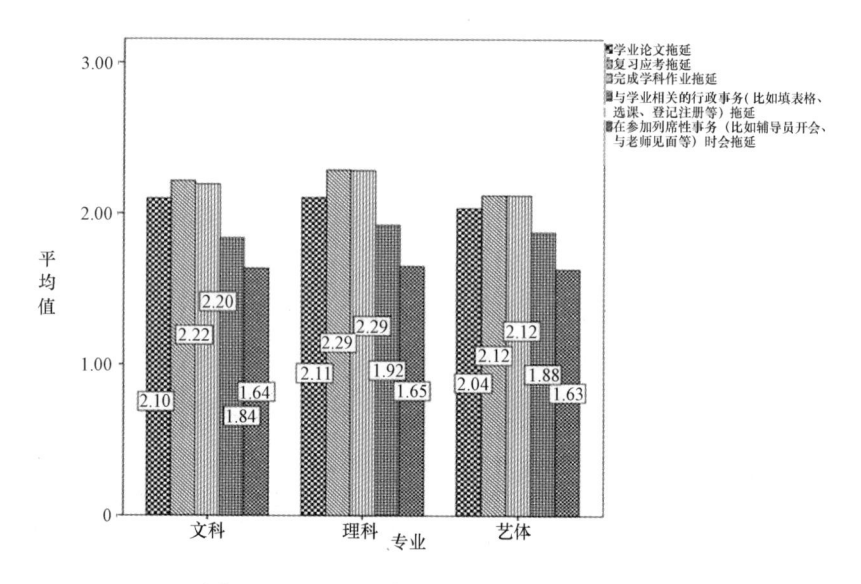

图4—3—7 不同专业类别大学生拖延情况

表4—3—3 不同专业类别大学生拖延情况差异比较

项目	F
学业论文拖延	0.952
复习应考拖延	2.811*
完成学科作业拖延	2.918*
与学业相关的行政事务(比如填表格、选课、登记注册等)拖延	1.865
在参加列席性事务(比如辅导员开会、与老师见面等)时会拖延	1.006

分析表4—3—3，可以看出山东地方新建本科高校大学生在复习应考、完成学科作业拖延之间存在显著性差异，在学业论文、与学业相关的行政事务和在参加列席性事务时候拖延不存在统计学意义上的显著性差异。

原因分析：复习应考和完成学科作业对于文、理科学生来说是经常面临的学业任务，需要他们花费一定的时间和精力去完成，尤其是理科生，学科任务比文科生更为繁重，如果都是未规定严格的作业期限，部分学生就容易养成一种拖拉的习惯。而艺体类专业学生作业任务相对灵活一些，更多的是技能的获得，如果在规定时间内不能掌握某种技能将会直接影响新技能的学习，容易受到教师的批评，因而艺体类专业的学生相对不容易形成拖拉的习惯。而学业论文、与学业相关的行政事务在参加列席性事务是偶尔才发生的，而且有很明显的时间限制，所以在专业类别方面拖延差异并不显著。

四 山东新建本科高校大学生拖延的年级差异情况

由图4—3—8可知，山东新建本科地方高校大学生学业论文、复习应考、完成学科作业、与学业相关的行政事务和在参加列席性事务时候拖延的存在年级差异：一年级由高到低排名依次是复习应考、完成学科作业、学业论文、与学业相关的行政事务和在参加列席性事务时候拖延；二年级由高到低排名依次是复习应考、完成学科作业、学业论文、与学业相关的行政事务和在参加列席性事务时候拖延；三年级由高到低排名依次是完成学科作业、复习应考、学业论文、与学业相关的行政事务和在参加列席性事务时候拖延；四年级由高到低依次是复习应考、完成学科作业、学业论文、与学业相关的行政事务和在参加列席性事务时候拖延。

表4—3—4　　　　各高校不同年级大学生拖延情况差异比较

项　目	F
学业论文拖延	14.300***
复习应考拖延	12.866***
完成学科作业拖延	22.005***
与学业相关的行政事务（比如填表格、选课、登记注册等）拖延	8.967***
在参加列席性事务（比如辅导员开会、与老师见面等）时会拖延	6.318***

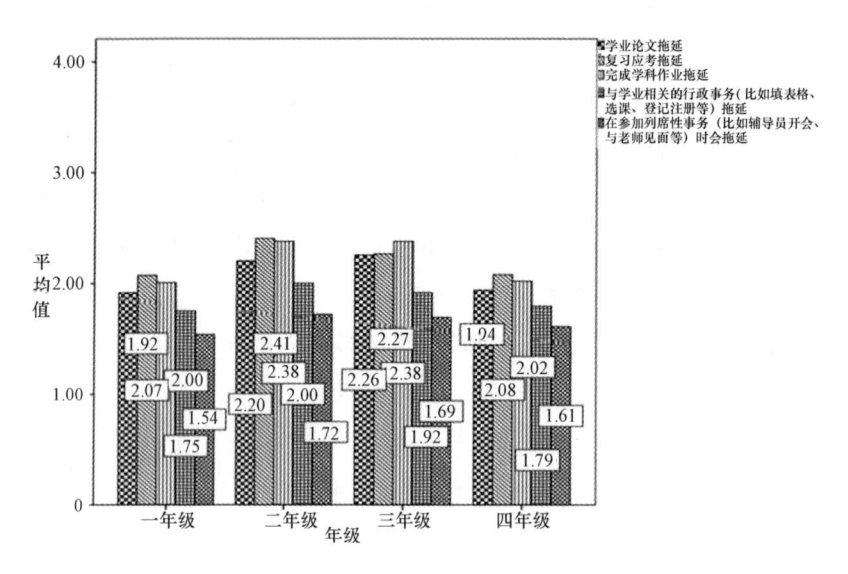

图4—3—8　不同年级大学生拖延情况比较

分析表4—3—4，可以看出山东地方新建本科高校大学生在学业论文、复习应考、完成学科作业、与学业相关的行政事务和在参加列席性事务时候拖延之间均存在统计学意义上的显著性差异。

原因分析：在完成学业论文中，大四的时间紧迫，又关系到毕业，所以学业论文拖延会较低。复习应考中，大二一般课程最多，复习应考会很忙，会有一些严重拖延；再者，大二刚从"稚嫩""听话"的大一度过，所以会更加贪玩，往往忽视复习月考；完成学科作业方面，大三很多人准备考研或者考公务员，会忽视专业课的学习，对于学科作业拖延比较严重。尤其大四群体，专业课几乎上完，没有了学科作业和复习应考的压力，大部分在忙自己的毕业事务，所以学校方面任务量轻，而且逐渐长大，会改掉拖延的坏习惯，拖延情况也会轻。

五　山东新建本科高校大学生拖延的性别差异情况

由图4—3—9可知，山东新建本科地方高校大学生学业论文、复习应考、完成学科作业、与学业相关的行政事务和在参加列席性事务时候拖延的在性别有差异，女性高于男性，两者由高到低排名依次是复习应考、完成学科作业、学业论文、与学业相关的行政事务和在参加列席性事务时候拖延。

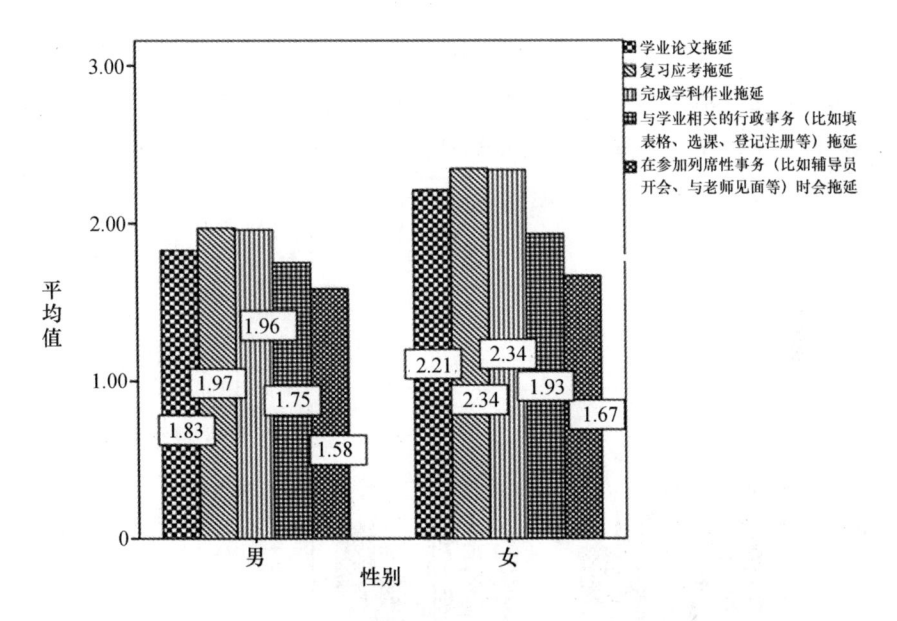

图4—3—9 各高校不同性别大学生拖延情况比较

表4—3—5 大学生学业论文、复习应考等方面拖延的性别差异对比

项 目	t
学业论文拖延	-9.960
复习应考拖延	-9.677
完成学科作业拖延	-10.044
与学业相关的行政事务（比如填表格、选课、登记注册等）拖延	-5.020***
在参加列席性事务（比如辅导员开会、与老师见面等）时会拖延	-2.504*

分析表4—3—5，可以看出山东地方新建本科高校大学生在学业论文、复习应考、完成学科作业不存在显著性别差异，与学业相关的行政事务和在参加列席性事务时候拖延之间存在统计学意义上的显著性别差异。

原因分析：女生注意力较分散，感兴趣的事情较多，加之女生考虑问题、做出决定时易前思后想不如男生果敢，所以会造成拖延。

六　山东新建本科高校大学生拖延的是否班干部差异情况

由图4—3—10可知，山东新建本科地方高校大学生学业论文、复习应考、完成学科作业、与学业相关的行政事务和在参加列席性事务时候拖延的在是否班干部有差异，不是班干部的高于是班干部的。两者由高到低排名依次是复习应考、完成学科作业、学业论文、与学业相关的行政事务和在参加列席性事务时候拖延。

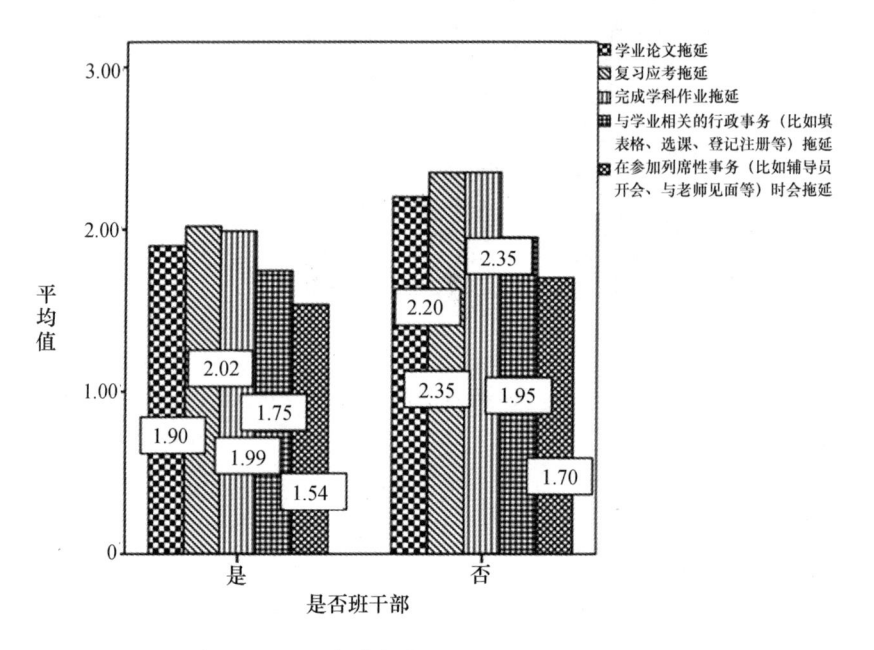

图4—3—10　各高校大学生是否班干部拖延情况比较

表4—3—6　各高校大学生是否班干部拖延情况差异比较

项　目	t
学业论文拖延	-8.041
复习应考拖延	-8.777
完成学科作业拖延	-9.980
与学业相关的行政事务（比如填表格、选课、登记注册等）拖延	-6.000***
在参加列席性事务（比如辅导员开会、与老师见面等）时会拖延	-5.252

分析表4—3—6，可以看出山东地方新建本科高校大学生在学业论文、复习应考、完成学科作业、在参加列席性事务时候拖延不存在统计学意义上的显著性差异，与学业相关的行政事务拖延之间存在显著性差异。

原因分析：班干部处理与学业相关的行政事务比较得心应手，拖延情况少一些。

七 山东地方新建本科高校大学生拖延的家庭完整状况差异情况

由图4—3—11可知，山东新建本科地方高校大学生学业论文、复习应考、完成学科作业、与学业相关的行政事务和在参加列席性事务时候拖延的在家庭完整状况有差异，在学业论文拖延方面排名由高到低依次是单亲、离异再组合、寄养和健全，在复习应考拖延方面排名由高到低依次是离异再组合、单亲、健全、寄养，在完成学科作业拖延方面排名由高到低依次是离异再组合、单亲、寄养和健全，在学业相关的行政事务拖延方面由高到低依次是离异再组合、单亲、寄养和健全，在参加列席性事务拖延由高到低依次是寄养、离异再组合、单亲和健全。

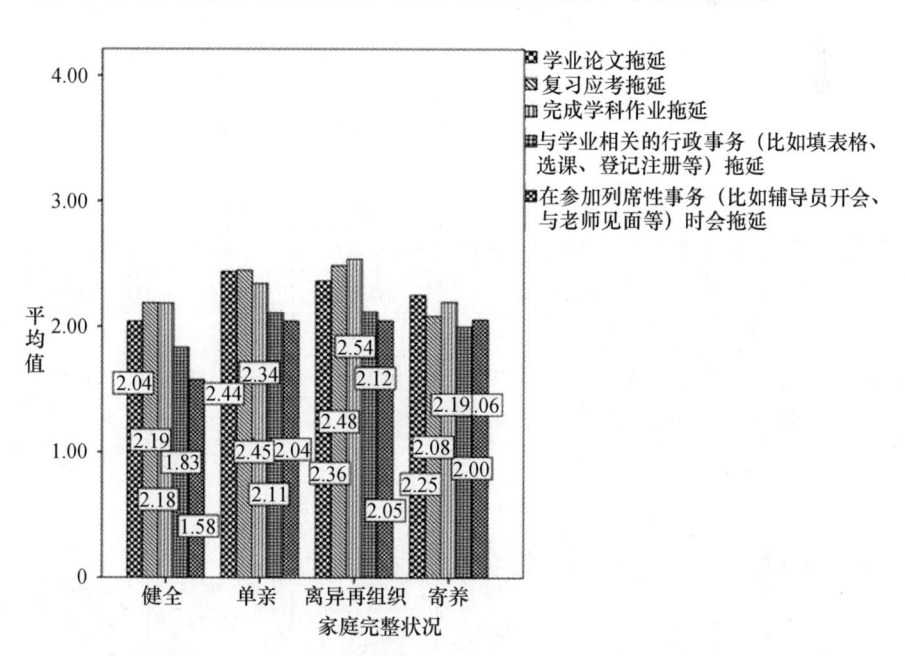

图4—3—11 各高校大学生不同家庭完整状况拖延情况比较

表4—3—7　　　　不同家庭状况大学生拖延状况差异比较

项　目	F
学业论文拖延	12.868***
复习应考拖延	7.321***
完成学科作业拖延	7.133***
与学业相关的行政事务（比如填表格、选课、登记注册等）拖延	11.545***
在参加列席性事务（比如辅导员开会、与老师见面等）时会拖延	30.109***

由表4—3—7可知，山东新建本科地方高校大学生拖延在家庭完整状况存在显著性差异。

表4—3—8　　　　不同家庭状况大学生拖延状况均值差异比较

因变量	事后检验	（I）家庭完整状况	（J）家庭完整状况	平均值差值（I－J）	标准误
学业论文拖延	LSD	健全	单亲	－0.398*	0.063
			离异再组合	－0.321*	0.096
			寄养	－0.210	0.180
		单亲	健全	0.398*	0.063
			离异再组合	0.076	0.112
			寄养	0.188	0.189
		离异再组合	健全	0.321*	0.096
			单亲	－0.076	0.112
			寄养	0.112	0.203
		寄养	健全	0.210	0.180
			单亲	－0.188	0.189
			离异再组合	－0.112	0.203
复习应考拖延	LSD	健全	单亲	－0.258*	0.063
			离异再组合	－0.296*	0.096
			寄养	0.105	0.180
		单亲	健全	0.258*	0.063
			离异再组合	－0.037	0.112
			寄养	0.364	0.189

续表

因变量	事后检验	(I) 家庭完整状况	(J) 家庭完整状况	平均值差值 (I-J)	标准误
复习应考拖延	LSD	离异再组合	健全	0.296*	0.096
			单亲	0.037	0.112
			寄养	0.401*	0.203
		寄养	健全	-0.105	0.180
			单亲	-0.364	0.189
			离异再组合	-0.401*	0.203
完成学科作业拖延	LSD	健全	单亲	-0.156*	0.061
			离异再组合	-0.353*	0.094
			寄养	-0.010	0.175
		单亲	健全	0.156*	0.061
			离异再组合	-0.197	0.109
			寄养	0.147	0.184
		离异再组合	健全	0.353*	0.094
			单亲	0.197	0.109
			寄养	0.344	0.197
		寄养	健全	0.010	0.175
			单亲	-0.147	0.184
			离异再组合	-0.344	0.197
与学业相关的行政事务（比如填表格、选课、登记注册等）拖延	LSD	健全	单亲	-0.275*	0.057
			离异再组合	-0.281*	0.087
			寄养	-0.166	0.163
		单亲	健全	0.275*	0.057
			离异再组合	-0.007	0.101
			寄养	0.109	0.170
		离异再组合	健全	0.281*	0.087
			单亲	0.007	0.101
			寄养	0.115	0.183
		寄养	健全	0.166	0.163
			单亲	-0.109	0.170
			离异再组合	-0.115	0.183

续表

因变量	事后检验	(I)家庭完整状况	(J)家庭完整状况	平均值差值(I-J)	标准误
在参加列席性事务（比如辅导员开会、与老师见面等）时会拖延	LSD	健全	单亲	-0.466*	0.052
			离异再组合	-0.469*	0.079
			寄养	-0.478*	0.148
		单亲	健全	0.466*	0.052
			离异再组合	-0.003	0.092
			寄养	-0.012	0.155
		离异再组合	健全	0.469*	0.079
			单亲	0.003	0.092
			寄养	-0.009	0.166
		寄养	健全	0.478*	0.148
			单亲	0.012	0.155
			离异再组合	0.009	0.166

分析表4—3—8，可以得出如下结论：

（1）各高校不同家庭完整状况学生完成学业论文拖延状况均值差异比较情况。

①家庭完整状况是健全的与单亲、离异再组合的存在显著性差异，健全的显著低于单亲、离异再组合的，与寄养不存在统计学意义上的显著性差异。

②家庭完整状况是单亲的与健全的存在显著性差异，单亲的显著高于健全的，与离异再组合、寄养的不存在统计学意义上的显著性差异。

③家庭完整状况是离异再组合的与健全的存在显著性差异，离异再组合的显著高于健全的，与单亲、寄养的不存在统计学意义上的显著性差异。

④家庭完整状况是寄养的与健全、离异再组合、单亲的均不存在统计学意义上的显著性差异。

（2）各高校不同家庭完整状况学生复习应考拖延状况均值差异检验比较情况。

①家庭完整状况是健全的与单亲、离异再组合的存在显著性差异，

健全的显著低于单亲、离异再组合的,与寄养的不存在统计学意义上的显著性差异。

②家庭完整状况是单亲的与健全存在显著性差异,单亲的显著高于健全的,与离异再组合、寄养的不存在统计学意义上的显著性差异。

③家庭完整状况是离异再组合的与健全、寄养的存在显著性差异,离异再组合的显著高于健全、寄养的,与单亲的不存在统计学意义上的显著性差异。

④家庭完整状况是寄养的与离异再组合的存在显著性差异,寄养的显著低于离异再组合的,与健全、单亲的不存在统计学意义上的显著性差异。

(3) 各高校不同家庭完整状况学生完成学科作业拖延均值差异比较情况。

①家庭完整状况是健全的与单亲、离异再组合的存在显著性差异,健全的显著低于单亲、离异再组合的,与寄养的不存在统计学意义上的显著性差异。

②家庭完整状况是单亲的与健全的存在显著性差异,与离异再组合、寄养的不存在统计学意义上的显著性差异。

③家庭完整状况是离异再组合的与健全存在显著性差异,离异再组合的显著高于健全的,与单亲、寄养的不存在统计学意义上的显著性差异。

④家庭完整状况是寄养的与健全、单亲、离异再组合的均不存在统计学意义上的显著性差异。

(4) 各高校不同家庭完整状况学生与学业相关的行政事务拖延均值差异比较情况。

①家庭完整状况是健全的与单亲、离异再组合的存在显著性差异,健全的显著低于单亲、离异再组合的,与寄养的不存在统计学意义上的显著性差异。

②家庭完整状况是单亲的与健全的存在显著性差异,单亲的显著高于健全的,与离异再组合、寄养的不存在统计学意义上的显著性差异。

③家庭完整状况是离异再组合的与健全的存在显著性差异,离异再组合的显著高于健全的,与单亲、寄养的不存在统计学意义上的显著性差异。

④家庭完整状况是寄养的与健全、单亲、离异再组合的均不存在统

计学意义上的显著性差异。

（5）各高校不同家庭完整状况学生与参加列席性事务拖延均值差异比较情况。

①家庭完整状况是健全的与单亲、离异再组合、寄养的均存在统计学意义上的显著性差异，健全的显著低于单亲、离异再组合、寄养的。

②家庭完整状况是单亲的与健全的存在显著性差异，单亲的显著高于健全的，与离异再组合、寄养的不存在统计学意义上的显著性差异。

③家庭完整状况是离异再组合的与健全的存在显著性差异，离异再组合的显著高于健全的，与单亲、寄养的不存在统计学意义上的显著性差异。

④家庭完整状况是寄养的与健全的存在显著性差异，寄养的显著高于健全的，与单亲、离异再组合的不存在统计学意义上的显著性差异。

原因分析：家庭情况越完整，家庭氛围越好，越有利于孩子健康成长和好习惯的养成，拖延情况就弱。

八 山东新建本科高校大学生拖延在父母一方最高文化水平状况差异情况

由图4—3—12可知，山东新建本科地方高校大学生学业论文、复习

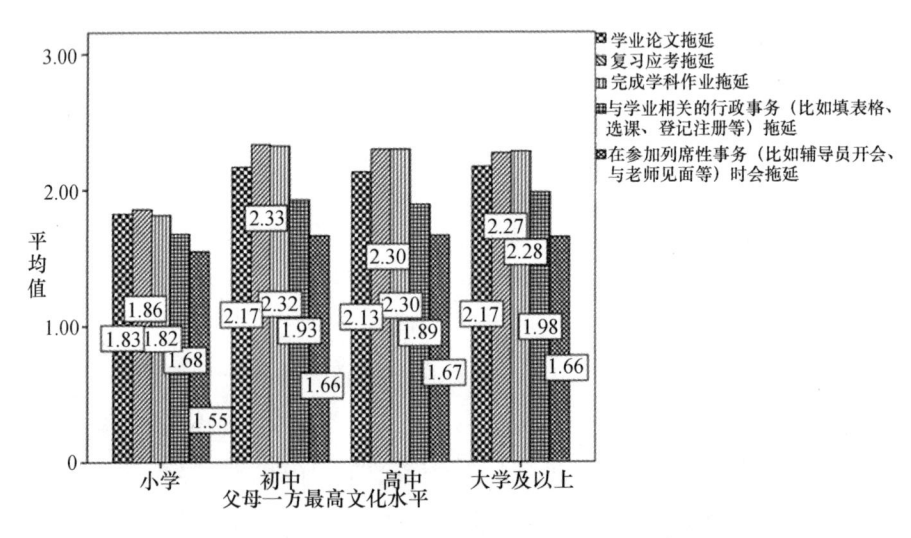

图4—3—12 各高校大学生在父母一方最高文化水平拖延情况比较

应考、完成学科作业、与学业相关的行政事务和在参加列席性事务时候拖延的在父母一方最高文化水平有差异，随着父母文化水平的提高，拖延情况越严重。

表4—3—9　不同父母一方最高文化水平的大学生拖延情况差异比较

项 目	F
学业论文拖延	12.797***
复习应考拖延	24.721***
完成学科作业拖延	32.059***
与学业相关的行政事务（比如填表格、选课、登记注册等）拖延	9.515***
在参加列席性事务（比如辅导员开会、与老师见面等）时会拖延	4.454***

由表4—3—9可知，山东新建本科地方高校大学生学业论文、复习应考、完成学科作业、与学业相关的行政事务和在参加列席性事务时候拖延的在父母一方最高文化水平存在显著性差异。

表4—3—10　不同父母一方文化水平的大学生拖延情况均值差异比较

因变量	事后检验	(I) 父母一方最高文化水平	(J) 父母一方最高文化水平	平均值差值 (I-J)	标准误
学业论文拖延	LSD	小学	初中	-0.340*	0.050
			高中	-0.304*	0.054
			大学及以上	-0.343*	0.072
		初中	小学	0.340*	0.050
			高中	0.036	0.044
			大学及以上	-0.003	0.065
		高中	小学	0.304*	0.054
			初中	-0.036	0.044
			大学及以上	-0.039	0.068
		大学及以上	小学	0.343*	0.072
			初中	0.003	0.065
			高中	0.039	0.068

续表

因变量	事后检验	(I) 父母一方最高文化水平	(J) 父母一方最高文化水平	平均值差值 (I-J)	标准误
复习应考拖延	LSD	小学	初中	-0.471*	0.050
			高中	-0.436*	0.053
			大学及以上	-0.410*	0.071
		初中	小学	0.471*	0.050
			高中	0.035	0.044
			大学及以上	0.061	0.064
		高中	小学	0.436*	0.053
			初中	-0.035	0.044
			大学及以上	0.026	0.067
		大学及以上	小学	0.410*	0.071
			初中	-0.061	0.064
			高中	-0.026	0.067
完成学科作业拖延	LSD	小学	初中	-0.505*	0.048
			高中	-0.480*	0.052
			大学及以上	-0.465*	0.069
		初中	小学	0.505*	0.048
			高中	0.025	0.043
			大学及以上	0.040	0.062
		高中	小学	0.480*	0.052
			初中	-0.025	0.043
			大学及以上	0.015	0.065
		大学及以上	小学	0.465*	0.069
			初中	-0.040	0.062
			高中	-0.015	0.065
与学业相关的行政事务（比如填表格、选课、登记注册等）拖延	LSD	小学	初中	-0.248*	0.045
			高中	-0.216*	0.049
			大学及以上	-0.304*	0.065
		初中	小学	0.248*	0.045
			高中	0.033	0.040
			大学及以上	-0.056	0.058

续表

因变量	事后检验	(I) 父母一方最高文化水平	(J) 父母一方最高文化水平	平均值差值 (I-J)	标准误
与学业相关的行政事务（比如填表格、选课、登记注册等）拖延	LSD	高中	小学	0.216*	0.049
			初中	-0.033	0.040
			大学及以上	-0.088	0.061
		大学及以上	小学	0.304*	0.065
			初中	0.056	0.058
			高中	0.088	0.061
在参加列席性事务（比如辅导员开会、与老师见面等）时会拖延	LSD	小学	初中	-0.114*	0.042
			高中	-0.118*	0.045
			大学及以上	-0.107	0.060
		初中	小学	0.114*	0.042
			高中	-0.003	0.037
			大学及以上	0.008	0.054
		高中	小学	0.118*	0.045
			初中	0.003	0.037
			大学及以上	0.011	0.056
		大学及以上	小学	0.107	0.060
			初中	-0.008	0.054
			高中	-0.011	0.056

分析表4—3—10，可以得出如下结论：

（1）各高校不同父母一方最高文化水平学生完成学业论文拖延状况均值差异比较情况。

①父母一方最高文化水平是小学的与初中、高中、大学及以上的均存在显著性差异，小学的显著低于初中、高中、大学及以上的。

②父母一方最高文化水平是初中的与小学的存在显著性差异，初中的显著高于小学的，与高中、大学及以上的不存在统计学意义上的显著性差异。

③父母一方最高文化水平是高中的与小学的存在显著性差异，高中显著高于小学的，与初中、大学及以上的不存在统计学意义上的显著

差异。

④父母一方最高文化水平是大学及以上的与小学的存在显著性差异,大学及以上的显著高于小学的,与初中、高中的不存在统计学意义上的显著性差异。

(2)各高校不同父母一方最高文化水平学生复习应考拖延状况均值差异比较情况。

①父母一方最高文化水平是小学的与初中、高中、大学及以上的均存在显著性差异,小学的显著低于初中、高中、大学及以上的。

②父母一方最高文化水平是初中的与小学的存在显著性差异,初中的显著高于小学的,与高中、大学及以上的不存在统计学意义上的显著性差异。

③父母一方最高文化水平是高中的与小学存在显著性差异,高中显著高于小学,与初中、大学及以上不存在统计学意义上的显著性差异。

④父母一方最高文化水平是大学及以上的与小学的存在显著性差异,大学及以上的显著高于小学的,与初中、高中的不存在统计学意义上的显著性差异。

(3)各高校不同父母一方最高文化水平学生完成学科作业拖延均值差异比较情况。

①父母一方最高文化水平是小学的与初中、高中、大学及以上的均存在显著性差异,小学的显著低于初中、高中、大学及以上的。

②父母一方最高文化水平是初中的与小学的存在显著性差异,初中的显著高于小学的,与高中、大学及以上的不存在统计学意义上的显著性差异。

③父母一方最高文化水平是高中的与小学的存在显著性差异,高中的显著高于小学的,与初中、大学及以上的不存在统计学意义上的显著性差异。

④父母一方最高文化水平是大学及以上的与小学的存在显著性差异,大学及以上的显著高于小学的,与初中、高中的不存在统计学意义上的显著性差异。

(4)各高校不同父母一方最高文化水平学生与学业相关的行政事务

拖延均值差异比较情况。

①父母一方最高文化水平是小学的与初中、高中、大学及以上的均存在显著性差异，小学的显著低于初中、高中、大学及以上的。

②父母一方最高文化水平是初中的与小学的存在显著性差异，初中的显著高于小学的，与高中、大学及以上的不存在统计学意义上的显著性差异。

③父母一方最高文化水平是高中的与小学的存在显著性差异，高中的显著高于小学的，与初中、大学及以上的不存在统计学意义上的显著性差异。

④父母一方最高文化水平是大学及以上的与小学的存在显著性差异，大学及以上的显著高于小学的，与初中、高中的不存在统计学意义上的显著性差异。

（5）各高校不同父母一方最高文化水平学生与参加列席性事务拖延均值差异比较情况。

①父母一方最高文化水平是小学的与初中、高中的存在显著性差异，小学的显著低于初中、高中的，与大学及以上的不存在统计学意义上的显著性差异。

②父母一方最高文化水平是初中的与小学的存在显著性差异，初中的显著高于小学的，与高中、大学及以上的不存在统计学意义上的显著性差异。

③父母一方最高文化水平是高中的与小学的存在显著性差异，高中的显著高于小学的，与初中、大学及以上的不存在统计学意义上的显著性差异。

④父母一方最高文化水平是大学及以上的与小学、初中、高中均不存在统计学意义上的显著性差异。

原因分析：在我国普及九年义务教育的背景下，父母一方最高文化水平为小学的现象可能更容易出现在农村，从这样的家庭考入大学的学生会更加珍惜来之不易的求学机会，渴望通过学习改变自己的处境，会更认真地对待学习，学习态度端正，能及时完成老师布置的作业，不易形成拖拉的不良习惯。

九 山东新建本科高校大学生拖延的家庭来源差异情况

由图4—3—13可知,山东新建本科地方高校大学生学业论文、复习应考、完成学科作业、与学业相关的行政事务和在参加列席性事务时候拖延的在家庭来源差异情况,城市的大于城镇大于农村。

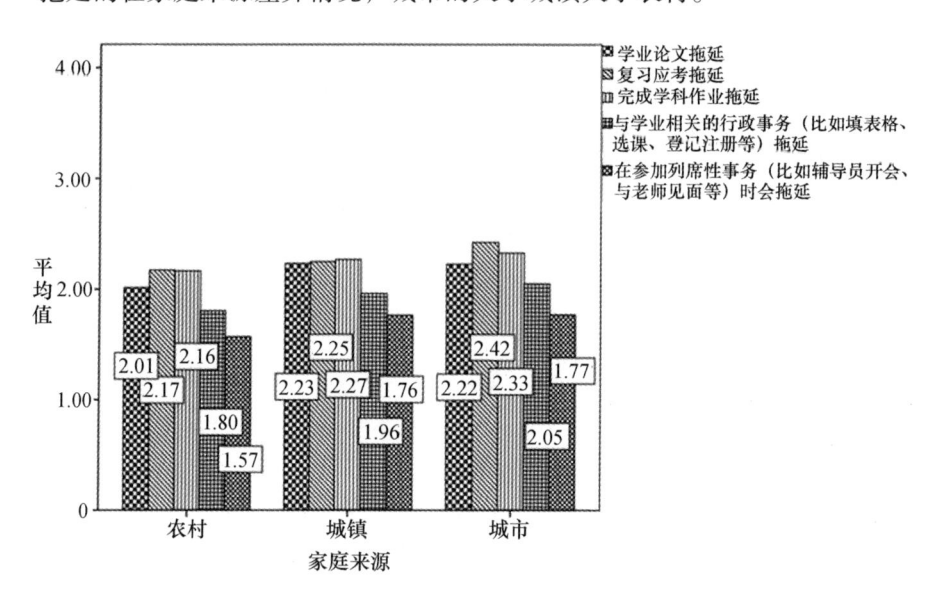

图4—3—13 各高校大学生不同家庭来源拖延情况比较

表4—3—11 不同家庭来源的大学生拖延情况差异比较

项 目	F
学业论文拖延	11.390***
复习应考拖延	7.265***
完成学科作业拖延	7.825***
与学业相关的行政事务(比如填表格、选课、登记注册等)拖延	12.161***
在参加列席性事务(比如辅导员开会、与老师见面等)时会拖延	16.854***

由表4—3—11可知,山东新建本科地方高校大学生学业论文、复习应考、完成学科作业、与学业相关的行政事务和在参加列席性事务时候拖延的在家庭来源方面存在显著性差异。

表 4—3—12　　不同家庭来源的大学生拖延情况均值差异比较

因变量	事后检验	（I）家庭来源	（J）家庭来源	平均值差值（I-J）	标准误
学业论文拖延	LSD	农村	城镇	-0.218*	0.044
			城市	-0.212*	0.057
		城镇	农村	0.218*	0.044
			城市	0.006	0.065
		城市	农村	0.212*	0.057
			城镇	-0.006	0.065
复习应考拖延	LSD	农村	城镇	-0.077	0.044
			城市	-0.251*	0.057
		城镇	农村	0.077	0.044
			城市	-0.173*	0.065
		城市	农村	0.251*	0.057
			城镇	0.173*	0.065
完成学科作业拖延	LSD	农村	城镇	-0.103*	0.043
			城市	-0.161*	0.056
		城镇	农村	0.103*	0.043
			城市	-0.058	0.063
		城市	农村	0.161*	0.056
			城镇	0.058	0.063
与学业相关的行政事务（比如填表格、选课、登记注册等）拖延	LSD	农村	城镇	-0.157*	0.040
			城市	-0.244*	0.052
		城镇	农村	0.157*	0.040
			城市	-0.087	0.059
		城市	农村	0.244*	0.052
			城镇	0.087	0.059
在参加列席性事务（比如辅导员开会、与老师见面等）时会拖延	LSD	农村	城镇	-0.198*	0.037
			城市	-0.204*	0.047
		城镇	农村	0.198*	0.037
			城市	-0.006	0.054
		城市	农村	0.204*	0.047
			城镇	0.006	0.054

分析表4—3—12，可以得出如下结论：

(1) 各高校不同家庭来源学生完成学业论文拖延状况均值差异比较情况。

①家庭来源是农村的与城镇、城市的均存在显著性差异，农村的显著低于城镇和城市。

②家庭来源是城镇的与农村的存在显著性差异，城镇的显著高于农村的，与城市的不存在统计学意义上的显著性差异。

③家庭来源是城市的与农村的存在显著性差异，城市的显著高于农村的，与城镇的不存在统计学意义上的显著性差异。

(2) 各高校不同家庭来源学生复习应考拖延状况均值差异检验比较情况。

①家庭来源是农村的与城市的存在显著性差异，农村的显著低于城市的，与城镇的不存在统计学意义上的显著性差异。

②家庭来源是城镇的与农村的存在显著性差异，城镇的显著高于农村的，与城市的不存在统计学意义上的显著性差异。

③家庭来源是城市的与农村、城镇的均存在显著性差异，城市的显著高于农村、城镇的。

(3) 各高校不同家庭来源学生完成学科作业拖延均值差异比较情况。

①家庭来源是农村的与城镇、城市的均存在显著性差异，农村的显著低于城镇和城市的。

②家庭来源是城镇的与农村的存在显著性差异，城镇的显著高于农村的，与城市的不存在统计学意义上的显著性差异。

③家庭来源是城市的与农村的存在显著性差异，城市的显著高于农村的，与城镇的不存在统计学意义上的显著性差异。

(4) 各高校不同家庭来源学生与学业相关的行政事务拖延均值差异比较情况。

①家庭来源是农村的与城镇、城市的均存在显著性差异，农村的显著低于城镇和城市的。

②家庭来源是城镇的与农村的存在显著性差异，城镇的显著高于农村的，与城市的不存在统计学意义上的显著性差异。

③家庭来源是城市的与农村的存在显著性差异,城市的显著高于农村的,与城镇的不存在统计学意义上的显著性差异。

(5) 各高校不同家庭来源学生与参加列席性事务拖延均值差异比较情况。

①家庭来源是农村的与城镇、城市的均存在显著性差异,农村的显著低于城镇和城市的。

②家庭来源是城镇的与农村的存在显著性差异,城镇的显著高于农村的,与城市的不存在统计学意义上的显著性差异。

③家庭来源是城市的与农村的存在显著性差异,城市的显著高于农村的,与城镇的不存在统计学意义上的显著性差异。

原因分析:家庭条件越好,孩子越有很多的出路,不知道学习的重要性,父母的娇惯可能会导致孩子办事拖延的坏习惯。

第四节 地方新建本科高校大学生学习投入度影响因素状况调查

学习投入度是指学生在学习活动中花费的时间和精力,以及学校如何提供保证学习的条件和支持力度。影响学习投入度的因素,主要包括学习幸福感、专业认同感、未来职业取向、教师的自主性支持、学校满意度、教师的教学服务态度满意度等因素。现对有关概念进行界定。

学习幸福感。幸福主要包括三方面的内涵,即"幸福是人生重大的快乐;幸福是人生重大的需要及欲望得到满足的心理感受,是人生的重大目的得到实现的心理体验;幸福是达到生存和发展的某种完满的心理体验";[①] 幸福感就是人以自己的标准为依据对自己的生活质量进行的综合评估,对自身生活状态是否满意的一种主观体验。学习幸福感,是指在学习中,学习者在达成对自己有着重要意义的学习目标时的主观心理体验。

专业认同感。专业认同是指学习者对所学专业的接受与认可,表现为学习者结合自身兴趣、爱好和特长,并伴随积极的外在行为和内心的

---

① 崔文琴:《当代大学生学习投入的现状及对策研究》,《高教探索》2012年第6期。

适切感,是一种情感、态度乃至认识的移入过程。

未来职业取向是社会成员对将来所要从事某种职业的倾向性态度和观念,同时也是个体对于未来的思考和规划过程,它最终决定了个体的职业选择行为,既是人们职业理想的直接体现,也是人生观、价值观的最直观表达。

教师的自主性支持。自主性从表面上可以理解为,个体在一定的社会环境和交往关系中具有的合理的自主。也就是说,自主性只是个体减轻了对他人和社会的依赖,并不是完全的脱离。自主性体现的是个体对自己的尊重与选择。教师的自主性支持表示教师自主地去支持学生而不是学生有求才有应。

学校满意度。学校满意度是指大学生在校期间感受到学校提供的资源和教育服务后的体验同入学时的期望之间的差距所最后呈现出的心理状态的感受,是一种自我的内在的价值判断。

教师的教学服务态度满意度。教师教学是指教师以上课的方式在固定的教学场所和一定的教学时间内,以知识的传授为基础,采用各种教学方法,让学生主动地接受专业知识、专业技能,发展学生的智力和创新能力的活动。教学服务是指高校给学生提供的一切旨在满足学生的教学需求的一系列行为,涉及教学工作的方方面面。教师的教学服务态度满意度可界定为教师在教学活动中提供给学生的一系列教学行为,并让学生感到满意。

本研究采用仲雪梅[①]《影响学习投入度的因素》问卷,包括24个项目,分为学习幸福感、专业认同感、未来职业取向、获得教师的自主性支持、学校满意度、教师的教学服务态度满意度6个维度。其中学习幸福感包含3个项目,专业认同感包含5个项目,未来职业取向包含3个项目,获得教师的自主性支持包含5个项目,学校满意度包含7个项目,教师的教学服务态度满意度包含1个项目。量表采用李克特5级计分,"1"表示"完全不符合"、"2"表示"比较不符合"、"3"表示"一般符合"、"4"表示"比较符合"、"5"表示"完全符合"。得分越高表示在学习幸

---

① 仲雪梅:《我国研究生学习投入的影响因素分析》,硕士学位论文,华东师范大学,2011年。

福感、专业认同感、未来职业取向、获得教师的自主性支持、学校满意度、教师的教学服务态度满意度这 6 个维度上越好,得分越低则表示这 6 个维度越差。

一 学校差异

由图 4—4—1 可知,在各个学校之间在学习幸福感这个因素分数由高到低依次是菏泽学院、滨州学院、泰山学院、潍坊学院、枣庄学院、德州学院,其中分数最高的是菏泽学院 3.695,分数最低的是德州学院 3.195,但并不能由此得出各学校之间存在显著性差异,它们之间的差异可能是由误差导致的,需要进一步进行差异性检验。

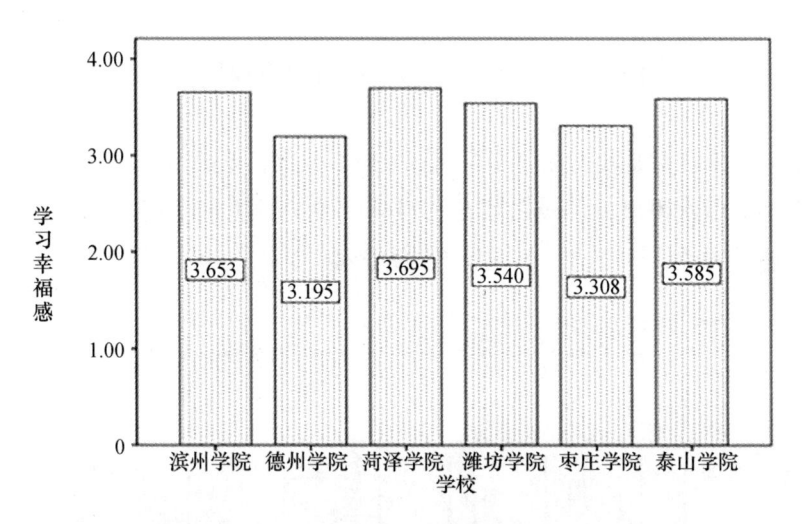

图 4—4—1　各学校间在学习幸福感的分数比较

由图 4—4—2 可知,各学校之间在专业认同感这个因素得分由高到低依次是菏泽学院、滨州学院、泰山学院、潍坊学院、枣庄学院、德州学院,其中分数最高的是菏泽学院 3.535,分数最低的是德州学院 3.200,但并不能由此得出各学校之间存在显著性差异,它们之间的差异可能是由误差导致的,需要进一步进行差异性检验。

由图 4—4—3 可知,各学校之间在未来职业取向这个因素得分由高到低依次是泰山学院、菏泽学院、德州学院、滨州学院、枣庄学院、潍坊

专业认同感

滨州学院	德州学院	菏泽学院	潍坊学院	枣庄学院	泰山学院
3.440	3.200	3.535	3.261	3.232	3.407

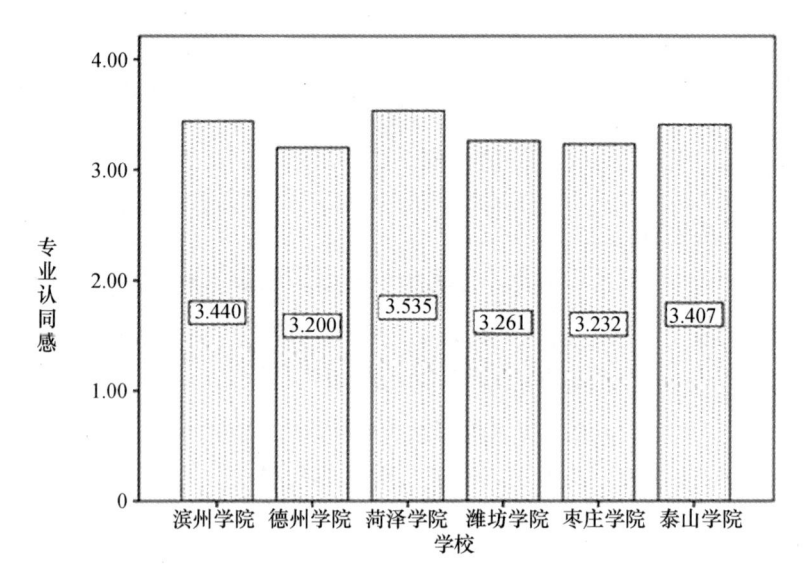

图4—4—2 各学校间在专业认同感的分数比较

学院，其中分数最高的是泰山学院3.295，分数最低的是潍坊学院2.924，但并不能由此得出各学校之间存在显著性差异，它们之间的差异可能是由误差导致的，需要进一步进行差异性检验。

未来职业取向

滨州学院	德州学院	菏泽学院	潍坊学院	枣庄学院	泰山学院
3.132	3.156	3.249	2.924	3.069	3.295

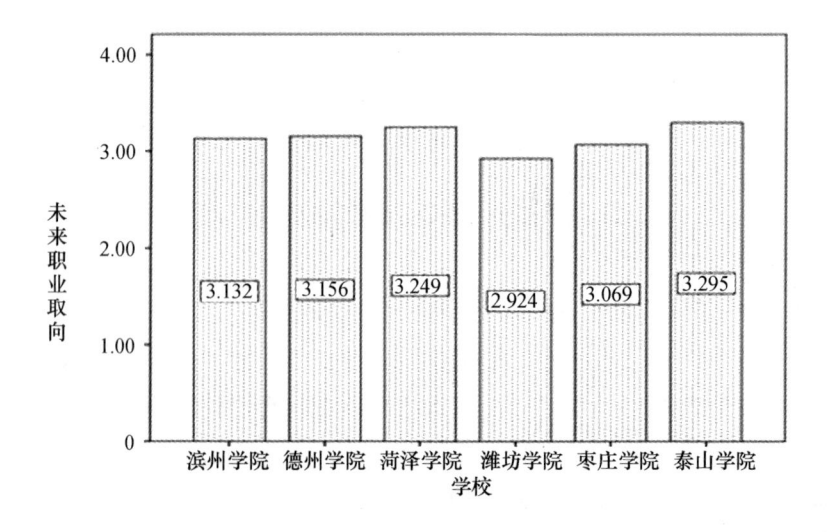

图4—4—3 各学校间在未来职业取向的分数比较

由图4—4—4可知，各学校之间在获得教师的自主性支持这个因素得分由高到低依次是菏泽学院、滨州学院、泰山学院、枣庄学院、潍坊学院、德州学院，其中分数最高的是菏泽学院3.688，分数最低的是德州学院3.223，但并不能由此得出各学校之间存在显著性差异，它们之间的差异可能是由误差导致的，需要进一步进行差异检验。

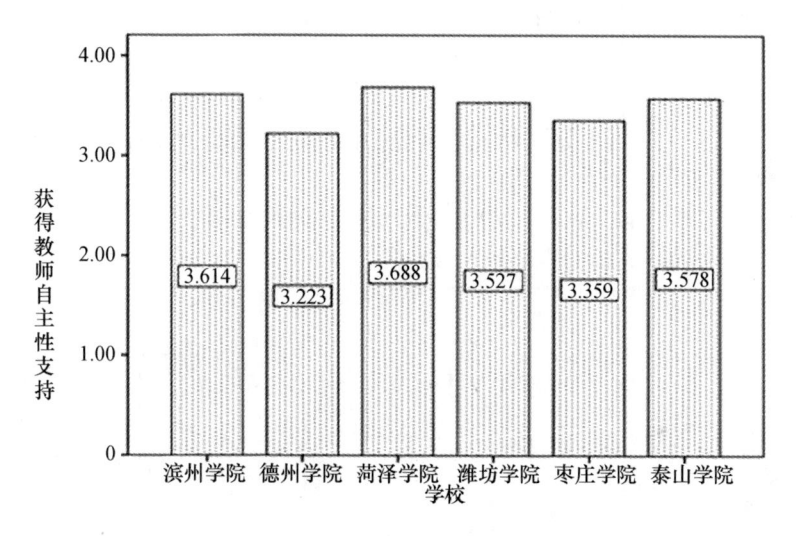

图4—4—4　各学校间在获得教师的自主性支持的分数比较

由图4—4—5可知，各学校之间在学校满意度这个因素得分由高到低依次是滨州学院、泰山学院、德州学院、菏泽学院、潍坊学院、枣庄学院，其中分数最高的是滨州学院3.435，分数最低的是枣庄学院3.064，但并不能由此得出各学校之间存在显著性差异，它们之间的差异可能是由误差导致的，需要进一步进行差异性检验。

由图4—4—6可知，各学校之间在教师的教学服务态度满意度这个因素得分由高到低依次是泰山学院、滨州学院、菏泽学院、德州学院、潍坊学院、枣庄学院，其中分数最高的是泰山学院3.584，分数最低的是枣庄学院3.294，但并不能由此得出各学校之间存在显著性差异，它们之间的差异可能是由误差导致的，需要进一步进行差异性检验。

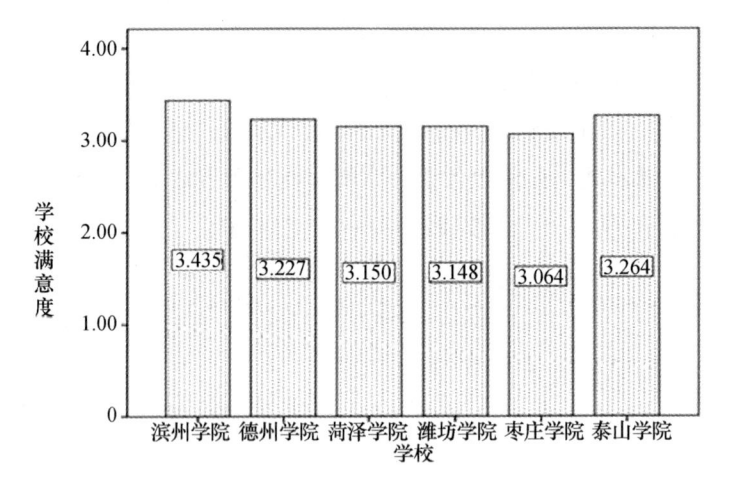

图4—4—5　各学校间在学校满意度的分数比较

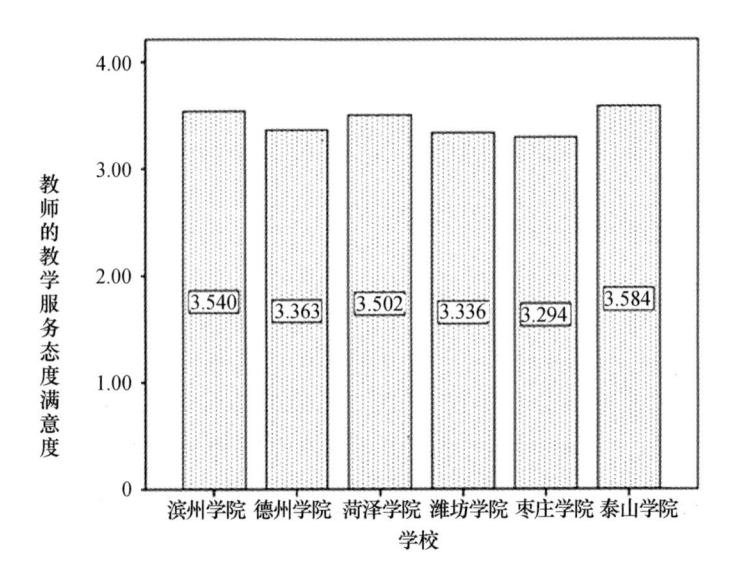

图4—4—6　各学校间在教师的教学服务态度满意度的分数比较

表4—4—1　　各学校间影响学习投入度的因素的差异比较

项　目	F
学习幸福感	36.111 ***
专业认同感	16.214 ***
未来职业取向	10.178 ***
获得教师的自主性支持	23.830 ***
学校满意度	8.332 ***

注：*** 表示 $p<0.001$，** 表示 $0.001<p<0.01$，* 表示 $p<0.05$，下同。

表4—4—2　　各学校间影响学习投入度的因素的均值差异比较

因变量	事后检验	(I) 学校	(J) 学校	均值差异 (I-J)	标准误
学习幸福感	LSD	滨州学院	德州学院	0.458*	0.047
			菏泽学院	-0.042	0.048
			潍坊学院	0.113*	0.044
			枣庄学院	0.345*	0.050
			泰山学院	0.068	0.049
		德州学院	滨州学院	-0.458*	0.047
			菏泽学院	-0.500*	0.047
			潍坊学院	-0.345*	0.042
			枣庄学院	-0.113*	0.048
			泰山学院	-0.390*	0.048
		菏泽学院	滨州学院	0.042	0.048
			德州学院	0.500*	0.047
			潍坊学院	0.155*	0.044
			枣庄学院	0.387*	0.050
			泰山学院	0.110*	0.049
		潍坊学院	滨州学院	-0.113*	0.044
			德州学院	0.345*	0.042
			菏泽学院	-0.155*	0.044
			枣庄学院	0.232*	0.046
			泰山学院	-0.045	0.045
		枣庄学院	滨州学院	-0.345*	0.050
			德州学院	0.113*	0.048
			菏泽学院	-0.387*	0.050
			潍坊学院	-0.232*	0.046
			泰山学院	-0.277*	0.051
		泰山学院	滨州学院	-0.068	0.049
			德州学院	0.390*	0.048
			菏泽学院	-0.110*	0.049
			潍坊学院	0.045	0.045
			枣庄学院	0.277*	0.051

续表

因变量	事后检验	(I) 学校	(J) 学校	均值差异 (I-J)	标准误
专业认同感	LSD	滨州学院	德州学院	0.240*	0.047
			菏泽学院	-0.095*	0.048
			潍坊学院	0.179*	0.044
			枣庄学院	0.208*	0.050
			泰山学院	0.033	0.049
		德州学院	滨州学院	-0.240*	0.047
			菏泽学院	-0.335*	0.047
			潍坊学院	-0.061	0.042
			枣庄学院	-0.031	0.048
			泰山学院	-0.207*	0.048
		菏泽学院	滨州学院	0.095*	0.048
			德州学院	0.335*	0.047
			潍坊学院	0.274*	0.044
			枣庄学院	0.303*	0.050
			泰山学院	0.128*	0.049
		潍坊学院	滨州学院	-0.179*	0.044
			德州学院	0.061	0.042
			菏泽学院	-0.274*	0.044
			枣庄学院	0.029	0.046
			泰山学院	-0.146*	0.045
		枣庄学院	滨州学院	-0.208*	0.050
			德州学院	0.031	0.048
			菏泽学院	-0.303*	0.050
			潍坊学院	-0.029	0.046
			泰山学院	-0.175*	0.050
		泰山学院	滨州学院	-0.033	0.049
			德州学院	0.207*	0.048
			菏泽学院	-0.128*	0.049
			潍坊学院	0.146*	0.045
			枣庄学院	0.175*	0.051

续表

因变量	事后检验	(I) 学校	(J) 学校	均值差异 (I-J)	标准误
未来职业取向	LSD	滨州学院	德州学院	-0.024	0.062
			菏泽学院	-0.117	0.064
			潍坊学院	0.208*	0.059
			枣庄学院	0.063	0.066
			泰山学院	-0.163*	0.066
		德州学院	滨州学院	0.024	0.062
			菏泽学院	-0.093	0.062
			潍坊学院	0.231*	0.056
			枣庄学院	0.086	0.064
			泰山学院	-0.139*	0.064
		菏泽学院	滨州学院	0.117	0.064
			德州学院	0.093	0.062
			潍坊学院	0.325*	0.059
			枣庄学院	0.179*	0.066
			泰山学院	-0.046	0.066
		潍坊学院	滨州学院	-0.208*	0.059
			德州学院	-0.231*	0.056
			菏泽学院	-0.325*	0.059
			枣庄学院	-0.145*	0.061
			泰山学院	-0.370*	0.060
		枣庄学院	滨州学院	-0.063	0.066
			德州学院	-0.086	0.064
			菏泽学院	-0.179*	0.066
			潍坊学院	0.145*	0.061
			泰山学院	-0.225*	0.067
		泰山学院	滨州学院	0.163*	0.065
			德州学院	0.139*	0.064
			菏泽学院	0.046	0.066
			潍坊学院	0.370*	0.060
			枣庄学院	0.225*	0.067

续表

因变量	事后检验	(I)学校	(J)学校	均值差异(I-J)	标准误
获得教师的自主性支持	LSD	滨州学院	德州学院	0.392*	0.050
			菏泽学院	-0.074	0.052
			潍坊学院	0.077	0.048
			枣庄学院	0.255*	0.054
			泰山学院	0.037	0.053
		德州学院	滨州学院	-0.392*	0.050
			菏泽学院	-0.465*	0.050
			潍坊学院	-0.314*	0.046
			枣庄学院	-0.136*	0.052
			泰山学院	-0.355*	0.052
		菏泽学院	滨州学院	0.074	0.052
			德州学院	0.465*	0.050
			潍坊学院	0.151*	0.048
			枣庄学院	0.329*	0.054
			泰山学院	0.111*	0.053
		潍坊学院	滨州学院	-0.077	0.048
			德州学院	0.314*	0.046
			菏泽学院	-0.151*	0.048
			枣庄学院	0.178*	0.049
			泰山学院	-0.041	0.049
		枣庄学院	滨州学院	-0.255*	0.054
			德州学院	0.136*	0.052
			菏泽学院	-0.329*	0.054
			潍坊学院	-0.178*	0.049
			泰山学院	-0.219*	0.055
		泰山学院	滨州学院	-0.037	0.053
			德州学院	0.355*	0.052
			菏泽学院	-0.111*	0.053
			潍坊学院	0.041	0.049
			枣庄学院	0.219*	0.055

续表

因变量	事后检验	（I）学校	（J）学校	均值差异（I－J）	标准误
学校满意度	LSD	滨州学院	德州学院	0.207*	0.061
			菏泽学院	0.284*	0.063
			潍坊学院	0.286*	0.057
			枣庄学院	0.371*	0.064
			泰山学院	0.170*	0.064
		德州学院	滨州学院	-0.207*	0.061
			菏泽学院	0.077	0.061
			潍坊学院	0.079	0.055
			枣庄学院	0.164*	0.062
			泰山学院	-0.037	0.062
		菏泽学院	滨州学院	-0.284*	0.063
			德州学院	-0.077	0.061
			潍坊学院	0.002	0.057
			枣庄学院	0.087	0.064
			泰山学院	-0.114	0.064
		潍坊学院	滨州学院	-0.286*	0.057
			德州学院	-0.079	0.055
			菏泽学院	-0.002	0.057
			枣庄学院	0.085	0.059
			泰山学院	-0.116*	0.059
		枣庄学院	滨州学院	-0.371*	0.064
			德州学院	-0.164*	0.062
			菏泽学院	-0.087	0.064
			潍坊学院	-0.085	0.059
			泰山学院	-0.201*	0.066
		泰山学院	滨州学院	-0.170*	0.064
			德州学院	0.037	0.062
			菏泽学院	0.114	0.064
			潍坊学院	0.116*	0.059
			枣庄学院	0.201*	0.066

续表

因变量	事后检验	（I）学校	（J）学校	均值差异（I－J）	标准误
教师的教学服务态度满意度	LSD	滨州学院	德州学院	0.177*	0.071
			菏泽学院	0.038	0.073
			潍坊学院	0.203*	0.067
			枣庄学院	0.246*	0.075
			泰山学院	－0.044	0.075
		德州学院	滨州学院	－0.177*	0.071
			菏泽学院	－0.139*	0.071
			潍坊学院	0.026	0.064
			枣庄学院	0.068	0.073
			泰山学院	－0.221*	0.072
		菏泽学院	滨州学院	－0.038	0.073
			德州学院	0.139*	0.071
			潍坊学院	0.166*	0.067
			枣庄学院	0.208*	0.075
			泰山学院	－0.082	0.075
		潍坊学院	滨州学院	－0.203*	0.067
			德州学院	－0.026	0.064
			菏泽学院	－0.166*	0.067
			枣庄学院	0.042	0.069
			泰山学院	－0.248*	0.069
		枣庄学院	滨州学院	－0.246*	0.075
			德州学院	－0.068	0.073
			菏泽学院	－0.208*	0.075
			潍坊学院	－0.042	0.069
			泰山学院	－0.290*	0.077
		泰山学院	滨州学院	0.044	0.075
			德州学院	0.221*	0.072
			菏泽学院	0.082	0.075
			潍坊学院	0.248*	0.069
			枣庄学院	0.290*	0.077

通过对表4—4—1和表4—4—2分析，可以得出以下结论：

（1）各学校学习幸福感因素均值差异比较情况。

①滨州学院与德州学院、潍坊学院、枣庄学院之间存在显著性差异，具体表现为：滨州学院得分显著高于德州学院、潍坊学院、枣庄学院。滨州学院与菏泽学院、泰山学院之间不存在统计学意义上的显著性差异。

②德州学院与滨州学院、菏泽学院、潍坊学院、枣庄学院、泰山学院之间存在显著性差异，具体表现为：德州学院得分显著低于滨州学院、菏泽学院、潍坊学院、枣庄学院、泰山学院。

③菏泽学院与德州学院、潍坊学院、枣庄学院、泰山学院之间存在显著性差异，具体表现为：菏泽学院得分显著高于德州学院、潍坊学院、枣庄学院、泰山学院。菏泽学院与滨州学院之间不存在统计学意义上的显著性差异。

④潍坊学院与滨州学院、德州学院、菏泽学院、枣庄学院之间存在显著性差异，具体表现为：潍坊学院得分显著高于德州学院、枣庄学院；潍坊学院得分显著低于滨州学院、菏泽学院。潍坊学院与泰山学院之间不存在统计学意义上的显著性差异。

⑤枣庄学院与滨州学院、德州学院、菏泽学院、潍坊学院、泰山学院之间存在显著性差异。具体表现为：枣庄学院得分显著高于德州学院；枣庄学院得分显著低于滨州学院、菏泽学院、潍坊学院、泰山学院。

⑥泰山学院与德州学院、菏泽学院、枣庄学院之间存在显著性差异，具体表现为：泰山学院得分显著高于德州学院、枣庄学院；泰山学院得分显著低于菏泽学院。泰山学院与滨州学院、潍坊学院之间不存在统计学意义上的显著性差异。

（2）各学校专业认同感因素均值差异比较情况。

①滨州学院与德州学院、菏泽学院、潍坊学院、枣庄学院之间存在显著性差异，具体表现为：滨州学院得分显著高于德州学院、潍坊学院、枣庄学院；滨州学院得分显著低于菏泽学院。滨州学院与泰山学院之间不存在统计学意义上的显著性差异。

②德州学院与滨州学院、菏泽学院、泰山学院之间存在显著性差异，具体表现为：德州学院得分显著低于滨州学院、菏泽学院、泰山学院。

德州学院与潍坊学院、枣庄学院之间不存在统计学意义上的显著性差异。

③菏泽学院与滨州学院、德州学院、潍坊学院、枣庄学院、泰山学院之间存在显著性差异。具体表现为：菏泽学院得分显著高于滨州学院、德州学院、潍坊学院、枣庄学院、泰山学院。

④潍坊学院与滨州学院、菏泽学院、泰山学院之间存在显著性差异，具体表现为：潍坊学院得分显著低于滨州学院、菏泽学院、泰山学院。潍坊学院与德州学院、枣庄学院之间不存在统计学意义上的显著性差异。

⑤枣庄学院与滨州学院、菏泽学院、泰山学院之间存在显著性差异，具体表现为：枣庄学院得分显著低于滨州学院、菏泽学院、泰山学院。枣庄学院与德州学院、潍坊学院之间不存在统计学意义上的显著性差异。

⑥泰山学院与德州学院、菏泽学院、潍坊学院、枣庄学院之间存在显著性差异，具体表现为：泰山学院得分显著高于德州学院、潍坊学院、枣庄学院；泰山学院得分显著低于菏泽学院。泰山学院与滨州学院之间不存在统计学意义上的显著性差异。

（3）各学校未来职业取向因素均值差异比较情况。

①滨州学院与潍坊学院、泰山学院之间存在显著性差异，具体表现为：滨州学院得分显著高于潍坊学院；滨州学院得分显著低于泰山学院。滨州学院与德州学院、菏泽学院、枣庄学院之间不存在统计学意义上的显著性差异。

②德州学院与潍坊学院、泰山学院之间存在显著性差异，具体表现为：德州学院得分显著高于潍坊学院；德州学院得分显著低于泰山学院。德州学院与滨州学院、菏泽学院、枣庄学院之间不存在统计学意义上的显著性差异。

③菏泽学院与潍坊学院、枣庄学院之间存在显著性差异，具体表现为：菏泽学院得分显著高于潍坊学院、枣庄学院。菏泽学院与滨州学院、德州学院、泰山学院之间不存在统计学意义上的显著性差异。

④潍坊学院与滨州学院、德州学院、菏泽学院、枣庄学院、泰山学院之间存在显著性差异。具体表现为：潍坊学院得分显著低于滨州学院、德州学院、菏泽学院、枣庄学院、泰山学院。

⑤枣庄学院与菏泽学院、潍坊学院、泰山学院之间存在显著性差异，

具体表现为：枣庄学院得分显著高于潍坊学院；枣庄学院得分显著低于菏泽学院、泰山学院。枣庄学院与滨州学院、德州学院之间不存在统计学意义上的显著性差异。

⑥泰山学院与滨州学院、德州学院、潍坊学院、枣庄学院之间存在显著性差异，具体表现为：泰山学院得分显著高于滨州学院、德州学院、潍坊学院、枣庄学院。泰山学院与菏泽学院之间不存在统计学意义上的显著性差异。

（4）各学校获得教师的自主性支持因素均值差异比较情况。

①滨州学院与德州学院、枣庄学院之间存在显著性差异，具体表现为：滨州学院得分显著高于德州学院、枣庄学院。滨州学院与菏泽学院、潍坊学院、泰山学院之间不存在统计学意义上的显著性差异。

②德州学院与滨州学院、菏泽学院、潍坊学院、枣庄学院、泰山学院之间存在显著性差异。具体表现为：德州学院得分显著低于滨州学院、菏泽学院、潍坊学院、枣庄学院、泰山学院。

③菏泽学院与德州学院、潍坊学院、枣庄学院、泰山学院之间存在显著性差异，具体表现为：菏泽学院得分显著高于德州学院、潍坊学院、枣庄学院、泰山学院。菏泽学院与滨州学院之间不存在统计学意义上的显著性差异。

④潍坊学院与德州学院、菏泽学院、枣庄学院之间存在显著性差异，具体表现为：潍坊学院得分显著高于德州学院、枣庄学院；潍坊学院得分显著低于菏泽学院。潍坊学院与滨州学院、泰山学院之间不存在统计学意义上的显著性差异。

⑤枣庄学院与滨州学院、德州学院、菏泽学院、潍坊学院、泰山学院之间存在显著性差异。具体表现为：枣庄学院得分显著高于德州学院；枣庄学院得分显著低于滨州学院、菏泽学院、潍坊学院、泰山学院。

⑥泰山学院与德州学院、菏泽学院、枣庄学院之间存在显著性差异，具体表现为：泰山学院得分显著高于德州学院、枣庄学院；泰山学院得分显著低于菏泽学院。泰山学院与滨州学院、潍坊学院之间不存在统计学意义上的显著性差异。

（5）各学校满意度因素均值差异比较情况。

①滨州学院与德州学院、菏泽学院、潍坊学院、枣庄学院、泰山学院之间存在显著性差异。具体表现为：滨州学院得分显著高于德州学院、菏泽学院、潍坊学院、枣庄学院、泰山学院。

②德州学院与滨州学院、枣庄学院之间存在显著性差异，具体表现为：德州学院得分显著高于枣庄学院；德州学院得分显著低于滨州学院。德州学院与菏泽学院、潍坊学院、泰山学院之间不存在统计学意义上的显著性差异。

③菏泽学院与滨州学院之间存在显著性差异，具体表现为：菏泽学院得分显著低于滨州学院。菏泽学院与德州学院、潍坊学院、枣庄学院、泰山学院之间不存在统计学意义上的显著性差异。

④潍坊学院与滨州学院、泰山学院之间存在显著性差异，具体表现为：潍坊学院得分显著低于滨州学院、泰山学院。潍坊学院与德州学院、菏泽学院、枣庄学院之间不存在统计学意义上的显著性差异。

⑤枣庄学院与滨州学院、德州学院、泰山学院之间存在显著性差异，具体表现为：枣庄学院得分显著低于滨州学院、德州学院、泰山学院。枣庄学院与菏泽学院、潍坊学院之间不存在统计学意义上的显著性差异。

⑥泰山学院与滨州学院、潍坊学院、枣庄学院之间存在显著性差异，具体表现为：泰山学院得分显著高于潍坊学院、枣庄学院；泰山学院得分显著低于滨州学院。泰山学院与德州学院、菏泽学院之间不存在统计学意义上的显著性差异。

（6）各学校教师的教学服务态度满意度均值差异比较情况。

①滨州学院与德州学院、潍坊学院、枣庄学院之间存在显著性差异，具体表现为：滨州学院得分显著高于德州学院、潍坊学院、枣庄学院。滨州学院与菏泽学院、泰山学院之间不存在统计学意义上的显著性差异。

②德州学院与滨州学院、菏泽学院、泰山学院之间存在显著性差异，具体表现为：德州学院得分显著低于滨州学院、菏泽学院、泰山学院。德州学院与潍坊学院、枣庄学院之间不存在统计学意义上的显著性差异。

③菏泽学院与德州学院、潍坊学院、枣庄学院之间存在显著性差异，具体表现为：菏泽学院得分显著高于德州学院、潍坊学院、枣庄学院。菏泽学院与滨州学院、泰山学院之间不存在统计学意义上的显著性差异。

④潍坊学院与滨州学院、菏泽学院、泰山学院之间存在显著性差异,具体表现为:潍坊学院得分显著低于滨州学院、菏泽学院、泰山学院。潍坊学院与德州学院、枣庄学院之间不存在统计学意义上的显著性差异。

⑤枣庄学院与滨州学院、菏泽学院、泰山学院之间存在显著性差异,具体表现为:枣庄学院得分显著低于滨州学院、菏泽学院、泰山学院。枣庄学院与德州学院、潍坊学院之间不存在统计学意义上的显著性差异。

⑥泰山学院与德州学院、潍坊学院、枣庄学院之间存在显著性差异,具体表现为:泰山学院得分显著高于德州学院、潍坊学院、枣庄学院。泰山学院与滨州学院、菏泽学院之间不存在统计学意义上的显著性差异。

二 性别差异

由图4—4—7可知,性别之间在学习幸福感这个因素得分中分数高的是女生3.657,分数低的是男生3.187,但并不能由此得出性别间存在显著性差异,它们之间的差异可能是由误差导致的,需要进一步进行差异性检验。

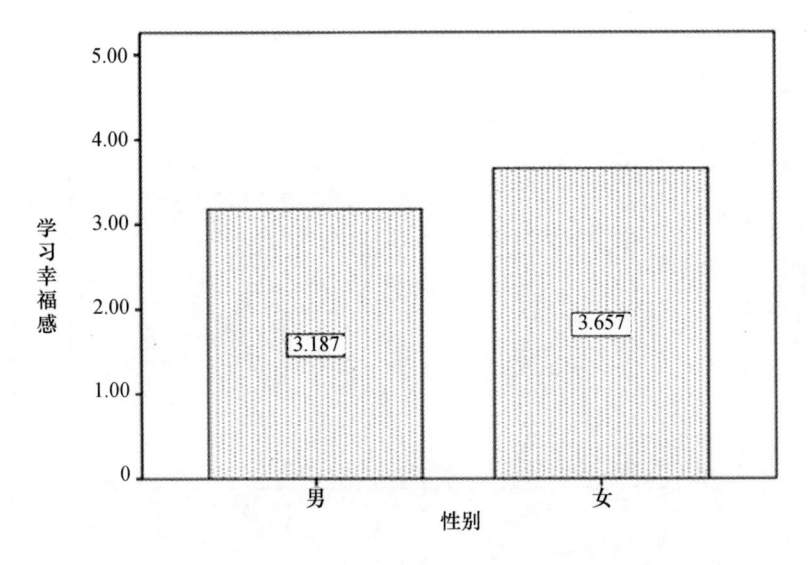

图4—4—7 不同性别学生学习幸福感的分数比较

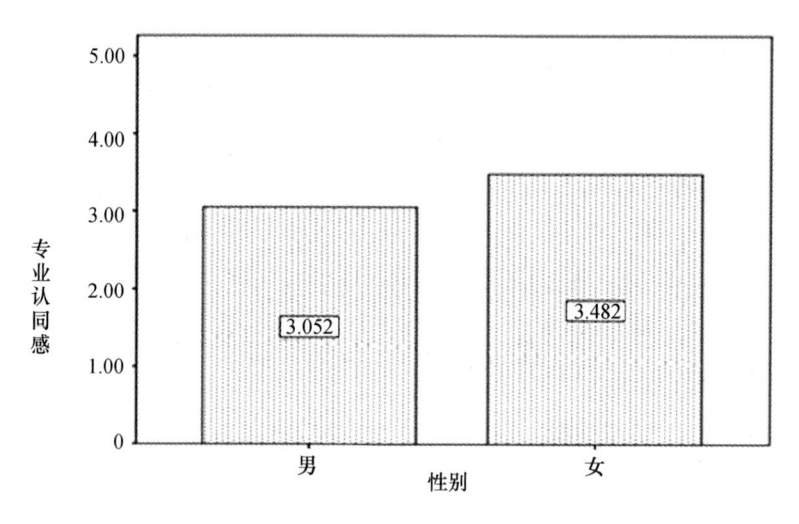

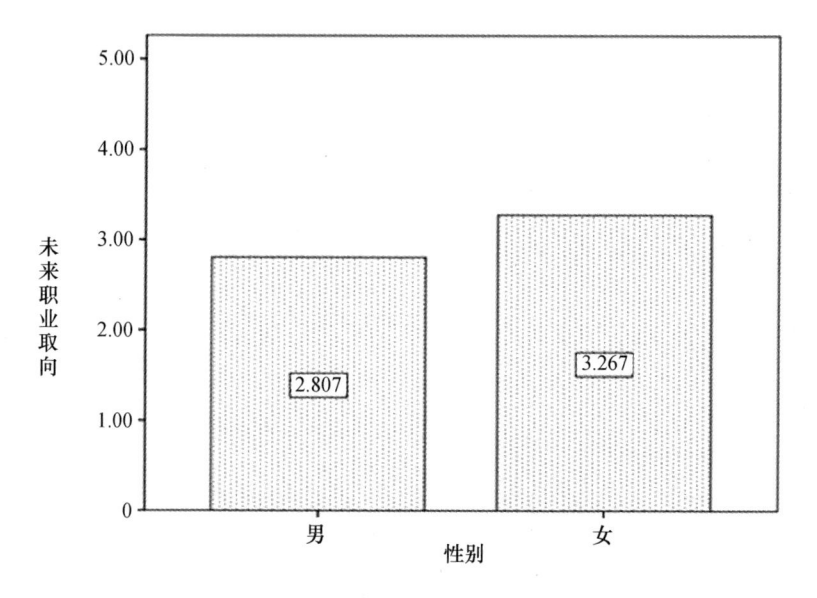

图4—4—8 性别在专业认同感的情况分析

由图4—4—8可知，性别之间在专业认同感这个因素得分中分数高的是女生3.482，分数低的是男生3.052，但并不能由此得出性别间存在显著性差异，它们之间的差异可能是由误差导致的，需要进一步进行差异性检验。

图4—4—9 性别在未来职业取向的情况分析

由图 4—4—9 可知，性别之间在未来职业取向这个因素得分中分数高的是女生 3.267，分数低的是男生 2.807，但并不能由此得出性别间存在显著性差异，它们之间的差异可能是由误差导致的，需要进一步进行差异性检验。

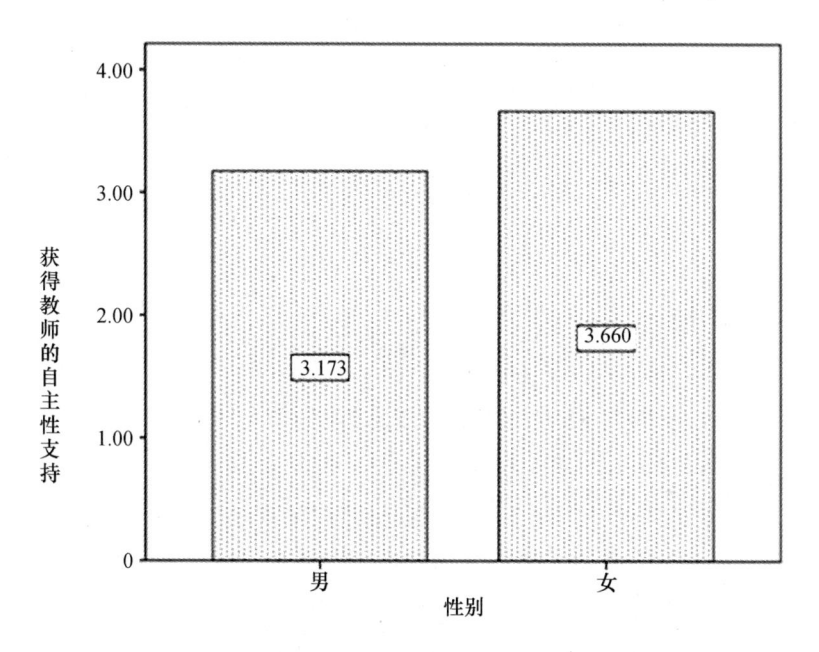

图 4—4—10　性别在获得教师的自主性支持的情况分析

由图 4—4—10 可知，性别之间在获得教师的自主性支持这个因素得分中分数高的是女生 3.660，分数低的是男生 3.173，但并不能由此得出性别间存在显著性差异，它们之间的差异可能是由误差导致的，需要进一步进行差异性检验。

由图 4—4—11 可知，性别之间在学校满意度这个因素得分中分数高的是女生 3.342，分数低的是男生 2.946，但并不能由此得出性别间存在显著性差异，它们之间的差异可能是由误差导致的，需要进一步进行差异性检验。

由图 4—4—12 可知，性别之间在教师的教学服务态度满意度这个因素得分中分数高的是女生 3.604，分数低的是男生 3.073，但并不能由此

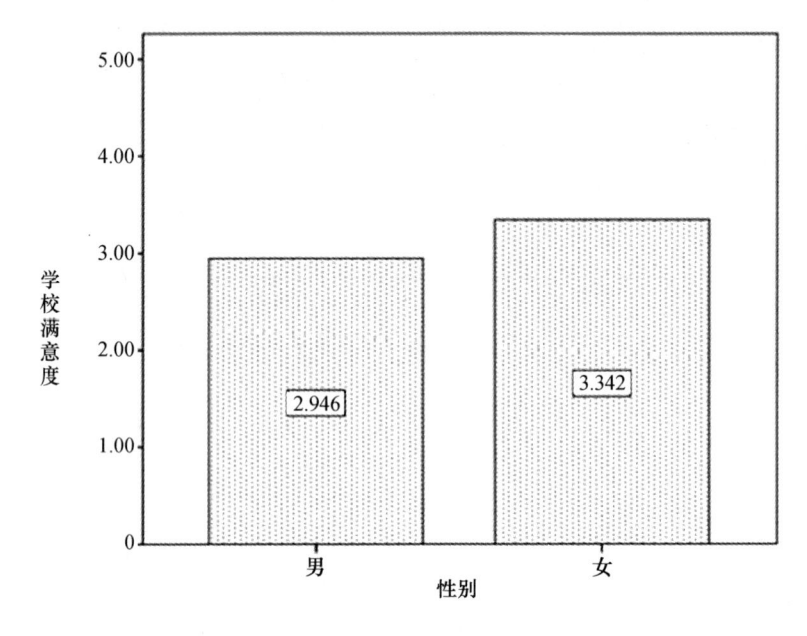

图4—4—11 性别在学校满意度的情况分析

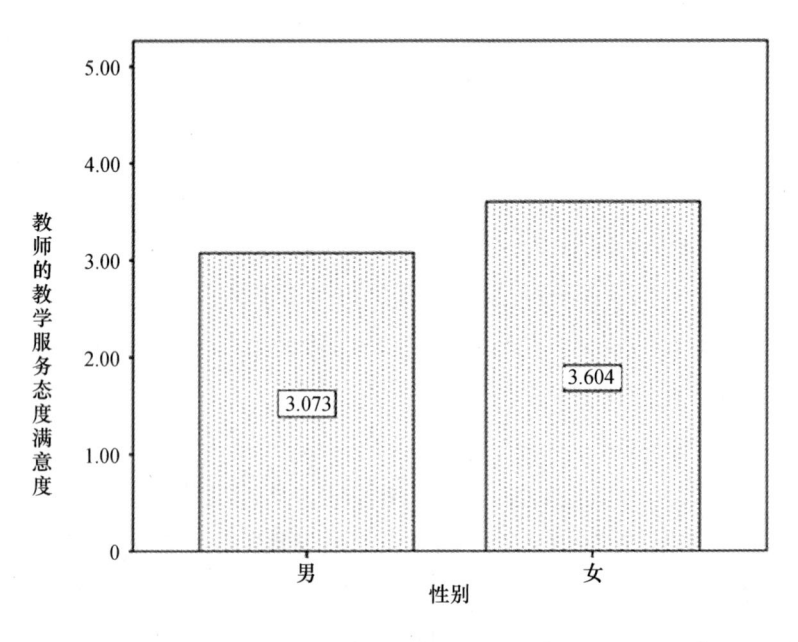

图4—4—12 性别在教师的教学服务态度满意度的情况分析

得出性别间存在显著性差异，它们之间的差异可能是由误差导致的，需要进一步进行差异性检验。

表4—4—3　不同性别大学生影响学习投入度因素的差异分析

项　目	t
学习幸福感	－16.570***
专业认同感	－14.154***
未来职业取向	－11.295***
获得教师的自主性支持	－14.864***
学校满意度	－9.567***
教师的教学服务态度满意度	－11.220***

通过对不同性别的大学生的学习幸福感、专业认同感、未来职业取向、获得教师的自主性支持、学校满意度、教师的教学服务态度满意度进行 t 检验可以得出显著性水平，表4—4—3结果表明，在影响学习投入度的各因素上男女之间均存在显著性差异，女生得分显著高于男生。

原因分析：

（1）学习幸福感方面。女生的学习幸福感比男生好，主要是因为女生在进行学习时对基础知识和专业知识的学习和掌握、专业技能的获得和提升，都比男生快，能够较快地体验到幸福感，且传统教学观认为分数的高低会影响到学生的学习幸福感。而女生在学习过程中较认真，记得牢，在考试中能获得较高的分数。

（2）专业认同感方面。女生较男生对自己所读的专业了解更多，在学习过程中责任感更强，所以专业认同感相对男生而言更强。

（3）未来职业取向方面。在面临职业选择时女生比男生可能承受更大的压力和挑战，就业面比男生相对狭窄一些，因而促使女生较早地关注未来职业定向问题，投入更多时间对未来职业目标进行了解、对比。

（4）获得教师的自主性支持方面。女生较男生更细心、负责，因而在生活中更易得到教师的喜欢,所以在遇到自我决定时可以得到教师的支持。

(5)学校满意度方面。女生一般心理较细腻,对生活的感知较强,当她所体验的事物能带来或提升她的现有感受,满意度的评价就会比较高。

(6)教师的教学服务态度满意度方面。女生比较乖巧伶俐,较深得老师喜欢,在面对难题时可得到教师很好的解答。[①]

三 专业类别差异

由图4—4—13可知,学习幸福感因素得分由高到低依次是艺体、文科、理科,其中分数最高的是艺体3.571,分数最低的是理科3.444,但并不能由此得出专业间存在显著性差异,它们之间的差异可能是由误差导致的,需要进一步进行差异性检验。

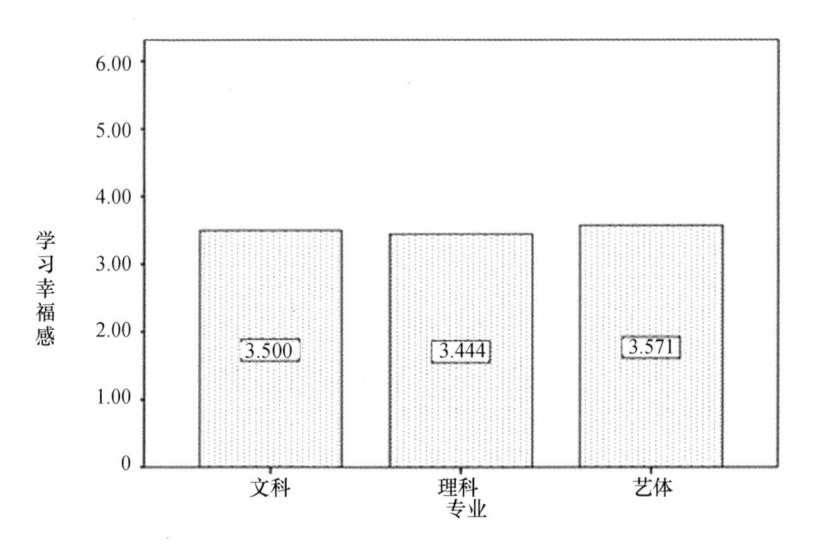

图4—4—13 各专业在学习幸福感的情况分析

[①] 何丽明:《大学生未来取向影响因素及其作用机制研究》,硕士学位论文,广州大学,2012年。

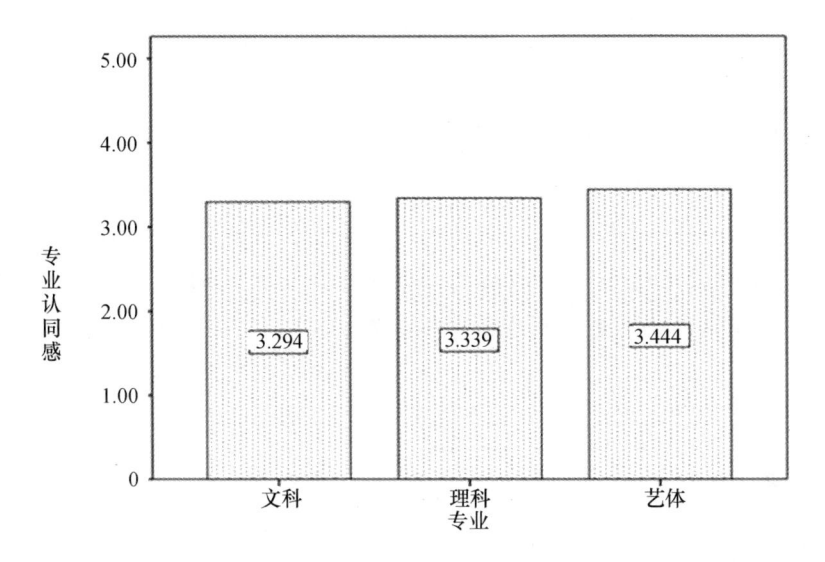

图4—4—14 各专业在专业认同感的情况分析

由图4—4—14可知,专业认同感因素得分由高到低依次是艺体、理科、文科,其中分数最高的是艺体3.444,分数最低的是文科3.294,但并不能由此得出专业间存在显著性差异,它们之间的差异可能是由误差导致的,需要进一步进行差异性检验。

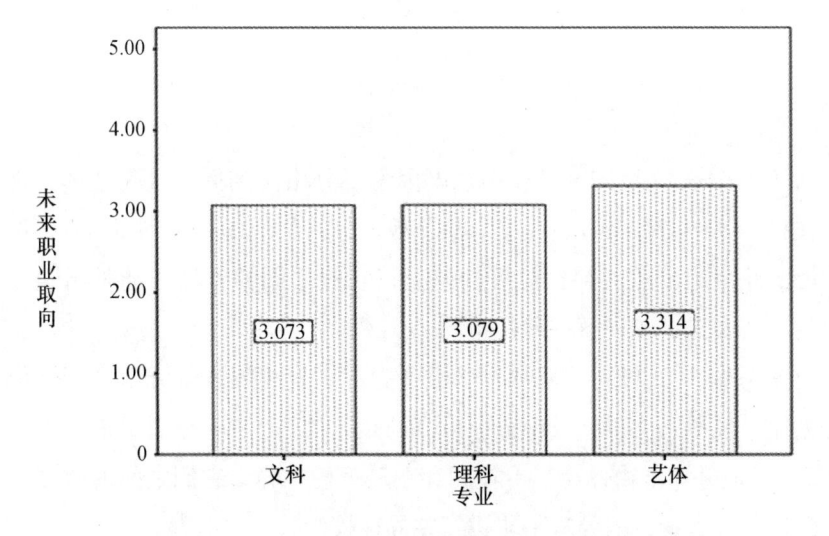

图4—4—15 各专业在未来职业取向的情况分析

由图4—4—15可知，未来职业取向因素得分由高到低依次是艺体、理科、文科，其中分数最高的是艺体3.314，分数最低的是文科3.073，但并不能由此得出专业间存在显著性差异，它们之间的差异可能是由误差导致的，需要进一步进行差异性检验。

由图4—4—16可知，获得教师自主性支持因素得分由高到低依次是艺体、理科、文科，其中分数最高的是艺体3.574，分数最低的是文科3.449，但并不能由此得出专业间存在显著性差异，它们之间的差异可能是由误差导致的，需要进一步进行差异性检验。

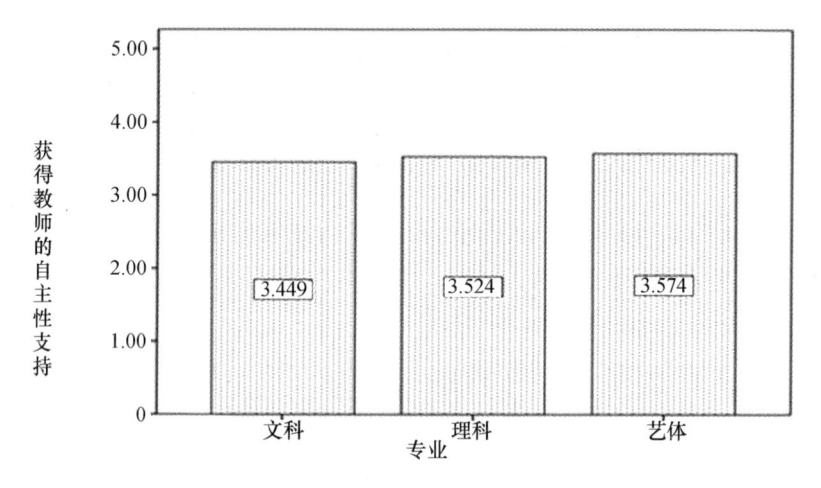

图4—4—16 各专业在获得教师的自主性支持的情况分析

由图4—4—17可知，学校满意度因素得分由高到低依次是艺体、理科、文科，其中分数最高的是艺体3.379，分数最低的是文科3.037，但并不能由此得出专业间存在显著性差异，它们之间的差异可能是由误差导致的，需要进一步进行差异性检验。

由图4—4—18可知，教师教学服务态度满意度因素得分由高到低依次是艺体、理科、文科，其中分数最高的是艺体3.592，分数最低的是文科3.287，但并不能由此得出专业间存在显著性差异，它们之间的差异可能是由误差导致的，需要进一步进行差异性检验。

通过对各专业的学生样本的学习幸福感、专业认同感、未来职业取

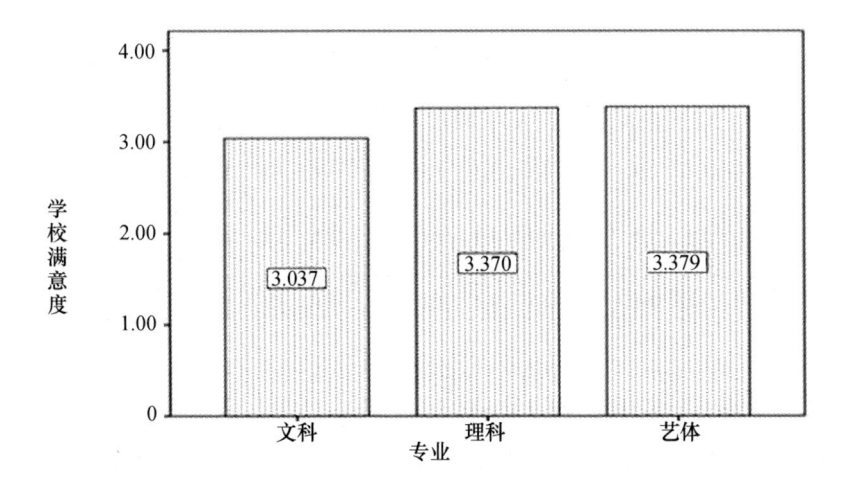

图4—4—17 各专业在学校满意度的情况分析

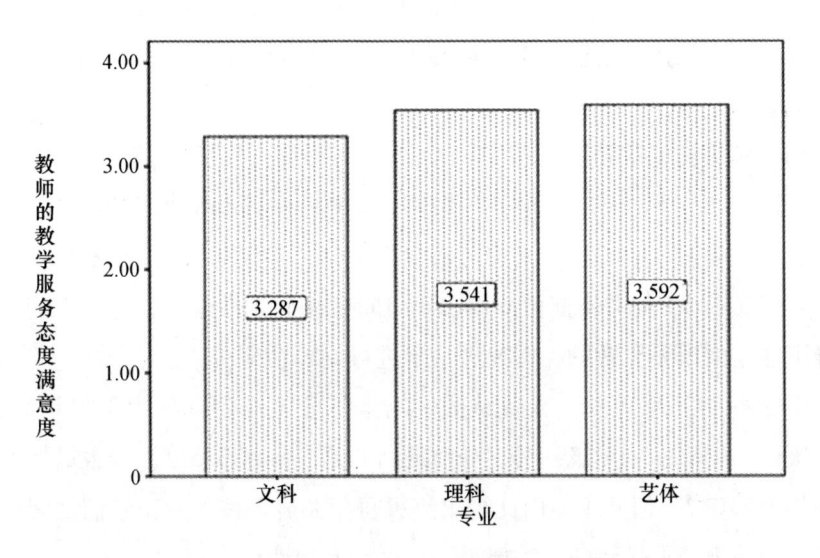

图4—4—18 各专业在教师的教学服务态度满意度的情况分析

向、获得教师的自主性支持、学校满意度和教师的教学服务态度满意度这些因素进行 F 检验可以得出显著性水平，表4—4—4结果表明，各专业之间均存在显著性差异。

表4—4—4　　各专业间影响学习投入度的因素的状况差异比较

项　目	F
学习幸福感	5.645***
专业认同感	5.803***
未来职业取向	7.515***
获得教师的自主性支持	3.448**
学校满意度	23.601***
教师的教学服务态度满意度	11.778***

原因分析：艺体生的学习幸福感、专业认同感、未来职业取向、获得教师的自主性支持、学校满意度和教师的教学服务态度满意度均高于理科、文科，主要原因可能是艺体生的就业压力相对于文科、理科来说较严峻，因而会对自己相对严格，会花更多时间研究专业相关的东西、复习专业证书的考试内容、参与专业相关的实践活动、阅读与专业相关的书籍。所以在体验这些因素时都会比文、理科要更深入、明白。①

四　年级类别差异

由图4—4—19可知，学习幸福感因素得分由高到低依次是二年级、四年级、三年级、一年级，其中分数最高的是二年级3.641，分数最低的是一年级3.246，但并不能由此得出年级间存在显著性差异，它们之间的差异可能是由误差导致的，需要进一步进行差异性检验。

由图4—4—20可知，专业认同感因素得分由高到低依次是二年级、四年级、三年级、一年级，其中分数最高的是二年级3.511，分数最低的是一年级3.047，但并不能由此得出年级间存在显著性差异，它们之间的差异可能是由误差导致的，需要进一步进行差异性检验。

由图4—4—21可知，未来职业取向因素得分由高到低依次是四年级、二年级、三年级、一年级，其中分数最高的是四年级3.405，分数最低的

---

①　陈有国：《大学生未来取向、专业认同与学习投入的关系》，《四川文理学院报》2013年第2期。

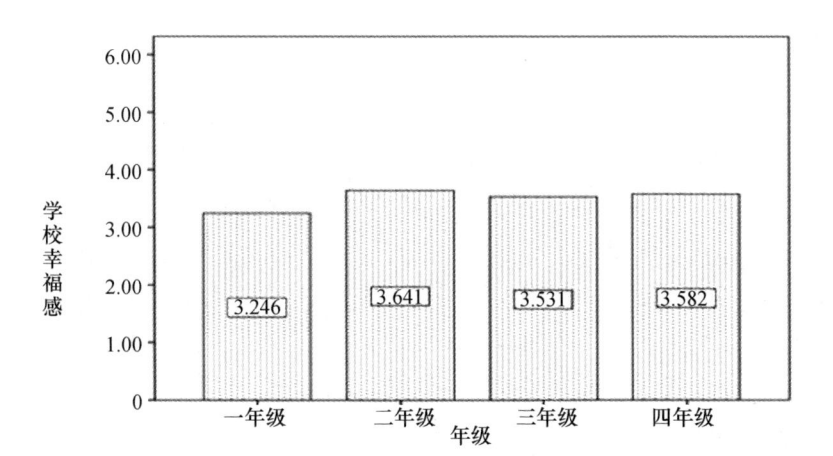

图 4—4—19　不同年级在学习幸福感的情况分析

一年级 3.246　二年级 3.641　三年级 3.531　四年级 3.582

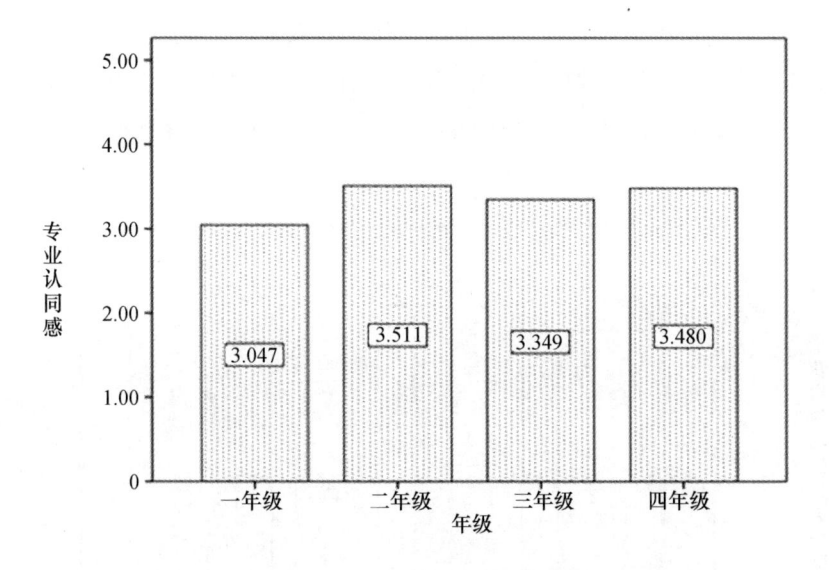

图 4—4—20　不同年级在专业认同感的情况分析

一年级 3.047　二年级 3.511　三年级 3.349　四年级 3.480

是一年级 2.659，但并不能由此得出年级间存在显著性差异，它们之间的差异可能是由误差导致的，需要进一步进行差异性检验。

由图 4—4—22 可知，获得教师的自主性支持因素得分由高到低依次

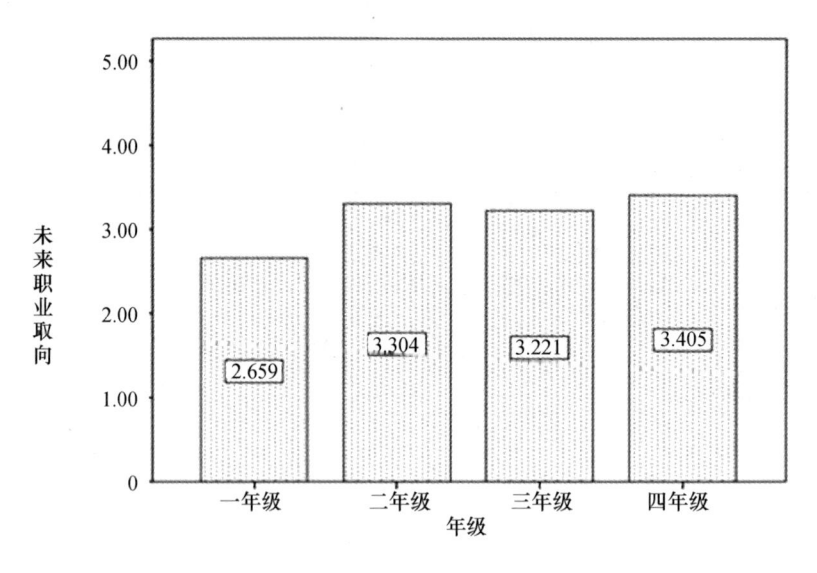

图 4—4—21　不同年级在未来职业取向的情况分析

是二年级、四年级、三年级、一年级，其中分数最高的是二年级 3.680，分数最低的是一年级 3.214，但并不能由此得出年级间存在显著性差异，它们之间的差异可能是由误差导致的，需要进一步进行差异性检验。

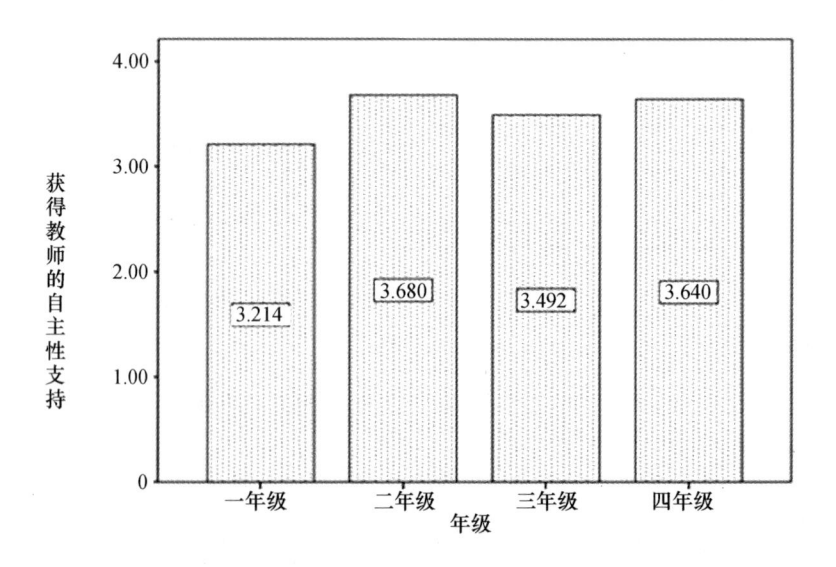

图 4—4—22　不同年级在获得教师的自主性支持的情况分析

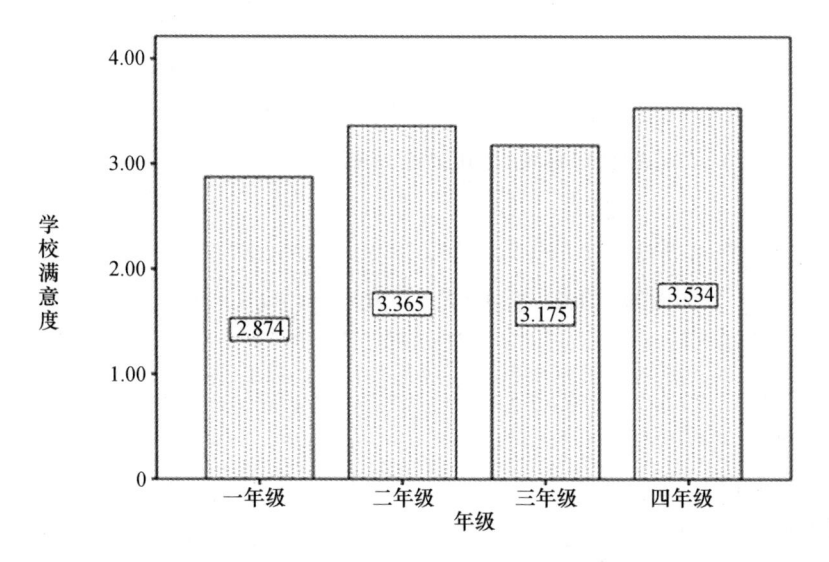

图 4—4—23　不同年级在学校满意度的情况分析

由图 4—4—23 可知，学校满意度因素得分由高到低依次是四年级、二年级、三年级、一年级，其中分数最高的是四年级 3.534，分数最低的是一年级 2.874，但并不能由此得出年级间存在显著性差异，它们之间的差异可能是由误差导致的，需要进一步进行差异性检验。

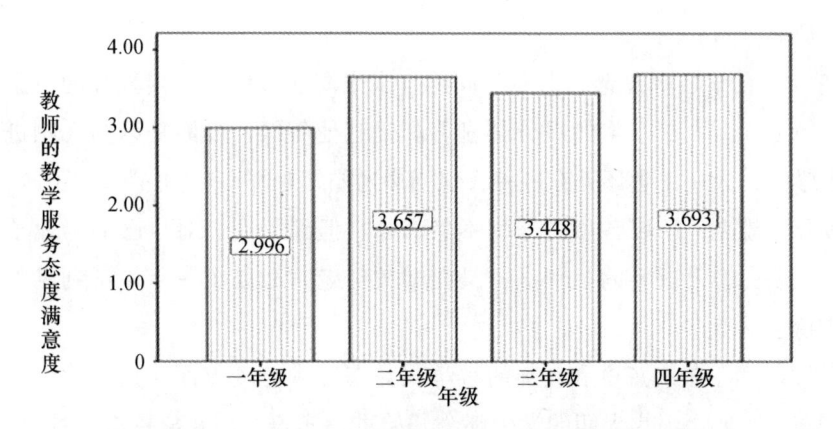

图 4—4—24　不同年级对教师的教学服务态度满意度的情况分析

由图 4—4—24 可知，教师的教学服务态度满意度因素得分由高到低依次是四年级、二年级、三年级、一年级，其中分数最高的是四年级 3.693，分数最低的是一年级 2.996，但并不能由此得出年级间存在显著性差异，它们之间的差异可能是由误差导致的，需要进一步进行差异性检验。

表 4—4—5　不同年级间影响学习投入度的因素的状况差异比较

项　目	F
学习幸福感	30.310***
专业认同感	42.742***
未来职业取向	57.358***
获得教师的自主性支持	35.232***
学校满意度	39.194***
教师的教学服务态度满意度	41.068***

通过对不同年级的学生样本的学习幸福感、专业认同感、未来职业取向、获得教师的自主性支持、学校满意度和教师的教学服务态度满意度这些因素进行 F 检验可以得出显著性水平，表 4—4—5 表明，各年级之间均存在显著性差异。

原因分析：

（1）在学习幸福感、专业认同感、未来职业取向、获得教师的自主性支持方面，大二学生的得分都显著高于其他年级，可能是因为在刚进入大学时，大一学生还处在一种喜悦当中对自己所学专业并不怎么了解，也没什么规划，所以各项得分均不怎么高。但到了大二对自己的专业了解，也明白自己所要的是什么，又在学校与老师相处了一年，得到老师的支持也就变多。

（2）而学校满意度和教师的教学服务态度满意度方面，大四学生得分较高，主要是因为大四的学生都会开始进行实习，需要离校进入社会，在经历了一系列的困难后便发觉出学校的好，在这期间各位学生都得到老师无比细致的解答和照顾。①

五　是否班干部差异

由图4—4—25可知，非班干部的学习幸福感分数高于班干部，但并不能由此得出非班干部与班干部存在显著性差异，它们之间的差异可能是由误差导致的，需要进一步进行差异性检验。

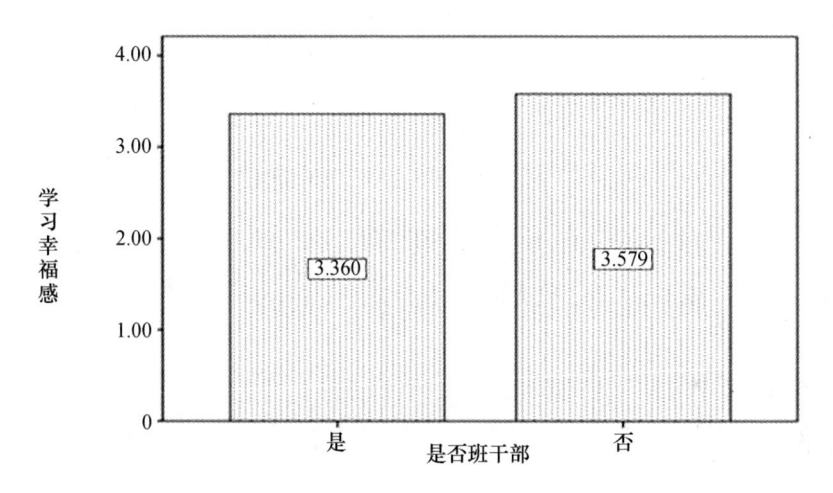

图4—4—25　班干部与否在学习幸福感的情况分析

由图4—4—26可知，非班干部的专业认同感分数高于班干部，但并不能由此得出非班干部与班干部存在显著性差异，它们之间的差异可能是由误差导致的，需要进一步进行差异性检验。

由图4—4—27可知，非班干部的未来职业取向分数高于班干部，但并不能由此得出非班干部与班干部存在显著性差异，它们之间的差异可能是由误差导致的，需要进一步进行差异性检验。

由图4—4—28可知，非班干部在获得教师的自主性支持分数高于班干部，但并不能由此得出非班干部与班干部存在显著性差异，它们之间

---

① 赵春鱼：《教学服务质量对大学生学习行为影响的实证研究》，《高教探索》2014年第3期。

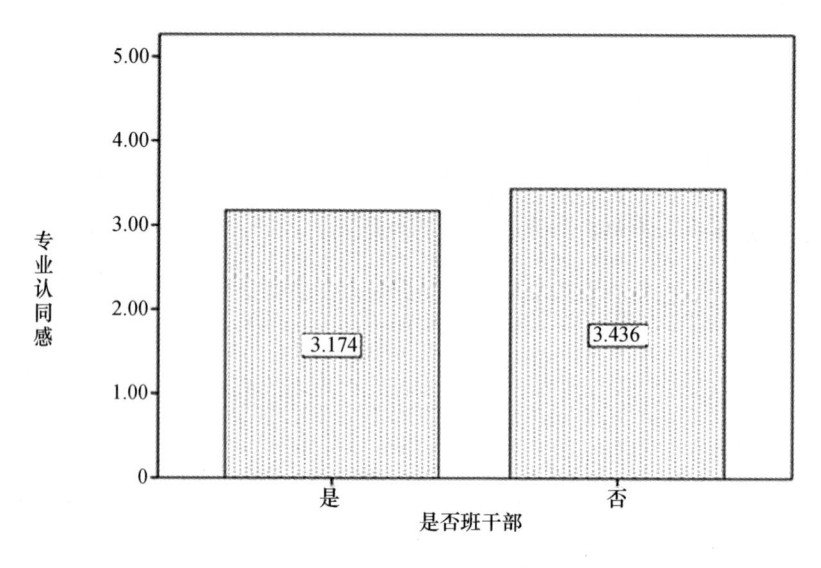

图4—4—26 班干部与否在专业认同感的情况分析

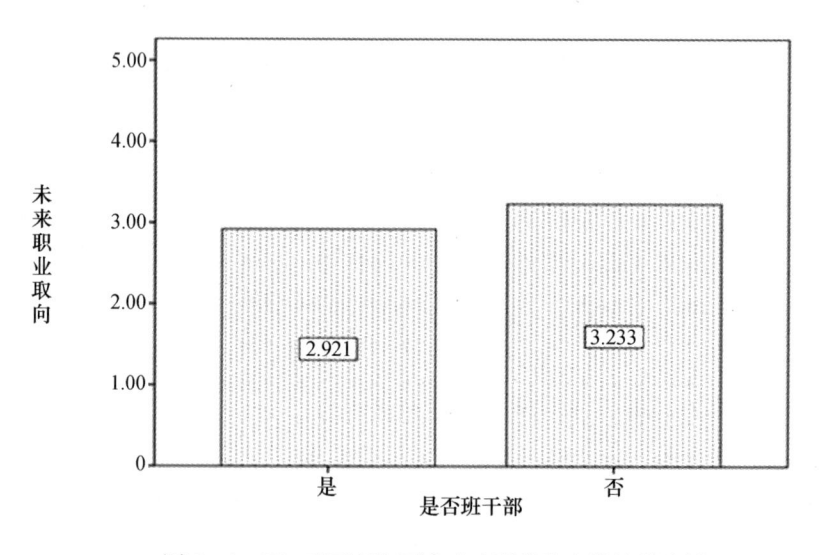

图4—4—27 班干部与否在未来职业取向的情况分析

的差异可能是由误差导致的，需要进一步进行差异性检验。

由图4—4—29可知，非班干部的学校满意度分数高于班干部，但并

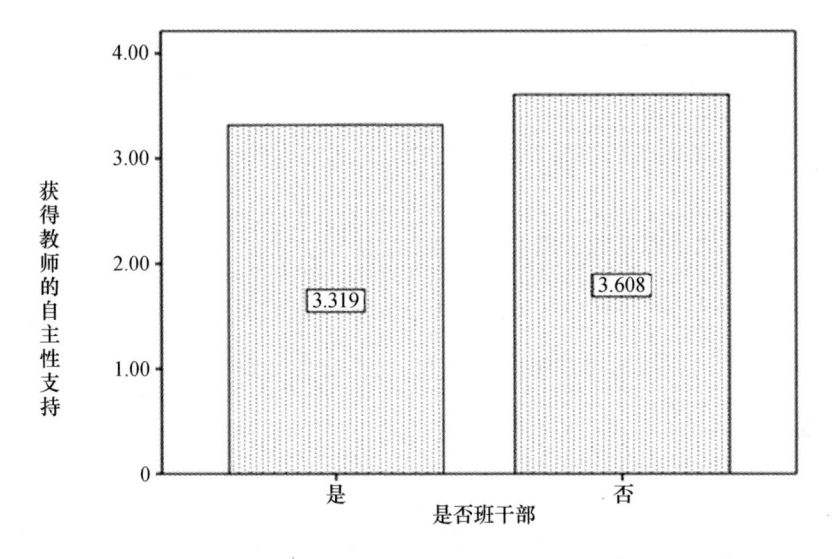

图 4—4—28　班干部与否在获得教师的自主性支持的情况分析

不能由此得出非班干部与班干部存在显著性差异，它们之间的差异可能是由误差导致的，需要进一步进行差异性检验。

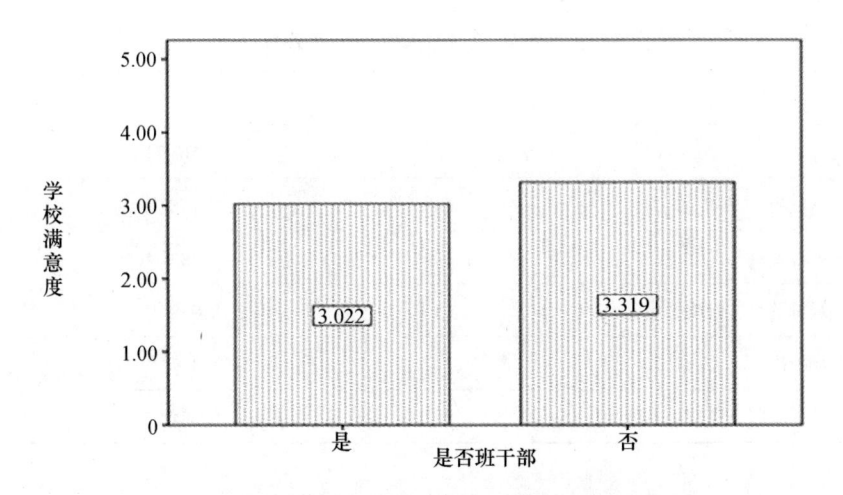

图 4—4—29　班干部与否在学校满意度的情况分析

由图 4—4—30 可知，非班干部在教师的教学服务态度满意度方面分数高于班干部，但并不能由此得出非班干部与班干部存在显著性差异，它们之间的差异可能是由误差导致的，需要进一步进行差异性检验。

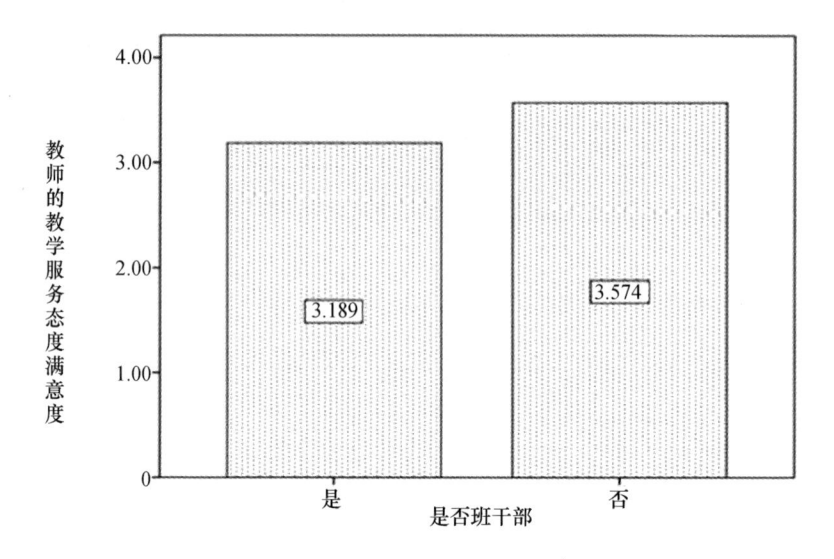

图4—4—30 班干部与否在教师的教学服务态度满意度的情况分析

表4—4—6　　　班干部与否在影响学习投入度的因素差异分析

项　目	t
学习幸福感	-7.564***
专业认同感	-8.798***
未来职业取向	-7.883***
获得教师的自主性支持	-8.972***
学校满意度	-7.557***
教师的教学服务态度满意度	-8.584***

通过对大学生是否班干部的学习幸福感、专业认同感、未来职业取向、获得教师的自主性支持、学校满意度、教师的教学服务态度满意度进行 t 检验可以得出显著性水平，表4—4—6表明，班干部与否存在显著差异。

原因分析：非班干部学生在学习幸福感、专业认同感、未来职业取向、获得教师的自主性支持、学校满意度、教师的教学服务态度满意度的得分都高于班干部，原因可能是非班干部有更多的时间进行学习以提升自己，同时也为了能在老师面前留下好印象，会想跟班干部进行比较。从而会对自己所学有更深入的了解，也会知道自己以后的打算。[①]

六　家庭来源差异

由图4—4—31结果可知，学习幸福感因素得分由高到低依次是城市、城镇、农村，其中分数最高的是城市3.544，分数最低的是农村3.477，但并不能由此得出家庭来源间存在显著性差异，它们之间的差异可能是由误差导致的，需要进一步进行差异性检验。

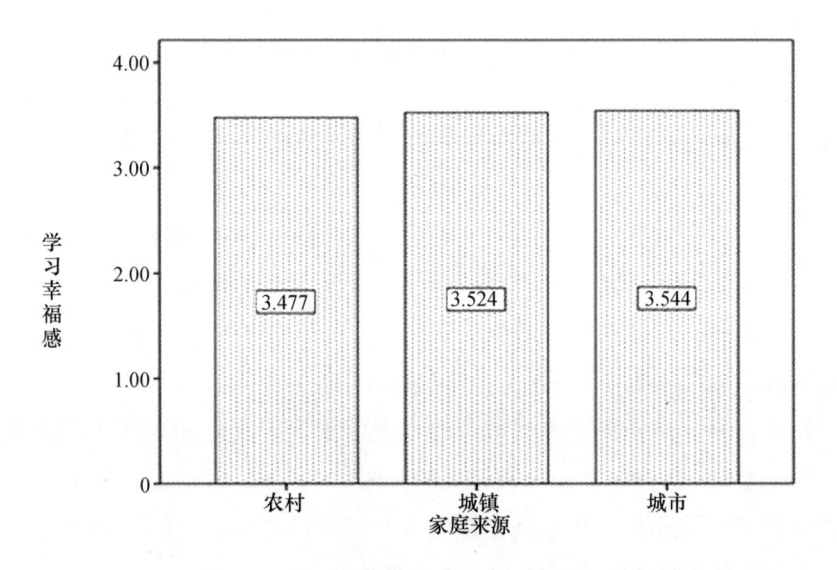

图4—4—31　家庭来源在学习幸福感的情况分析

由图4—4—32可知，专业认同感因素得分由高到低依次是城镇、市、农村，其中分数最高的是城镇3.431，分数最低的是农村3.294，但

[①] 赵蕾：《大学生课程学习投入度的影响因素分析》，硕士学位论文，华中科技大学，2013年。

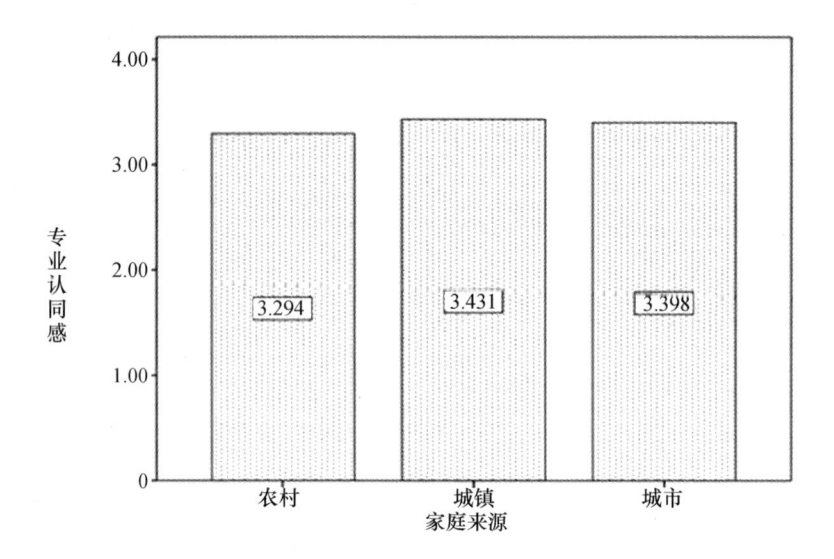

图 4—4—32　家庭来源在专业认同感的情况分析

并不能由此得出家庭来源间存在显著性差异，它们之间的差异可能是由误差导致的，需要进一步进行差异性检验。

由图4—4—33可知，未来职业取向因素得分由高到低依次是城镇、城市、农村，其中分数最高的是城镇3.358，分数最低的是农村3.015，但并不能由此得出家庭来源间存在显著性差异，它们之间的差异可能是由误差导致的，需要进一步进行差异性检验。

由图4—4—34可知，获得教师的自主性支持因素得分由高到低依次是城市、城镇、农村，其中分数最高的是城市3.608，分数最低的是农村3.447，但并不能由此得出家庭来源间存在显著性差异，它们之间的差异可能是由误差导致的，需要进一步进行差异性检验。

由图4—4—35可知，学校满意度因素得分由高到低依次是城镇、城市、农村，其中分数最高的是城镇3.427，分数最低的是农村3.118，但并不能由此得出家庭来源间存在显著性差异，它们之间的差异可能是由误差导致的，需要进一步进行差异性检验。

由图4—4—36可知，教师的教学服务态度满意度因素得分由高到低依次是城镇、城市、农村，其中分数最高的是城镇3.640，分数最低的是

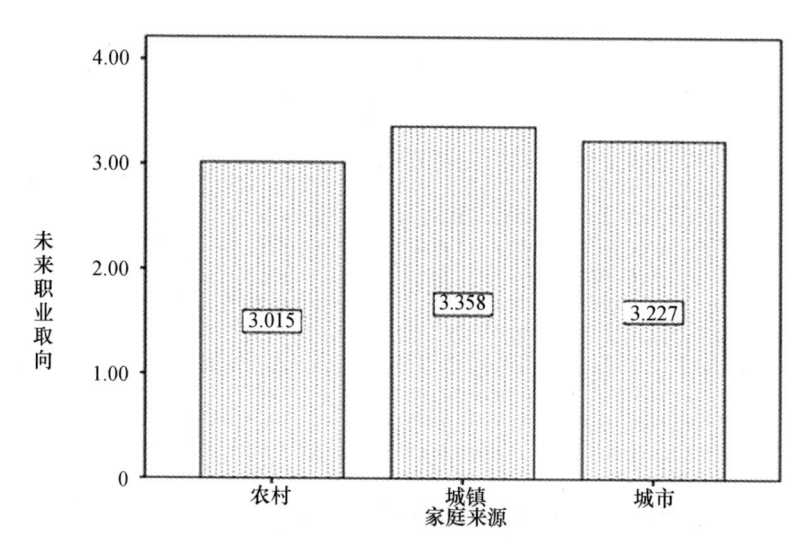

图4—4—33 家庭来源在未来职业取向的情况分析

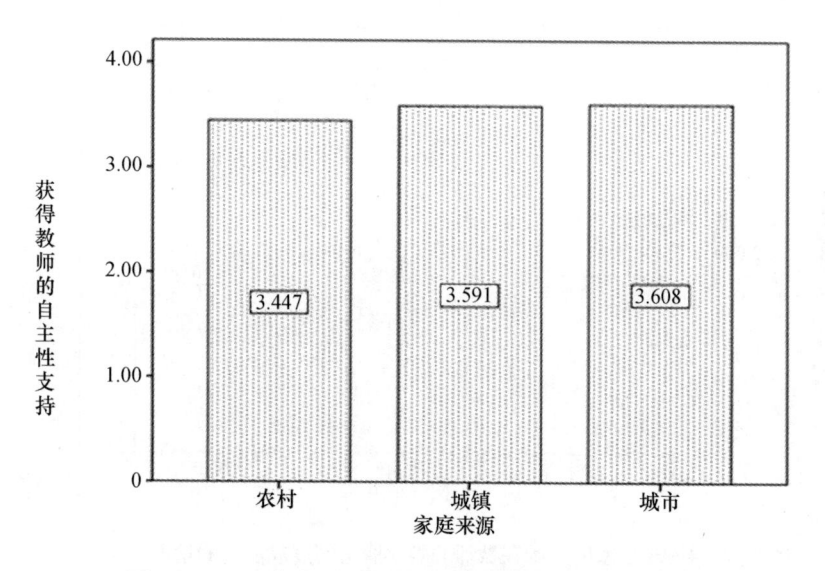

图4—4—34 家庭来源在获得教师的自主性支持的情况分析

农村3.330，但并不能由此得出家庭来源间存在显著性差异，它们之间的差异可能是由误差导致的，需要进一步进行差异性检验。

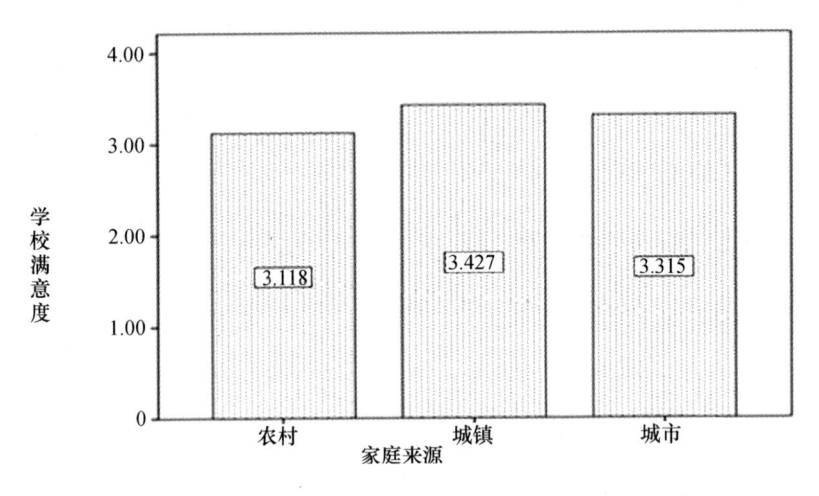

图 4—4—35　家庭来源在学校满意度的情况分析

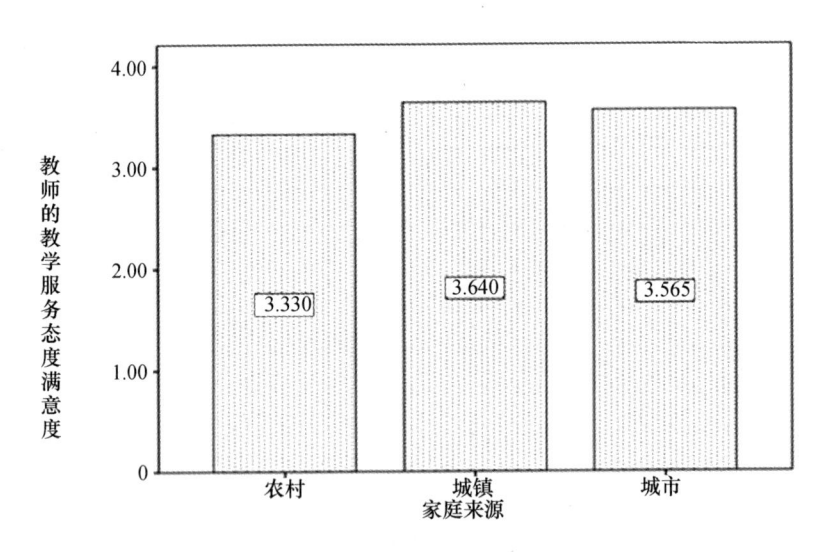

图 4—4—36　家庭来源在教师的教学服务态度满意度的情况分析

表4—4—7　各家庭来源间影响学习投入度的因素的状况差异比较

项　目	F
学习幸福感	1.312
专业认同感	5.805***
未来职业取向	17.317***
获得教师的自主性支持	8.253***
学校满意度	14.560***
教师的教学服务态度满意度	11.891***

通过对各家庭来源的学生样本的学习幸福感、专业认同感、未来职业取向、获得教师的自主性支持及学校满意度这些因素，进行 F 检验得出显著性水平，由表4—4—7结果表明，各家庭来源之间均存在显著性差异。

表4—4—8　各家庭来源间影响学习投入度的因素的均值差异比较

因变量	事后检验	(I) 家庭来源	(J) 家庭来源	均值差异 (I−J)	标准误
学习幸福感	LSD	农村	城镇	−0.047	0.034
			城市	−0.066	0.043
		城镇	农村	0.047	0.034
			城市	−0.020	0.049
		城市	农村	0.066	0.043
			城镇	0.020	0.049
专业认同感	LSD	农村	城镇	−0.137*	0.033
			城市	−0.104*	0.043
		城镇	农村	0.137*	0.033
			城市	0.032	0.048
		城市	农村	0.104*	0.043
			城镇	−0.032	0.048

续表

因变量	事后检验	(I)家庭来源	(J)家庭来源	均值差异(I-J)	标准误
未来职业取向	LSD	农村	城镇	-0.343*	0.043
			城市	-0.212*	0.056
		城镇	农村	0.343*	0.043
			城市	0.131*	0.064
		城市	农村	0.212*	0.056
			城镇	-0.131*	0.064
获得教师的自主性支持	LSD	农村	城镇	-0.144*	0.036
			城市	-0.161*	0.046
		城镇	农村	0.144*	0.036
			城市	-0.017	0.052
		城市	农村	0.161*	0.046
			城镇	0.017	0.052
学校满意度	LSD	农村	城镇	-0.309*	0.042
			城市	-0.196*	0.055
		城镇	农村	0.309*	0.042
			城市	0.112	0.062
		城市	农村	0.196*	0.055
			城镇	-0.112	0.062
教师的教学服务态度满意度	LSD	农村	城镇	-0.310*	0.049
			城市	-0.236*	0.064
		城镇	农村	0.310*	0.049
			城市	0.075	0.072
		城市	农村	0.236*	0.064
			城镇	-0.075	0.072

分析表4—4—7和4—4—8，可以得出以下结论：

（1）不同家庭来源学生的学习幸福感因素均值差异比较情况。农村、城镇、城市之间都不存在统计学意义上的显著性差异。

（2）不同家庭来源学生的专业认同感均值差异比较情况。农村与城镇、城市之间存在显著性差异，具体表现为农村得分显著低于城镇、城市，城市与城镇之间不存在统计学意义上的显著性差异。

（3）不同家庭来源学生的未来职业取向因素均值差异比较情况。农村、城镇、城市三者之间均存在显著性差异，具体表现为：农村得分显著低于城镇、城市；城镇得分显著高于农村、城市；城市得分显著高于农村，显著低于城镇。

（4）不同家庭来源学生获得教师的自主性支持因素均值差异比较情况。农村与城镇、城市之间存在显著性差异，具体表现为农村得分显著低于城镇、城市；城镇与城市之间不存在统计学意义上的显著性差异。

（5）不同家庭来源学生的学校满意度因素均值差异比较情况。农村与城镇、城市之间存在显著性差异，具体表现为农村得分显著低于城镇、城市；城镇与城市之间不存在统计学意义上的显著性差异。

（6）不同家庭来源学生的教师的教学服务态度满意度因素均值差异比较情况。农村与城镇、城市之间存在显著性差异，具体表现为农村得分显著低于城镇、城市；城镇与城市之间不存在统计学意义上的显著性差异。

原因分析：

（1）主观幸福感方面。城市学生得分高于其他家庭来源学生得分，可能是生活在城市里的学生较农村、城镇学生而言更易于接受新的事物，学习能力也会比较强，更易体验到幸福感。

（2）未来职业取向方面。城镇学生得分高于城市、农村，可能原因是城市学生在进入大学时已经了解自己所学专业的未来职业取向，进入大学后便不会刻意去了解。农村的学生则由于较落后，信息不发达，在上大学前也不会专门去查找自己所学专业信息。城镇的学生则是会一直都关注自己所学专业的未来职业取向。

（3）获得教师的自主性支持方面。城市学生得分高于其他家庭来源，原因可能是城市学生的学习能力、人际交往沟通能力比较强，又敢于冒险，因而在进行决策时会主动向老师征求个人意见或请教，往往会得到老师更多的支持。

（4）学校满意度方面。城镇学生得分高于其他家庭来源，原因可能是城市学生家庭条件较好，因而想要什么东西，家里都可以满足，入校前对学校有一定的预期,如果学校水平满足不了他们,便会产生厌倦的心理。而城镇学生在进入大学前会对学校进行查询,从而不至于期望过高,实现不了而心生厌倦。农村学生往往把上大学看作人生甚至家庭的大事,更看重上大学对自己今后成长和规划的影响,而不是十分关注学校的物质方面的生活条件,甚至有些高校的物质生活条件甚至远远优于自己家庭,所以更不会不满意。

(5)教师的教学服务态度满意度方面。城镇、城市学生得分显著高于农村学生,原因可能在于来自城市、城镇的学生环境适应性强,人际交往能力好,更善于与教师沟通交流,有问题敢于向教师求助,易于获得教师的关注与支持,因而对教师的教学服务态度表现出更高的满意度。

七 家庭完整状况差异

由图4—4—37可知,在学习幸福感这个因素得分由高到低依次是健全、离异再组合、寄养、单亲,其中分数最高的是健全3.522,分数最低的是单亲3.275,但并不能由此得出家庭完整状况间存在显著性差异,它们之间的差异可能是由误差导致的,需要进一步进行差异性检验。

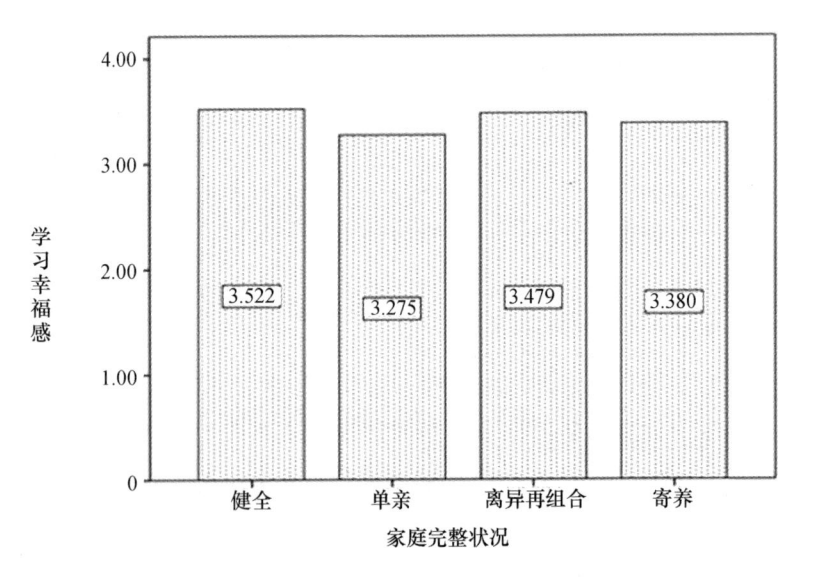

图4—4—37 家庭完整状况在学习幸福感的情况分析

第四章 研究结果与分析 / 195

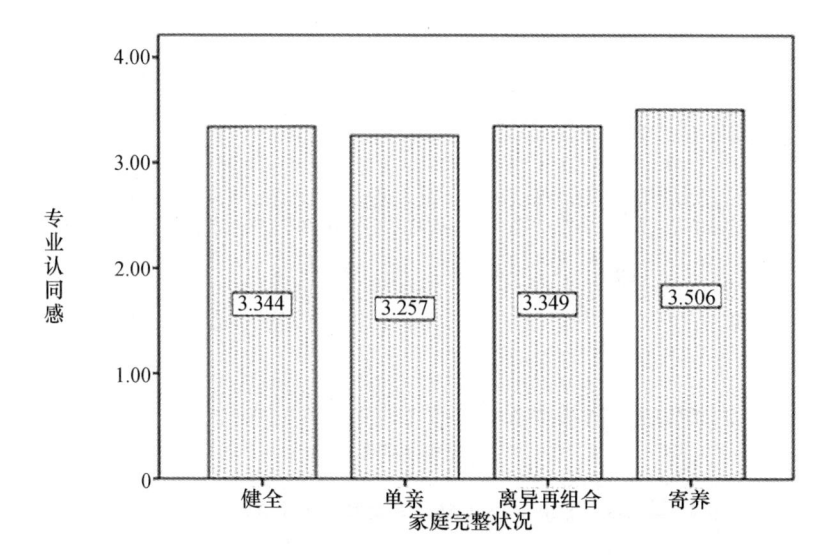

图4—4—38　家庭完整状况在专业认同感的情况分析

由图4—4—38可知，在专业认同感这个因素得分由高到低依次是寄养、离异再组合、健全、单亲，其中分数最高的是寄养3.506，分数最低的是单亲3.257，但并不能由此得出家庭完整状况间存在显著性差异，它们之间的差异可能是由误差导致的，需要进一步进行差异性检验。

由图4—4—39可知，在未来职业取向这个因素得分由高到低依次是寄养、离异再组合、单亲、健全，其中分数最高的是寄养3.694，分数最低的是健全3.096，但并不能由此得出家庭完整状况间存在显著性差异，它们之间的差异可能是由误差导致的，需要进一步进行差异性检验。

由图4—4—40可知，在获得教师的自主性支持这个因素得分由高到低依次是寄养、健全、单亲、离异再组合，其中分数最高的是寄养3.622，分数最低的是离异再组合3.407，但并不能由此得出家庭完整状况间存在显著性差异，它们之间的差异可能是由误差导致的，需要进一步进行差异性检验。

由图4—4—41可知，在学校满意度这个因素得分由高到低依次是

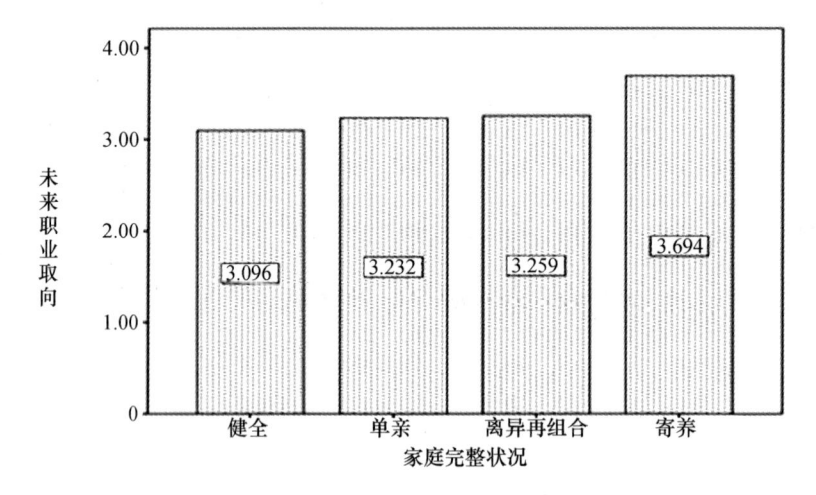

图 4—4—39　家庭完整状况在未来职业取向的情况分析

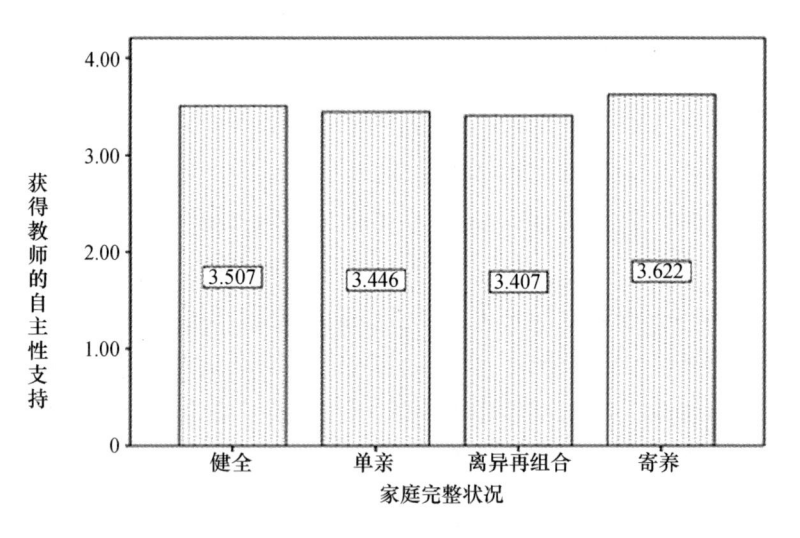

图 4—4—40　家庭完整状况在获得教师的自主性支持的情况分析

寄养、单亲、离异再组合、健全，其中分数最高的是寄养 3.690，分数最低的是健全 3.194，但并不能由此得出家庭完整状况间存在显著性差异，它们之间的差异可能是由误差导致的，需要进一步进行差异性检验。

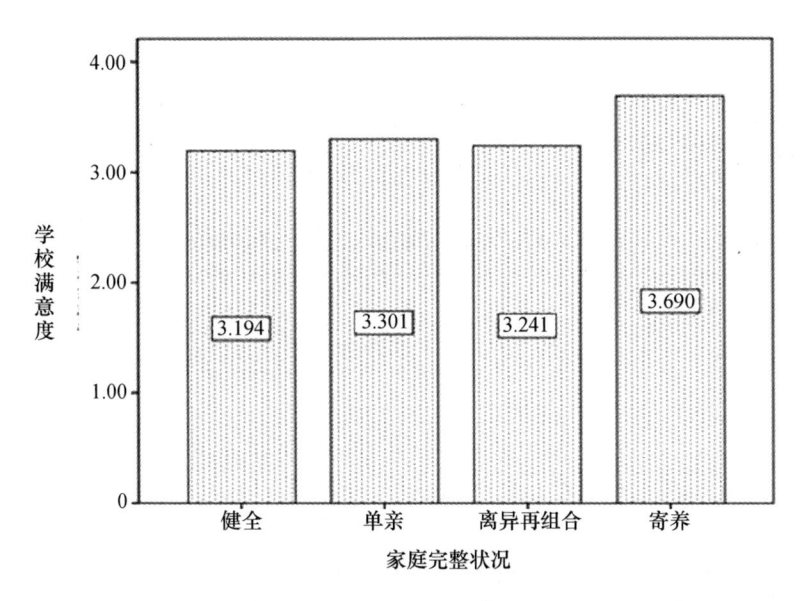

图 4—4—41　家庭完整状况在学校满意度的情况分析

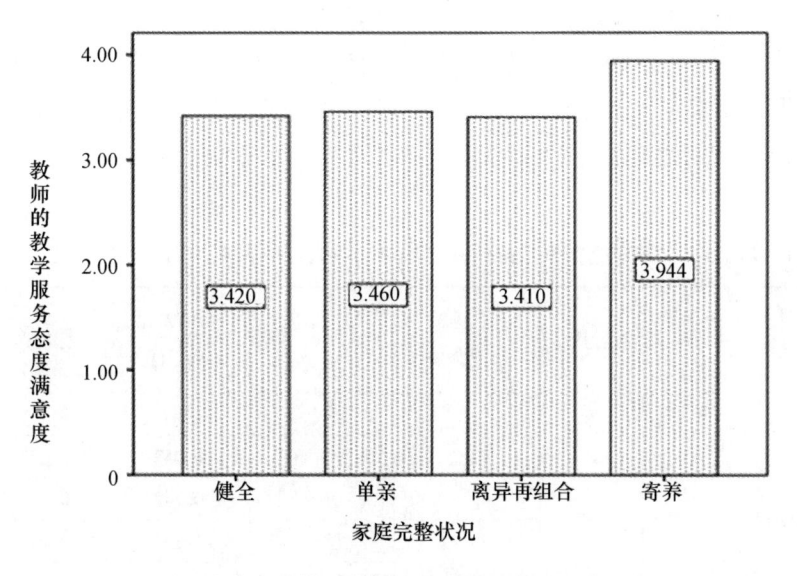

图 4—4—42　家庭完整状况在教师的教学服务态度满意度的情况分析

由图 4—4—42 可知，在教师的教学服务态度满意度这个因素得分由高到低依次是寄养、单亲、健全、离异再组合，其中分数最高的是寄养

3.944，分数最低的是离异再组合3.410，但并不能由此得出家庭完整状况间存在显著性差异，它们之间的差异可能是由误差导致的，需要进一步进行差异性检验。

表4—4—9　　各家庭完整状况间在影响学习投入度的因素的差异比较

项　目	F
学习幸福感	6.970***
专业认同感	1.295
未来职业取向	4.500***
获得教师的自主性支持	1.542
学校满意度	2.774
教师的教学服务态度满意度	1.788

通过对学生样本各家庭完整状况的学习幸福感、专业认同感、未来职业取向、获得教师的自主性支持及学校满意度因素进行F检验，可以得出显著性水平，由表4—4—9结果表明，各家庭完整状况之间均存在显著性差异。

表4—4—10　　各家庭完整状况间在影响学习投入度的因素的均值差异比较

因变量	事后检验	(I) 家庭完整状况	(J) 家庭完整状况	均值差异 (I-J)	标准误
学习幸福感	LSD	健全	单亲	0.247*	0.048
			离异再组合	0.043	0.073
			寄养	0.142	0.136
		单亲	健全	-0.247*	0.048
			离异再组合	-0.204*	0.084
			寄养	-0.105	0.142

续表

因变量	事后检验	（I）家庭完整状况	（J）家庭完整状况	均值差异（I-J）	标准误
学习幸福感	LSD	离异再组合	健全	-0.043	0.073
			单亲	0.204*	0.084
			寄养	0.099	0.153
		寄养	健全	-0.142	0.136
			单亲	0.105	0.142
			离异再组合	-0.099	0.153
专业认同感	LSD	健全	单亲	0.087	0.047
			离异再组合	-0.006	0.072
			寄养	-0.162	0.134
		单亲	健全	-0.087	0.047
			离异再组合	-0.093	0.083
			寄养	-0.249	0.140
		离异再组合	健全	0.006	0.072
			单亲	0.093	0.083
			寄养	-0.156	0.151
		寄养	健全	0.162	0.134
			单亲	0.249	0.141
			离异再组合	0.156	0.151
未来职业取向	LSD	健全	单亲	-0.137*	0.062
			离异再组合	-0.164	0.095
			寄养	-0.599*	0.178
		单亲	健全	0.137*	0.062
			离异再组合	-0.027	0.110
			寄养	-0.462*	0.186
		离异再组合	健全	0.164	0.095
			单亲	0.027	0.110
			寄养	-0.435*	0.200
		寄养	健全	0.599*	0.178
			单亲	0.462*	0.186
			离异再组合	0.435*	0.200

续表

因变量	事后检验	（I）家庭完整状况	（J）家庭完整状况	均值差异（I－J）	标准误
获得教师的自主性支持	LSD	健全	单亲	0.061	0.051
			离异再组合	0.101	0.078
			寄养	－0.115	0.146
		单亲	健全	－0.061	0.051
			离异再组合	0.040	0.090
			寄养	－0.176	0.153
		离异再组合	健全	－0.101	0.078
			单亲	－0.040	0.090
			寄养	－0.216	0.164
		寄养	健全	0.115	0.146
			单亲	0.176	0.153
			离异再组合	0.216	0.164
学校满意度	LSD	健全	单亲	－0.106	0.061
			离异再组合	－0.047	0.093
			寄养	－0.496*	0.173
		单亲	健全	0.106	0.061
			离异再组合	0.059	0.107
			寄养	－0.390*	0.182
		离异再组合	健全	0.047	0.093
			单亲	－0.059	0.107
			寄养	－0.449*	0.195
		寄养	健全	0.496*	0.173
			单亲	0.390*	0.182
			离异再组合	0.449*	0.195
教师的教学服务态度满意度	LSD	健全	单亲	－0.040	0.071
			离异再组合	0.010	0.108
			寄养	－0.525*	0.202
		单亲	健全	0.040	0.071
			离异再组合	0.050	0.125
			寄养	－0.485*	0.211

续表

因变量	事后检验	（I）家庭完整状况	（J）家庭完整状况	均值差异（I-J）	标准误
教师的教学服务态度满意度	LSD	离异再组合	健全	-0.010	0.108
			单亲	-0.050	0.125
			寄养	-0.535*	0.226
		寄养	健全	0.525*	0.202
			单亲	0.485*	0.211
			离异再组合	0.535*	0.226

通过分析表4—4—10，可以得出以下结论：

（1）不同家庭状况学生的学习幸福感因素均值差异比较情况。

①健全与单亲家庭之间存在显著性差异，具体表现为健全家庭得分显著高于单亲家庭。健全与离异再组合、寄养家庭之间不存在统计学意义上的显著性差异。

②单亲与健全、离异再组合家庭之间存在显著性差异，具体表现为：单亲家庭得分显著低于健全、离异再组合家庭。单亲与寄养家庭之间不存在统计学意义上的显著性差异。

③离异再组合与单亲家庭之间存在显著性差异，具体表现为：离异再组合家庭得分显著高于单亲家庭。离异再组合与健全、寄养家庭之间不存在统计学意义上的显著性差异。

④寄养与健全、单亲、离异再组合家庭之间不存在统计学意义上的显著性差异。

（2）不同家庭状况学生的专业认同感均值差异比较情况。健全、单亲、离异再组合、寄养家庭之间都不存在统计学意义上的显著性差异。

（3）不同家庭状况学生的未来职业取向均值差异比较情况。

①健全与单亲、寄养家庭之间存在显著性差异，具体表现为：健全家庭得分显著低于寄养、单亲家庭；健全与离异再组合家庭之间不存在统计学意义上的显著性差异。

②单亲与健全、寄养家庭之间存在显著性差异，具体表现为：单亲

家庭得分显著低于寄养家庭；单亲家庭得分显著高于健全家庭；单亲与离异再组合家庭之间不存在统计学意义上的显著性差异。

③离异再组合家庭与寄养家庭之间存在显著性差异，具体表现为：离异再组合家庭得分显著低于寄养家庭；离异再组合家庭与健全、单亲家庭之间不存在统计学意义上的显著性差异。

④寄养家庭与健全、单亲、离异再组合家庭之间存在显著性差异，具体表现为：寄养家庭得分显著高于健全、单亲、离异再组合家庭。

（4）不同家庭状况学生获得教师的自主性支持因素均值差异比较情况。健全、单亲、离异再组合、寄养家庭之间都不存在统计学意义上的显著性差异。

（5）不同家庭状况学生的学校满意度均值差异比较情况。

健全、单亲、离异再组合与寄养家庭之间都存在显著性差异，具体表现为：寄养家庭得分显著高于健全、单亲、离异再组合家庭。健全、单亲、离异再组合家庭之间都不存在统计学意义上的显著性差异。

（6）不同家庭状况学生对教师的教学服务态度满意度因素均值差异比较情况。

健全、单亲、离异再组合家庭与寄养家庭之间存在显著性差异，具体表现为：寄养家庭得分显著高于健全、单亲、离异再组合家庭。健全、单亲、离异再组合家庭之间都不存在统计学意义上的显著性差异。

原因分析：

（1）健全家庭学生的学习幸福感高于其他家庭状况，主要是因为健全家庭成员之间相亲相爱、和谐融洽、和睦平等，在这样的家庭中长大的学生，更容易养成积极乐观的心态、良好的行为、较强的处事能力和正确的生活态度，能体验更多的幸福感。

（2）寄养家庭学生在未来职业取向、学校满意度、教师的教学服务态度满意度的得分高于其他家庭状况，主要是因为：第一，处在寄养家庭的学生希望未来有一个好的工作来摆脱自己现在所处的地位，因而会花比较多的心思在未来职业取向上；第二，在寄养家庭中的学生在学校期间能够轻松地获得学习、生活中方面的帮助，因而较容易对学校产生满意感；第三，寄养家庭的学生会为了改变自己现在的状况而努力学习，与老师主动接触的机会就会变多,也就会更了解老师,因而会对老师的教学感到满意。

八 学生父母一方最高文化程度差异

由图4—4—43可知,学习幸福感因素得分由高到低依次是高中、大学及以上、初中、小学,其中分数最高的是高中3.657,分数最低的是小学3.091,但并不能由此得出父母一方最高文化水平间存在显著性差异,它们之间的差异可能是由误差导致的,需要进一步进行差异性检验。

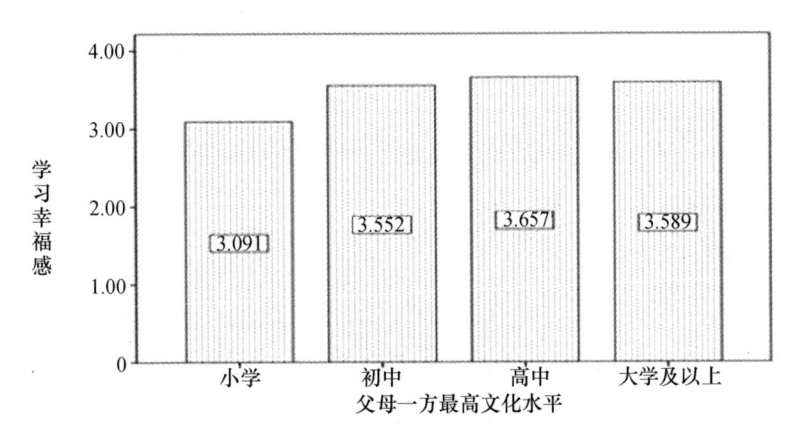

图4—4—43 学生父母一方最高文化水平在学习幸福感的情况分析

由图4—4—44可知,专业认同感因素得分由高到低依次是高中、初中、大学及以上、小学,其中分数最高的是高中3.523,分数最低的是小学2.847,但并不能由此得出父母一方最高文化水平间存在显著性差异,它们之间的差异可能是由误差导致的,需要进一步进行差异性检验。

由图4—4—45可知,未来职业取向因素得分由高到低依次是高中、大学及以上、初中、小学,其中分数最高的是高中3.350,分数最低的是小学2.494,但并不能由此得出父母一方最高文化水平间存在显著性差异,它们之间的差异可能是由误差导致的,需要进一步进行差异性检验。

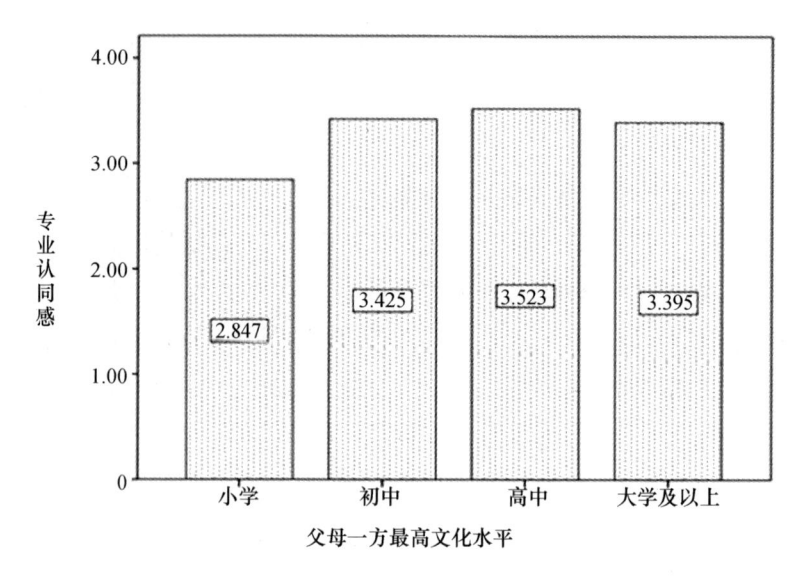

图 4—4—44　学生父母一方最高文化水平在专业认同感的情况分析

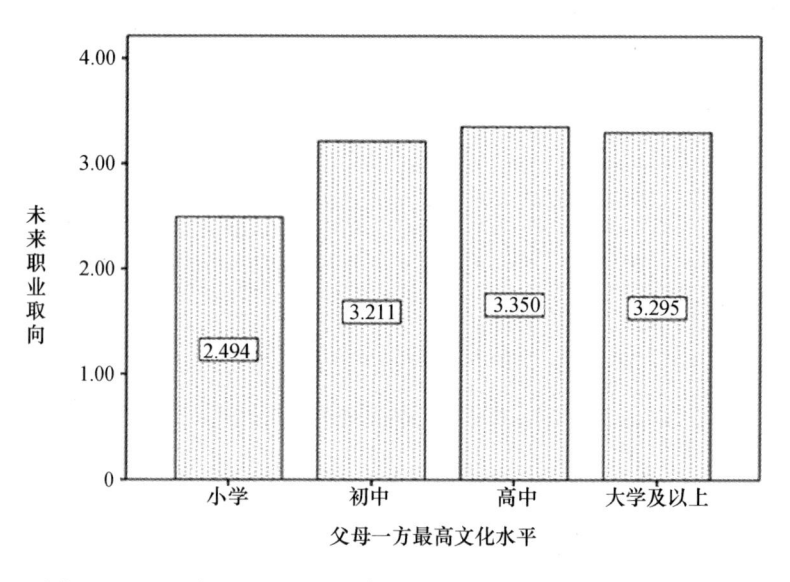

图 4—4—45　学生父母一方最高文化水平在未来职业取向的情况分析

由图 4—4—46 可知，获得教师的自主性支持因素得分由高到低依次是高中、大学及以上、初中、小学，其中分数最高的是高中 3.714，分数最低的是小学 2.949，但并不能由此得出父母一方最高文化水平间存在显著性差异，它们之间的差异可能是由误差导致的，需要进一步进行差异性检验。

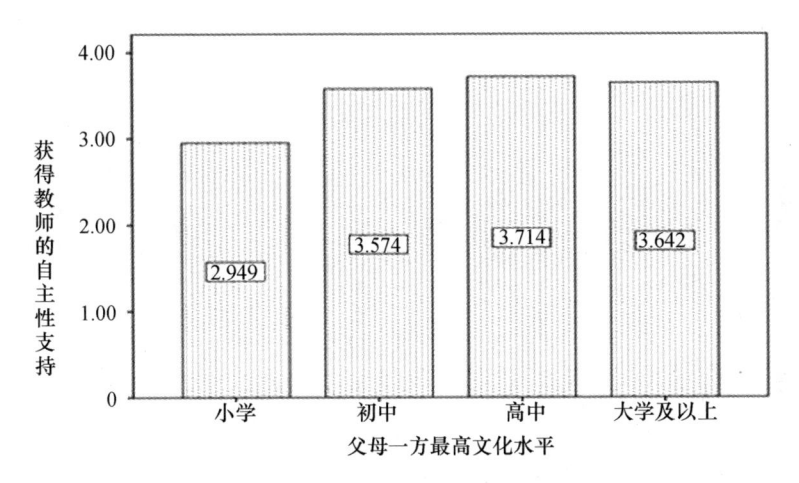

图 4—4—46 学生父母一方最高文化水平在获得教师的自主性支持的情况分析

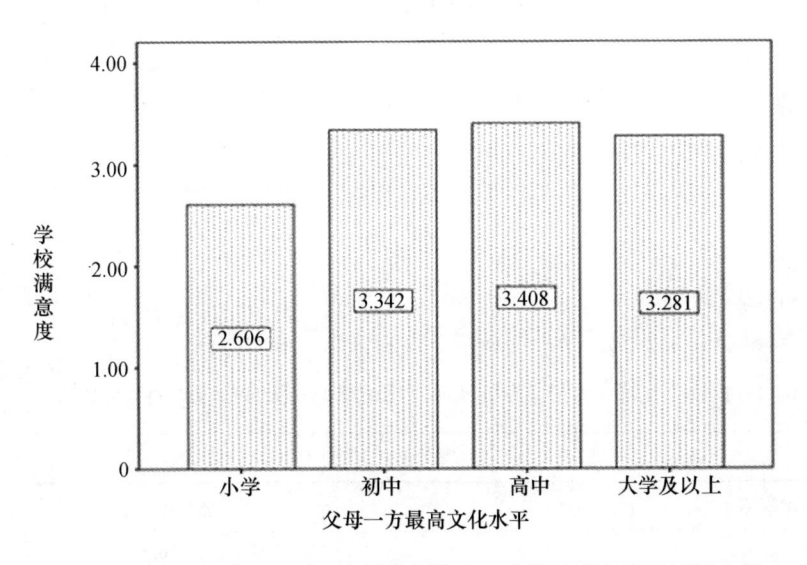

小学 2.949，初中 3.574，高中 3.714，大学及以上 3.642

图 4—4—47 学生父母一方最高文化水平在学校满意度的情况分析

小学 2.606，初中 3.342，高中 3.408，大学及以上 3.281

由图 4—4—47 可知，学校满意度因素得分由高到低依次是高中、初中、大学及以上、小学，其中分数最高的是高中 3.408，分数最低的是小学 2.606，但并不能由此得出父母一方最高文化水平间存在显著性差异，它们之间的差异可能是由误差导致的,需要进一步进行差异性检验。

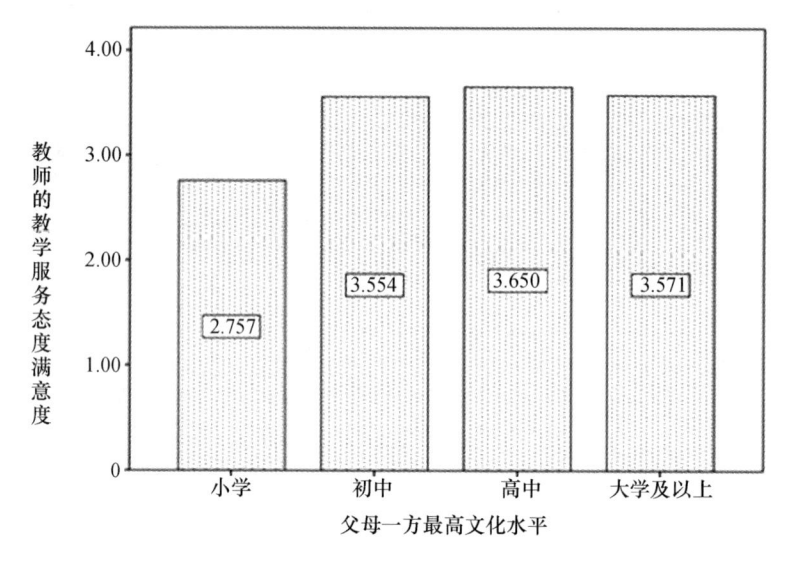

图 4—4—48 父母一方最高文化水平在教师的教学服务态度满意度的情况分析

由图 4—4—48 可知,教师的教学服务态度满意度因素得分由高到低依次是高中、大学及以上、初中、小学,其中分数最高的是高中 3.650,分数最低的是小学 2.757,但并不能由此得出父母一方最高文化水平间存在显著性差异,它们之间的差异可能是由误差导致的,需要进一步进行差异性检验。

表 4—4—11 父母一方最高文化水平在影响学习投入度的因素的差异比较

项目	F
学习幸福感	57.794***
专业认同感	89.586***
未来职业取向	82.493***
获得教师的自主性支持	96.479***
学校满意度	79.122***
教师的教学服务态度满意度	71.170***

通过对父母一方最高文化水平的学生样本的学习幸福感、专业认同感、未来职业取向、获得教师的自主性支持及学校满意度因素进行 F 检验，可以得出显著性水平，由表4—4—11表明，父母一方最高文化水平之间均存在显著性差异。

表4—4—12 父母一方最高文化水平在影响学习投入度因素的均值差异比较

因变量	事后检验	(I) 父母一方最高文化水平	(J) 父母一方最高文化水平	均值差异 (I-J)	标准误
学习幸福感	LSD	小学	初中	-0.461*	0.037
			高中	-0.566*	0.039
			大学及以上	-0.498*	0.052
		初中	小学	0.461*	0.037
			高中	-0.104*	0.032
			大学及以上	-0.036	0.047
		高中	小学	0.566*	0.039
			初中	0.104*	0.032
			大学及以上	0.068	0.049
		大学及以上	小学	0.498*	0.052
			初中	0.036	0.047
			高中	-0.068	0.049
专业认同感	LSD	小学	初中	-0.579*	0.036
			高中	-0.677*	0.038
			大学及以上	-0.548*	0.051
		初中	小学	0.579*	0.036
			高中	-0.098*	0.031
			大学及以上	0.030	0.046
		高中	小学	0.677*	0.038
			初中	0.098*	0.031
			大学及以上	0.128*	0.048
		大学及以上	小学	0.548*	0.051
			初中	-0.030	0.046
			高中	-0.128*	0.048

续表

因变量	事后检验	(I) 父母一方最高文化水平	(J) 父母一方最高文化水平	均值差异(I-J)	标准误
未来职业取向	LSD	小学	初中	-0.717*	0.047
			高中	-0.856*	0.051
			大学及以上	-0.802*	0.068
		初中	小学	0.717*	0.048
			高中	-0.139*	0.042
			大学及以上	-0.084	0.061
		高中	小学	0.856*	0.051
			初中	0.139*	0.042
			大学及以上	0.055	0.064
		大学及以上	小学	0.802*	0.068
			初中	0.084	0.061
			高中	-0.055	0.064
获得教师的自主性支持	LSD	小学	初中	-0.624*	0.039
			高中	-0.765*	0.041
			大学及以上	-0.693*	0.055
		初中	小学	0.624*	0.039
			高中	-0.140*	0.034
			大学及以上	-0.068	0.050
		高中	小学	0.765*	0.041
			初中	0.140*	0.034
			大学及以上	0.072	0.052
		大学及以上	小学	0.693*	0.055
			初中	0.068	0.050
			高中	-0.072	0.052
学校满意度	LSD	小学	初中	-0.736*	0.046
			高中	-0.802*	0.050
			大学及以上	-0.676*	0.066
		初中	小学	0.736*	0.046
			高中	-0.066	0.041
			大学及以上	0.061	0.060

续表

因变量	事后检验	(I) 父母一方最高文化水平	(J) 父母一方最高文化水平	均值差异 (I-J)	标准误
学校满意度	LSD	高中	小学	0.802*	0.050
			初中	0.066	0.041
			大学及以上	0.126*	0.062
		大学及以上	小学	0.676*	0.066
			初中	-0.061	0.060
			高中	-0.126*	0.062
教师的教学服务态度满意度	LSD	小学	初中	-0.797*	0.054
			高中	-0.893*	0.058
			大学及以上	-0.813*	0.077
		初中	小学	0.797*	0.054
			高中	-0.095*	0.048
			大学及以上	-0.016	0.070
		高中	小学	0.893*	0.058
			初中	0.095*	0.048
			大学及以上	0.079	0.073
		大学及以上	小学	0.813*	0.077
			初中	0.016	0.070
			高中	-0.079	0.073

分析表4—4—11和表4—4—12，可以得出以下结论。

（1）不同父母一方最高文化水平的学习幸福感因素均值差异比较情况。

①小学的与初中、高中、大学及以上的之间存在显著性差异，具体表现为：小学得分显著低于初中、高中、大学及以上的。

②初中的与小学、高中的之间存在显著性差异，具体表现为：初中的得分显著高于小学的；初中的得分显著低于高中的。初中的与大学及以上的之间不存在统计学意义上的显著性差异。

③高中的与小学、初中的之间存在显著性差异，具体表现为高中的得分显著高于小学、初中的；高中的与大学及以上的之间不存在统计学

意义上的显著性差异。

④大学及以上的与小学的之间存在显著性差异，具体表现为大学及以上得分显著高于小学的；大学及以上的与高中、初中的之间不存在统计学意义上的显著性差异。

（2）不同父母一方最高文化水平的专业认同感均值差异比较情况。

①小学的与初中、高中、大学及以上之间的存在显著性差异，具体表现为小学得分显著低于初中、高中、大学及以上的。

②初中的与小学、高中的之间存在显著性差异，具体表现为：初中得分显著低于高中；初中的得分显著高于小学的。初中的与大学及以上的之间不存在统计学意义上的显著性差异。

③高中的与小学、初中、大学及以上的之间存在显著性差异，具体表现为高中的得分显著高于小学、初中、大学及以上的。

④大学及以上的与小学、高中的之间存在显著性差异，具体表现为：大学及以上的得分显著高于小学的；大学及以上的得分显著低于高中的。大学及以上的与初中的之间不存在统计学意义上的显著性差异。

（3）不同父母一方最高文化水平的未来职业取向均值差异比较情况。

①小学的与初中、高中、大学及以上的之间存在显著性差异，具体表现为小学的得分显著低于初中、高中、大学及以上的。

②初中的与小学、高中的之间存在显著性差异，具体表现为：初中的得分显著高于小学的；初中的得分显著低于高中的。初中的与大学及以上的之间不存在统计学意义上的显著性差异。

③高中的与小学、初中的之间存在显著性差异，具体表现为高中的得分显著高于小学、初中的；高中的与大学及以上的之间不存在统计学意义上的显著性差异。

④大学及以上的与小学的之间存在显著性差异，具体表现为大学及以上的得分显著高于小学的；大学及以上的与初中、高中的之间不存在统计学意义上的显著性差异。

（4）不同父母一方最高文化水平的获得教师的自主性支持因素均值差异比较情况。

①小学的与初中、高中、大学及以上的之间存在显著性差异，具体

表现为小学的得分显著低于初中、高中、大学及以上的。

②初中的与小学、高中的之间存在显著性差异,具体表现为:初中的得分显著高于小学的;初中的得分显著低于高中的。初中的与大学及以上的之间不存在统计学意义上的显著性差异。

③高中的与小学、初中的之间存在显著性差异,具体表现为高中的得分显著高于小学、初中的;高中的与大学及以上的之间不存在统计学意义上的显著性差异。

④大学及以上的与小学的之间存在显著性差异,具体表现为大学及以上得分显著高于小学的;大学及以上的与初中、高中的之间不存在统计学意义上的显著性差异。

(5) 不同父母一方最高文化水平的学校满意度因素均值差异比较情况。

①小学的与初中、高中、大学及以上的之间存在显著性差异,具体表现为小学的得分显著低于初中、高中、大学及以上的。

②高中、大学及以上的与初中的不存在统计学意义上的显著性差异。

③高中的与大学及以上的之间存在显著性差异,具体表现为高中的得分显著高于大学及以上的。

(6) 不同父母一方最高文化水平的教师的教学服务态度满意度因素均值差异比较情况。

①小学的与初中、高中、大学及以上的之间存在显著性差异,具体表现为小学的得分显著低于初中、高中、大学及以上的。

②初中、高中、大学及以上的之间都不存在统计学意义上的显著性差异。

原因分析:

父母一方最高文化水平是高中的学生得分高于其他父母一方最高文化水平的学生,原因可能是处在这一阶段的学生父母有足够的知识、见解,了解孩子,对其要求不会太高又不会太低,不会像大学及以上的父母那样严格要求孩子,因此孩子过得较幸福,更能体验到学习的幸福感。由于有较高的学习幸福感,因而在专业学习上投入的时间和精力就会更多,经常会自主地上自习、积极参加与专业相关的竞赛等活动,从而有较高的专业认同感。其父母具有相对较高的文化素养，他们从小就受到这种文化环境的熏陶，接受到的基础教育水平也较高，拥有较多的文化资本，较早地做好了进入大学继续深造的心理准备，一旦踏入大学校门，他们能更好地适应大学的教学内容和校园环境等，对学校的满意度也相对较高。[①]

第五节　山东地方新建本科高校大学生学业自我效能感状况调查

自我效能感是个体对自己组织和实施达成预定的某种教育成就的行动过程的能力判断，是学生对自己学习的主观评价，而不是学生真正具备的能力，是个体对学业自信心的体现。[②] 高学业自我效能感的学生倾向于设立较高的学习目标，并且在达到目标的过程中，一定会充分发挥自己的潜能，竭尽全力地完成任务。学业自我效能感较低的个体往往自信心较低，倾向于设立较低的学习目标。本调查包括学业能力自我效能感与学业行为自我效能感两个维度。

本研究采用的梁宇颂等人（2000）编制的《大学生学业自我效能感问卷》[③]，问卷由2个维度构成，包括学业能力自我效能感与学业行为自我效能感，每个维度11道题目，共22道题目。每个题目均有5个选项，"1"代表完全不符合，"2"代表比较不符合，"3"代表一般符合，"4"代表比较符合，"5"代表完全符合。该问卷在本研究中去除了21、22题，其两个维度以及总分的α系数分别为0.897、0.670、0.885，问卷的信度和效度均较好。

一　大学生学业自我效能感的总体状况

通过图4—5—1可知，从学业自我效能感的总分来看，由高到低依次

[①] 付攀:《普通本科高校大学生专业学习投入的影响因素研究》，硕士学位论文，南昌大学，2016年。

[②] 梁宇颂:《大学生成就目标、归因方式与学业自我效能感的研究》，硕士学位论文，华东师范大学，2000年。

[③] 同上。

为泰山学院、德州学院、滨州学院、枣庄学院、潍坊学院、菏泽学院；从学业能力自我效能感来看，由高到低依次为泰山学院、德州学院、滨州学院、枣庄学院、潍坊学院、菏泽学院；从学业行为自我效能感来看，由高到低依次为泰山学院、德州学院、滨州学院、枣庄学院、菏泽学院、潍坊学院。

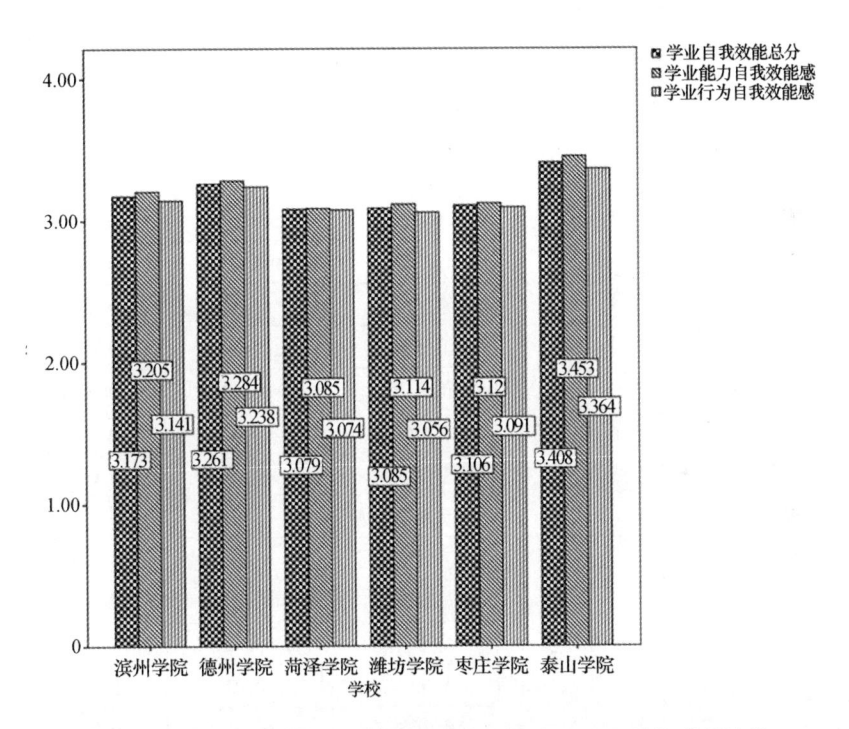

图4—5—1　地方新建本科高校的学生学业自我效能感平均值

表4—5—1　6所山东地方新建本科高校间学生学业自我效能感的差异比较

项　目	F
学业自我效能总分	14.058***
学业能力自我效能感	12.233***
学业行为自我效能感	14.234***

注：* 表示 $p<0.05$，** 表示 $p<0.01$，*** 表示 $p<0.001$，下同。

通过方差检验看出，6所高校间学生学业自我效能感、学业能力自我效能感、学业行为自我效能感均存在显著性差异。

表4—5—2 不同高校间学生学业自我效能感的均值差异比较（LSD）

因变量	（I）学校	（J）学校	均值差异（I-J）	标准误
学业自我效能总分	滨州学院	德州学院	-0.090	0.048
		菏泽学院	0.093	0.049
		潍坊学院	0.091*	0.045
		枣庄学院	0.067	0.050
		泰山学院	-0.236*	0.050
	德州学院	滨州学院	0.090	0.048
		菏泽学院	0.183*	0.048
		潍坊学院	0.181*	0.044
		枣庄学院	0.157*	0.049
		泰山学院	-0.146*	0.049
	菏泽学院	滨州学院	-0.093	0.049
		德州学院	-0.183*	0.048
		潍坊学院	-0.002	0.045
		枣庄学院	-0.026	0.050
		泰山学院	-0.329*	0.050
	潍坊学院	滨州学院	-0.091*	0.045
		德州学院	-0.181*	0.044
		菏泽学院	0.002	0.045
		枣庄学院	-0.024	0.046
		泰山学院	-0.327*	0.046
	枣庄学院	滨州学院	-0.067	0.050
		德州学院	-0.157*	0.049
		菏泽学院	0.026	0.050
		潍坊学院	0.024	0.046
		泰山学院	-0.303*	0.051
	泰山学院	滨州学院	0.236*	0.050
		德州学院	0.146*	0.049
		菏泽学院	0.329*	0.050
		潍坊学院	0.327*	0.046
		枣庄学院	0.303*	0.051

续表

因变量	（I）学校	（J）学校	均值差异（I-J）	标准误
学业能力自我效能感	滨州学院	德州学院	-0.080	0.055
		菏泽学院	0.120*	0.056
		潍坊学院	0.094	0.052
		枣庄学院	0.085	0.058
		泰山学院	-0.248*	0.058
	德州学院	滨州学院	0.080	0.055
		菏泽学院	0.200*	0.055
		潍坊学院	0.174*	0.050
		枣庄学院	0.165*	0.057
		泰山学院	-0.168*	0.057
	菏泽学院	滨州学院	-0.120*	0.056
		德州学院	-0.200*	0.055
		潍坊学院	-0.026	0.051
		枣庄学院	-0.036	0.058
		泰山学院	-0.368*	0.058
	潍坊学院	滨州学院	-0.094	0.052
		德州学院	-0.174*	0.050
		菏泽学院	0.026	0.051
		枣庄学院	-0.010	0.053
		泰山学院	-0.342*	0.053
	枣庄学院	滨州学院	-0.085	0.058
		德州学院	-0.165*	0.057
		菏泽学院	0.036	0.058
		潍坊学院	0.010	0.053
		泰山学院	-0.333*	0.059
	泰山学院	滨州学院	0.248*	0.058
		德州学院	0.168*	0.057
		菏泽学院	0.368*	0.058
		潍坊学院	0.342*	0.053
		枣庄学院	0.333*	0.059

续表

因变量	（I）学校	（J）学校	均值差异（I-J）	标准误
学业行为自我效能感	滨州学院	德州学院	-0.100*	0.044
		菏泽学院	0.067	0.045
		潍坊学院	0.088*	0.042
		枣庄学院	0.049	0.047
		泰山学院	-0.223*	0.047
	德州学院	滨州学院	0.100*	0.044
		菏泽学院	0.166*	0.044
		潍坊学院	0.187*	0.040
		枣庄学院	0.149*	0.046
		泰山学院	-0.124*	0.046
	菏泽学院	滨州学院	-0.067	0.045
		德州学院	-0.166*	0.044
		潍坊学院	0.021	0.041
		枣庄学院	-0.017	0.047
		泰山学院	-0.290*	0.046
	潍坊学院	滨州学院	-0.088*	0.042
		德州学院	-0.187*	0.040
		菏泽学院	-0.021	0.041
		枣庄学院	-0.038	0.043
		泰山学院	-0.311*	0.043
	枣庄学院	滨州学院	-0.049	0.047
		德州学院	-0.149*	0.046
		菏泽学院	0.017	0.047
		潍坊学院	0.038	0.043
		泰山学院	-0.273*	0.048
	泰山学院	滨州学院	0.223*	0.047
		德州学院	0.124*	0.046
		菏泽学院	0.290*	0.046
		潍坊学院	0.311*	0.043
		枣庄学院	0.273*	0.048

通过对 6 所高校间学生学业自我效能感进行方差分析，可以得出以下结论：

（1）各高校学生学业自我效能感总分均值差异比较情况。

①泰山学院与德州学院、滨州学院、枣庄学院、潍坊学院、菏泽学院均存在显著性差异，泰山学院得分显著高于其他学院。

②德州学院得分显著高于枣庄学院、潍坊学院、菏泽学院，但是德州学院与滨州学院差异不显著。

③滨州学院得分高于潍坊学院并达到统计学上的显著性水平，但滨州学院与枣庄学院、菏泽学院差异不显著。

④枣庄学院得分与潍坊学院、菏泽学院得分差异不显著。

⑤潍坊学院与菏泽学院得分差异不显著。

（2）各高校学生学业能力自我效能感均值差异比较情况。

①泰山学院与德州学院、滨州学院、枣庄学院、潍坊学院、菏泽学院均存在显著性差异，即泰山学院得分高于其他学院并达到统计学上的显著性水平。

②德州学院得分高于枣庄学院、潍坊学院、菏泽学院并达到统计学上的显著性水平，但是德州学院与滨州学院差异不显著。

③滨州学院得分高于菏泽学院并达到统计学上的显著性水平，但滨州学院与枣庄学院、潍坊学院差异不显著。

④枣庄学院得分与潍坊学院、菏泽学院得分差异不显著。

⑤潍坊学院与菏泽学院得分差异不显著。

（3）各高校学生学业行为自我效能感均值差异比较情况。

①泰山学院与德州学院、滨州学院、枣庄学院、菏泽学院、潍坊学院均存在显著性差异，即泰山学院得分高于其他学院并达到统计学上的显著性水平。

②德州学院得分高于滨州学院、枣庄学院、菏泽学院、潍坊学院并达到统计学上的显著性水平。

③滨州学院得分高于潍坊学院并达到统计学上的显著性水平，但滨州学院得分与枣庄学院、菏泽学院得分差异不显著。

④枣庄学院得分与菏泽学院、潍坊学院得分差异不显著。

⑤菏泽学院与潍坊学院得分差异不显著。

二 学生学业自我效能感在性别上的差异及分析

表4—5—3　　　大学生学业自我效能感在性别上的差异比较

项　目	M±SD（男，女）	t
学业自我效能总分	2.98±1.07, 3.28±0.61	-8.558***
学业能力自我效能感	2.99±1.22, 3.31±0.71	-8.095***
学业行为自我效能感	2.97±0.96, 3.24±0.59	-8.665***

由表4—5—3可知，大学生学业自我效能感在性别上存在显著性差异，女性在学业自我效能感、学业能力自我效能感、学业行为自我效能感上得分均高于男性。

原因分析：男性和女性在学业自我效能感上的差异既与长期以来社会对男女社会地位的不同看法有关，也与社会进步发展对女性造成的影响有关。长期以来，女性都被认为和男性相比存在劣势，随着社会发展与进步，女性的地位逐渐提高，女性对自身的要求也逐渐提高，并且由于这种所谓的"先天劣势"，女性会投入更多的努力，比男性更为自强、独立、进取。因此，女大学生与男大学生相比更倾向于通过学业的优异、才能的施展、智慧的展现来体现自身的价值。①

三 大学生学业自我效能感在年级上的差异及分析

由图4—5—2可知，各个年级学生的学业自我效能感各不相同，从学业自我效能感总分来看，由高到低依次为四年级、二年级、三年级、一年级；从学业能力自我效能感来看，由高到低依次为四年级、二年级、三年级、一年级；从学业行为自我效能感来看，由高到低依次为四年级、三年级、二年级、一年级。

---

① 魏艳春：《农村初中女生学习自我效能感研究》，硕士学位论文，西南大学，2010年。

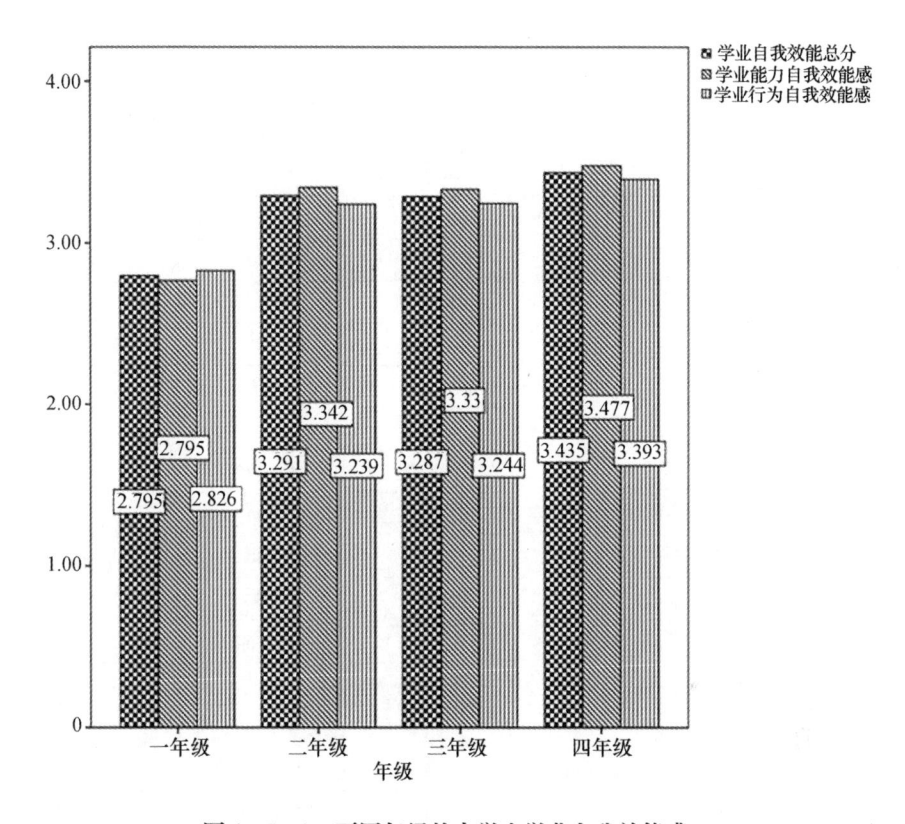

图 4—5—2 不同年级的大学生学业自我效能感

表 4—5—4   学业自我效能感在年级上的差异比较

项　目	F
学业自我效能总分	111.247***
学业能力自我效能感	109.332***
学业行为自我效能感	94.883***

通过方差检验得出，不同年级在学生学业自我效能感、学业能力自我效能感、学业行为自我效能感方面均存在显著性差异。

表 4—5—5　不同年级间学生学业自我效能感的均值差异比较（LSD）

因变量	（I）年级	（J）年级	均值差异（I-J）	标准误
学业自我效能总分	一年级	二年级	-0.493*	0.034
		三年级	-0.490*	0.037
		四年级	-0.637*	0.041
	二年级	一年级	0.493*	0.034
		三年级	0.003	0.036
		四年级	-0.144*	0.040
	三年级	一年级	0.490*	0.037
		二年级	-0.003	0.036
		四年级	-0.148*	0.042
	四年级	一年级	0.637*	0.041
		二年级	0.144*	0.040
		三年级	0.148*	0.042
学业能力自我效能感	一年级	二年级	-0.576*	0.040
		三年级	-0.564*	0.043
		四年级	-0.710*	0.047
	二年级	一年级	0.576*	0.040
		三年级	0.012	0.041
		四年级	-0.135*	0.046
	三年级	一年级	0.564*	0.043
		二年级	-0.012	0.041
		四年级	-0.147*	0.048
	四年级	一年级	0.710*	0.047
		二年级	0.135*	0.046
		三年级	0.147*	0.048
学业行为自我效能感	一年级	二年级	-0.411*	0.032
		三年级	-0.416*	0.035
		四年级	-0.565*	0.038
	二年级	一年级	0.411*	0.032
		三年级	-0.005	0.034
		四年级	-0.154*	0.037

续表

因变量	(I) 年级	(J) 年级	均值差异 (I-J)	标准误
学业行为自我效能感	三年级	一年级	0.416*	0.035
		二年级	0.005	0.034
		四年级	-0.149*	0.039
	四年级	一年级	0.565*	0.038
		二年级	0.154*	0.037
		三年级	0.149*	0.039

对不同年级间大学生学业自我效能感进行方差分析，得出以下结论。

(1) 不同年级学生学业自我效能感均值差异比较情况。

①四年级得分高于一年级、二年级、三年级并达到统计学上的显著性水平。

②三年级得分高于一年级并达到统计学上的显著性水平，但三年级得分与二年级得分不显著。

③二年级得分高于一年级并达到统计学上的显著性水平。

(2) 不同年级学生学业能力自我效能感均值差异比较情况。

①四年级得分高于一年级、二年级、三年级并达到统计学上的显著性水平。

②三年级得分高于一年级并达到统计学上的显著性水平，但三年级得分与二年级得分不显著。

③二年级得分高于一年级并达到统计学上的显著性水平。

(3) 不同年级学生学业行为自我效能感均值差异比较情况。

①四年级得分高于一年级、二年级、三年级并达到统计学上的显著性水平。

②三年级得分高于一年级并达到统计学上的显著性水平，但三年级得分与二年级得分不显著。

③二年级得分高于一年级并达到统计学上的显著性水平。

原因分析：

一年级大学生刚刚步入大学校园不久，体验到了与高中完全不同的学习氛围，学习压力明显减少，并且丰富的大学生活意味着学习不再是学生的全部，恋爱、社团活动、各类竞赛比学习更具吸引力，再加上全新的学习方式和学习氛围使得他们变得迷茫，因此一年级大学生表现出更低的学业自我效能感。随着对大学生活的适应和选择，大部分二、三年级的大学生对娱乐、人际交往等需求放缓，开始关注自己的学习考评和能力的培养，再加上大一对环境的适应和熟悉，使得他们的学业自我效能感增强。四年级的大学生即将毕业，面临着就业或考研的压力，因此在学业上更为刻苦努力，在对自我能力和自我行为上的要求更高，自我效能感也更高。①

四　大学生学业自我效能感在专业类别上的差异与分析

由图4—5—3可知，各个专业学生的学业自我效能感各不相同，从学业自我效能感总分来看，由高到低依次为艺体、理科、文科；从学业能

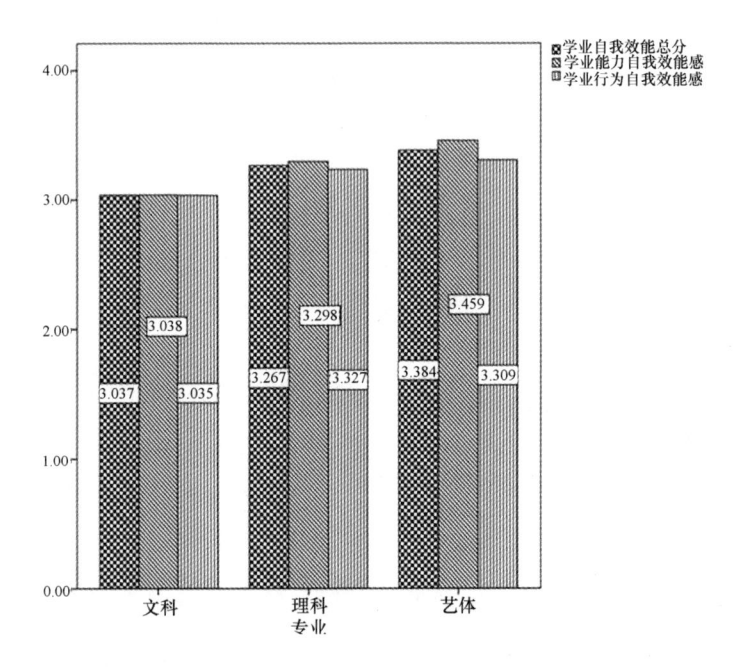

图4—5—3　不同专业类别的大学生学业自我效能感

---

① 李威利：《国内外学业自我效能感研究综述》，《社会研究》2012年第3期。

力自我效能感来看,由高到低依次为艺体、理科、文科;从学业行为自我效能感来看,由高到低依次为艺体、理科、文科。

表4—5—6 学业自我效能感在专业类别上的差异比较

类别	F
学业自我效能总分	53.629***
学业能力自我效能感	57.330***
学业行为自我效能感	41.347***

通过方差检验得出,不同专业学生在学业自我效能感、学业能力自我效能感、学业行为自我效能感方面均存在显著性差异。

表4—5—7 不同专业间学生学业自我效能感的均值差异比较(LSD)

因变量	(I)专业	(J)专业	均值差异(I-J)	标准误
学业自我效能总分	文科	理科	-0.229*	0.031
		艺体	-0.346*	0.037
	理科	文科	0.229*	0.031
		艺体	-0.117*	0.040
	艺体	文科	0.346*	0.037
		理科	0.117*	0.040
学业能力自我效能感	文科	理科	-0.258*	0.035
		艺体	-0.420*	0.043
	理科	文科	0.268*	0.035
		艺体	-0.161*	0.045
	艺体	文科	0.420*	0.043
		理科	0.161*	0.045
学业行为自我效能感	文科	理科	-0.200*	0.029
		艺体	-0.272*	0.035
	理科	文科	0.200*	0.029
		艺体	-0.072	0.037
	艺体	文科	0.272*	0.035
		理科	0.072	0.037

对不同专业的大学生学业自我效能感进行方差分析,得出以下结论。

(1) 不同专业学生学业自我效能感均值差异比较情况。三类专业间均达到统计学上的显著性水平,艺体显著高于理科和文科,理科显著高于文科。

(2) 不同专业学生学业能力自我效能感均值差异比较情况。三类专业间均达到统计学上的显著性水平,艺体显著高于理科和文科,理科显著高于文科。

(3) 不同专业学生学业行为自我效能感均值差异比较情况。艺体和理科得分均高于文科并达到统计学上的显著性水平,但艺体与理科得分不显著。

原因分析:艺体类专业学业任务较为轻松,相较于书本知识更偏重于实践,学生在这种学习方式下较少受到学业成绩的挫折,因此学业自我效能感较高。理科类专业更注重逻辑思维和原先的学业基础,学业负担较重,容易导致学生学业自我效能感偏低。文科类专业更注重抽象概括能力,需要长期的知识积累和素质培养,并且文科类专业的学生较理科类的学生更为感性,容易受到外界因素的影响,对自我的评价容易出现偏差,因此学业自我效能感更低。[①]

五 大学生自我效能感在是否为班干部上的差异

表4—5—8　　　　学业自我效能感在是否为班干部上的差异比较

项　目	$M \pm SD$(是,否)	t
学业自我效能总分	3.03±1.00, 3.27±0.63	-7.830***
学业能力自我效能感	3.04±1.15, 3.30±0.73	-7.418***
学业行为自我效能感	3.01±0.90, 3.24±0.61	-7.818***

由表4—5—8可知,大学生学业自我效能感在是否为班干部上存在显著性差异,不是班干部的学生在学业自我效能感、学业能力自我效能感、

---

① 杨国欣:《论大学生自我效能感的影响因素与培养》,《教育与职业》2006年第6期。

学业行为自我效能感上的得分均高于班干部。

原因分析：

作为班干部或学生会干部，意味着将有一部分时间被各类班级事务或学生会事务所占据，和普通学生相比，对学业的关注度更低。除此之外，学生干部对自身的要求更高，实际所达到的与理想可能有出入，因此对学业的自我效能感会比较低。

六 大学生自我效能感在家庭来源上的差异与分析

由图 4—5—4 可知，不同家庭来源的学生学业自我效能感各不相同，从学业自我效能感总分来看，由高到低依次为城镇、城市、农村；从学业能力自我效能感来看，由高到低依次为城镇、城市、农村；从学业行为自我效能感来看，由高到低依次为城镇、城市、农村。

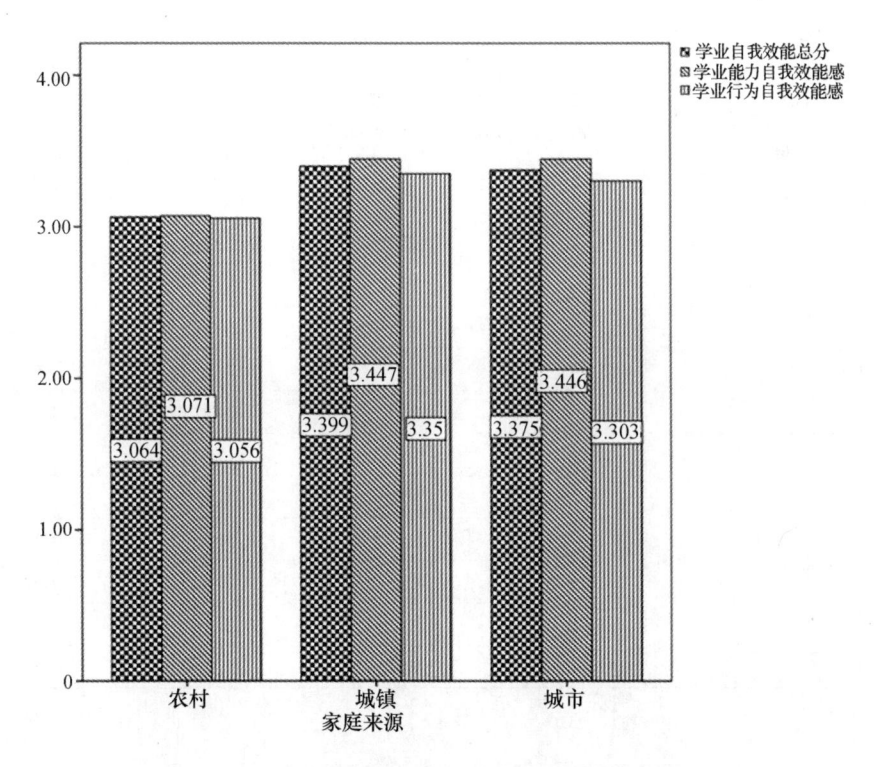

图 4—5—4 不同家庭来源的大学生学业自我效能感

表4—5—9　　　　学业自我效能感在家庭来源上的差异比较

项　目	F
学业自我效能总分	66.172***
学业能力自我效能感	66.308***
学业行为自我效能感	55.575***

通过方差检验得出，不同家庭来源在学生学业自我效能感、学业能力自我效能感、学业行为自我效能感方面均存在显著性差异。

表4—5—10　　　不同家庭来源间学生学业自我效能感的均值差异比较（LSD）

因变量	(I) 家庭来源	(J) 家庭来源	均值差异（I-J）	标准误
学业自我效能总分	农村	城镇	-0.336*	0.033
		城市	-0.311*	0.043
	城镇	农村	0.336*	0.033
		城市	0.025	0.048
	城市	农村	0.311*	0.043
		城镇	-0.025	0.048
学业能力自我效能感	农村	城镇	-0.377*	0.038
		城市	-0.375*	0.049
	城镇	农村	0.377*	0.038
		城市	0.002	0.055
	城市	农村	0.375*	0.049
		城镇	-0.002	0.055
学业行为自我效能感	农村	城镇	-0.294*	0.031
		城市	-0.247*	0.040
	城镇	农村	0.294*	0.031
		城市	0.048	0.045
	城市	农村	0.247*	0.040
		城镇	-0.048	0.045

对不同家庭来源的大学生学业自我效能感进行方差分析，得出以下结论。

（1）不同家庭来源学生学业自我效能感均值差异比较情况。城市和城镇得分均高于农村并达到统计学上的显著性水平，但城市与城镇得分差异不显著。

（2）不同家庭来源学生学业能力自我效能感均值差异比较情况。城市和城镇得分均高于农村并达到统计学上的显著性水平，但城市与城镇得分差异不显著。

（3）不同家庭来源学生学业行为自我效能感均值差异比较情况。城市和城镇得分均高于农村并达到统计学上的显著性水平，但城市与城镇得分差异不显著。

原因分析：城市和城镇相较于农村来说，教育条件和教育水平更高，学生体验和学习的机会更多，对自我的认识更完善、更全面、更准确，接触到的知识更多，见识更广，这些都有助于他们形成较高的学业自我效能感。

七 大学生自我效能感在家庭完整状况上的差异

由图4—5—5可知，不同家庭完整状况的学生学业自我效能感各不相同，从学业自我效能感总分来看，由高到低依次为寄养、单亲、离异再组合、健全家庭；从学业能力自我效能感来看，由高到低依次为寄养、单亲、离异再组合、健全家庭；从学业行为自我效能感来看，由高到低依次为寄养、单亲、离异再组合、健全家庭。

表4—5—11　　学业自我效能感在家庭完整状况上的差异比较

项　目	F
学业自我效能总分	3.016*
学业能力自我效能感	1.707
学业行为自我效能感	4.848**

通过方差检验得出，不同家庭来源在学生学业自我效能感、学业行为自我效能感方面存在显著性差异。

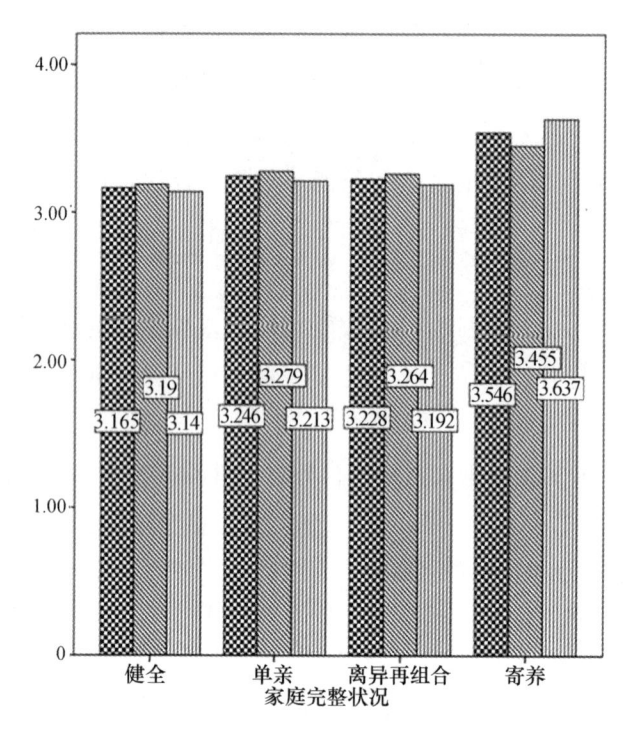

图4—5—5 不同家庭完整状况的大学生学业自我效能感

表4—5—12 不同家庭完整状况间学生学业自我效能感的均值差异比较（LSD）

因变量	（I）家庭完整状况	（J）家庭完整状况	均值差异（I-J）	标准误
学业自我效能总分	健全	单亲	-0.085	0.049
		离异再组合	-0.063	0.079
		寄养	-0.381*	0.158
	单亲	健全	0.085	0.049
		离异再组合	0.022	0.090
		寄养	-0.296	0.164
	离异再组合	健全	0.063	0.079
		单亲	-0.022	0.090
		寄养	-0.318	0.175
	寄养	健全	0.381*	0.158
		单亲	0.296	0.164
		离异再组合	0.318	0.175

续表

因变量	（I）家庭完整状况	（J）家庭完整状况	均值差异（I-J）	标准误
学业能力自我效能感	健全	单亲	-0.091	0.056
		离异再组合	-0.074	0.091
		寄养	-0.265	0.181
	单亲	健全	0.091	0.056
		离异再组合	0.017	0.104
		寄养	-0.174	0.188
	离异再组合	健全	0.074	0.091
		单亲	-0.017	0.104
		寄养	-0.191	0.201
	寄养	健全	0.265	0.181
		单亲	0.174	0.188
		离异再组合	0.191	0.201
学业行为自我效能感	健全	单亲	-0.079	0.045
		离异再组合	-0.052	0.073
		寄养	-0.497*	0.146
	单亲	健全	0.079	0.045
		离异再组合	0.027	0.084
		寄养	-0.418*	0.152
	离异再组合	健全	0.052	0.073
		单亲	-0.027	0.084
		寄养	-0.445*	0.162
	寄养	健全	0.497*	0.146
		单亲	0.418*	0.152
		离异再组合	0.445*	0.162

对不同家庭完整状况的大学生学业自我效能感进行方差分析，可以得出以下结论：

（1）不同家庭完整状况的大学生学业自我效能感均值差异比较情况。寄养和健全家庭得分达到统计学上的显著性水平，即寄养家庭的学生的学业自我效能感显著高于来自健全家庭的学生的学业自我效能感。

（2）不同家庭完整状况的大学生学业能力自我效能感均值差异比较情况。健全家庭、离异家庭、寄养家庭、离异再组合家庭四者均未达到统计学上的显著性水平。

（3）不同家庭完整状况的大学生学业行为自我效能感均值差异比较情况。寄养家庭的学生学业自我效能感高于健全家庭、单亲家庭、离异再组合家庭并都达到统计学上的显著性水平，但健全家庭、单亲家庭、离异再组合家庭三者间差异不显著。

原因分析：寄养家庭和其他几类家庭最大的区别就是抚养者不是自己的亲生父母，因此来自寄养家庭的学生具有更强的"出人头地"的动机。为了回报养父母、回报社会，他们会在学业上更加刻苦努力，不仅注重自己能力的培养，而且也会采取相应的行动来提升自己。

八 大学生自我效能感在父母一方最高文化程度上的差异

由图4—5—6可知，不同父母一方最高文化程度的学生学业自我效能

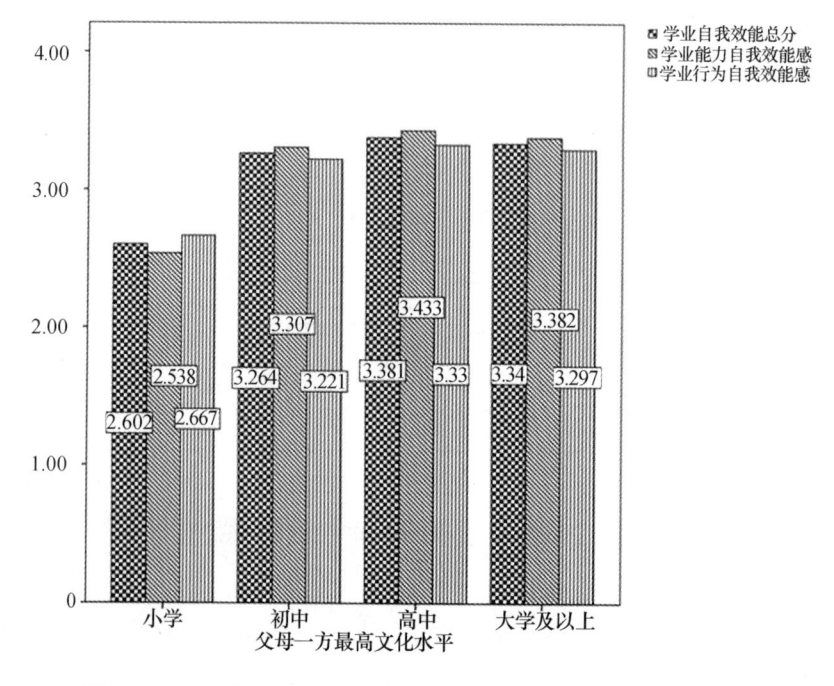

图4—5—6 不同父母一方最高文化水平的学生学业自我效能感

感各不相同,从学业自我效能感总分来看,由高到低依次为高中、大学及以上、初中、小学;从学业能力自我效能感来看,由高到低依次为高中、大学及以上、初中、小学;从学业行为自我效能感来看,由高到低依次为高中、大学及以上、初中、小学。

表 4—5—13 学业自我效能感在父母一方最高文化程度上的差异比较

项 目	F
学业自我效能总分	159.995 ***
学业能力自我效能感	161.743 ***
学业行为自我效能感	130.003 ***

通过方差检验得出,不同父母一方最高文化程度在学生学业自我效能感、学业能力自我效能感、学业行为自我效能感方面均存在显著性差异。

表 4—5—14 不同父母一方最高文化程度间学生学业自我效能感的均值差异比较(LSD)

因变量	(I)父母一方最高文化水平	(J)父母一方最高文化水平	均值差异(I-J)	标准误
学业自我效能总分	小学	初中	-0.658 *	0.036
		高中	-0.775 *	0.038
		大学及以上	-0.734 *	0.051
	初中	小学	0.658 *	0.036
		高中	-0.117 *	0.031
		大学及以上	-0.075	0.046
	高中	小学	0.775 *	0.038
		初中	0.117 *	0.031
		大学及以上	0.042	0.048
	大学及以上	小学	0.734 *	0.051
		初中	0.075	0.046
		高中	-0.042	0.048

续表

因变量	(I) 父母一方最高文化水平	(J) 父母一方最高文化水平	均值差异 (I-J)	标准误
学业能力自我效能感	小学	初中	-0.766*	0.041
		高中	-0.892*	0.044
		大学及以上	-0.841*	0.059
	初中	小学	0.766*	0.041
		高中	-0.126*	0.036
		大学及以上	-0.075	0.053
	高中	小学	0.892*	0.044
		初中	0.126*	0.036
		大学及以上	0.051	0.055
	大学及以上	小学	0.841*	0.059
		初中	0.075	0.053
		高中	-0.051	0.055
学业行为自我效能感	小学	初中	-0.551*	0.033
		高中	-0.659*	0.036
		大学及以上	-0.626*	0.048
	初中	小学	0.551*	0.033
		高中	-0.108*	0.029
		大学及以上	-0.076	0.044
	高中	小学	0.659*	0.036
		初中	0.108*	0.029
		大学及以上	0.033	0.045
	大学及以上	小学	0.626*	0.048
		初中	0.076	0.044
		高中	-0.033	0.045

对不同父母一方最高文化程度的学生学业自我效能感进行方差分析，可以得出以下结论。

(1) 不同父母一方最高文化水平的学生学业自我效能感均值差异比较情况。大学及以上、高中、初中的得分均高于小学并达到统计学上的显著性水平，高中得分显著高于初中；但高中与大学及以上得分差异不显著，初中与大学及以上得分差异不显著。

（2）不同父母一方最高文化水平的学生学业能力自我效能感均值差异比较情况。大学及以上、高中、初中的得分均高于小学并达到统计学上的显著性水平，高中得分高于初中并达到统计学上的显著性水平；但高中与大学及以上得分差异不显著，初中与大学及以上得分差异不显著。

（3）不同父母一方最高文化水平的学生学业行为自我效能感均值差异比较情况。大学及以上、高中、初中的得分均显著高于小学，高中得分显著高于初中；但高中与大学及以上得分差异不显著，初中与大学及以上得分差异不显著。

原因分析：大多数文化程度为小学的父母相较于其他文化程度的父母，在经济支持、对教育的重视程度、对孩子的教育方式等方面均表现不足；文化程度高的父母不单纯关注孩子的成绩，更注重孩子品质的培养、意志的锻炼，这使得这类学生在受挫时能以更积极更稳定的情绪应对，不会对自我造成倾轧，因此学业自我效能感更高。

第六节　山东地方新建本科高校大学生社会交往状况调查

社会交往是人与人之间以物质、精神等为基础的社会关系。交往在人类活动中普遍存在，社会交往是交往在人类社会实践中的表现形式。人作为一种具有社会性的生物不可能作为单独个体存在于社会中正常的生活。人和人类社会只要存在，社会交往就必然会产生。对于社会交往的划分归纳起来大致分为物质交往、精神交往、人际交往三个方面。物质被需求而生产决定了物质交往的发生，物质交往是最基本的交往活动，它是精神交往及其他一切活动和交往形式的基础。人们在进行物质交往的基础上往往伴随着一定的精神交往。人际交往也称人际关系，是人与人之间心理上的关系。从心理学的角度，人际交往可以表现为人与人之间的心理距离。大学生的人际交往按照交往的范围可分为三类：个体与个体之间的交往、个体与群体之间的交往、群体与群体之间的交往等。[①]

本研究主要包括大学生交往现状、学生对社交的重视程度、学生社交范围和学生社交方式等4个方面。具体说，包括同性交往、异性交往、师生交往、与亲戚朋友交往以及校内交往、校外交往等类别。

本研究根据相关资料自编社会交往问卷，本问卷共包含着14个项目，从学生交往现状、学生对社交的重视程度、学生社交范围和学生社交方式4个方面进行了解。其中学生交往现状涵盖了同性交往、异性交往、师生交往、与亲戚朋友交往以及校内校外交往等内容。

一 学生交往现状

（一）情感状况

总体情感状况分析：

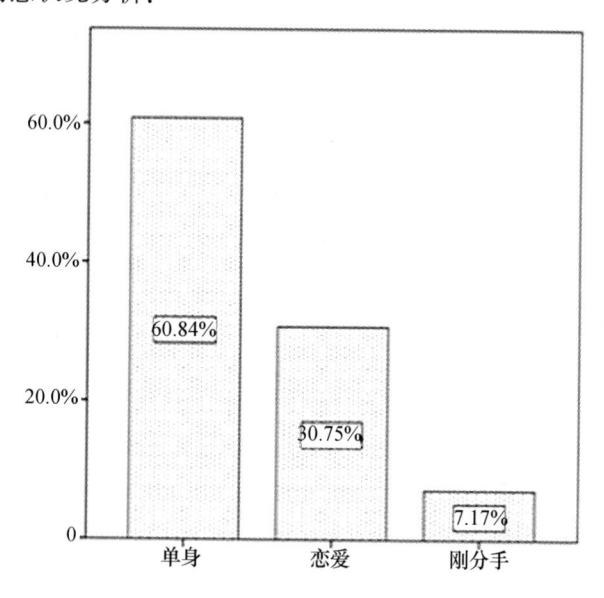

图4—6—1 高校学生总体情感状况

说明：此图是删除异常数据后作的图，也就是说有些学生这三类都未选。因此，三项之和<100%。

---

① 王娟、张玮平、靳博：《论大学生的社会交往》，《长春理工大学学报》（高教版）2009年第7期。

通过SPSS17.0软件对问卷数据进行处理，对6所高校大学生目前情感状况的总体情况进行分析，从上图可以得知6所高校大学生总体的情感状况是：有60.84%的学生为"单身"状况，7.17%的学生刚分手，即近70%的学生为"单身"状态；只有30.75%的学生为恋爱状态。同时调查了大学生对于恋爱的动机。

表4—6—1　　　　　　　　大学生恋爱的主要动机

项目	人数	百分比（%）
满足生理需求	965	6.3%
喜欢对方	1145	7.5%
带出去有面子	1656	10.9%
纯粹娱乐消遣打发时间	1285	8.4%
共同进步	2090	13.7%
为了结婚	964	6.3%
看中对方的经济状况	1284	8.4%
驱逐内心的空虚	2205	14.5%
别人谈了我也谈	2955	19.4%
情感上相互支持	675	4.4%

说明：此图是删除异常数据后作的图，也就是说有些学生未对10类项目作出选择。

从表4—6—1可得，大学生恋爱的主要动机主要是从众原因，看见别人谈恋爱自己也要谈恋爱；其次是个人感到内心无聊所以选择谈恋爱，驱逐内心的空虚；接着是为了共同进步而谈恋爱，还有许多其他原因分别不同程度的影响着学生的恋爱行为。这也表明学生恋爱的原因不单纯、多元化。

不同学校之间情感状况比较：

表4—6—2　　　　　　　不同学校之间学生情感现状差异比较

项目	χ^2
卡方检验	62.353***

注：情感状况包括单身、恋爱、刚分手三种状态，下同。

对各个高校样本的情感现状进行卡方检验，表4—6—2表明，不同学校学生的情感状况的差异达到显著性水平。

表4—6—3　　　　　不同学校之间学生情感现状比较

学校类别	单身	恋爱	刚分手	总数
滨州学院	331	173	21	525
	63.05%	32.95%	4%	
德州学院	337	171	58	566
	59.54%	30.21%	10.25%	
菏泽学院	350	127	36	513
	68.23%	24.76%	7.02%	
潍坊学院	477	245	55	777
	61.39%	31.53%	7.08%	
枣庄学院	291	135	37	463
	62.85%	29.16%	7.99%	
泰山学院	260	183	34	477
	54.51%	38.36%	7.13%	

从表4—6—3可以得知各高校学生不同情感现状的人数及在本学院总人数里的比例。德州学院与泰山学院处于"单身"状况的学生在自己学院学生总数上占据比例明显低于其他学院，不足60%；泰山学院学生恋爱人数在自己学院学生总数上占据比例明显高于其他学院，达到38.36%；德州学院处于刚分手状态的学生在自己学院学生总数上占据比例明显高于其他学院，达到10.25%。

不同年级之间情感状况比较：

表4—6—4　　　　　不同年级之间学生情感现状差异比较

项　目	χ^2
卡方检验	68.955***

通过对各个年级样本的情感现状进行卡方检验，表4—6—4表明，不同年级学生的情感状况的差异达到显著性水平。

表4—6—5 不同年级之间学生情感现状比较

年级	单身	恋爱	刚分手	总数
一年级	649	194	69	912
	71.16%	21.27%	7.57%	
二年级	630	354	61	1045
	60.28%	33.87%	5.84%	
三年级	444	274	71	789
	56.27%	34.73%	9%	
四年级	321	209	40	570
	56.32%	36.67%	7.02%	

从表4—6—5可以得知，各年级学生不同情感现状的人数及在本年级总人数里的比例。大一处于单身状况的学生在自己本年级学生总数上占据比例明显高于其他年级，高达71.16%，其他年级都为60%左右或以下；而大一的学生恋爱人数在自己本年级学生总数上占据比例明显低于其他学院，只有21.27%，其他年级都达到了30%以上；大二与大三处于刚分手状态的学生在各自年级学生总数上占据比例具有明显差异，分别为5.84%和9%。

原因分析：大一的学生处于从一个从禁止异性感情交往的高中生活模式转变到逐渐适应新环境的阶段，所以对于感情上的交往不如其他年级多，即单身的人要多，恋爱的人要少；而大二是恋爱高发的时期，这个时候新生已经基本适应大学生活和周围的人物环境，处于开始展开恋爱行为的阶段，分手行为自然较少，而大三学生处于为自己的未来摸索迷茫的阶段，情侣间因为方向不一致产生分歧极其容易导致分手。

不同性别之间情感状况比较：

表4—6—6　　　　　　　不同性别之间情感状况的差异比较

项　目	χ^2
卡方检验	24.333

通过对不同性别样本的情感现状进行卡方检验，表4—6—6结果表明，不同性别之间不存在统计学意义上的显著性差异。

表4—6—7　　　　　　　不同性别之间学生情感现状比较

性别	单身	恋爱	刚分手	总数
男	687	326	89	1102
	62.34%	29.58%	8.08%	
女	1342	696	146	2184
	61.45%	31.87%	6.68%	

从表4—6—7可以得知，男生与女生的不同情感现状的人数及在两者总人数里的比例。男生与女生在情感交往上基本没有差异，单身状态的学生都在其总人数里占到60%左右，恋爱状态的学生则都为30%左右，刚分手状态的学生都为7%左右。

原因分析：男生和女生在情感交往上的需求都是一样的，自然不会有很大差异。

不同专业之间情感状况比较：

表4—6—8　　　　　　　不同专业之间学生情感现状差异比较

项　目	χ^2
卡方检验	71.362***

对专业样本的情感现状进行卡方检验，表4—6—8表明，不同专业的学生的情感状况存在显著差异。

表 4—6—9　　　　　　　不同专业之间学生情感现状比较

类别	单身	恋爱	刚分手	总数
文科	1084	435	86	1605
	67.54%	27.1%	5.36%	
理科	642	375	90	1107
	57.99%	33.88%	8.13%	
艺体	309	221	65	595
	51.93%	37.14%	10.93%	

从表 4—6—9 可以得知，各专业类别学生不同情感现状的人数及在本专业测评总人数里的比例。处于单身状况的学生文科里比例最高，高达 67.54%，其他专业都是 60% 以下，理科其次，艺体最低为 51.93%；处于恋爱状况的学生艺体里比例最高，有 37.14%，其他专业都在 30% 以下，理科其次，文科最低为 27.1%；处于刚分手状况的学生艺体里比例最高，达 10.93%，理科其次，文科最低为 5.36%；即文科与艺体恋爱状况差异较大，理科差异居中。

原因分析：文科的学生女生较多，且因为大多含蓄，自由恋爱不多，且男女人数分布极其不均，导致单身人数较多，恋爱的人要少。又因为文科中男女不平衡问题，学生比较珍惜伴侣，则恋爱较稳定，而分手行为自然较少；而艺体学生性格较开放自由，较多西式的恋爱观，恋爱行为与分手行为都比较容易发生。

不同家庭来源学生情感状况的比较：

表 4—6—10　　　　　　不同家庭来源学生情感现状差异比较

项　目	χ^2
卡方检验	48.409***

通过对不同家庭来源样本的情感现状进行卡方检验，表 4—6—10 表明，不同学校学生的情感状况存在显著差异。

表 4—6—11　　　　　不同家庭来源学生情感现状比较

类别	单身	恋爱	刚分手	总数
农村	1361	638	133	2132
	63.84%	29.92%	6.24%	
城镇	433	264	71	768
	56.38%	34.38%	9.24%	
城市	238	126	30	394
	60.41%	31.98%	7.61%	

从表4—6—11可以得知，来自不同家庭来源的学生不同情感现状的人数及在不同家庭来源的总人数里的比例。处于单身状况的农村学生比例最高，达63.84%，城市其次，城镇最低为56.38%；处于恋爱状况的城镇学生比例最高，有34.38%，城市其次，农村最低为29.92%；处于刚分手状况的学生城镇里比例最高，城市其次，农村最低为6.24%；即农村与城镇恋爱状况差异较大，城市差异居中。

原因分析：来自农村的学生思想大多较保守传统，情感交往少但稳定，所以单身人数较多，恋爱的人要少，分手行为也少。而来自城镇的学生比来自农村的学生更容易接受新思想体验新事物，所以对感情处于一个尝试的"高发""高失败"的阶段，恋爱行为与分手行为都比较容易发生。而来自城市的学生接受的文化教育和思想熏陶较前两者都比较高层次，虽然思想开放但情感要求不低，所以恋爱和单身以及分手行为较适中。

不同家庭完整状况学生的情感状况比较：

表 4—6—12　　　　　不同家庭完整状况学生情感现状差异比较

项　目	χ^2
卡方检验	19.103

通过对不同家庭完整状况样本的情感现状进行卡方检验，表4—6—12表明，不同家庭完整状况之间不存在统计学意义上的显著性差异。

表 4—6—13　　　　不同家庭完整状况之间学生情感现状比较

类型	单身	恋爱	刚分手	总数
健全	1788	879	191	2858
	62.56%	30.76%	6.68%	
单亲	164	105	32	301
	54.49%	34.88%	10.63%	
离异再组合	68	33	14	115
	59.13%	28.70%	12.17%	
寄养	18	13	3	34
	52.94%	38.24%	8.82%	

从表 4—6—13 可以得知，来自不同完整状况家庭的学生不同情感现状的人数及在其一类状况的家庭总人数里的比例。来自不同完整状况家庭的学生在情感交往上明显有所差异，单身状态的学生在健全家庭中占到 62.56%，而寄养家庭只有 52.94%。同样恋爱状态和刚分手状态的学生在不同完整状况家庭的比例也差异较大，寄养和单亲家庭学生恋爱比例较高，分别是 38.24% 和 34.88%，恋爱刚分手状态比例较高的是离异再组合和单亲家庭，分别是 12.17% 和 10.63%。

原因分析：不同家庭完整状况之间学生情感状况差异并不显著，说明不同家庭完整状况对大学生情感交往现状不是重要影响因素。但是我们也看到不同家庭完整状况之间学生的情感交往情况还是存在差异的。寄养和单亲家庭的学生恋爱人数多于健全和离异再组合家庭，可能是因为寄养和单亲家庭的学生更渴望建立与他人的亲密关系，以弥补缺失的家庭的爱。健全家庭的孩子因为已经得到来自父母的很多的爱护，对感情的渴求就不那么强烈了。离异再组合家庭的学生因为经历家庭的变故较多，需要处理较复杂的人际关系，可能会影响其对恋爱的渴望，即使恋爱了也容易分手。

父母一方最高文化程度对于情感状况的比较：

表 4—6—14　不同父母一方最高文化程度的学生情感现状差异比较

项　目	χ^2
卡方检验	50.555 ***

通过对父母一方最高文化程度对于学生的情感现状进行卡方检验，表4—6—14表明，不同的父母一方最高文化程度之间存在统计学意义上的显著性差异。

表4—6—15　不同父母一方最高文化程度的学生情感现状比较

类别	单身	恋爱	刚分手	总数
小学	457	143	44	644
	70.96%	22.21%	6.83%	
初中	826	458	104	1388
	59.51%	33.00%	7.49%	
高中	555	327	66	948
	58.55%	34.49%	6.96%	
大学及以上	199	102	23	324
	61.42%	31.48%	7.10%	

从表4—6—15可以得知，不同父母一方最高文化程度的学生不同情感现状的人数及在其一类文化程度的总人数里的比例。父母一方最高文化程度为小学的学生单身的比例在不同类别里最高，有70.96%；其他不同类别的学生单身人数比例都只占到60%左右。反之，父母一方最高文化程度为小学的学生恋爱人数的比例在不同类别里最低，只有22.2%；其他不同类别的学生恋爱人数占比都有30%以上。即小学和初中、高中、大学及以上之间单身和恋爱比例存在显著性差异。

原因分析：父母文化程度较低的学生大多来自农村，他们珍惜来之不易的学习机会，会花更多时间来学习而不是恋爱。而且一旦恋爱也意味着需要更多的财力支出，文化水平低很可能家庭收入水平也低，这可能是影响学生是否恋爱的一个重要因素。

（二）团体活动参加状况

团体活动参加总体状况分析：

对6所高校大学生目前参加各种团体活动的总体情况进行分析，从图4—6—2可以得知6所高校大学生总体的团体活动参加状况：对于各种

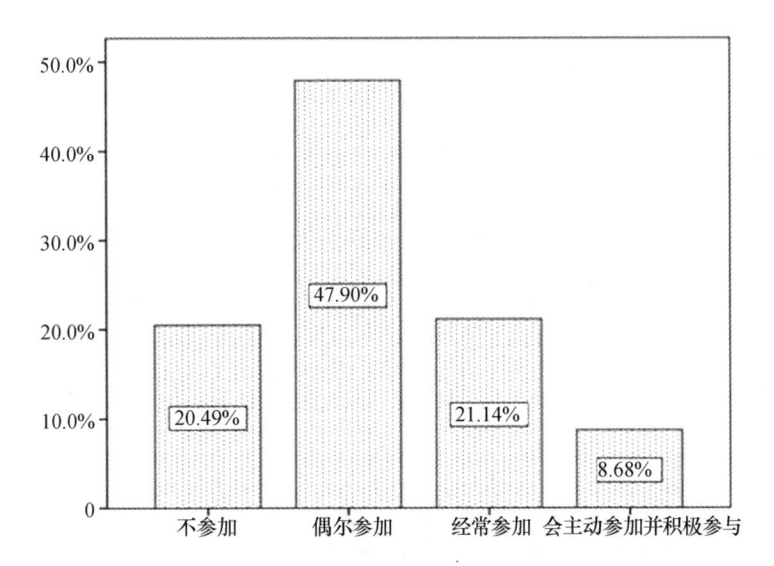

图 4—6—2　6 所高校学生参加团体活动总体状况分析

团体活动，只有 8.68% 的学生会积极参加各种团体活动，21.14% 的学生经常参加团体活动，有 47.9% 的学生偶尔参加团体活动，剩下 20.49% 的学生不参加团体活动。

不同学校之间团体活动参加状况比较：

由图 4—6—3 可得，以上 6 所学院的学生都是偶尔参加各种团体活动。其中德州学院在团体活动参加的得分高于其他学院，即德州学院的学生对于团体活动的参与度最好，其次按照参与度从高到低分别是泰山学院、滨州学院、潍坊学院、枣庄学院，参与度最低的是菏泽学院。

表 4—6—16　　不同学校学生团体活动参加状况的差异比较

项　目	平方和	自由度	均方	F
组间	30.256	5	6.051	7.513 ***
组内	2703.878	3357	0.805	
总数	2734.134	3362		

Mean11、对于团体活动，如学生会、各类比赛等，你的参与情况：

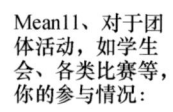

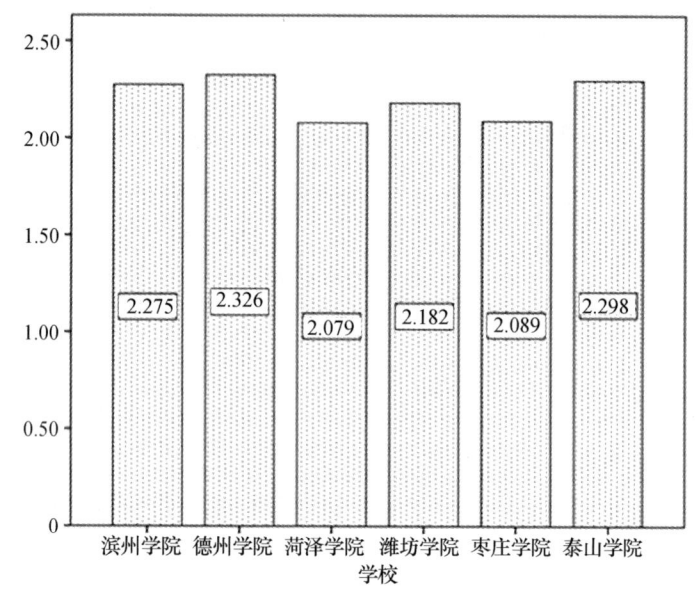

滨州学院 2.275
德州学院 2.326
菏泽学院 2.079
潍坊学院 2.182
枣庄学院 2.089
泰山学院 2.298

图4—6—3　不同学校的团体活动参加状况分析

表4—6—17　不同学校的团体活动参加状况的均值差异比较

事后检验	（I）学校	（J）学校	均值差异（I-J）	标准误
LSD	滨州学院	德州学院	-0.051	0.054
		菏泽学院	0.197*	0.055
		潍坊学院	0.093	0.051
		枣庄学院	0.186*	0.057
		泰山学院	-0.022	0.057
	德州学院	滨州学院	0.051	0.054
		菏泽学院	0.247*	0.054
		潍坊学院	0.144*	0.049
		枣庄学院	0.237*	0.056
		泰山学院	0.028	0.055
	菏泽学院	滨州学院	-0.197*	0.055
		德州学院	-0.247*	0.054
		潍坊学院	-0.103*	0.051
		枣庄学院	-0.010	0.057
		泰山学院	-0.219*	0.057

续表

事后检验	(I) 学校	(J) 学校	均值差异 (I-J)	标准误
LSD	潍坊学院	滨州学院	-0.093	0.051
		德州学院	-0.144*	0.049
		菏泽学院	0.103*	0.051
		枣庄学院	0.093	0.052
		泰山学院	-0.116*	0.052
	枣庄学院	滨州学院	-0.186*	0.057
		德州学院	-0.237*	0.056
		菏泽学院	0.010	0.057
		潍坊学院	-0.093	0.052
		泰山学院	-0.209*	0.058
	泰山学院	滨州学院	0.022	0.057
		德州学院	-0.028	0.055
		菏泽学院	0.219*	0.057
		潍坊学院	0.116*	0.052
		枣庄学院	0.209*	0.058

由表4—6—16的方差分析，表明学生参加团体活动在不同院校之间有显著性差异。具体表现在：德州学院与泰山学院分别与菏泽学院、潍坊学院、枣庄学院均存在显著性差异，菏泽学院和潍坊学院之间、滨州学院和枣庄学院之间都有显著性差异。

不同年级之间团体活动参加状况比较：

由图4—6—4可得，四个年级中大四的学生在团体活动参加的得分高于其他年级的学生，即大四的学生对于团体活动的参与度最好，其他按照参与度从高到低分别是大三、大二、大一，大二与大三的参加情况差异不大。

由表4—6—18的方差分析，表明学生参加团体活动在不同年级之间有显著性差异。表4—6—19结果表明，仅大二与大三不存在显著性差异，其他年级之间均存在统计学意义上的显著性差异。

Mean11、对于团体活动，如学生会、各类比赛等，你的参与情况：

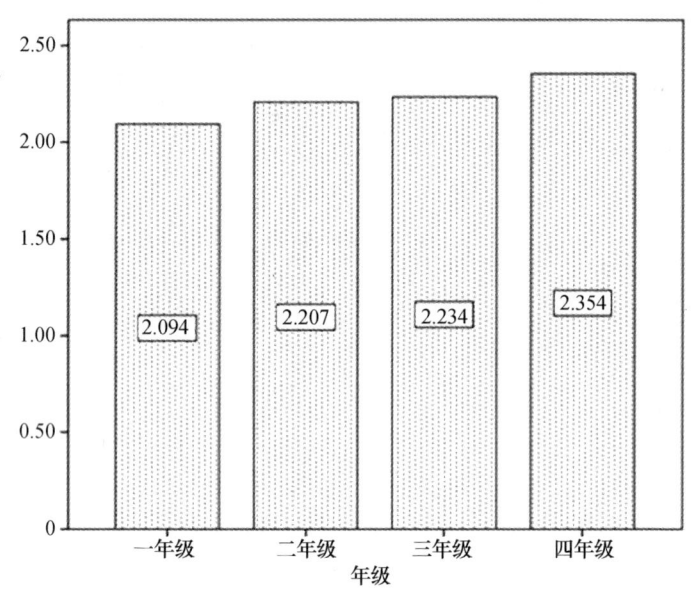

一年级 2.094
二年级 2.207
三年级 2.234
四年级 2.354

图4—6—4　不同年级的团体活动参加状况分析

表4—6—18　不同年级的学生团体活动参加状况的差异比较

项目	平方和	自由度	均方	F
组间	24.682	3	8.227	10.232***
组内	2696.901	3354	0.804	
总数	2721.583	3357		

表4—6—19　不同年级之间学生团体活动参加状况的均值差异比较

事后检验	（I）年级	（J）年级	均值差异（I-J）	标准误
LSD	一年级	二年级	-0.113*	0.040
		三年级	-0.140*	0.043
		四年级	-0.259*	0.048
	二年级	一年级	0.113*	0.040
		三年级	-0.027	0.042
		四年级	-0.147*	0.046

续表

事后检验	（I）年级	（J）年级	均值差异（I-J）	标准误
LSD	三年级	一年级	0.140*	0.043
		二年级	0.027	0.042
		四年级	-0.120*	0.049
	四年级	一年级	0.259*	0.048
		二年级	0.147*	0.046
		三年级	0.120*	0.049

原因分析：大四的学生即将毕业离校，由于他们对校园生活的留恋，对于参与团体活动会更多一些。大一的学生还在适应阶段，对于不熟悉的团体活动较少参加。

不同性别学生团体活动的参加状况比较：

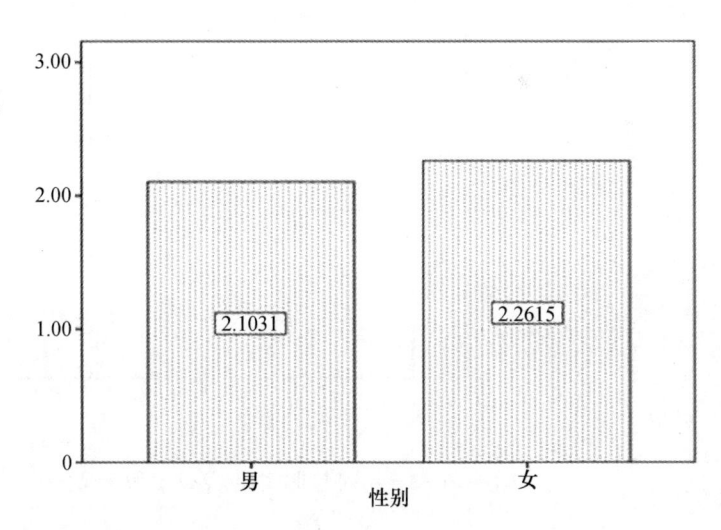

图4—6—5　不同性别的团体活动参加状况分析

由图4—6—5可得，女生参加团体活动的得分高于男生，女生比男生更多地参加了团体活动。

表 4—6—20　　　　不同性别学生参加团体活动的差异比较

项　目	方差齐性	方差不齐性	t	dF
方差齐性	24.725	0.000	-4.783	3326
方差不齐性			-4.627***	2.031E3

表 4—6—20 表明，不同性别对于团体活动参加情况的差异性达到极其显著水平。

原因分析：女生性格一般比男生更加开朗，更擅长与人交流，更倾向于愿意参加集体活动。

不同专业之间团体活动的参加状况比较：

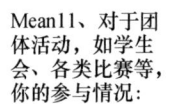

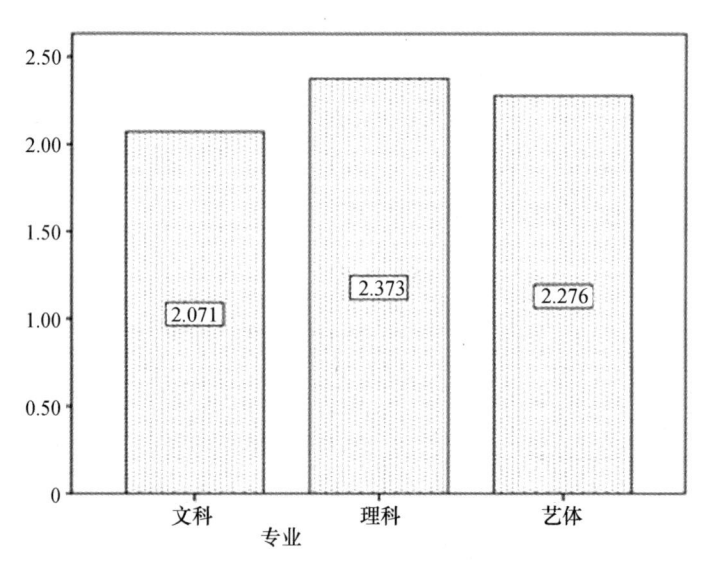

图 4—6—6　不同专业的团体活动参加状况分析

由图 4—6—6 可知，理科类专业在团体活动参加的得分高于其他专业，即理科类专业的学生对于团体活动的参与度最好，其次是艺体类专业，得分最低的为文科类专业；理科类专业的学生更加愿意参与团体活动，文科类专业的学生相较而言参与团体活动的情况较少。

表4—6—21　不同专业之间团体活动的参加状况的差异比较

项　目	平方和	自由度	均方	F
组间	64.691	3	21.564	27.091***
组内	2666.511	3350	0.796	
总数	2731.202	3353		

表4—6—22　不同专业之间学生团体活动的参加状况均值差异比较

	(I) 专业	(J) 专业	均值差异 (I−J)	标准误
LSD	文科	理科	−0.302*	0.035
		艺体	−0.206*	0.042
	理科	文科	0.302*	0.035
		艺体	0.097*	0.045
	艺体	文科	0.206*	0.042
		理科	−0.097*	0.045

通过对不同专业样本的团体活动的参加状况进行方差分析，表4—6—22表明每个专业之间差异性均达到显著性水平。

原因分析：理科学生平时学业相对文科和艺体比较枯燥繁重，会更愿意通过参与团体活动等放松自己。

不同家庭来源学生团体活动的参加状况的比较：

由图4—6—7可得，来自城市的学生在参加团体活动的得分高于城镇和农村的学生，即来自城市的学生对于团体活动的参与度最好，其次是来自城镇的学生，得分最低的为来自农村的学生，即来自农村的学生更不愿意参与团体活动。

表4—6—23　不同家庭来源学生团体活动参加状况的差异比较

项　目	平方和	自由度	均方	F
组间	26.853	4	6.713	8.335***
组内	2699.897	3352	0.805	
总数	2726.750	3356		

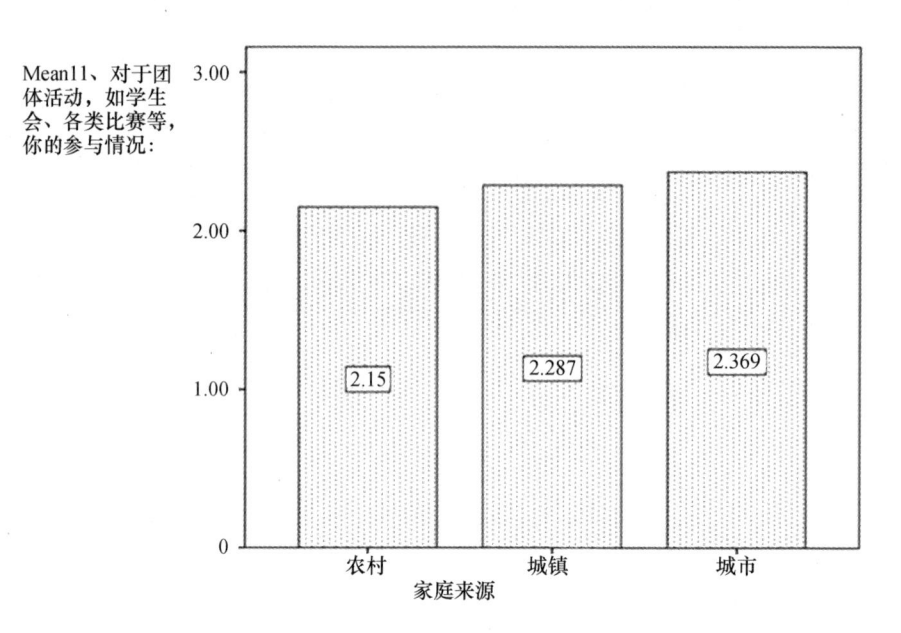

Mean11、对于团体活动，如学生会、各类比赛等，你的参与情况：

农村：2.15　城镇：2.287　城市：2.369

家庭来源

图 4—6—7　不同家庭来源的团体活动参加状况分析

表 4—6—24　不同家庭来源学生团体活动参加状况的均值差异比较

	（I）家庭来源	（J）家庭来源	均值差异（I－J）	标准误（SE）
LSD	农村	城镇	－0.137*	0.038
		城市	－0.219*	0.049
	城镇	农村	0.137*	0.038
		城市	－0.082	0.055
	城市	农村	0.219*	0.049
		城镇	0.082	0.055

通过对不同家庭来源的学生团体活动的参加状况进行方差分析，表4—6—24表明，除了城市和城镇之间差异性没有达到显著性水平，农村和城市、农村和城镇均存在显著性差异。

原因分析：来自农村的学生可能会因为自卑内向，才艺缺乏，从而不敢或不愿参加各种团体活动。

不同家庭状况对于团体活动的参加状况的比较：

Mean11、对于团体活动，如学生会、各类比赛等，你的参与情况：

健全: 2.192
单亲: 2.294
离异再组合: 2.411
寄养: 2.206

家庭完整状况

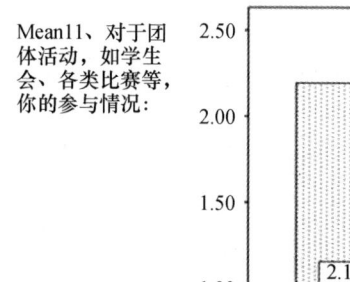

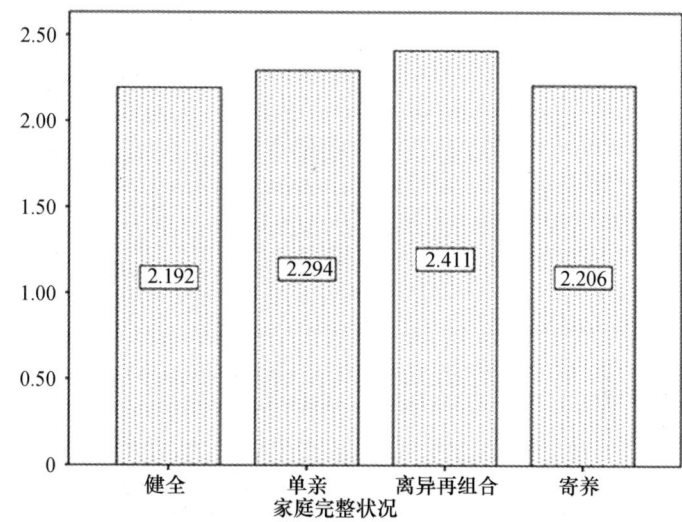

图 4—6—8　不同家庭完整状况的团体活动参加状况分析

由图 4—6—8 可得，来自离异再组合家庭的学生在参加团体活动的得分高于其他家庭状况的学生，即来自离异再组合家庭的学生对于团体活动的参与度最好，其次是来自单亲家庭的学生，接着是来自寄养家庭的学生，得分最低的为来自健全家庭的学生，来自健全家庭的学生相比而言最不愿参与团体活动。

表 4—6—25　不同家庭完整状况学生团体活动参加状况的差异比较

项目	平方和	自由度	均方	F
组间	7.874	4	1.968	2.424*
组内	2721.999	3352	0.812	
总数	2729.873	3356		

表 4—6—26　不同家庭完整状况学生团体活动参加状况的均值差异比较

事后检验	（I）家庭完整状况	（J）家庭完整状况	均值差异（I-J）	标准误
LSD	健全	单亲	-0.102	0.054
		离异再组合	-0.219*	0.085
		寄养	-0.014	0.155
	单亲	健全	0.102	0.054
		离异再组合	-0.116	0.098
		寄养	0.088	0.163
	离异再组合	健全	0.219*	0.085
		单亲	0.116	0.098
		寄养	0.205	0.175
	寄养	健全	0.014	0.155
		单亲	-0.088	0.163
		离异再组合	-0.205	0.175

通过对不同家庭状况的学生参加团体活动状况进行方差分析，表4—6—26表明，健全家庭和离异再组合家庭之间差异性均达到显著性水平。

原因分析：家庭越不完整，学生就越想要获得一种完整感、归属感，则参与团体活动较多；反之，健全家庭的学生不需要再多去获得完整感，则参与团体活动较少。

不同父母一方最高文化程度学生的团体活动参加状况的比较：

由图 4—6—9 可得，父母一方最高文化程度为大学及以上的学生在团体活动参加的得分高于其他的学生，其次是高中，接着是初中，得分最低的为父母一方最高文化程度为小学的学生；即父母一方最高文化程度为大学及以上的学生更愿意参与团体活动，父母一方最高文化程度为小学的学生最不愿意参与团体活动。

Mean11、对于团体活动，如学生会、各类比赛等，你的参与情况：

小学 1.859
初中 2.278
高中 2.292
大学及以上 2.344

父母一方最高文化水平

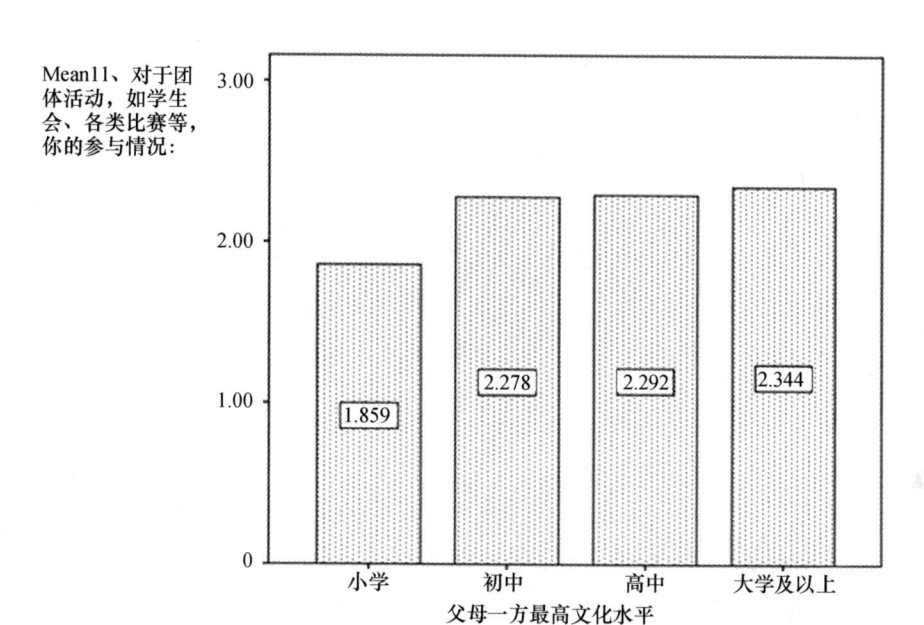

图 4—6—9　不同父母一方最高文化程度的学生团体活动参加状况分析

表 4—6—27　不同父母一方最高文化程度学生团体活动参加状况的差异比较

项目	平方和	自由度	均方	F
组间	1000.543	4	250.136	320.036***
组内	26300.791	3353	0.785	
总数	27301.334	3357		

表 4—6—28　不同父母一方最高文化程度学生团体活动参加状况的均值差异比较

事后检验	(I) 父母一方最高文化水平	(J) 父母一方最高文化水平	均值差异 (I-J)	标准误
LSD	小学	初中	-0.419*	0.042
		高中	-0.433*	0.045
		大学及以上	-0.485*	0.060
	初中	小学	0.419*	0.042
		高中	-0.014	0.037
		大学及以上	-0.065	0.054

续表

事后检验	(I) 父母一方最高文化水平	(J) 父母一方最高文化水平	均值差异 (I-J)	标准误
LSD	高中	小学	0.433*	0.045
		初中	0.014	0.037
		大学及以上	-0.051	0.057
	大学及以上	小学	0.485*	0.060
		初中	0.065	0.054
		高中	0.051	0.057

通过父母一方最高文化程度的不同对于学生团体活动的参加状况进行方差分析，表4—6—28表明，小学和初中、高中、大学及以上之间分别存在显著性差异。

原因分析：父母文化程度较低，学生家庭状况或条件可能不太好，且受家庭影响接触的生活环境和思想观念与来自高文化程度家庭的学生有所出入，差异较大导致不合群或者没有共同点，参与团体活动会较少。

（三）校外活动参加状况

校外活动参加总体状况分析：

对6所高校大学生目前参加各种校外活动的总体情况进行分析，从图4—6—10可以得知，6所高校大学生总体的校外活动参加状况：对于各种校外活动，只有5.06%的学生会积极参加，12.55%的学生表现为经常参加，有41.57%的学生偶尔参加，剩下21.59%的学生不参加各种校外活动。相较于团体活动的参加情况，校外活动参与的人数占比有所减少，不参加活动的人数占比有所增加。继而调查了学生很少参加校外活动的原因。

由表4—6—29可知，学生很少参加校外活动的原因主要包括没时间、出行不方便、觉得不安全等。

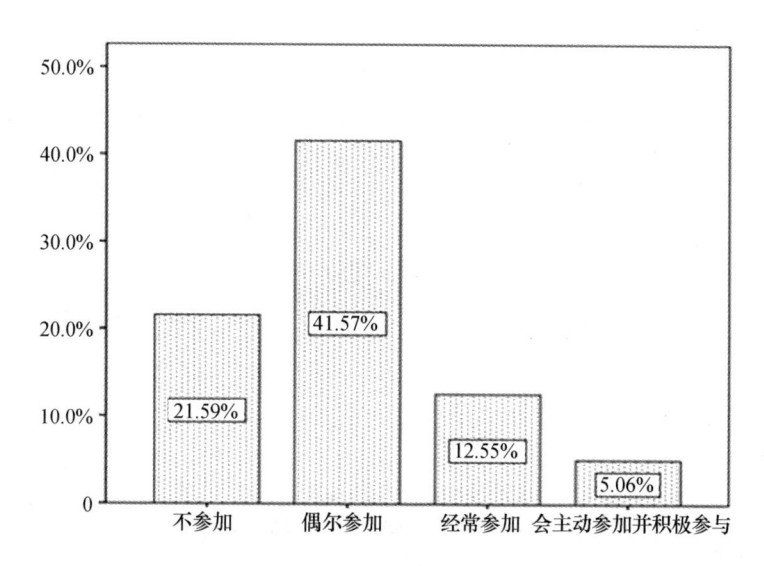

图 4—6—10　高校学生校外活动参加总体状况分析

说明：此图是剔除异常数据后做的；也就是说有些学生未做选择。故表格中的百分比合计<100%。

表 4—6—29　　　　　学生很少参加校外活动的原因

项　目	人数	百分比
学校偏僻	783	11.8%
出行不方便	1034	15.6%
经济因素	977	14.8%
害怕与人交往	872	13.2%
觉得不安全	987	14.9%
没时间	1412	21.3%
辅导员不支持	552	8.3%

说明：同上。

不同学校之间校外活动参加状况比较：

由图 4—6—11 可知，以上 6 所学院的学生也都是偶尔参加各种校外活动。其中德州学院在校外活动参加的得分仍然高于其他学院，即德州学院的学生对于校外活动的参与度最好，其次按照参与度从高到低分别

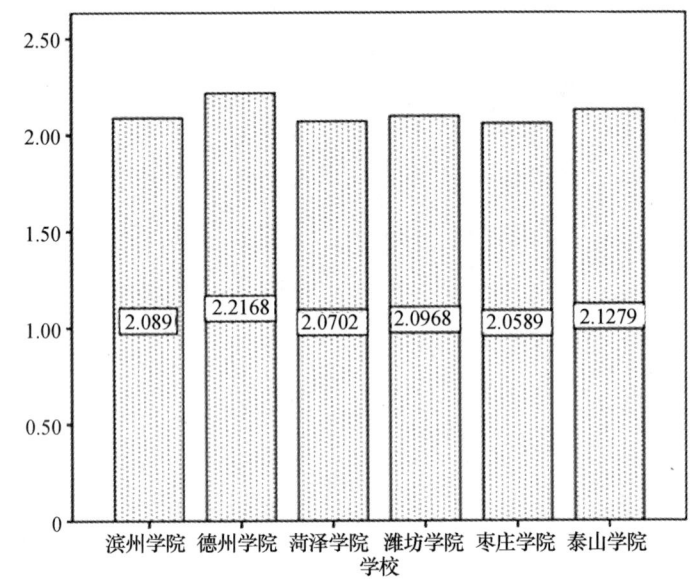

Mean12、对于校外的活动，比如读书会、义工、环保、组织宣传等活动，你的参与情况：

滨州学院 2.089　德州学院 2.2168　菏泽学院 2.0702　潍坊学院 2.0968　枣庄学院 2.0589　泰山学院 2.1279

图4—6—11　不同学校的校外活动参加状况分析

是泰山学院、潍坊学院、滨州学院、菏泽学院，参与度最低的是枣庄学院，从总体来说6所学院的校外活动参加情况差异不大。

表4—6—30　不同学校的学生校外活动参加状况的差异比较

项　目	平方和	自由度	均方	F
组间	9.184	5	1.837	2.155
组内	2860.805	3357	0.852	
总数	2869.989	3362		

表4—6—30表明，不同学校学生参加校外活动的情况无显著性差异。

不同年级之间校外活动参加状况比较：

由图4—6—12可知，大四在校外活动参加的得分高于其他年级，即大四的学生对于校外活动的参与度最好，其次按照参与度从高到低分别是大二、大三、大一，且大一参加校外活动的情况明显少于其他年级，甚至不会参加。

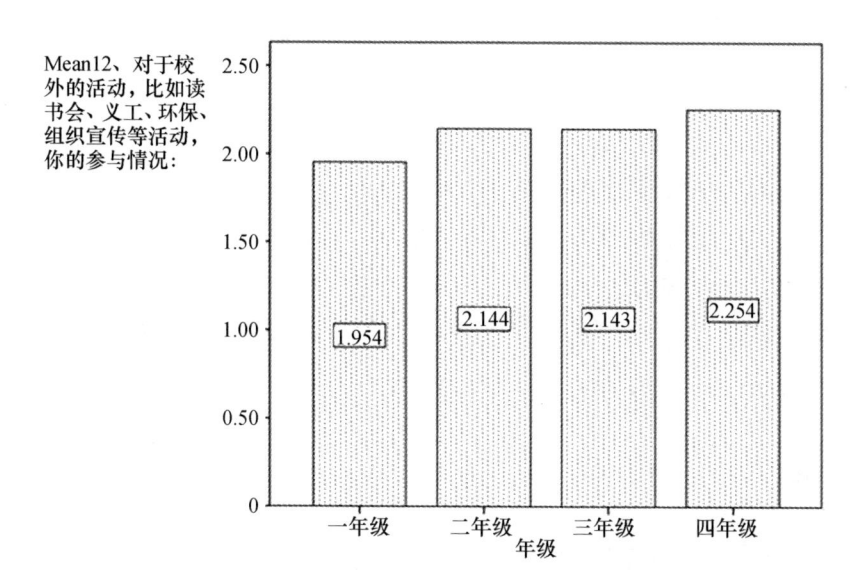

Mean12、对于校外的活动，比如读书会、义工、环保、组织宣传等活动，你的参与情况：

一年级：1.954
二年级：2.144
三年级：2.143
四年级：2.254

图 4—6—12　不同年级的校外活动参加状况分析

表 4—6—31　不同年级学生校外活动参加状况的差异比较

项目	平方和	自由度	均方	F
组间	36.496	3	12.165	14.419***
组内	2829.886	3354	0.844	
总数	2866.382	3357		

表 4—6—32　不同年级之间学生校外活动参加状况的均值差异比较

事后检验	(I) 年级	(J) 年级	均值差异 (I-J)	标准误
LSD	一年级	二年级	-0.190*	0.041
		三年级	-0.189*	0.044
		四年级	-0.300*	0.049
	二年级	一年级	0.190*	0.041
		三年级	0.002	0.043
		四年级	-0.110*	0.048
	三年级	一年级	0.189*	0.044
		二年级	-0.002	0.043
		四年级	-0.111*	0.050
	四年级	一年级	0.300*	0.049
		二年级	0.110*	0.048
		三年级	0.111*	0.050

通过对不同年级样本的学生校外活动参加状况进行方差分析,表4—6—31表明,不同年级的学生校外活动参加状况的差异达到显著性水平。表4—6—32结果表明,仅大二与大三不存在一定显著性差异,其他年级之间均存在统计学意义上的显著性差异。

原因分析:大四的学生即将毕业离校,他们因为需要社会实践和找工作,参加校外活动会更多。大一的学生刚刚进入大学,对于不熟悉的校外活动较少参加。

不同性别学生校外活动的参加状况比较:

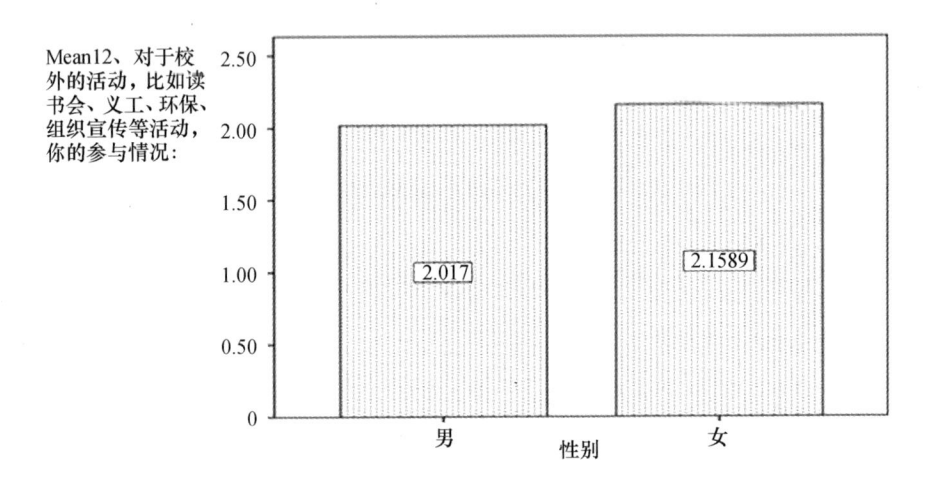

图4—6—13 不同性别的校外活动参加状况分析

由图4—6—13可得,女生在参加校外活动的得分高于男生,女生比男生参加校外活动更多。

表4—6—33 不同性别之间学生校外活动的独立样本 t 检验

项 目	F	Sig.	t	dF
方差齐性	26.537	0.000	−4.183	3326
方差不齐性			−4.060 ***	2.049E3

表4—6—33表明,不同性别对于校外活动参加情况的差异性达到显著性水平。

原因分析：女生性格一般比男生更加开朗，更擅长与人交流，更倾向于愿意参加集体活动。

不同专业之间校外活动的参加状况比较：

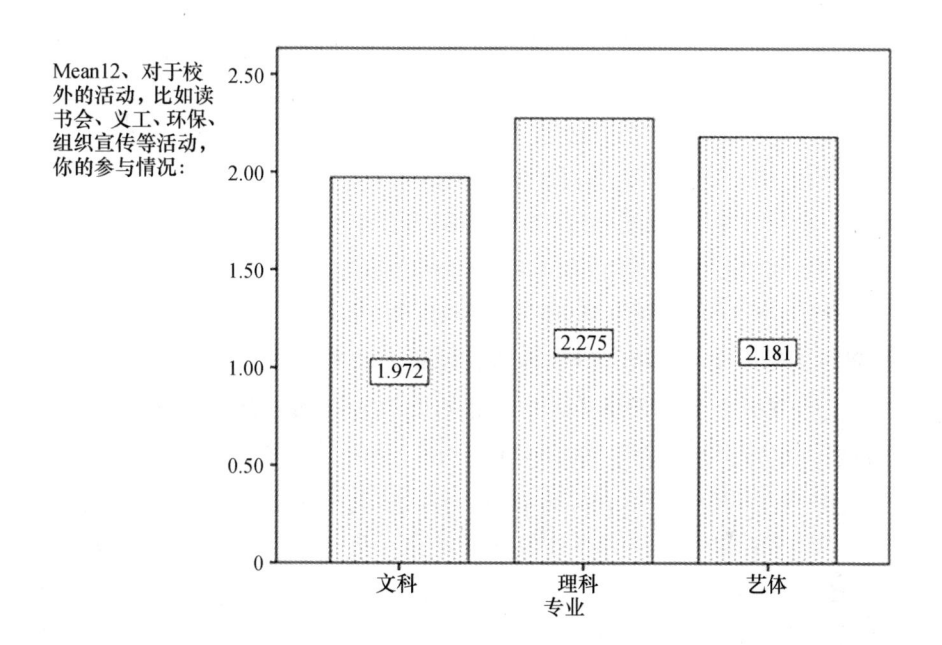

图 4—6—14　不同专业的校外活动参加状况分析

由图 4—6—14 可知，与团体活动参与情况一致，理科类专业在校外活动参加的得分高于其他专业，即理科类专业的学生对于校外活动的参与度最好，其次是艺体类专业，得分最低的为文科类专业；理科类专业的学生更加愿意参与校外活动，文科类专业的学生相较而言参与校外活动的情况较少。

表 4—6—34　　不同专业之间校外活动参加状况的差异比较

项目	平方和	自由度	均方	F
组间	64.494	3	21.498	25.726***
组内	2799.432	3350	0.836	
总数	2863.926	3353		

表4—6—35 不同专业之间学生校外活动参加状况的均值差异比较

事后检验	（I）专业	（J）专业	均值差异（I-J）	标准误
LSD	文科	理科	-0.302*	0.036
		艺体	-0.209*	0.043
	理科	文科	0.302*	0.036
		艺体	0.094*	0.046
	艺体	文科	0.209*	0.043
		理科	-0.094*	0.046

通过对不同专业样本参加校外活动的状况进行方差分析，表4—6—35表明，每个专业之间差异性均达到显著性水平。

原因分析：理科学生平时学业相对文科和艺体比较枯燥繁重，会更愿意通过积极参与各种活动放松自己。

不同家庭来源学生校外活动参加状况的比较：

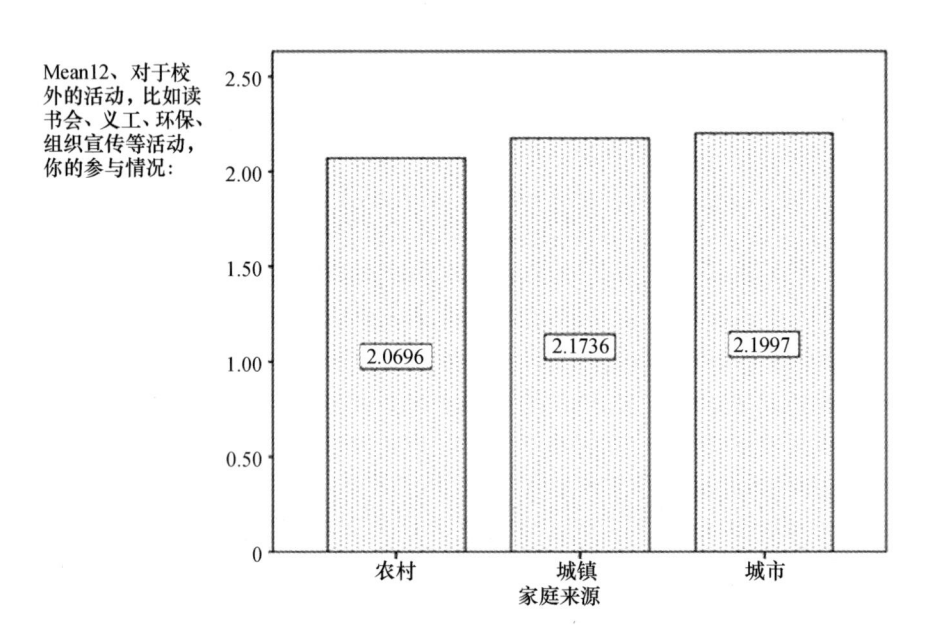

图4—6—15 不同家庭来源学生的校外活动参加状况分析

由图 4—6—15 可知,来自城市的学生在校外活动参加的得分高于城镇和农村的学生,即来自城市的学生对于校外活动的参与度最好,其次是来自城镇的学生,得分最低的为来自农村的学生,即来自农村的学生更不愿参与校外活动。

表 4—6—36　不同家庭来源学生校外活动参加状况的差异比较

项　目	平方和	自由度	均方	F
组间	11.611	4	2.903	3.424**
组内	2841.980	3352	0.848	
总数	2853.591	3356		

表 4—6—37　不同家庭来源学生校外活动参加状况的均值差异比较

事后检验	(I) 家庭来源	(J) 家庭来源	均值差异 (I-J)	标准误
LSD	农村	城镇	-0.104*	0.039
		城市	-0.130*	0.050
	城镇	农村	0.104*	0.039
		城市	-0.026	0.056
	城市	农村	0.130*	0.050
		城镇	0.026	0.056

通过对不同家庭来源的学生校外活动的参加状况进行方差分析,表 4—6—37 表明,除了城市和城镇之间差异性没有达到显著性水平,农村和城市、农村和城镇均存在显著性差异。

原因分析:来自农村的学生可能会因为地域差异而比较自卑内向,且对这些活动不熟悉或较少接触从而不愿意参加各种校外活动。来自城市的学生对于这些活动接触得多,更加愿意参与。

不同家庭完整状况学生校外活动参加状况的比较:

由图 4—6—16 可知,来自寄养家庭的学生在校外活动参加的得分高

Mean12、对于校外的活动，比如读书会、义工、环保、组织宣传等活动，你的参与情况：

健全 2.087　单亲 2.235　离异再组合 2.241　寄养 2.482

家庭完整状况

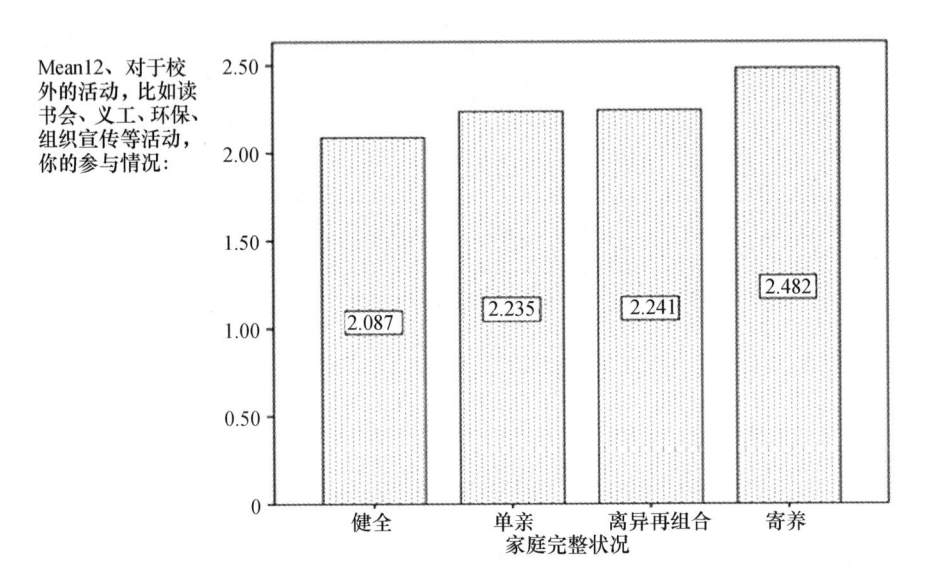

图 4—6—16　不同家庭完整状况学生的校外活动参加状况分析

于其他家庭状况的学生，即来自寄养家庭的学生对于团体活动的参与度最好，更加愿意参加校外活动，其次是来自离异再组合家庭的学生，接着是来自单亲家庭的学生，得分最低的是来自健全家庭的学生，来自健全家庭的学生相比而言最不愿参与校外活动。

表 4—6—38　不同家庭完整状况学生校外活动参加状况的差异比较

项　目	平方和	自由度	均方	F
组间	130.696	4	30.424	40.020**
组内	28540.698	3352	0.852	
总数	28671.394	3356		

通过对不同家庭状况的学生校外活动的参加状况进行方差分析，表4—6—39表明，健全家庭分别和单亲家庭、寄养家庭之间差异性均达到显著性水平。

表 4—6—39　不同家庭完整状况学生校外活动参加状况的均值差异比较

事后检验	（I）家庭完整状况	（J）家庭完整状况	均值差异（I-J）	标准误
LSD	健全	单亲	-0.148*	0.056
		离异再组合	-0.154	0.087
		寄养	-0.395*	0.159
	单亲	健全	0.148*	0.056
		离异再组合	-0.006	0.100
		寄养	-0.247	0.167
	离异再组合	健全	0.154	0.087
		单亲	0.006	0.100
		寄养	-0.241	0.180
	寄养	健全	0.395*	0.159
		单亲	0.247	0.167
		离异再组合	0.241	0.180

原因分析：家庭越不完整，学生就越想要获得一种完整感、归属感，则参与集体活动较多；反之，健全家庭的学生不需要再多去获得完整感，则参与集体活动较少。

不同父母一方最高文化程度学生校外活动的参加状况的比较：

由图4—6—17可知，父母一方最高文化程度为高中的学生在校外活动参加的得分高于其他的学生，其次是初中，接着是大学及以上，得分最低的是父母一方最高文化程度为小学的学生；即父母一方最高文化程度为高中的学生更愿意参与校外活动，父母一方最高文化程度为小学的学生最不愿意参与校外活动。

表 4—6—40　不同父母一方最高文化程度学生校外活动参加状况的差异比较

项目	平方和	自由度	均方	F
组间	810.401	4	200.350	240.501***
组内	27850.005	3353	0.831	
总数	28660.406	3357		

Mean12、对于校外的活动，比如读书会、义工、环保、组织宣传等活动，你的参与情况：

小学：1.807　初中：2.157　高中：2.239　大学及以上：2.118

父母一方最高文化水平

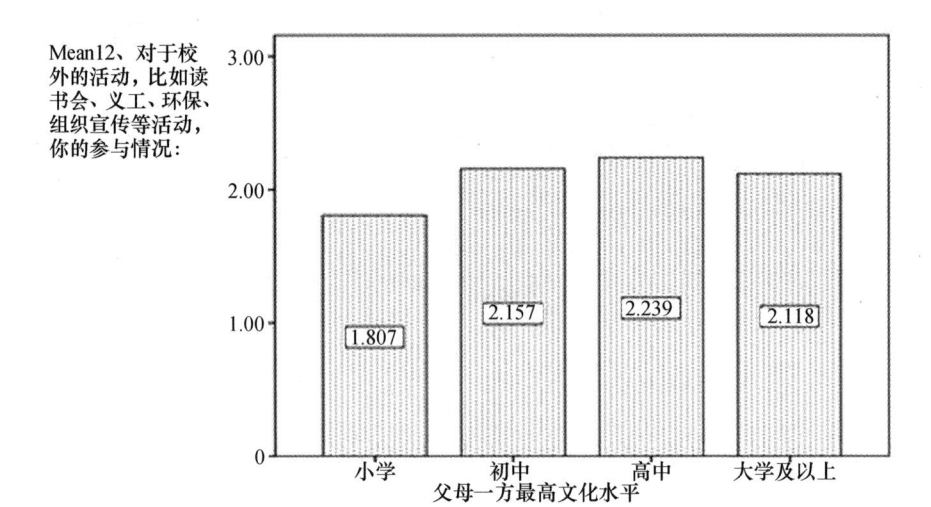

图 4—6—17　父母一方最高文化程度的不同对于校外活动参加状况分析

表 4—6—41　不同父母一方最高文化程度学生校外活动参加状况的均值差异比较

事后检验	(I) 父母一方最高文化水平	(J) 父母一方最高文化水平	均值差异(I-J)	标准误
LSD	小学	初中	-0.349*	0.043
		高中	-0.432*	0.046
		大学及以上	-0.311*	0.062
	初中	小学	0.349*	0.043
		高中	-0.083*	0.038
		大学及以上	0.039	0.056
	高中	小学	0.432*	0.046
		初中	0.083*	0.038
		大学及以上	0.122*	0.058
	大学及以上	小学	0.311*	0.062
		初中	-0.039	0.056
		高中	-0.122*	0.058

通过对父母一方最高文化程度的不同对于学生校外活动的参加状况进行方差分析，表4—6—41表明，只有初中和大学及以上之间不存在显著性差异，其他均存在显著性差异。

原因分析：父母文化程度较低，学生家庭状况或条件可能不太好，且受家庭影响接触的生活环境和思想观念与来自其他文化程度家庭的学生有所出入，差异较大导致不合群或者没有共同点且接触这类活动较少不熟悉，则参与校外活动会较少。

（四）活动地点

活动地点总体状况分析：

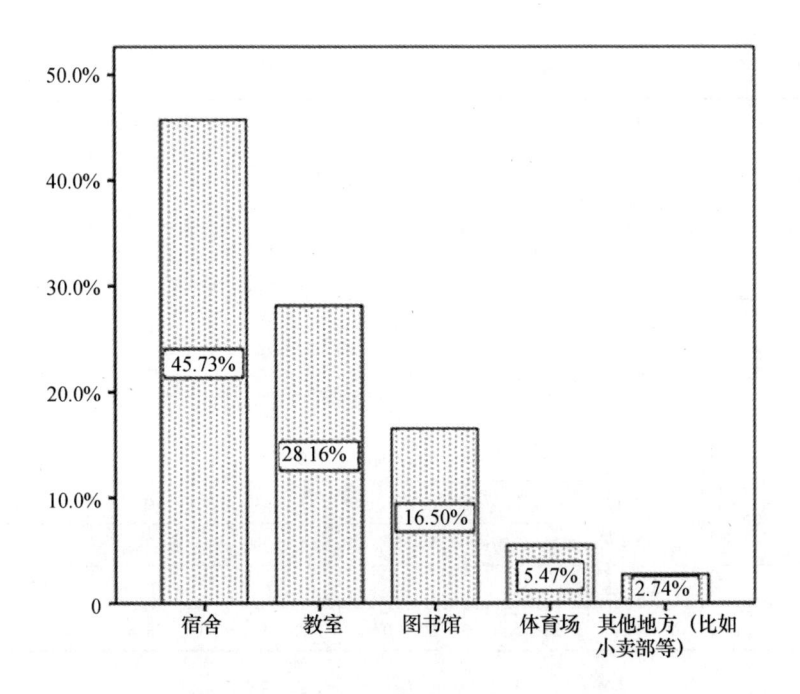

图4—6—18　高校学生活动地点总体状况分析

说明：此图是剔除异常数据后做的；也就是说有些学生未做选择。故表格中的百分比合计<100%。

对6所高校大学生日常生活中的活动地点进行分析，从上图可以得知：大多数学生在学校最经常在的地方是宿舍，占据了45.73%，其次是28.16%的学生选择了教室为日常活动地点，有16.50%的学生日常多在图书馆，5.47%的学生在体育场，仅剩2.74%的学生在其他地方。

不同学校之间学生活动地点状况比较：

表4—6—42　　　不同学校之间学生活动地点状况的差异比较

项　目	χ^2
卡方检验	1.895E2 ***

通过对各个高校样本的学生活动地点状况进行卡方检验，表4—6—42表明，不同学校学生的活动地点状况的差异达到显著性水平。

表4—6—43　　　不同学校之间学生活动地点状况比较

学校	宿舍	教室	图书馆	体育场	其他地方	总数
滨州学院	234	170	74	24	16	518
	45.17%	32.82%	14.29%	4.63%	3.09%	
德州学院	190	166	169	27	19	571
	33.27%	29.07%	29.60%	4.73%	3.33%	
菏泽学院	294	120	44	34	19	511
	57.54%	23.48%	8.61%	6.65%	3.72%	<100%
潍坊学院	408	197	102	43	21	771
	52.92%	25.55%	13.23%	5.58%	2.72%	
枣庄学院	212	158	70	22	10	472
	44.92%	33.47%	14.83%	4.66%	2.12%	
泰山学院	200	136	96	34	7	473
	42.28%	28.75%	20.30%	7.19%	1.48%	

从表4—6—43可以得知，各高校学生活动地点的状况及不同地点在本学院的比例。平时活动地点为宿舍占比最高的是菏泽学院的学生，平时活动地点为教室占比最高的是枣庄学院的学生，平时活动地点为图书馆占比最高的是德州学院的学生，平时活动地点为体育场占比最高的是泰山学院的学生，其他地方各学院学生活动情况差不多。

不同年级之间活动地点状况比较：

表4—6—44 不同年级之间学生活动地点状况的差异比较

项　目	χ^2
卡方检验	1.423E2***

通过对各个年级样本的学生活动地点状况进行卡方检验,表4—6—44表明,不同年级学生的活动地点状况的差异达到显著性水平。

表4—6—45 不同年级之间学生活动地点比较

年级	宿舍	教室	图书馆	体育场	其他地方	总数
大一	486	243	120	40	23	912
	53.29%	26.64%	13.16%	4.39%	2.52%	
大二	512	313	121	62	35	1043
	49.09%	30.01%	11.60%	5.94%	3.36%	
大三	334	246	144	45	19	788
	42.39%	31.22%	18.27%	5.71%	2.41%	
大四	205	141	170	37	15	568
	36.09%	24.82%	29.93%	6.51%	2.64%	

从表4—6—45可以得知,各年级学生活动地点的状况及不同地点在本年级的比例。平时活动地点为宿舍占比最高的是大一的学生,平时活动地点为教室占比最高的是大三的学生,平时活动地点为图书馆占比最高的是大四的学生,平时活动地点为体育场占比最高的是大四的学生,其他地方各年级学生活动情况差不多。

原因分析:大一的学生不再是高中模式的生活,没有了束缚和压迫感,容易在宿舍娱乐;而大三和大二课程比较多,所以多待在教室;大四的学生多选择在图书馆学习准备考研。

性别对于活动地点状况比较:

表4—6—46 不同性别学生活动地点的差异比较

项　目	χ^2
卡方检验	44.025

通过对不同性别样本的学生活动地点状况进行卡方检验,表4—6—46表明,不同性别之间不存在统计学意义上的显著性差异。

表4—6—47　　　　不同性别学生活动地点比较

性别	宿舍	教室	图书馆	体育场	其他地方	总数
男	533	264	217	59	23	1096
	48.63%	24.09%	19.80%	5.38%	2.10%	
女	989	673	331	124	68	2185
	45.26%	30.80%	15.15%	5.68%	3.11%	

从表4—6—47可以得知,男生与女生不同活动地点的人数及在两者总人数里的比例。男生与女生在不同活动地点上的比例基本没有差异。

原因分析:作为学生主要的活动是平时休息和上课、学习为主,所以学生在宿舍和教室活动的比例较高,男女之间不会有很大差异。

不同专业之间活动地点状况比较:

表4—6—48　　　不同专业之间学生活动地点状况的差异比较

项目	χ^2
卡方检验	81.262***

通过对各个专业样本的学生活动地点状况进行卡方检验,表4—6—48表明,不同专业的学生的活动地点状况的差异达到显著性水平。

表4—6—49　　　不同专业之间学生活动地点状况比较

专业类别	宿舍	教室	图书馆	体育场	其他地方	总数
文科	846	410	229	76	39	1600
	52.88%	25.63%	14.31%	4.75%	2.44%	
理科	454	339	208	75	28	1104
	41.12%	30.71%	18.84%	6.79%	2.54%	
艺体	234	192	116	32	25	599
	39.07%	32.05%	19.37%	5.34%	4.17%	

从表 4—6—49 可以得知各专业类别学生不同活动地点的人数及在本专业类别总人数里的比例。平时活动地点为宿舍占比最高的是文科类专业的学生，平时活动地点为教室占比最高的是艺体类专业的学生，平时活动地点为图书馆占比最高的是理科类专业的学生，体育场和其他地方各专业学生活动情况差不多。

原因分析：文科的学生女生较多且大多不喜外出，更喜欢宅在宿舍；而艺体学生课程都在教室开展，会经常在教室练习；理科学生相比而言要花费更多时间钻研课程里比较晦涩难懂的知识，会经常去图书馆借阅书籍或者自习。

家庭来源对于活动地点状况的比较：

表 4—6—50　　不同家庭来源对于学生活动地点状况的差异比较

项　目	χ^2
卡方检验	81.075***

通过对不同家庭来源样本的学生活动地点状况进行卡方检验，表 4—6—50 表明，不同学校学生活动地点状况的差异达到显著性水平。

表 4—6—51　　不同家庭来源之间学生活动地点状况比较

类别	宿舍	教室	图书馆	体育场	其他地方	总数
农村	1051	580	329	117	48	2125
	49.46%	27.29%	15.48%	5.51%	2.26%	
城镇	319	230	158	47	16	770
	41.43%	29.87%	20.52%	6.10%	2.08%	
城市	158	126	66	19	24	393
	40.20%	32.06%	16.79%	4.83%	6.11%	

从表 4—6—51 可以得知来自不同家庭来源的学生不同活动地点的人数及在不同家庭来源的总人数里的比例。平时活动地点为宿舍占比最高的是来自农村的学生，平时活动地点为图书馆占比最高的是来自城镇的

学生，教室和体育场各家庭来源的学生活动情况差不多，而其他地方来自城市的学生去的较多。

原因分析：来自农村的学生在经历过中学高强度学习后，在面对无拘束的大学生活可能更不具有自觉性，容易在宿舍放纵自己。而来自城镇的学生更懂得去发展自己，则会多去图书馆吸收知识。城市学生因为接触环境更现代化，更加会去其他地方放松或者充实自己。

家庭状况对于活动地点状况的比较：

表4—6—52　不同家庭完整状况对于学生活动地点状况的差异比较

项　目	χ^2
卡方检验	93.673***

通过对不同家庭完整状况样本的学生活动地点状况进行卡方检验，表4—6—52表明，不同家庭完整状况之间存在统计学意义上的显著性差异。

表4—6—53　　不同家庭完整状况之间学生活动地点状况比较

类别	宿舍	教室	图书馆	体育场	其他地方	总数
健全	1371	802	449	163	70	2855
	48.02%	28.09%	15.73%	5.71%	2.45%	
单亲	117	87	72	17	8	301
	38.87%	28.90%	23.92%	5.65%	2.66%	
离异再组合	29	47	24	3	10	113
	25.66%	41.59%	21.24%	2.65%	8.86%	
寄养	16	8	7	1	2	34
	47.06%	23.53%	20.59%	2.94%	5.88%	

从表4—6—53可以得知，来自不同完整状况家庭的学生不同活动地点的人数及在其一类状况的家庭总人数里的比例。平时活动地点为宿舍占比最高且在图书馆占比最低的都是来自健全家庭的学生，平时活动地

点为教室占比最高的是来自离异再组合家庭的学生，在体育场健全家庭和单亲家庭的学生活动多于其他两种家庭状况的学生，其他地方来自离异再组合家庭和寄养家庭学生活动要多。

原因分析：健全家庭的学生可能因为家庭没有问题发生，思想相对乐观，什么事情都不担心，则会对自己比较放松，要求不高，经常待在宿舍不怎么去图书馆学习。

不同父母一方最高文化程度学生活动地点状况的比较：

表4—6—54　不同父母一方最高文化程度学生活动地点的差异比较

项　目	χ^2
卡方检验	88.941***

通过对父母一方最高文化程度对于学生活动地点状况进行卡方检验，表4—6—54表明，不同父母一方最高文化程度之间存在统计学意义上的显著性差异。

表4—6—55　不同父母一方最高文化程度对于学生活动地点状况比较

类别	宿舍	教室	图书馆	体育场	其他地方	总数
小学	370	136	110	19	8	643
	57.54%	21.15%	17.11%	2.95%	1.25%	
初中	608	434	223	85	34	1384
	43.93%	31.36%	16.11%	6.14%	2.46%	
高中	423	281	155	54	34	947
	44.67%	29.67%	16.37%	5.70%	3.59%	
大学及以上	130	94	61	26	14	325
	40.00%	28.92%	18.77%	8.00%	4.31%	

从表4—6—55可以得知，不同的父母一方最高文化程度于学生不同的活动地点的人数及在其一类文化程度的总人数里的比例。父母文化程度为小学和初中、高中、大学及以上之间的不同活动地点人数比例存在

显著性差异。父母一方最高文化程度为小学的学生比其他三者更倾向于在宿舍活动，教室和图书馆、体育场、其他地方都相应活动较少。

原因分析：若父母一方文化程度较低，受家庭环境和思想观念的影响，学生没有养成好的学习或因个性内向、自卑等原因，不愿意外出参加活动，常常宅在宿舍。

（五）活动内容

学生活动内容总体状况分析：

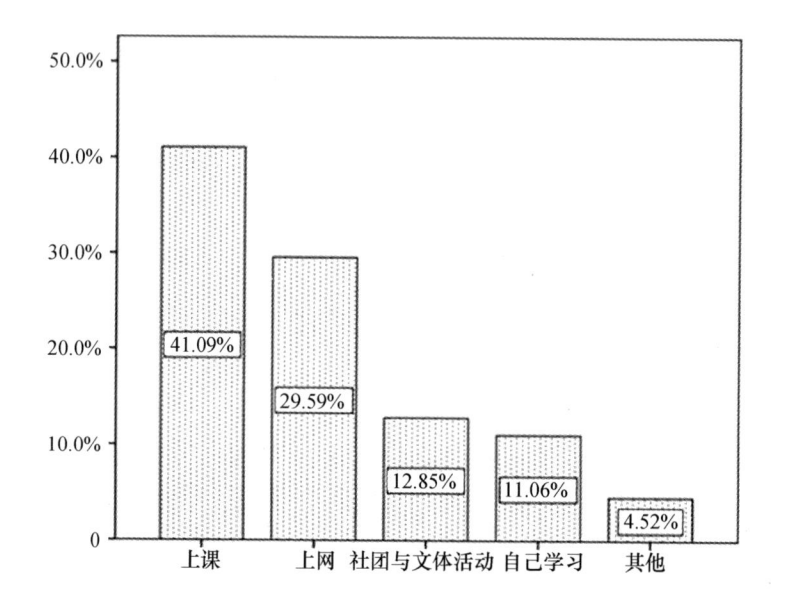

图4—6—19　6所高校学生活动内容总体状况分析

说明：此图是剔除异常数据后做的；也就是说有些学生未做选择。故表格中的百分比合计＜100％。

对6所高校大学生活动内容的总体情况进行分析，从上图可以得知6所高校大学生的学生活动内容总体情况：有41.09％的学生平时在学校最经常的活动是上课，29.59％的学生在学校日常活动是上网，12.85％的学生参加社团与文体活动，剩下11.06％和4.52％的学生分别是自己学习和其他活动。

不同学校之间学生活动内容状况比较：

表4—6—56　　不同学校之间学生活动内容状况的差异比较

项　目	χ^2
卡方检验	1.355E2***

通过对各个高校样本的学生活动内容进行卡方检验，表4—6—56表明，不同学校学生活动内容的差异达到显著性水平。

表4—6—57　　不同学校之间学生活动内容状况比较

学校	上课	上网	社团与文体活动	自己学习	其他	总数
滨州学院	228	153	49	61	32	523
	43.59%	29.25%	9.37%	11.66%	6.13%	
德州学院	207	178	122	43	23	573
	36.13%	31.06%	21.29%	7.51%	4.01%	
菏泽学院	247	163	48	36	19	513
	48.15%	31.77%	9.36%	7.02%	3.70%	
潍坊学院	318	243	71	105	38	775
	41.03%	31.35%	9.16%	13.55%	4.91%	
枣庄学院	189	139	76	58	10	472
	40.04%	29.45%	16.10%	12.29%	2.12%	
泰山学院	193	119	66	69	30	477
	40.46%	24.95%	13.84%	14.47%	6.28%	

从表4—6—57可以得知，各高校学生不同活动内容的人数及在本学院总人数里的比例。平时在学校最经常做的事情为上课的是菏泽学院的学生，在其总人数里占比较高于其他学校；而上网最少的是泰山学院的学生；参与社团与文体活动最多的是德州学院的学生；德州学院和菏泽学院的学生自己学习较少；枣庄学院的学生参与其他活动最少。

不同年级之间学生活动内容状况比较：

表4—6—58　　　　不同年级之间学生活动内容状况的差异比较

项目	χ^2
卡方检验	1.289E2 ***

通过对各个年级样本的学生活动内容状况进行卡方检验，表4—6—58表明，不同年级学生的活动内容状况的差异达到显著性水平。

表4—6—59　　　　不同年级之间学生活动内容状况比较

年级	上课	上网	社团与文体活动	自己学习	其他	总数
大一	467	238	104	69	34	912
	51.21%	26.10%	11.40%	7.57%	3.73%	
大二	415	357	121	106	48	1047
	39.64%	34.10%	11.56%	10.12%	4.58%	
大三	303	248	103	95	48	797
	38.02%	31.12%	12.92%	11.92%	6.02%	
大四	195	150	103	102	22	572
	34.09%	26.22%	18.01%	17.83%	3.85%	

从表4—6—59可以得知，各年级学生不同活动内容的人数及在本年级总人数里的比例。平时在学校最经常做的事情为上课的是大一的学生，在其总人数里占比高于其他年级，但自己学习比较少；而上网最多的是大二的学生，其次为大三的学生；参与社团与文体活动和自己学习最多的都是大四的学生；其他活动各年级情况差异不大。

原因分析：大一的学生课程较多；而大二和大三的学生因为个人意志原因或者恋爱原因开始出现学习上的倦怠，此时学生中容易出现较大差异，自律性不强的学生平时容易放纵自己，多有上网行为。大四的学生很多需要准备考研又因为即将毕业，所以较多都会自己学习同时也会更加珍惜和参加校园活动。

性别对于学生活动内容状况比较：

表 4—6—60　　　　　　不同性别学生活动内容的差异比较

项　目	χ^2
卡方检验	43.933

通过对不同性别样本的学生活动内容状况进行卡方检验，表4—6—60表明，不同性别之间不存在统计学意义上的显著性差异。

表 4—6—61　　　　　　不同性别之间学生活动内容状况比较

性别	上课	上网	社团与文体活动	自己学习	其他	总数
男	492	281	172	114	44	1103
	44.61%	25.48%	15.59%	10.34%	3.98%	
女	878	696	257	257	107	2195
	40.00%	31.71%	11.71%	11.71%	4.87%	

从表4—6—61可以得知，男生与女生的不同活动内容的人数及在两者总人数里的比例。男生和女生上课比例都是最高的，分别是达到44.61%和40.00%。

原因分析：作为学生主要的活动内容是以上课为主，所以男女之间不会有很大差异。

不同专业之间学生活动内容状况比较：

表 4—6—62　　　　　　不同专业学生活动内容的差异比较

项　目	χ^2
卡方检验	1.006E2 ***

通过对各个专业样本的学生活动内容状况进行卡方检验，表4—6—62表明，不同专业的学生活动内容状况的差异达到显著性水平。

表 4—6—63　　　　不同专业之间学生活动内容状况比较

类别	上课	上网	社团与文体活动	自己学习	其他	总数
文科	767 47.88%	457 28.53%	151 9.43%	168 10.49%	59 3.67%	1602
理科	410 36.71%	362 32.41%	169 15.13%	126 11.28%	50 4.47%	1117
艺体	200 33.28%	175 29.12%	111 18.47%	74 12.31%	41 6.82%	601

从表 4—6—63 可以得知各专业类别学生不同活动内容的人数及在本专业类别总人数里的比例。平时上课占比最高的是文科类专业的学生，平时上网占比最高的是理科类专业的学生，平时参与社团与文体活动和其他活动占比最高的是艺体类专业的学生，在自己学习这一项活动内容上各专业学生活动情况差不多。

原因分析：文科类专业的学生理论性的课程较多；而理科类专业的学生因为专业影响会经常接触电脑，再加上学生自制力不佳，所以可能多上网行为。艺体类专业的学生因为专业性质会更多出现在各种校园或者校外活动中，进行各种表演等等。

不同家庭来源学生活动内容状况的比较：

表 4—6—64　　　　不同家庭来源学生活动内容状况的差异比较

项　目	χ^2
卡方检验	67.148**

通过对不同家庭来源样本的学生活动内容状况进行卡方检验，表 4—6—64 表明，不同学校学生活动内容状况的差异达到显著性水平。

从表 4—6—65 可以得知，来自不同家庭来源的学生不同活动内容的人数及在不同家庭来源的总人数里的比例。平时上课占比最高和参加社团与文体活动占比最低的是来自农村的学生，平时上网占比最高的是来自城镇的学生,而其他活动来自城市的学生参与得较多,在自己学习这一项活动上各家庭来源的学生活动情况差不多。

表4—6—65　　　不同家庭来源之间学生活动内容状况比较

类别	上课	上网	社团与文体活动	自己学习	其他	总数
农村	944	616	248	227	100	2135
	44.22%	28.85%	11.62%	10.63%	4.68%	
城镇	286	253	121	89	24	773
	37.00%	32.73%	15.65%	11.51%	3.11%	
城市	142	118	61	49	27	397
	35.77%	29.72%	15.37%	12.34%	6.80%	

原因分析:来自农村的学生一定程度受家庭因素影响想要通过学习提升自己,所以会更加重视上课,遵守规则,少逃课等违纪行为,但因为学习模式较机械所以参与课下活动较少。而来自城镇的学生可能更加懂得劳逸结合,所以平时上网比例最高。城市学生可能因为视野开阔、思想开放,可能更加喜欢参加课下活动,不仅仅拘泥于课堂。

不同家庭完整状况对于学生活动内容状况的比较:

表4—6—66　　　不同家庭完整状况学生活动内容的差异比较

项　目	χ^2
卡方检验	62.527**

通过对不同家庭完整状况样本的学生活动内容状况进行卡方检验,表4—6—66表明,不同家庭完整状况之间存在统计学意义上的显著性差异。

从表4—6—67可以得知,来自不同完整状况家庭的学生不同活动内容的人数及在其一类状况的家庭总人数里的比例。健全家庭的学生上课和自己学习较多,而上网和参加社团与文体活动比较少;单亲家庭和离异再组合家庭的学生上网和参加社团与文体活动较多，而上课比较少；寄养家庭的学生上课较多，而上网和自己学习比较少。

表4—6—67　　不同家庭完整状况之间学生活动内容状况比较

类别	上课	上网	社团与文体活动	自己学习	其他	总数
健全	1240	829	349	326	126	2870
	43.21%	28.89%	12.16%	11.36%	4.38%	
单亲	87	114	52	31	18	302
	28.81%	37.75%	17.22%	10.26%	5.96%	
离异再组合	33	40	23	12	6	114
	28.95%	35.09%	20.18%	10.53%	5.25%	
寄养	15	9	6	2	2	34
	44.12%	26.47%	17.65%	5.88%	5.88%	

原因分析：单亲家庭和离异再组合家庭的学生可能因为家庭问题而对自己的性格和心理产生了一定的影响，可能有情绪不好而厌学的倾向，导致上课较少。反之，健全家庭和寄养家庭的学生没有较大问题，属于正常的学习惰性问题。

不同父母一方最高文化程度学生活动内容状况的比较：

表4—6—68　不同父母一方最高文化程度学生活动内容的差异比较

项目	χ^2
卡方检验	95.634***

通过对父母一方最高文化程度对于学生活动内容状况进行卡方检验，表4—6—68表明，不同父母一方最高文化程度之间存在统计学意义上的显著性差异。

表4—6—69　不同父母一方最高文化程度学生活动内容状况比较

类别	上课	上网	社团与文体活动	自己学习	其他	总数
小学	353 54.90%	139 21.62%	73 11.35%	56 8.71%	22 3.42%	643
初中	535 38.43%	454 32.61%	175 12.57%	151 10.85%	77 5.54%	1392
高中	372 38.95%	303 31.73%	123 12.88%	119 12.46%	38 3.98%	955
大学及以上	118 36.20%	93 28.53%	58 17.79%	42 12.88%	15 4.60%	326

从表4—6—69可以得知，不同的父母一方最高文化程度对于学生不同活动内容的人数及在其一类文化程度的总人数里的比例。父母文化程度为小学和初中、高中、大学及以上之间的不同活动人数比例存在显著性差异。父母一方最高文化程度为小学的学生比其他三者平时活动中上课更多，上网和参与各种活动、自己学习都较少。

原因分析：父母文化程度较低的学生，他们更可能受家庭观念影响，更加重视学习（主要是课堂学习），不太愿意接触新生事物，学习方式方法单一，对自己的学校生活不能很好的统筹和灵活安排，所以上网和参与除了学习以外的活动偏少。

二　学生对社交的重视程度

（一）社团组织与文化体育活动

社团组织与文化体育活动重视状况总体分析：

通过SPSS将问卷数据进行处理，对6所高校学生对于社团组织与文化体育活动重视状况进行分析，从图4—6—20可以得知：有44.48%的学生认为校内的社团组织与文化体育活动对大学生而言很有必要，也有36.66%的学生认为只是一般重要，不是那么必要，11.12%的学生认为不太重要，剩下5.32%的学生对此无所谓。

不同学校之间学生对于社团组织与文化体育活动重视状况比较：

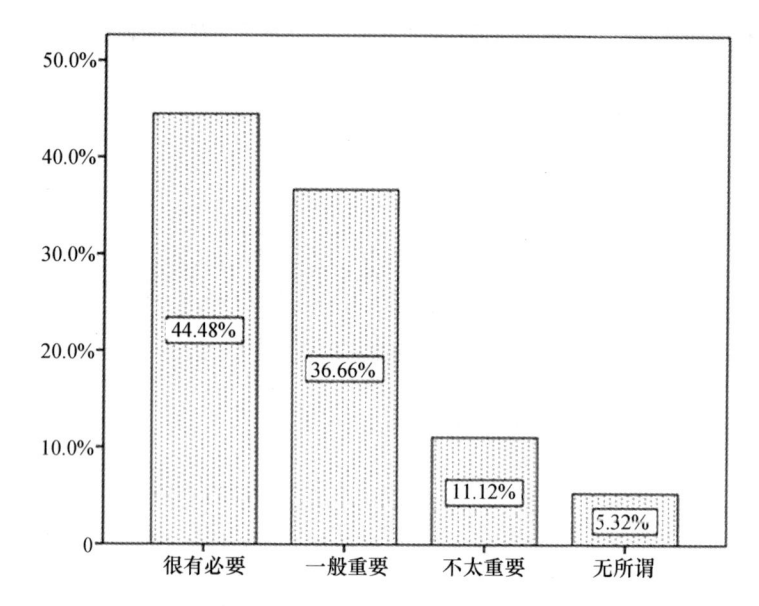

[图表：学生对于社团组织与文化体育活动的重视状况条形图]
- 很有必要：44.48%
- 一般重要：36.66%
- 不太重要：11.12%
- 无所谓：5.32%

图4—6—20　学生对于社团组织与文化体育活动的重视状况分析

说明：此图是剔除异常数据后做的；也就是说有些学生未做选择。故表格中的百分比合计<100%。

表4—6—70　不同学校学生对于社团组织与文化体育活动重视状况的差异比较

项　目	平方和	自由度	均方	F
组间	8.692	5	1.738	1.940
组内	3007.424	3357	0.896	
总数	3016.116	3362		

表4—6—71　不同学校学生对于社团组织与文化体育活动重视状况的均值差异比较

事后检验	(I) 学校	(J) 学校	均值差异 (I-J)	标准误
LSD	滨州学院	德州学院	-0.099	0.057
		菏泽学院	-0.016	0.058
		潍坊学院	0.032	0.053
		枣庄学院	-0.100	0.060
		泰山学院	-0.031	0.060

续表

事后检验	(I) 学校	(J) 学校	均值差异 (I-J)	标准误
LSD	德州学院	滨州学院	0.099	0.057
		菏泽学院	0.083	0.057
		潍坊学院	0.131*	0.052
		枣庄学院	-0.001	0.059
		泰山学院	0.068	0.059
	菏泽学院	滨州学院	0.016	0.058
		德州学院	-0.083	0.057
		潍坊学院	0.048	0.054
		枣庄学院	-0.085	0.060
		泰山学院	-0.015	0.060
	潍坊学院	滨州学院	-0.032	0.053
		德州学院	-0.131*	0.052
		菏泽学院	-0.048	0.054
		枣庄学院	-0.132*	0.055
		泰山学院	-0.063	0.055
	枣庄学院	滨州学院	0.100	0.060
		德州学院	0.001	0.059
		菏泽学院	0.085	0.060
		潍坊学院	0.132*	0.055
		泰山学院	0.070	0.061
	泰山学院	滨州学院	0.031	0.060
		德州学院	-0.068	0.059
		菏泽学院	0.015	0.060
		潍坊学院	0.063	0.055
		枣庄学院	-0.070	0.061

表4—6—70表明，学生对于社团组织与文化体育活动重视状况在不同院校之间没有显著性差异。表4—6—71表明，仅潍坊学院分别与德州学院、枣庄学院存在显著性差异。

由图4—6—21可知，以上6所学院的学生对于社团组织与文化体育活动重视程度均较高，基本都认为社团组织与文化体育活动比较重

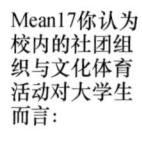

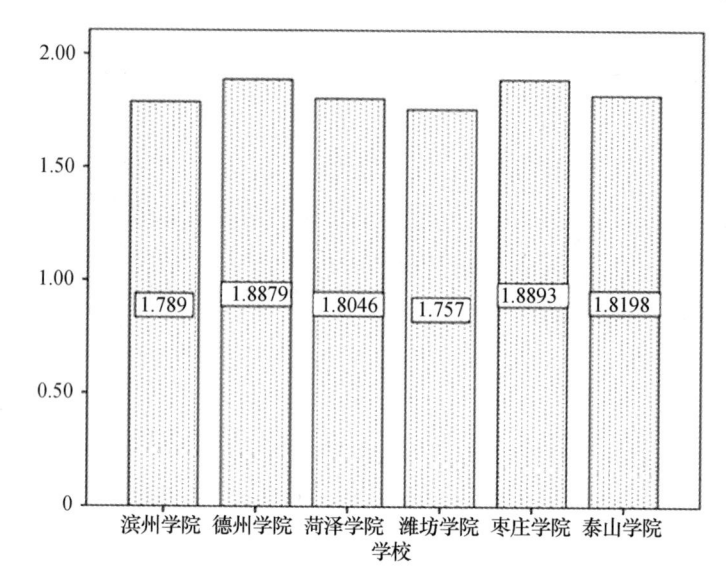

图 4—6—21 不同学校学生对于社团组织与文化体育活动重视状况分析

说明：本题选项有四个：很有必要、一般重要、不太重要、无所谓，分别记为 1 分，2 分，3 分，4 分，即得分越高说明越不重视，得分越低说明重视程度越高。

要。其中，枣庄学院在对社团组织与文化体育活动重视状况的得分高于其他学院，即在 6 所学院中枣庄学院的学生对社团组织与文化体育活动的重视程度要低于其他学院的学生，其次按照重视程度从低到高分别是德州学院、泰山学院、菏泽学院、滨州学院，重视度最高的是潍坊学院。

不同年级之间学生对于社团组织与文化体育活动重视状况比较：

表 4—6—72　　不同年级学生对于社团组织与文化体育活动重视状况的差异比较

项目	平方和	自由度	均方	F
组间	58.646	3	19.549	22.191***
组内	2954.669	3354	0.881	
总数	3013.315	3357		

表 4—6—73　　不同年级学生对于社团组织与文化
体育活动重视状况的均值差异比较

	（I）年级	（J）年级	均值差异（I-J）	标准误（SE）
LSD	一年级	二年级	-0.276*	0.042
		三年级	-0.334*	0.045
		四年级	-0.145*	0.050
	二年级	一年级	0.276*	0.042
		三年级	-0.058	0.044
		四年级	0.131*	0.049
	三年级	一年级	0.334*	0.045
		二年级	0.058	0.044
		四年级	0.188*	0.051
	四年级	一年级	0.145*	0.050
		二年级	-0.131*	0.049
		三年级	-0.188*	0.051

通过对不同年级样本的学生对于社团组织与文化体育活动重视状况进行方差分析，表4—6—72表明，不同年级的学生对于社团组织与文化体育活动重视状况的差异达到显著性水平；表4—6—73表明，只有大二与大三不存在显著性差异，其他年级之间均存在统计学意义上的显著性差异。

由图4—6—22可知，四个年级中大三的学生对于社团组织与文化体育活动重视程度的得分高于其他年级的学生，即大三的学生对于社团组织与文化体育活动重视程度最低，其次按照重视程度从低到高分别是大二、大四、大一，大一对于社团组织与文化体育活动重视程度最高，大二与大三之间的情况差异不大。

原因分析：大三的学生开始考虑未来就业问题，更为学生选择走出校门参加社会工作，或积极备战考研，因而顾及不了学校的社团组织和

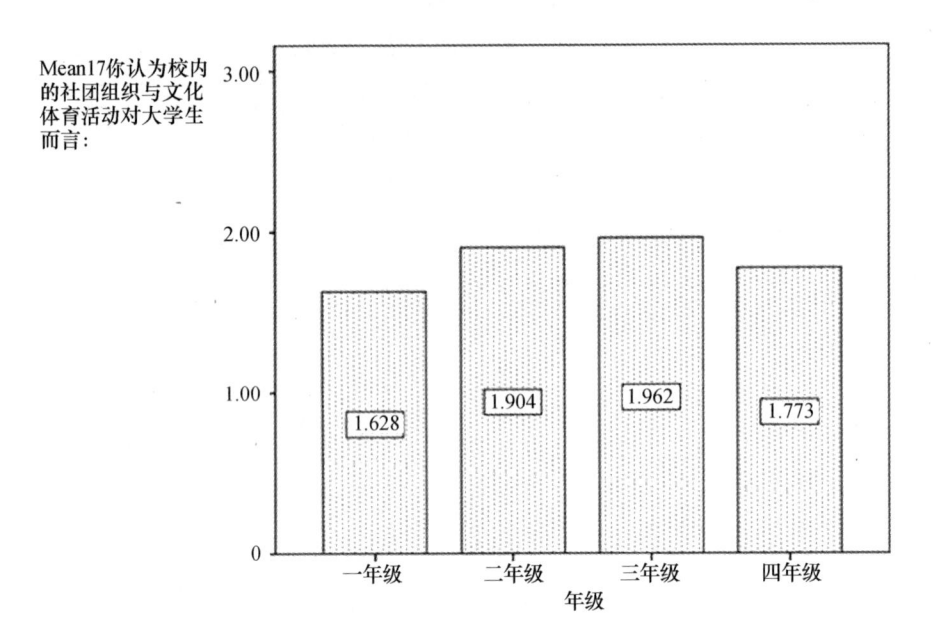

Mean17 你认为校内的社团组织与文化体育活动对大学生而言：

[柱状图：一年级 1.628；二年级 1.904；三年级 1.962；四年级 1.773]

图 4—6—22　不同年级对于社团组织与文化体育活动重视状况分析

文化体育活动；大一的学生刚进入大学，因为之前接触这一类活动较少，所以因为新鲜感和体验感会更加重视社团组织与文化体育活动，更加有时间和兴趣参与校内社团组织与文化体育活动，重视程度最高。

性别对于学生的社团组织与文化体育活动重视状况比较：

表 4—6—74　不同性别学生对社团组织与文化体育活动重视状况差异比较

项目	F	Sig.	t	dF
方差齐性	12.029	0.001	-3.222	3326
方差不齐性			-3.213**	2.198E3

表 4—6—74 表明，不同性别对于学生的社团组织与文化体育活动重视状况的差异性达到显著性水平。

由图 4—6—23 可知，女生对于学生的社团组织与文化体育活动重视

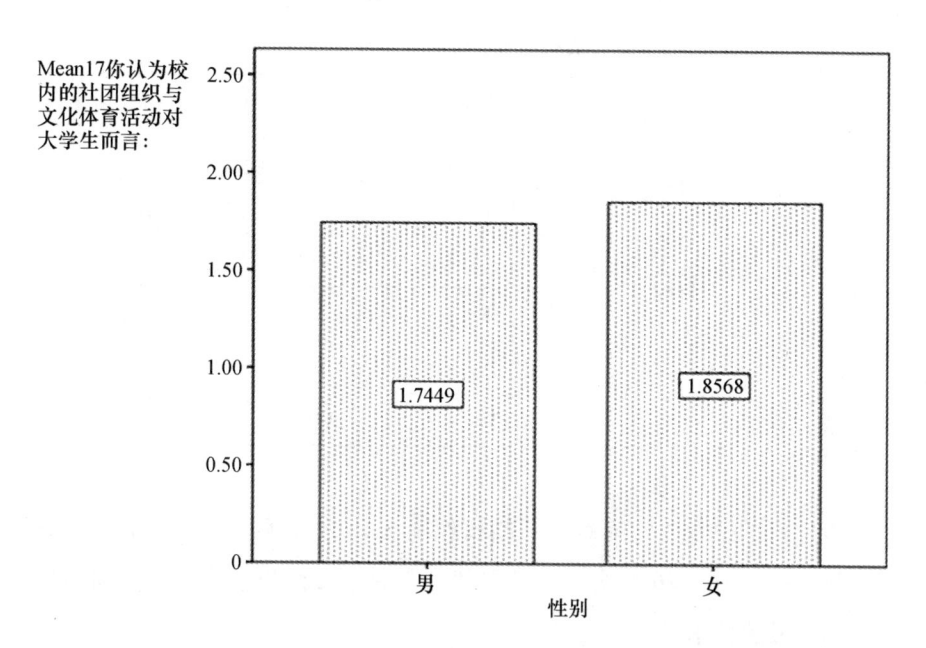

Mean17你认为校内的社团组织与文化体育活动对大学生而言：

男：1.7449　女：1.8568

图4—6—23　不同性别学生对社团组织与文化体育活动重视状况分析

程度的得分高于男生，即表明女生比男生更不重视社团组织与文化体育活动。

原因分析：相比社团组织与文化体育活动，女生更加倾向于花费时间在生活中其他私人的娱乐活动。

不同专业之间学生对于社团组织与文化体育活动重视状况比较：

表4—6—75　不同专业之间学生对于社团组织与文化体育活动重视状况差异比较

项目	平方和	自由度	均方	F
组间	22.665	3	7.555	8.463***
组内	2990.663	3350	0.893	
总数	3013.328	3353		

表4—6—76　　不同专业之间学生对于社团组织与文化
体育活动重视状况均值差异比较

事后检验	(I) 专业	(J) 专业	均值差异 (I-J)	标准误
LSD	文科	理科	-0.135*	0.037
		艺体	-0.191*	0.045
	理科	文科	0.135*	0.037
		艺体	-0.056	0.048
	艺体	文科	0.191*	0.045
		理科	0.056	0.048

通过对不同专业样本对于社团组织与文化体育活动重视状况进行方差分析，表4—6—76表明，文科和理科专业、文科和艺体专业之间差异性均达到显著性水平。

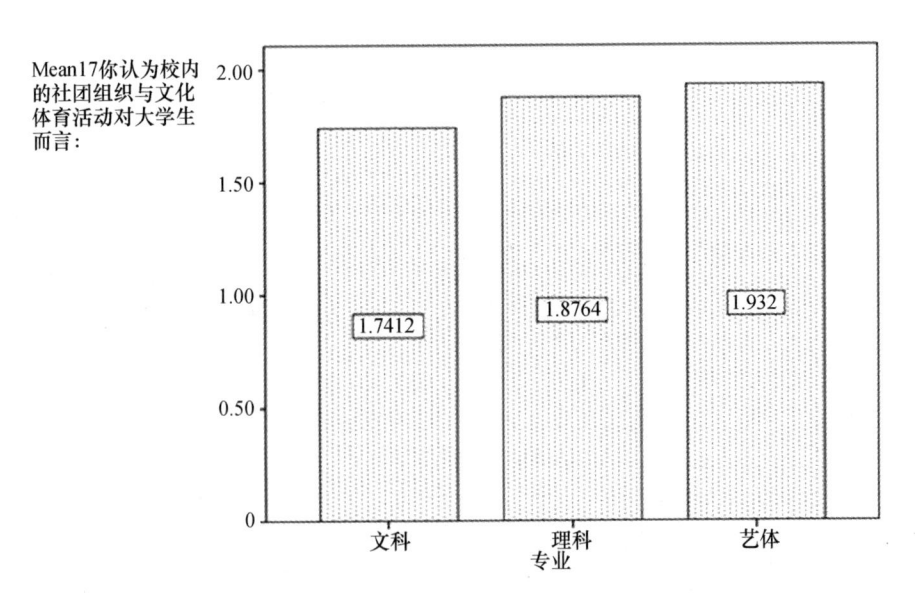

图4—6—24　不同专业学生对社团组织与文化体育活动重视状况分析

由图4—6—24可知，艺体类专业对于社团组织与文化体育活动重视状况的得分高于其他专业，即艺体类专业的学生对于社团组织与文化体育活动重视程度最低,其次是理科类专业,得分最低的为文科类专业;艺体类专业的学生更加不重视社团组织与文化体育活动,文科类专业的学生相较而言更加重视社团组织与文化体育活动。

原因分析:艺体的学生平时本专业接触的文艺活动较多,就不那么重视其他的社团组织与文化体育活动;文科学生因为专业性质会相对更加重视有关文化体育这一类相关的活动。

不同家庭来源学生对于社团组织与文化体育活动重视状况的比较:

表4—6—77　　不同家庭来源学生对社团组织与文化体育活动重视状况的差异比较

项　目	平方和	自由度	均方	F
组间	13.295	4	3.324	3.720**
组内	2995.379	3352	0.894	
总数	3008.674	3356		

表4—6—78　　不同家庭来源学生对社团组织与文化体育活动重视状况均值差异比较

事后检验	(I)家庭来源	(J)家庭来源	均值差异(I-J)	标准误
LSD	农村	城镇	-0.117*	0.040
		城市	-0.144*	0.051
	城镇	农村	0.117*	0.040
		城市	-0.027	0.058
	城市	农村	0.144*	0.051
		城镇	0.027	0.058

通过对不同家庭来源的学生对于社团组织与文化体育活动重视状况进行方差分析,表4—6—78表明,除了城市和城镇之间差异性没有达到显著性水平外,农村和城市、农村和城镇均存在显著性差异。

由图4—6—25可知,来自城市的学生对于社团组织与文化体育活动重视程度的得分高于城镇和农村的学生,即来自城市的学生对于社团组织与文化体育活动重视程度最低,更加不重视社团组织与文化体育活动,

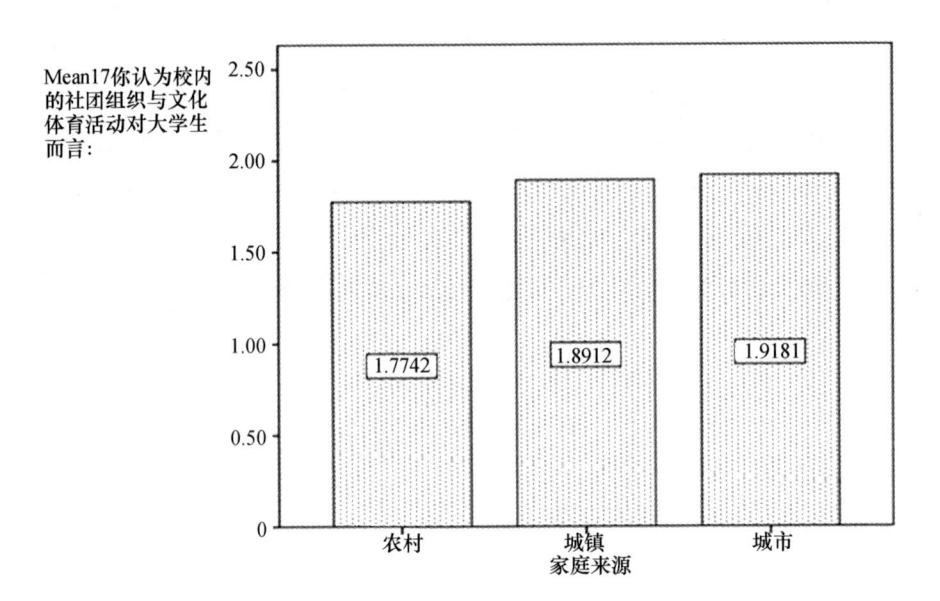

图 4—6—25　不同家庭来源学生对社团组织与文化体育活动重视状况分析

其次是来自城镇的学生，得分最低的为来自农村的学生，即来自农村的学生更加重视社团组织与文化体育活动。

原因分析：农村学生因为环境原因之前接触这一类活动较少，所以因为新鲜感和体验感会更加重视社团组织与文化体育活动。

不同家庭完整状况学生对于社团组织与文化体育活动重视状况的比较：

表 4—6—79　　　不同家庭状况学生对社团组织与文化
体育活动重视状况的差异比较

项目	平方和	自由度	均方	F
组间	5.160	4	1.290	1.438
组内	3006.843	3352	0.897	
总数	3012.003	3356		

表 4—6—80　　不同家庭状况学生对社团组织与文化
体育活动重视状况均值差异比较

事后检验	（I）家庭完整状况	（J）家庭完整状况	均值差异（I-J）	标准误
LSD	健全	单亲	-0.118*	0.057
		离异再组合	-0.055	0.089
		寄养	-0.195	0.163
	单亲	健全	0.118*	0.057
		离异再组合	0.063	0.103
		寄养	-0.077	0.171
	离异再组合	健全	0.055	0.089
		单亲	-0.063	0.103
		寄养	-0.140	0.184
	寄养	健全	0.195	0.163
		单亲	0.077	0.171
		离异再组合	0.140	0.184

通过对不同家庭状况的学生对于社团组织与文化体育活动重视状况进行方差分析，表4—6—80表明，仅健全家庭和单亲家庭之间差异性达到显著性水平。

由图4—6—26可知，来自寄养家庭的学生对于社团组织与文化体育活动重视程度得分高于其他家庭状况的学生，即来自寄养家庭的学生对于社团组织与文化体育活动重视程度最低，更加不重视社团组织与文化体育活动，其次是来自单亲家庭的学生，接着是来自离异再组合家庭的学生，得分最低的仍然为来自健全家庭的学生，来自健全家庭的学生相比而言更加重视社团组织与文化体育活动。

原因分析：家庭越完整健全，学生更加愿意放心接触外部世界，更加愿意参与各种活动，相对对各种社团组织与文化体育活动就会更加重视。

不同父母一方最高文化程度学生对社团组织与文化体育活动重视状况比较：

由图4—6—27可得，父母一方最高文化程度为大学及以上的学生对

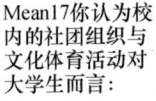

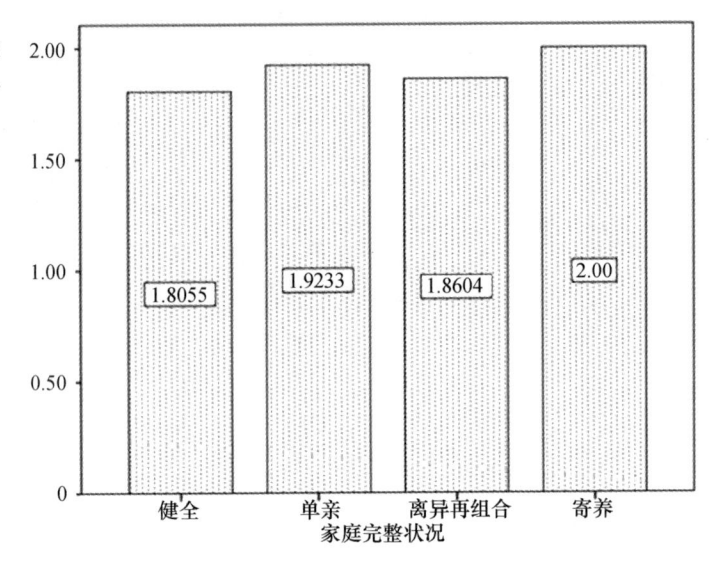

图 4—6—26　不同家庭完整状况对于社团组织与文化体育活动重视状况分析

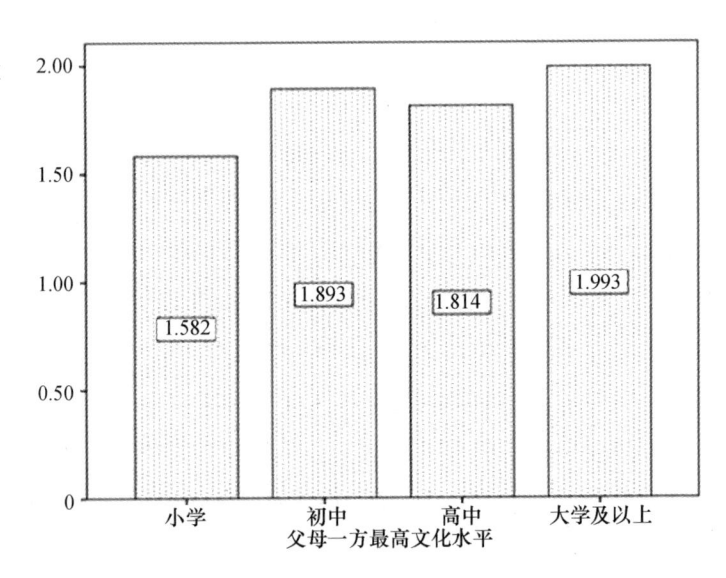

图 4—6—27　不同父母一方最高文化程度学生对社团
组织与文体活动重视状况分析

于学生的社团组织与文化体育活动重视程度的得分高于其他的学生，其次是初中，接着是高中，得分最低的为父母一方最高文化程度为小学的学生；即父母一方最高文化程度为大学及以上的学生更不重视社团组织与文化体育活动，其中父母一方最高文化程度为小学的学生最重视社团组织与文化体育活动。

表4—6—81　　　不同父母一方最高文化程度学生对社团
组织与文体活动重视状况差异比较

项目	平方和	自由度	均方	F
组间	54.033	4	13.508	15.306***
组内	2959.281	3353	0.883	
总数	3013.314	3357		

表4—6—82　　　不同父母一方最高文化程度学生对社团
组织与文体活动重视状况均值差异比较

事后检验	(I) 父母一方最高文化水平	(J) 父母一方最高文化水平	均值差异(I−J)	标准误
LSD	小学	初中	−0.311*	0.045
		高中	−0.232*	0.048
		大学及以上	−0.411*	0.064
	初中	小学	0.311*	0.045
		高中	0.079*	0.039
		大学及以上	−0.100	0.058
	高中	小学	0.232*	0.048
		初中	−0.079*	0.039
		大学及以上	−0.179*	0.060
	大学及以上	小学	0.411*	0.064
		初中	0.100	0.058
		高中	0.179*	0.060

通过父母一方最高文化程度的不同对于学生的社团组织与文化体育活动重视状况进行方差分析，表4—6—82表明，初中和大学及以上之间不存在显著性差异，其他不同文化程度之间分别存在显著性差异。

原因分析：父母一方最高文化程度为小学的学生，家庭条件可能不算优越，会因为环境原因之前接触这一类活动较少，所以因为新鲜感和体验感会更加重视社团组织与文化体育活动。

（二）校外社会实践

学生对校外社会实践重视程度的总体状况分析：

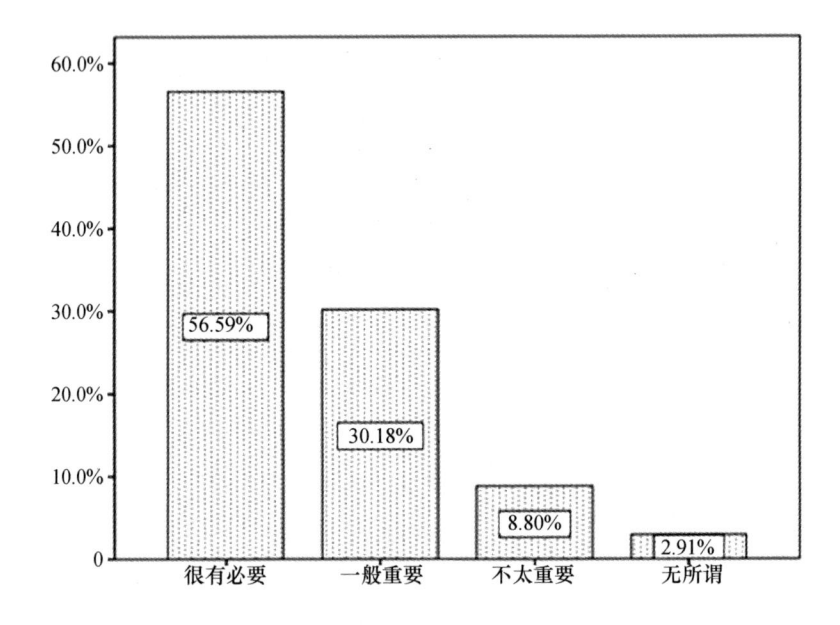

图4—6—28　6所高校学生对校外社会实践重视程度总体状况分析

说明：此图是剔除异常数据后做的；也就是说有些学生未做选择。故表格中的百分比合计＜100%。

对6所高校学生对校外社会实践重视程度的总体情况进行分析，从上图可以得知：有56.59%的学生认为适当的校外社会实践对于在校大学生很有必要，30.18%的学生认为校外社会实践一般重要，有8.8%的学生觉得不太重要，剩下2.91%的学生对此无所谓。

不同学校之间学生对校外社会实践重视程度状况比较：

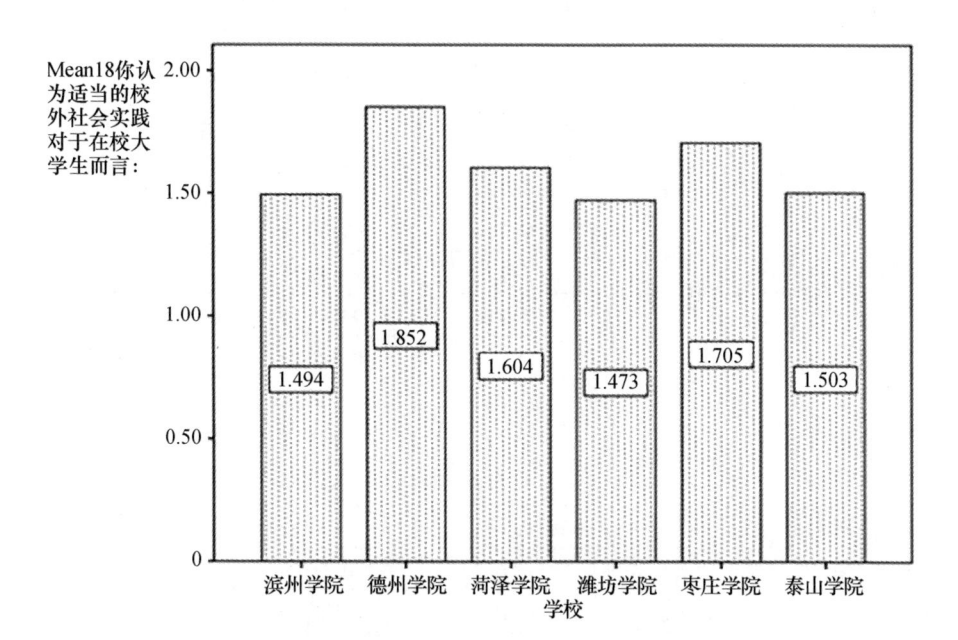

图 4—6—29 不同学校对于校外社会实践重视程度分析

由图 4—6—29 可知，以上 6 所学院的学生对于校外社会实践重视程度均较高，基本都认为校外社会实践比较重要。在其中德州学院在对校外社会实践重视程度的得分高于其他学院，即在 6 所学院中德州学院的学生对校外社会实践重视程度要低于其他学院的学生，其次按照重视程度从低到高分别是枣庄学院、菏泽学院、泰山学院、滨州学院，重视度最高的是潍坊学院。

表 4—6—83　不同学校学生对校外社会实践重视程度状况的差异比较

项　目	平方和	自由度	均方	F
组间	64.983	5	12.997	19.309***
组内	2259.593	3357	0.673	
总数	2324.576	3362		

表4—6—84　不同学校学生对校外社会实践重视程度状况的均值差异比较

事后检验	（I）学校	（J）学校	均值差异（I-J）	标准误
LSD	滨州学院	德州学院	-0.358*	0.049
		菏泽学院	-0.110*	0.051
		潍坊学院	0.021	0.046
		枣庄学院	-0.211*	0.052
		泰山学院	-0.009	0.052
	德州学院	滨州学院	0.358*	0.049
		菏泽学院	0.248*	0.050
		潍坊学院	0.379*	0.045
		枣庄学院	0.147*	0.051
		泰山学院	0.349*	0.051
	菏泽学院	滨州学院	0.110*	0.051
		德州学院	-0.248*	0.050
		潍坊学院	0.131*	0.046
		枣庄学院	-0.101	0.052
		泰山学院	0.101	0.052
	潍坊学院	滨州学院	-0.021	0.046
		德州学院	-0.379*	0.045
		菏泽学院	-0.131*	0.046
		枣庄学院	-0.232*	0.048
		泰山学院	-0.030	0.048
	枣庄学院	滨州学院	0.211*	0.052
		德州学院	-0.147*	0.051
		菏泽学院	0.101	0.052
		潍坊学院	0.232*	0.048
		泰山学院	0.202*	0.053
	泰山学院	滨州学院	0.009	0.052
		德州学院	-0.349*	0.051
		菏泽学院	-0.101	0.052
		潍坊学院	0.030	0.048
		枣庄学院	-0.202*	0.053

表4—6—83表明，学生对校外社会实践重视程度在不同院校之间有显著性差异。表4—6—84表明，滨州学院分别与德州学院、菏泽学院、枣庄学院均存在显著性差异，其次德州学院分别与菏泽学院、枣庄学院、泰山学院存在显著性差异，最后菏泽学院与潍坊学院之间、潍坊学院与枣庄学院之间、枣庄学院与泰山学院之间都有显著性差异。

不同年级之间学生对校外社会实践重视程度状况比较：

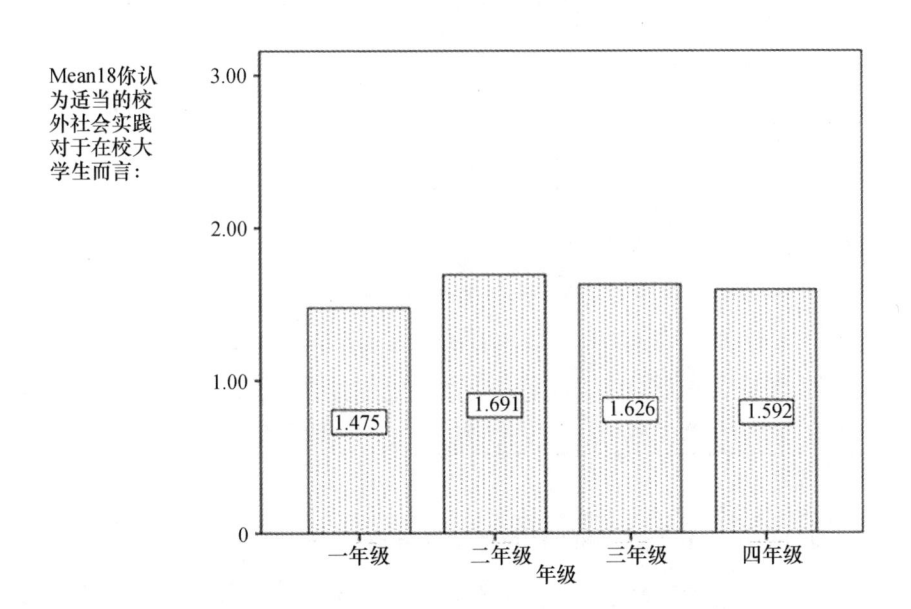

图4—6—30 不同年级学生对于校外社会实践重视程度分析

由图4—6—30可知，四个年级中大二的学生对于校外社会实践重视程度的得分高于其他年级的学生，即大二的学生对于社团组织与文化体育活动重视程度最低，其次按照重视程度从低到高分别是大三、大四、大一，大一对于校外社会实践重视程度最高。

表4—6—85　不同年级学生对校外社会实践重视程度状况的差异比较

项目	平方和	自由度	均方	F
组间	23.680	3	7.893	11.522***
组内	2297.696	3354	0.685	
总数	2321.376	3357		

表4—6—86　不同年级学生对校外社会实践重视程度状况的均值差异比较

事后检验	(I) 年级	(J) 年级	均值差异 (I-J)	标准误
LSD	一年级	二年级	-0.216*	0.037
		三年级	-0.151*	0.040
		四年级	-0.118*	0.044
	二年级	一年级	0.216*	0.037
		三年级	0.064	0.039
		四年级	0.098*	0.043
	三年级	一年级	0.151*	0.040
		二年级	-0.064	0.039
		四年级	0.034	0.045
	四年级	一年级	0.118*	0.044
		二年级	-0.098*	0.043
		三年级	-0.034	0.045

通过对不同年级样本的学生对校外社会实践重视程度现状进行方差分析，表4—6—85表明，不同年级的学生对校外社会实践重视程度状况的差异达到显著性水平。表4—6—86表明，大一与大二、大三、大四之间均存在显著性差异，大二与大一、大四之间存在显著性差异，大二、大三之间不存在显著性差异。

原因分析：大一学生，除了上课，自由时间较多，且又想减轻家庭经济负担，大一下学期会有较多学生去校外找兼职，对校外实践要更加重视；大四学生，面临毕业，比较看重校外实践活动；大二大三的学生，专业任务以及其他考证任务较重或者由于个人惰性贪玩、懒散、谈恋爱等等，不会较多精力关注校外的社会实践。

不同性别学生对校外社会实践重视程度状况比较：

由图4—6—31可知，女生对于校外社会实践重视的程度与男生基本一致，没有明显差异，女生和男生同样比较重视校外社会实践。

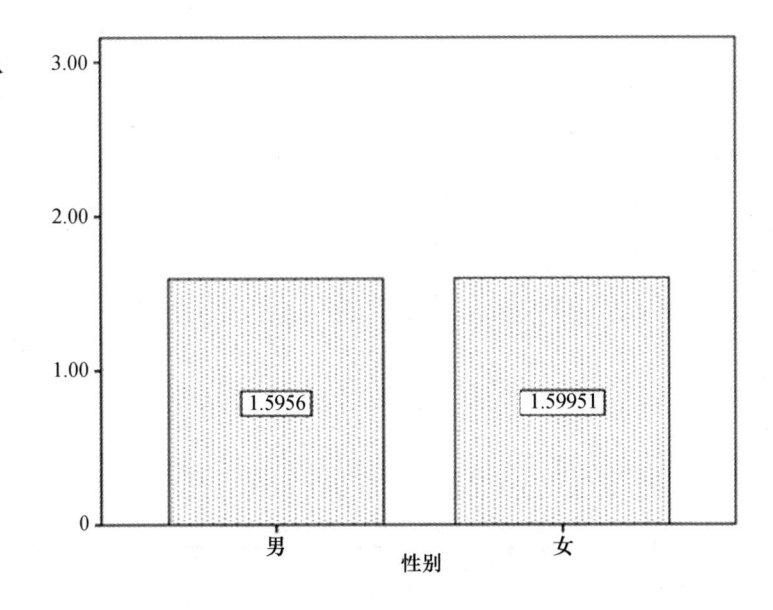

图4—6—31　不同性别学生对校外社会实践重视状况分析

表4—6—87　不同性别学生对校外社会实践重视程度差异比较

项目	F	Sig.	t	dF
方差齐性	2.060	0.151	-0.128	3326
方差不齐性			-0.127	2.139E3

表4—6—87表明，不同性别对于学生对校外社会实践重视程度情况的差异性没有达到显著性水平。

原因分析：无论男女只要是学生都是要进行校外实践，都需要思考就业，谋划自己的未来，因而对于校外社会实践的态度基本会基本保持一致。

不同专业之间学生对校外社会实践重视程度状况比较：

由图4—6—32可知，艺体类专业对于校外社会实践重视程度的得分高于其他专业，即艺体类专业的学生对于校外社会实践的重视程度最低，其次是理科类专业，得分最低的为文科类专业；艺体类专业的学生更加不重视校外社会实践，文科类专业的学生相较而言更加重视校外社会实践。

Mean18你认为适当的校外社会实践对于在校大学生而言：

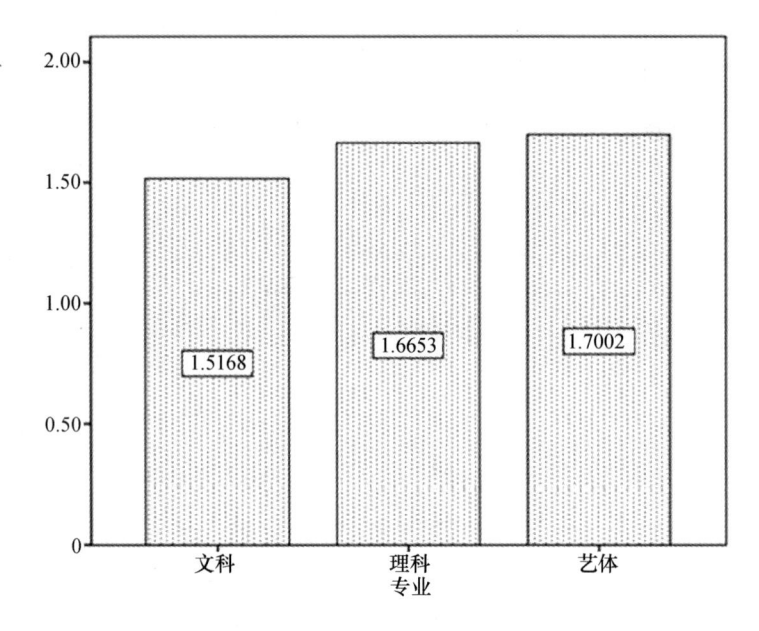

文科 1.5168　理科 1.6653　艺体 1.7002

图 4—6—32　不同专业学生校外社会实践重视程度分析

表 4—6—88　不同专业之间学生对校外社会实践重视程度状况的差异比较

项目	平方和	自由度	均方	F
组间	22.521	3	7.507	10.943***
组内	2298.135	3350	0.686	
总数	2320.656	3353		

表 4—6—89　不同专业之间学生对校外社会实践重视程度状况均值差异比较

事后检验	(I) 专业	(J) 专业	均值差异 (I-J)	标准误
LSD	文科	理科	-0.149*	0.032
		艺体	-0.183*	0.039
	理科	文科	0.149*	0.032
		艺体	-0.035	0.042
	艺体	文科	0.183*	0.039
		理科	0.035	0.042

通过对不同专业样本的学生对校外社会实践重视程度状况进行方差分析，表4—6—88表明，不同专业学生对校外社会实践重视程度的差异达到显著性水平。表4—6—89表明，文科得分显著低于艺体和理科，即文科学生对校外社会实践重视程度最高。艺体专业学生得分最高，说明艺体专业学生对校外社会实践重视程度最低。

原因分析：艺体的学生因为专业性质，校外社会实践对于自己知识、技能的提升和发展没有特别显著的作用，且艺体学生家庭条件普遍较好，不会倾向于去校外社会实践做兼职工作；而文科类的学生恰好相反，会更加重视校外实践活动。

不同家庭来源学生对校外社会实践重视程度状况的比较：

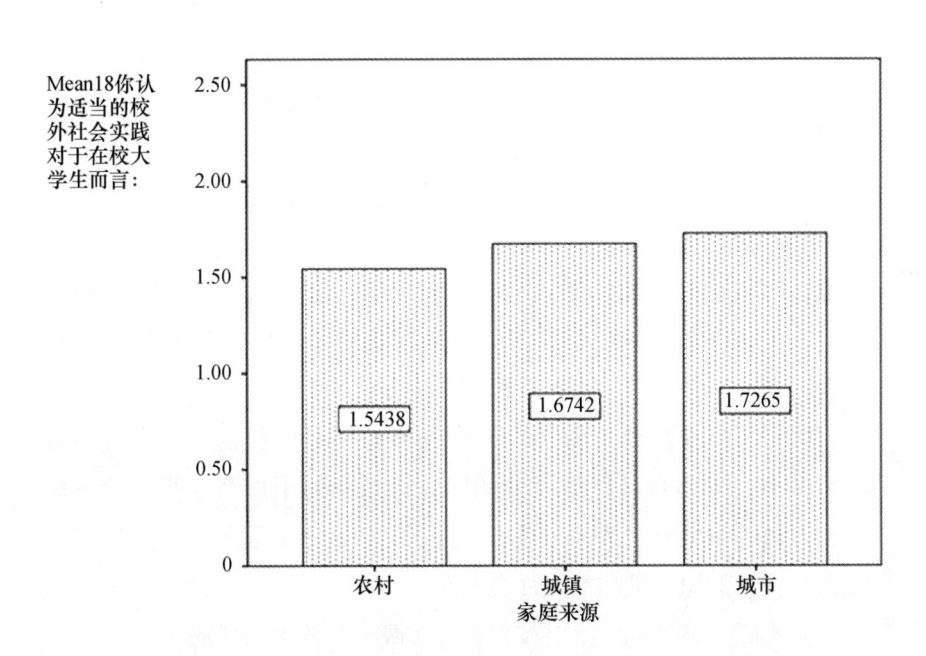

图4—6—33　不同家庭来源学生对校外社会实践重视程度分析

由图4—6—33可知，来自城市的学生对于校外社会实践重视程度的得分高于城镇和农村的学生，即来自城市的学生对于校外社会实践重视程度最低，更加不重视校外社会实践，其次是来自城镇的学生，得分最低的为来自农村的学生，即来自农村的学生要更加重视校外社会实践。

表4—6—90　不同家庭来源学生对校外社会实践重视程度状况的差异比较

项目	平方和	自由度	均方	F
组间	28.132	4	7.033	10.298***
组内	2289.242	3352	0.683	
总数	2317.374	3356		

表4—6—91　不同家庭来源学生对校外社会实践重视程度状况的均值差异比较

事后检验	(I) 家庭来源	(J) 家庭来源	均值差异 (I-J)	标准误
LSD	农村	城镇	-0.130*	0.035
		城市	-0.183*	0.045
	城镇	农村	0.130*	0.035
		城市	-0.052	0.051
	城市	农村	0.183*	0.045
		城镇	0.052	0.051

通过对不同家庭来源的学生对校外社会实践重视程度状况进行方差分析，表4—6—91表明，除了城市和城镇之间差异性没有达到显著性水平，农村和城市、城镇间均存在显著性差异。

原因分析：来自城市的学生家庭条件较来自农村的学生家庭要好，所以大多不去担心自己以后就业的问题，相应的不那么重视社会实践；而来自农村的学生家庭条件相对不太好，"穷人家的孩子早当家"，则会更加的有忧患意识，更加重视社会实践。

不同家庭完整状况学生对校外社会实践重视程度状况的比较：

由图4—6—34可知，来自寄养家庭的学生对于校外社会实践重视程度得分高于其他家庭状况的学生，即来自寄养家庭的学生对于校外社会实践重视程度最低，更加不重视校外社会实践，其次是来自单亲家庭的学生，接着是来自离异再组合家庭的学生，得分最低的仍然为来自健全家庭的学生，来自健全家庭的学生相比而言更加重视校外社会实践。

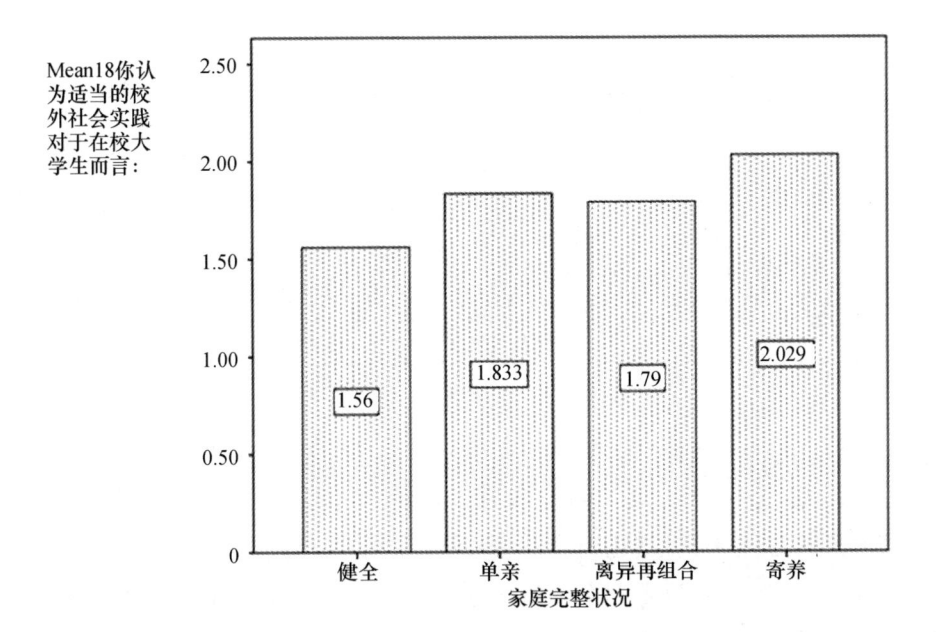

图 4—6—34　不同家庭完整状况学生对校外社会实践重视程度分析

表 4—6—92　　　不同家庭完整状况学生对校外社会
实践重视程度状况的差异比较

项　目	平方和	自由度	均方	F
组间	35.004	4	8.751	12.853***
组内	2282.211	3352	0.681	
总数	2317.215	3356		

表 4—6—93　　　不同家庭完整状况学生对校外社会
实践重视程度状况的均值差异比较

事后检验	(I) 家庭完整状况	(J) 家庭完整状况	均值差异（I-J）	标准误
LSD	健全	单亲	-0.273*	0.050
		离异再组合	-0.230*	0.077
		寄养	-0.470*	0.142
	单亲	健全	0.273*	0.050
		离异再组合	0.043	0.090
		寄养	-0.196	0.149

续表

事后检验	(I) 家庭完整状况	(J) 家庭完整状况	均值差异 (I-J)	标准误
LSD	离异再组合	健全	0.230*	0.077
		单亲	-0.043	0.090
		寄养	-0.239	0.161
	寄养	健全	0.470*	0.142
		单亲	0.196	0.149
		离异再组合	0.239	0.161

通过对不同家庭状况的学生对校外社会实践重视程度状况进行方差分析，表4—6—93表明，健全家庭分别与单亲家庭、离异再组合家庭、寄养家庭之间差异性均达到显著性水平。

原因分析：家庭不健全导致学生可能产生一些心理或者生理上的问题，生活中的一些个人身心矛盾和冲突会让其无法对与自己相关的事情思考周全，对于外界问题关注不多；健全家庭的学生可以正常的考虑到就业相关的社会实践。

不同父母一方最高文化程度学生对校外社会实践重视程度状况的比较：

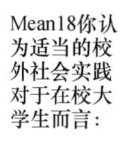

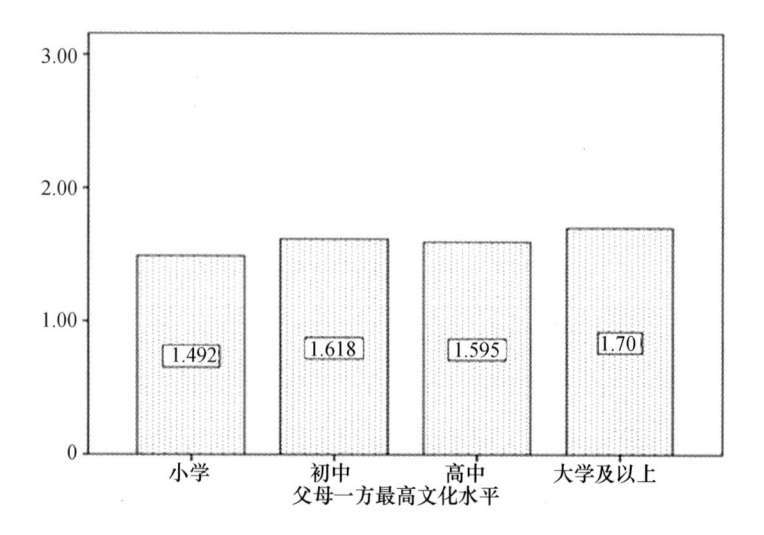

图4—6—35 不同父母一方最高文化程度学生对校外社会实践重视程度分析

由图 4—6—35 可知，父母一方最高文化程度为大学及以上的学生对于校外社会实践重视程度的得分高于其他的学生，其次是初中，接着是高中，得分最低的为父母一方最高文化程度为小学的学生；即父母一方最高文化程度为大学及以上的学生更不重视校外社会实践，其中父母一方最高文化程度为小学的学生最重视校外社会实践。

表 4—6—94　　　不同父母一方最高文化程度学生对校外
社会实践重视程度的差异比较

项目	平方和	自由度	均方	F
组间	27.206	4	6.802	9.941***
组内	2294.170	3353	0.684	
总数	2321.376	3357		

表 4—6—95　　　不同父母一方最高文化程度学生对校外
社会实践重视程度的均值差异比较

事后检验	(I) 父母一方最高文化水平	(J) 父母一方最高文化水平	均值差异 (I-J)	标准误
LSD	小学	初中	-0.126*	0.039
		高中	-0.103*	0.042
		大学及以上	-0.208*	0.056
	初中	小学	0.126*	0.039
		高中	0.023	0.035
		大学及以上	-0.082	0.051
	高中	小学	0.103*	0.042
		初中	-0.023	0.035
		大学及以上	-0.105*	0.053
	大学及以上	小学	0.208*	0.056
		初中	0.082	0.051
		高中	0.105*	0.053

通过父母一方最高文化程度的不同对于学生对校外社会实践重视程度状况进行方差分析，表 4—6—95 表明，小学和初中、高中、大学及以

上之间分别存在显著性差异,且高中和大学及以上之间存在显著性差异。

原因分析:父母一方最高文化程度为小学的学生,家庭条件可能不算优越,会因为家庭条件格外重视自己未来的就业方面,所以对于与就业息息相关的社会实践也会格外重视,而且会因为想要减少家庭负担而去多进行校外的社会实践。

三 学生的社交范围

(一) 朋友类型

学生的朋友类型总体状况分析:

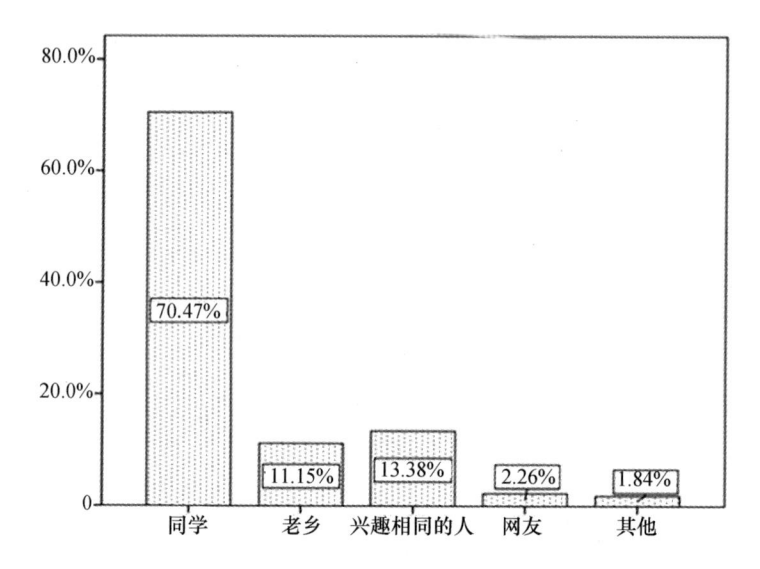

图4—6—36 高校学生的朋友类型总体状况分析

说明:此图是剔除异常数据后做的;也就是说有些学生未做选择。故表格中的百分比合计<100%。

通过SPSS将问卷数据进行处理,对6所高校大学生朋友类型的总体情况进行分析,从上图可知:有70.47%的学生的朋友大多是同学,13.38%的朋友是兴趣相同的人,有11.15%的学生的朋友大多是老乡,剩下2.26%和1.84%分别是网友和其他。总体上学生的朋友类型较单一且集中在同学类型上,网络工具的升级使得众多活动可以在室内进行,代替了以往的户外交往，直接导致了大学生亲密朋友圈子的缩小。①

不同学校之间学生的朋友类型状况比较：

表4—6—96　　不同学校之间学生的朋友类型状况的差异比较

项　目	χ^2
Pearson Chi – Square	1.696E2***

通过对各个高校样本的学生的朋友类型状况进行卡方检验，表4—6—96表明，不同学校学生的朋友类型状况的差异达到显著性水平。

表4—6—97　　不同学校之间学生的朋友类型状况比较

学校	同学	老乡	兴趣相同的人	网友	其他	总数
滨州学院	412	48	54	4	4	522
	78.93%	9.20%	10.34%	0.76%	0.77%	
德州学院	311	118	108	20	15	572
	54.37%	20.63%	18.88%	3.50%	2.62%	
菏泽学院	394	43	50	13	12	512
	76.95%	8.40%	9.77%	2.54%	2.34%	
潍坊学院	590	64	93	12	18	777
	75.93%	8.24%	11.97%	1.54%	2.32%	
枣庄学院	318	61	79	9	6	473
	67.23%	12.90%	16.70%	1.90%	1.27%	
泰山学院	345	41	66	18	7	477
	72.33%	8.60%	13.84%	3.77%	1.46%	

从表4—6—97可以得知，各高校学生的朋友不同类型的人数及在本学院参加测评的人数里的比例。各学院学生的朋友大多都是同学，其次

---

① 赵东喆：《90后大学生社会交往方式的特征及社会支持网络建立的关系研究探讨》，《校园心理》2013年第4期。

是兴趣相同的人和老乡。德州学院学生的朋友中同学的占比较低,老乡和兴趣相投的人的占比比较高。

不同年级之间学生的朋友类型状况比较:

表4—6—98　　　　不同年级学生朋友类型的差异比较

项　目	χ^2
卡方检验	22.627

通过对各个年级样本的学生的朋友类型状况进行卡方检验,表4—6—98表明,不同年级学生的朋友类型状况的差异没有达到显著性水平。

表4—6—99　　　　不同年级之间学生的朋友类型状况比较

年级	同学	老乡	兴趣相同的人	网友	其他	总数
大一	664	88	121	20	20	913
	72.73%	9.64%	13.25%	2.19%	2.19%	
大二	748	124	137	19	19	1047
	71.44%	11.85%	13.09%	1.81%	1.81%	
大三	539	99	118	23	17	796
	67.71%	12.44%	14.82%	2.89%	2.14%	
大四	415	64	73	14	6	572
	52.92%	25.55%	13.23%	5.58%	2.72%	

从表4—6—99可以得知,各年级学生的不同朋友类型的人数及在本年级总人数里的比例。大四学生的朋友中同学的占比较低,老乡和网友的占比比较高。它们之间的差异可能是由误差导致的,需要进一步进行差异性检验。

原因分析:大四的学生大多面临毕业,甚至已经在实习就业的岗位上,与同学的联系相比其他年级较少;很多学生这个阶段需要大量外界的信息以及希望回到家乡就业,那么老乡和网友的占比自然相对较高。

不同性别学生的朋友类型状况比较:

表4—6—100　　　　不同性别学生朋友类型的差异比较

项目	χ^2
卡方检验	17.082

通过对不同性别样本的学生的朋友类型状况进行卡方检验,表4—6—100表明,不同性别之间不存在统计学意义上的显著性差异。

表4—6—101　　　　不同性别之间学生的朋友类型状况比较

性别	同学	老乡	兴趣相同的人	网友	其他	总数
男	750	133	158	33	25	1099
	68.24%	12.10%	14.38%	3.00%	2.28%	
女	1595	236	289	42	37	2199
	72.53%	10.73%	13.14%	1.91%	1.69%	

从表4—6—101可以得知,男生与女生的不同朋友类型的人数及在两者总人数里的比例。无论是男生还是女生,同学占其朋友类型的比例都是最高的,分别为68.24%和72.53%。

原因分析:男生和女生在不同朋友的交往上的趋于一致,作为学生主要的朋友自然是以同学为主,不存在很大差异。

不同专业之间学生的朋友类型状况比较:

表4—6—102　　　　不同专业学生朋友类型的差异比较

项目	χ^2
卡方检验	69.119***

通过对各个专业样本的学生的朋友类型状况进行卡方检验,表4—6—102表明,不同专业的学生的朋友类型状况达到显著差异性水平。

表4—6—103　　　　不同专业之间学生的朋友类型状况比较

类别	同学	老乡	兴趣相同的人	网友	其他	总数
文科	1230	140	185	26	24	1605
	76.64%	8.72%	11.53%	1.61%	1.50%	
理科	748	159	151	34	22	1114
	67.15%	14.27%	13.55%	3.05%	1.98%	
艺体	383	74	112	15	16	600
	63.83%	12.33%	18.67%	2.50%	2.67%	

从表4—6—103可以得知,各专业类别学生的不同朋友类型的人数及在本专业类别总人数里的比例。文科类专业学生的朋友中同学的占比较高,其他的占比比较低。理科类专业学生的朋友中老乡的占比较高。艺体类专业学生的朋友中兴趣相投的人的占比比较高。

原因分析:文科的学生女生较多,朋友圈较小,朋友主要类型大多是同学;理科的学生,可能因为性格偏内向的多或不看重、不擅长社交等原因,对于老乡可能更有话题和归属感;艺体的学生思想较自由且感性,重视自己的感受更加自我,可能更重视他人兴趣是否与自己相投。

不同家庭来源学生的朋友类型状况的比较:

表4—6—104　　　　不同家庭来源学生朋友类型的差异比较

项目	χ^2
卡方检验	61.087***

通过对不同家庭来源样本的学生的朋友类型状况进行卡方检验,表4—6—104表明,不同学校学生的朋友类型状况达到显著差异性水平。

表 4—6—105　不同家庭来源之间学生的朋友类型状况比较

类别	同学	老乡	兴趣相同的人	网友	其他	总数
农村	1581	202	268	46	36	2133
	74.12%	9.47%	12.56%	2.16%	1.69%	
城镇	514	118	109	17	16	774
	66.41%	15.25%	14.08%	2.20%	2.06%	
城市	260	46	71	12	9	398
	65.33%	11.56%	17.84%	3.02%	2.25%	

从表 4—6—105 可以得知，来自不同家庭来源的学生的不同朋友类型的人数及在其同类的总人数里的比例。来自农村的学生的朋友中同学的占比较高，其他的占比比较低；来自城镇的学生的朋友中老乡的占比较高；来自城市的学生的朋友中兴趣相投的人的占比比较高。

原因分析：对于来自农村的学生，相对而言可能因为一直接触的环境较小，社交不那么擅长，社交范围较小，所以朋友大多是同学；来自城镇的学生在一所学校内的老乡不在少数，和老乡成为朋友更有话题和归属感；来自城市的学生大多是独生子女，重视自己的感受更加自我，可能更重视他人兴趣是否与自己相投。

不同家庭完整状况学生的朋友类型状况的比较：

表 4—6—106　不同家庭完整状况学生的朋友类型的差异比较

项　目	χ^2
卡方检验	1.208E2 ***

通过对不同家庭完整状况样本的学生的朋友类型状况进行卡方检验，表 4—6—106 表明，不同家庭完整状况之间存在统计学意义上的显著性差异。

表4—6—107　不同家庭完整状况之间学生的朋友类型状况比较

类别	同学	老乡	兴趣相同的人	网友	其他	总数
健全	2110	272	377	58	53	2870
	73.52%	9.48%	13.14%	2.02%	1.84%	
单亲	162	68	56	9	6	301
	53.82%	22.59%	18.61%	2.99%	1.99%	
离异再组合	74	22	12	6	1	115
	64.35%	19.13%	10.43%	5.22%	0.87%	
寄养	15	11	5	2	1	34
	44.12%	32.35%	14.71%	5.88%	2.94%	

从表4—6—107可以得知，来自不同完整状况家庭的学生的不同朋友类型的人数及在其一类状况的家庭总人数里的比例。来自健全家庭的学生的朋友中同学的占比最高，老乡的占比最低；来自单亲家庭的学生的朋友中兴趣相投的人占比较高；来自寄养家庭的学生的朋友中老乡的占比比较高，同学的占比较低，与健全家庭的学生相反。

原因分析：健全家庭的学生在家庭和生活中基本不会受到心理上的伤害，所以在大学中和不同的同学顺利成为朋友，而寄养家庭的学生往往缺乏原生家庭的认同感和归属感而对自己造成一定影响，和老乡成为朋友可以一定程度的弥补其归属感或者安全感的缺失。同样单亲家庭的学生内心较敏感、感性，会选择适合自己交往的兴趣相投的人作为朋友，获得认同感等。

不同父母一方最高文化程度学生的朋友类型状况的比较：

表4—6—108　不同父母一方最高文化程度学生朋友类型的差异比较

项　目	χ^2
卡方检验	45.941*

通过对父母一方最高文化程度对于学生的朋友类型状况进行卡方检

验,表4—6—108表明,不同的父母一方最高文化程度之间存在统计学意义上的显著性差异。

表4—6—109 不同父母一方最高文化程度学生的朋友类型状况比较

类别	同学	老乡	兴趣相同的人	网友	其他	总数
小学	494 76.71%	61 9.47%	69 10.71%	14 2.17%	6 0.94%	644
初中	972 69.93%	164 11.80%	191 13.74%	34 2.45%	29 2.08%	1390
高中	681 71.31%	108 11.31%	130 13.61%	19 1.99%	17 1.78%	955
大学及以上	217 66.36%	36 11.01%	56 17.13%	8 2.45%	10 3.05%	327

从表4—6—109可以得知,不同的父母一方最高文化程度于学生的不同朋友类型的人数及在其一类文化程度的总人数里的比例。父母文化程度为大学及以上的学生的朋友中同学的占比较低,兴趣相投的人占比较高。反之,父母文化程度为小学的学生的朋友中同学的占比较高,兴趣相投的人占比较低。

原因分析:若父母文化程度较高,受家庭影响学生可能更加清楚和重视自己的需求,交友中兴趣相投的人占比较高。而反之,若父母文化程度较低,学生会因为亲密关系的影响相较而言更没有自我意识,只会在同学的范围内结交朋友。

(二) 联系人

学生联系人总体状况分析:

通过SPSS将问卷数据进行处理,对6所高校大学生日常生活中联系较多的人的总体情况进行分析,从图4—6—37可以得知:44.07%为同学,43.18%为家人,即学生日常生活联系较多的主要为同学和家人,其次才是老师、网友、其他人。

不同学校之间学生联系人状况比较:

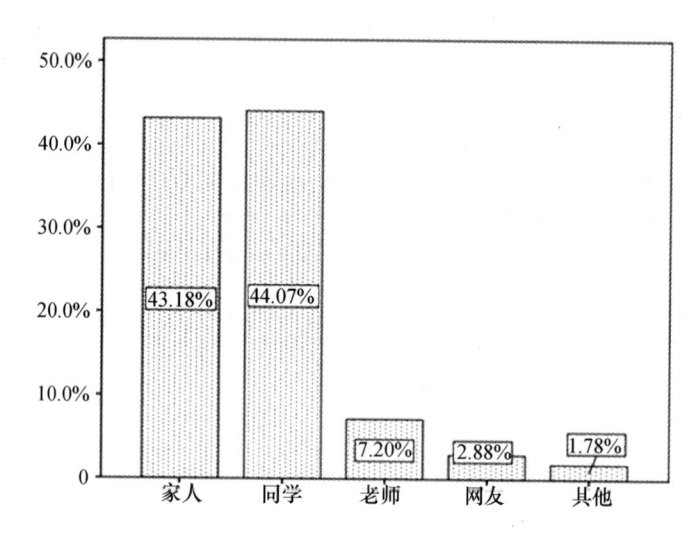

图 4—6—37　6 所高校学生联系人总体状况分析

说明：此图是剔除异常数据后做的；也就是说有些学生未做选择。故表格中的百分比合计<100%。

表 4—6—110　　　　不同学校之间学生联系人状况的差异比较

项目	χ^2
卡方检验	2.564E2 ***

通过对各个高校样本的学生联系人状况进行卡方检验，表 4—6—110 表明，不同学校学生联系人状况达到显著差异性水平。

表 4—6—111　　　　　不同学校之间学生联系人状况比较

名称	家人	同学	老师	网友	其他	总数
滨州学院	240	240	20	20	5	525
	45.71%	45.71%	3.81%	3.81%	0.96%	
德州学院	211	198	111	33	17	570
	37.02%	34.74%	19.47%	5.79%	2.98%	
菏泽学院	243	229	24	9	8	513
	47.37%	44.64%	4.68%	1.75%	1.56%	
潍坊学院	319	400	25	16	17	777
	41.06%	51.48%	3.22%	2.06%	2.18%	

续表

名称	家人	同学	老师	网友	其他	总数
枣庄学院	221	188	41	15	6	471
	46.92%	39.92%	8.70%	3.18%	1.27%	
泰山学院	218	227	21	4	7	477
	45.70%	47.59%	4.40%	0.84%	1.47%	

从表4—6—111可以得知，各高校学生不同联系人的人数及在本学院总人数里的比例。德州学院的学生在平时日常生活中联系较多的人中家人和同学的占比相较要低，而联系老师的占比在6所学院中最高。潍坊学院的学生在与同学联系的比例上较高。

不同年级之间学生联系人状况比较：

表4—6—112　不同年级之间学生联系人状况的差异比较

项　目	χ^2
卡方检验	92.615***

通过对各个年级样本的学生联系人状况进行卡方检验，表4—6—112表明，不同年级学生联系人状况的差异达到显著性水平。

表4—6—113　不同年级之间学生联系人状况比较

年级	家人	同学	老师	网友	其他	总数
大一	465	325	86	28	12	916
	50.76%	35.48%	9.39%	3.06%	1.31%	
大二	401	523	62	38	23	1047
	38.30%	49.95%	5.92%	3.63%	2.20%	
大三	316	388	59	12	20	795
	39.75%	48.81%	7.42%	1.51%	2.51%	
大四	266	245	35	19	5	570
	46.67%	42.98%	6.14%	3.33%	0.88%	

从表4—6—113可以得知，各年级学生不同联系人的人数及在本年级总人数里的比例。大一的学生在平时日常生活中联系较多的人中家人和老师的占比相较要高，而同学和其他人的占比较低。其他年级之间相差不大。

原因分析：大一的学生处于适应新环境的阶段，和同学还不算熟悉，所以和家人联系会比较多；和老师联系较多的原因，可能是老师的权威感也可以给大一学生一些安全感且解决一些不懂的问题。同时，因为父母仍然是大学生的主要经济支柱和社会支持，在有关费用供给、身体健康和就业问题上体现得尤为明显，所以与家人的联系占比都不低。随着年龄的增长，大二、大三的学生因为逐渐独立，遇到问题不会再麻烦家庭，所以与家人的联系会减少，到了大四，因为开始就业或者其他的重大决定想要请教父母，所以联系会更多一些。

性别对于学生联系人状况比较：

表4—6—114　　　　不同性别学生联系人状况的差异比较

项　目	χ^2
卡方检验	82.317 ***

通过对不同性别样本的学生联系人状况进行卡方检验，表4—6—114表明，不同性别之间存在统计学意义上的显著性差异。

表4—6—115　　　　不同性别学生联系人状况比较

性别	家人	同学	老师	网友	其他	总数
男	516	428	106	28	22	1100
	46.91%	38.91%	9.64%	2.54%	2.00%	
女	923	1040	129	68	38	2198
	41.99%	47.32%	5.87%	3.09%	1.73%	

从表4—6—115可以得知，男女学生不同联系人的人数及在两者总人数里的比例。女生在平时日常生活中联系较多的人中同学的占比相较男

生要高,而家人和老师占比相较男生要低。

原因分析:女生相对男生情感更加细腻,更易于与同学建立友好关系,遇到一些负性事情尽量不会与家人、老师联系或者较少联系,第一时间都会选择同龄的朋友。

不同专业之间学生联系人状况比较:

表4—6—116　　不同专业学生联系人状况的差异比较

项　目	χ^2
卡方检验	96.076 ***

通过对各个专业样本的学生联系人状况进行卡方检验,表4—6—116表明,不同专业的学生联系人状况达到显著差异性水平。

表4—6—117　　不同专业之间学生联系人状况比较

类别	家人	同学	老师	网友	其他	总数
文科	787	678	93	30	18	1606
	49.00%	42.22%	5.79%	1.87%	1.12%	
理科	448	516	99	31	17	1111
	40.32%	46.44%	8.91%	2.79%	1.54%	
艺体	208	283	50	36	25	602
	34.55%	47.01%	8.31%	5.98%	4.15%	

从表4—6—117可以得知,各专业类别学生不同联系人的人数及在本专业类别总人数里的比例。文科类专业的学生在平时日常生活中联系较多的人中家人的占比相较要高,而老师的占比较低。艺体类专业的学生在平时日常生活中联系较多的人中同学的占比相较要高,而家人的占比较低。

原因分析:文科学生更加感性、念家,与家人联系较多,学业上没有像理科一样难懂晦涩的知识,可以完全自己解决学业问题,所以与老师联系较少。艺体的学生个性更加自由,注重自我,喜欢和同龄人交流,与长辈共同语言少。

不同家庭来源学生联系人状况的比较：

表4—6—118　　　　不同家庭来源学生联系人状况的差异比较

项　目	χ^2
卡方检验	53.892**

通过对不同家庭来源样本的学生联系人状况进行卡方检验，表4—6—118表明，不同学校学生联系人状况达到显著性差异水平。

表4—6—119　　　　不同家庭来源之间学生联系人状况比较

类别	家人	同学	老师	网友	其他	总数
农村	975	945	128	51	35	2134
	45.69%	44.28%	6.00%	2.39%	1.64%	
城镇	298	349	80	31	15	773
	38.55%	45.15%	10.35%	4.01%	1.94%	
城市	166	179	28	15	10	398
	41.71%	44.97%	7.04%	3.77%	2.51%	

从表4—6—119可以得知，来自不同家庭来源的学生不同联系人的人数及在不同家庭来源的总人数里的比例。来自农村的学生在平时日常生活中联系较多的人中家人的占比相对要高。来自城镇的学生在平时日常生活中联系较多的人中老师的占比相较要高，而家人的占比较低。

原因分析：受传统文化的影响，来自农村的学生家庭观念更重，遇到问题时多会联系家人，所以比例相对要高；而来自城镇的学生，因为在发展的中间地带，更渴望去提升发展自己，则会通过老师获取大量的信息或资源。同学在这三类学生联系较多的人中占比均较高。经研究，90后大学生的朋辈交往呈现出以下几个特点：圈子小、频率高、覆盖面广、成本低。因为随着年龄的逐渐增大，亲密朋友的圈子会逐渐缩小，学生基本会选择每周和亲密同学保持联系。①

不同家庭完整状况学生联系人状况的比较：

表 4—6—120　　不同家庭完整状况学生联系人状况的差异比较

项　目	χ^2
卡方检验	1.139E2 ***

通过对不同家庭完整状况样本的学生联系人状况进行卡方检验，表 4—6—120 表明，不同家庭完整状况之间存在统计学意义上的显著性差异。

表 4—6—121　　不同家庭完整状况之间学生联系人状况比较

类别	家人	同学	老师	网友	其他	总数
健全	1287	1291	163	76	52	2869
	44.86%	45.00%	5.68%	2.65%	1.81%	
单亲	102	125	53	14	7	301
	33.89%	41.53%	17.61%	4.65%	2.32%	
离异再组合	44	49	17	5	1	116
	37.93%	42.24%	14.66%	4.31%	0.86%	
寄养	17	10	6	1	0	34
	50.00%	29.41%	17.65%	2.94%	0.00%	

从表 4—6—121 可以得知，来自不同完整状况家庭的学生不同联系人的人数及在其一类状况的家庭总人数里的比例。健全家庭的学生在平时日常生活中联系较多的人中同学的占比相对要高。单亲家庭的学生在平时日常生活中联系较多的人中家人的占比较低。寄养家庭的学生在平时日常生活中联系较多的人中家人的占比相对要高，而同学的占比较低。

---

① 赵东喆：《90 后大学生社会交往方式的特征及社会支持网络建立的关系研究探讨》，《校园心理》2013 年第 4 期。

原因分析：健全家庭的学生不缺乏来自家庭的精神馈赠，往往一定程度上会忽略家庭而与同学或者同龄人会联系得比较多；而单亲家庭的学生因为家庭分裂导致会和家人交流得更少；寄养家庭的学生因为对被寄养的家庭的感恩和珍惜或者因为寄养的原因导致内心敏感，联系范围极小，没有亲密好友而导致大部分只与家人联系。

不同父母一方最高文化程度学生联系人状况的比较：

表4—6—122　　不同父母一方最高文化程度学生联系人状况的差异比较

项　目	χ^2
卡方检验	1.353E2***

通过对父母一方最高文化程度对于学生联系人状况进行卡方检验，表4—6—122表明，不同的父母一方最高文化程度之间存在统计学意义上的显著性差异。

表4—6—123　　不同父母一方最高文化程度学生联系人状况比较

类别	家人	同学	老师	网友	其他	总数
小学	376	179	66	20	4	645
	58.29%	27.75%	10.23%	3.10%	0.63%	
初中	549	684	88	36	33	1390
	39.50%	49.21%	6.33%	2.59%	2.37%	
高中	385	461	62	31	16	955
	40.31%	48.27%	6.49%	3.25%	1.68%	
大学及以上	135	152	22	10	7	326
	41.41%	46.63%	6.75%	3.06%	2.15%	

从表4—6—123可以得知，不同的父母一方最高文化程度于学生不同联系人的人数及在其一类文化程度的总人数里的比例。小学和初中、高

中、大学及以上之间分别存在显著性差异。父母一方文化程度为小学的学生在平时日常生活中联系较多的人中家人和老师的占比相对要高,而同学的占比较低。

原因分析:父母文化程度较低,因为替代性心理会让孩子更加重视学习,而过度学习也会一定程度上导致学生疏于社会交往这一方面;来自农村的某些学生,可能在习惯和价值观等方面与同学不合甚至可能存在歧视现象,所以与同学交往占比较低。

(三)与老师的交往情况

师生互动总体状况分析:

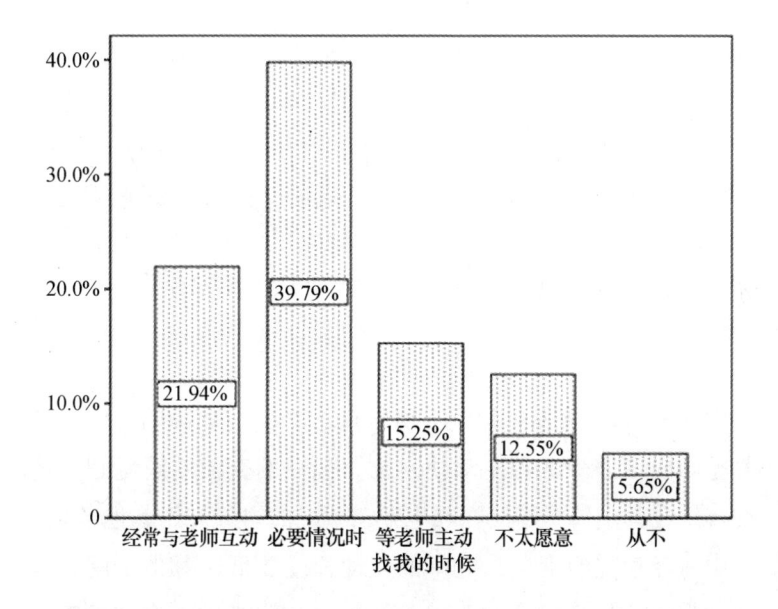

图4—6—38　6所高校学生师生互动总体状况分析

说明:此图是剔除异常数据后做的;也就是说有些学生未做选择。故表格中的百分比合计＜100%。

对6所高校大学生主动和老师交流学习或者寻求老师指导的频率的总体情况进行分析,从上图可以得知:有39.79%的学生只会在必要情况下和老师主动交流或者寻求其帮助,21.94%的学生会经常和老师主动互动,15.25%的学生只是被动地等老师主动找自己才进行互动,而有

12.55%的学生不太愿意和老师有所主动的交往互动，5.65%的学生从不主动与老师交流。

不同学校之间师生互动状况比较：

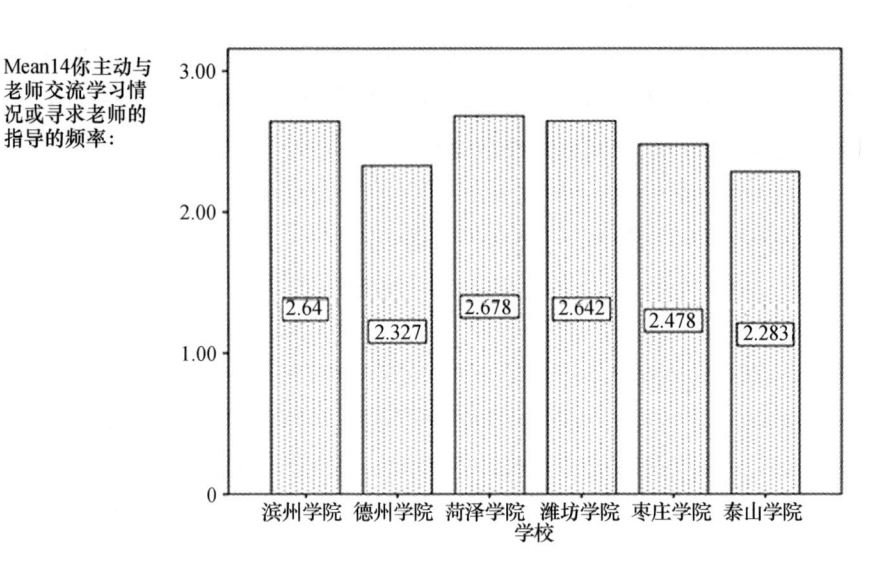

图4—6—39　不同学校之间师生互动程度分析

说明：本量表为反向计分。

由图4—6—39可知，以上6所学院的学生与老师的交流互动状况中学生都是倾向于等待老师主动找自己，被动的交流，或者必要情况时才进行交流。在其中菏泽学院在师生互动状况的得分高于其他学院，即在6所学院中菏泽学院的学生与老师的互动程度要低于其他学院，其次按照师生互动程度从低到高分别是潍坊学院、滨州学院、枣庄学院、德州学院，师生互动程度最高的是泰山学院。

表4—6—124　不同学校之间师生互动状况的差异比较

项目	平方和	自由度	均方	F
组间	81.585	5	16.317	8.867***
组内	6177.760	3357	1.840	
总数	6259.345	3362		

表 4—6—125　不同学校之间师生互动状况的均值差异比较

事后检验	（I）学校	（J）学校	均值差异（I-J）	标准误
LSD	滨州学院	德州学院	0.313*	0.082
		菏泽学院	-0.038	0.084
		潍坊学院	-0.002	0.076
		枣庄学院	0.163	0.086
		泰山学院	0.357*	0.086
	德州学院	滨州学院	-0.313*	0.082
		菏泽学院	-0.351*	0.082
		潍坊学院	-0.315*	0.074
		枣庄学院	-0.150	0.084
		泰山学院	0.044	0.084
	菏泽学院	滨州学院	0.038	0.084
		德州学院	0.351*	0.082
		潍坊学院	0.036	0.077
		枣庄学院	0.201*	0.086
		泰山学院	0.395*	0.086
	潍坊学院	滨州学院	0.002	0.076
		德州学院	0.315*	0.074
		菏泽学院	-0.036	0.077
		枣庄学院	0.161*	0.079
		泰山学院	0.359*	0.079
	枣庄学院	滨州学院	-0.163	0.086
		德州学院	0.150	0.084
		菏泽学院	-0.201*	0.086
		潍坊学院	-0.165*	0.079
		泰山学院	0.194*	0.088
	泰山学院	滨州学院	-0.357*	0.086
		德州学院	-0.044	0.084
		菏泽学院	-0.395*	0.086
		潍坊学院	-0.359*	0.079
		枣庄学院	-0.194*	0.088

由表4—6—124的方差分析表明，师生互动在不同院校之间有显著性差异。表4—6—125表明，德州学院分别与滨州学院、菏泽学院、潍坊学院均存在显著性差异，泰山学院分别与滨州学院、菏泽学院、潍坊学院、枣庄学院均存在显著性差异，枣庄学院分别与菏泽学院、潍坊学院有显著性差异。

不同年级之间师生互动状况比较：

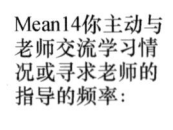

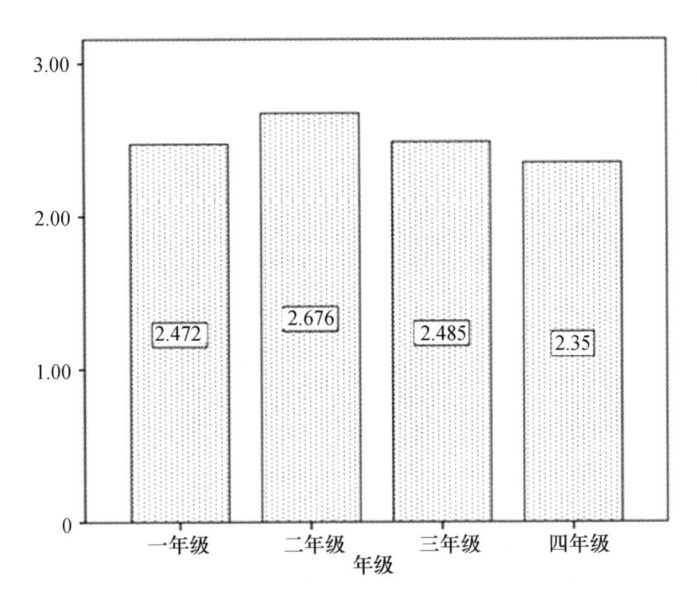

图4—6—40　不同年级之间师生互动程度分析

由图4—6—40可知，四个年级中大二师生互动程度的得分高于其他年级的学生，即大二的学生的师生互动程度最低，其次按照师生互动的程度从低到高分别是大三、大一、大四，大四师生互动程度最高，互动情况较其他年级要多。

表4—6—126　不同年级之间师生互动状况的差异比较

项目	平方和	自由度	均方	F
组间	85.820	3	28.607	13.185***
组内	7277.169	3354	2.170	
总数	7362.989	3357		

表 4—6—127　　不同年级之间师生互动状况的均值差异比较

	(I) 年级	(J) 年级	均值差异 (I−J)	标准误 (SE)
LSD	一年级	二年级	−0.413*	0.066
		三年级	−0.167*	0.071
		四年级	−0.193*	0.078
	二年级	一年级	0.413*	0.066
		三年级	0.246*	0.069
		四年级	0.220*	0.076
	三年级	一年级	0.167*	0.071
		二年级	−0.246*	0.069
		四年级	−0.026	0.080
	四年级	一年级	0.193*	0.078
		二年级	−0.220*	0.076
		三年级	0.026	0.080

通过对不同年级样本的师生互动现状进行方差分析，表4—6—126表明，不同年级的师生互动状况的差异达到显著性水平；表4—6—127表明，除了大三与大四之间不存在显著性差异，其他不同年级间均存在显著性差异。

原因分析：大四的时候，学生面临撰写论文、考研、职业选择等诸多事情需要与老师交流，所以相应的师生互动要多。而其他年级的学生遇到需要解决的问题时可以请教学姐学长，与老师的互动自然有所减少。在学校里，老师和学长学姐的关系呈现出一种此消彼长的关系，老师的作用和地位虽然不能被学长学姐所取代，但是，之前发挥的某些功能已经被学长学姐所代替。①

---

① 赵东喆：《90后大学生社会交往方式的特征及社会支持网络建立的关系研究探讨》，《校园心理》2013年第4期。

不同性别学生师生互动状况比较：

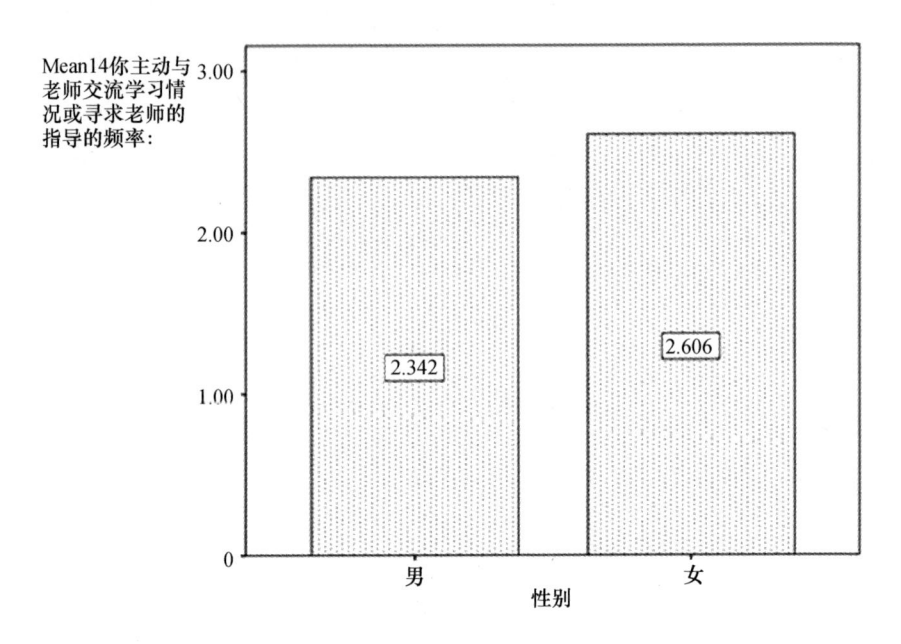

图 4—6—41　不同性别对于师生互动程度分析

由图 4—6—41 可知，女生师生互动程度的得分高于男生，即表明女生比男生师生互动的情况更少。

表 4—6—128　不同性别学生师生互动程度的独立样本 t 检验

项　目	F	Sig.	t	dF
方差齐性	55.124	0.000	−5.297	3326
方差不齐性			−5.518***	2.472E3

表 4—6—128 表明，不同性别学生师生互动情况达到显著性差异水平。

原因分析：女生平时生活自理能力较强，与同学关系较好，遇到问题可能易倾向于求助周围的同学。

不同专业之间学生师生互动状况比较：

Mean14 你主动与老师交流学习情况或寻求老师的指导的频率：

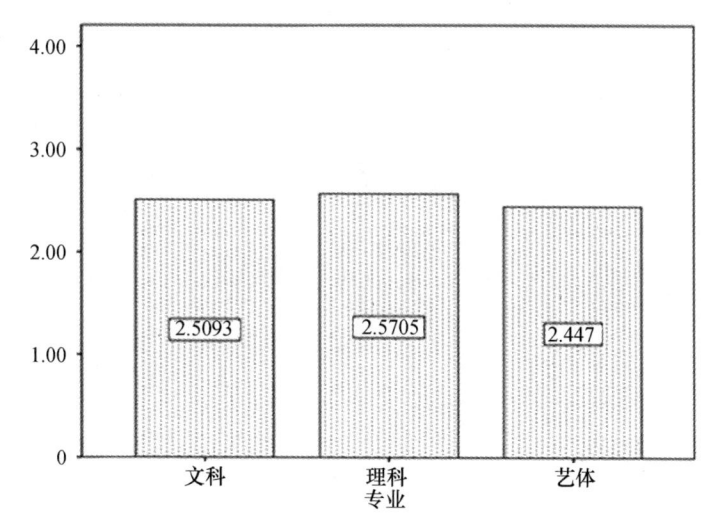

文科 2.5093　理科 2.5705　艺体 2.447

图 4—6—42　不同专业之间学生师生互动程度分析

由图 4—6—42 可知，理科类专业对于师生互动程度的得分高于其他专业，即理科类专业的学生师生互动程度最低，其次是文科类专业，得分最低的为艺体类专业；艺体类专业的学生与老师互动的情况更多，理科类专业的学生相对而言不倾向于与老师互动。

表 4—6—129　不同专业之间学生师生互动状况的差异比较

项　目	平方和	自由度	均方	F
组间	8.807	3	2.936	1.576
组内	6240.673	3350	1.863	
总数	6249.480	3353		

表 4—6—130　不同专业之间学生师生互动状况均值差异比较

事后检验	(I) 专业	(J) 专业	均值差异 (I－J)	标准误
LSD	文科	理科	－0.061	0.053
		艺体	0.062	0.065
	理科	文科	0.061	0.053
		艺体	0.124	0.069
	艺体	文科	－0.062	0.065
		理科	－0.124	0.069

通过对不同专业样本的师生互动状况进行方差分析,表4—6—130表明,不同专业之间差异性均没有达到显著性水平。

原因分析:艺体学生平时的课程与老师的交流要较其他两者要多,且多肢体、手把手教学等;理科学生因为学科知识适合个人领悟实践,倾向于自主研究学习。

不同家庭来源学生师生互动状况的比较:

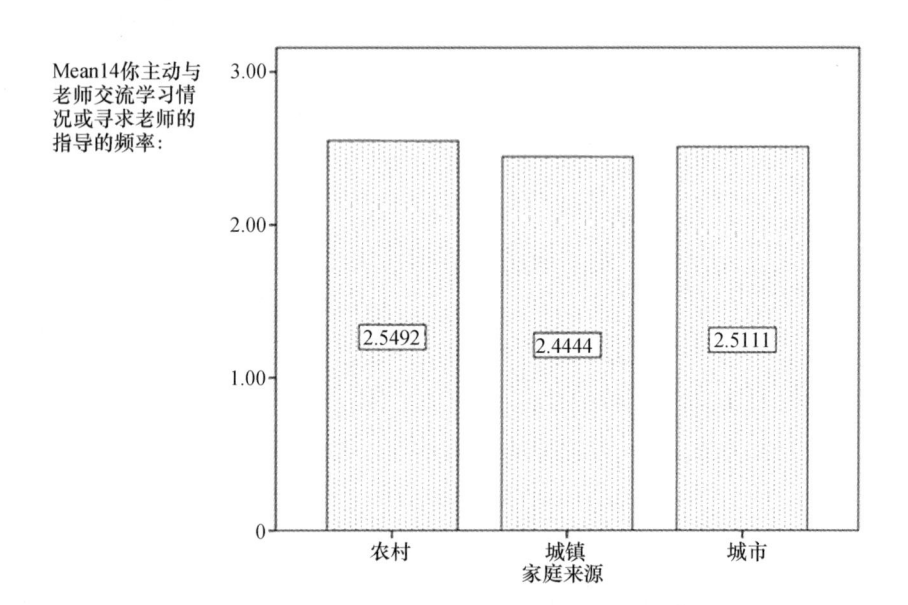

图4—6—43 不同家庭来源学生师生互动程度分析

由图4—6—43可知,来自农村的学生的师生互动程度的得分高于城市和城镇的学生,即来自农村的学生的师生互动程度最低,其次是来自城市的学生,得分最低的为来自城镇的学生,即来自城镇的学生更加愿意与老师互动。

表4—6—131 不同家庭来源学生师生互动状况的差异比较

项 目	平方和	自由度	均方	F
组间	8.285	4	2.071	1.112
组内	6245.684	3352	1.863	
总数	6253.969	3356		

表4—6—132　不同家庭来源学生师生互动状况的均值差异比较

事后检验	（I）家庭来源	（J）家庭来源	均值差异（I-J）	标准误
LSD	农村	城镇	0.105	0.057
		城市	0.038	0.074
	城镇	农村	-0.105	0.057
		城市	-0.067	0.084
	城市	农村	-0.038	0.074
		城镇	0.067	0.084

通过对不同家庭来源的师生互动状况进行方差分析，表4—6—132表明，不同家庭来源之间均不存在显著性差异。

原因分析：来自农村的学生因为家庭原因性格更加内向独立，更倾向于自己解决自己的事情，则师生互动较少。来自城市的学生，家庭环境相对较好，从小视野开阔，交往广泛，与老师互动也相对较少。来自于发展中间地带的城镇学生，介于以上两者之间，可能与老师交往更加主动。

不同家庭完整状况学生师生互动状况的比较：

由图4—6—44可知，来自离异再组合家庭的学生的师生互动程度得分高于其他家庭状况的学生，即来自离异再组合家庭的学生的师生互动程度最低，更加不愿意与老师互动或者求助于老师，其次是来自健全家庭的学生，接着是来自单亲家庭的学生，得分最低的为来自寄养家庭的学生，来自寄养家庭的学生相比而言更加愿意与老师交流。

表4—6—133　不同家庭完整状况学生师生互动状况的差异比较

	平方和	自由度	均方	F
组间	6.205	4	1.551	0.832
组内	6247.440	3352	1.864	
总数	6253.645	3356		

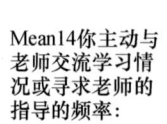

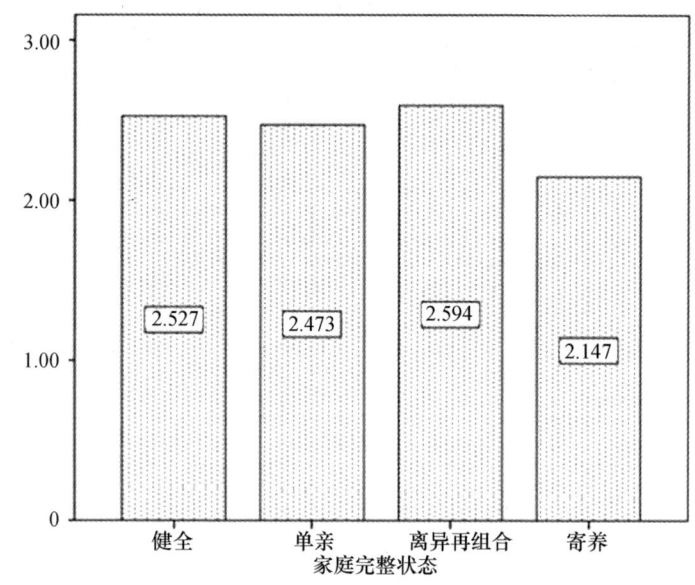

图 4—6—44　不同家庭完整状况学生师生互动程度分析

通过对不同家庭状况的师生互动状况进行方差分析，表4—6—134表明，不同家庭状况之间差异性均没达到显著性水平。

表4—6—134　不同家庭完整状况学生师生互动状况的均值差异比较

事后检验	（I）家庭完整状况	（J）家庭完整状况	均值差异（I-J）	标准误
LSD	健全	单亲	0.054	0.082
		离异再组合	-0.067	0.128
		寄养	0.380	0.236
	单亲	健全	-0.054	0.082
		离异再组合	-0.121	0.148
		寄养	0.326	0.247
	离异再组合	健全	0.067	0.128
		单亲	0.121	0.148
		寄养	0.447	0.266
	寄养	健全	-0.380	0.236
		单亲	-0.326	0.247
		离异再组合	-0.447	0.266

原因分析：寄养家庭的学生因为不想再给家庭造成负担，所以会更倾向于与老师交流解决疑惑或者问题。而家庭不健全则会导致学生一定程度上比较敏感不喜与人交流，单亲家庭和离异再组合家庭的学生与老师交流较少；反之，健全家庭的学生比较开朗，相比而言更善于交流互动。

不同父母一方最高文化程度学生师生互动状况的比较；

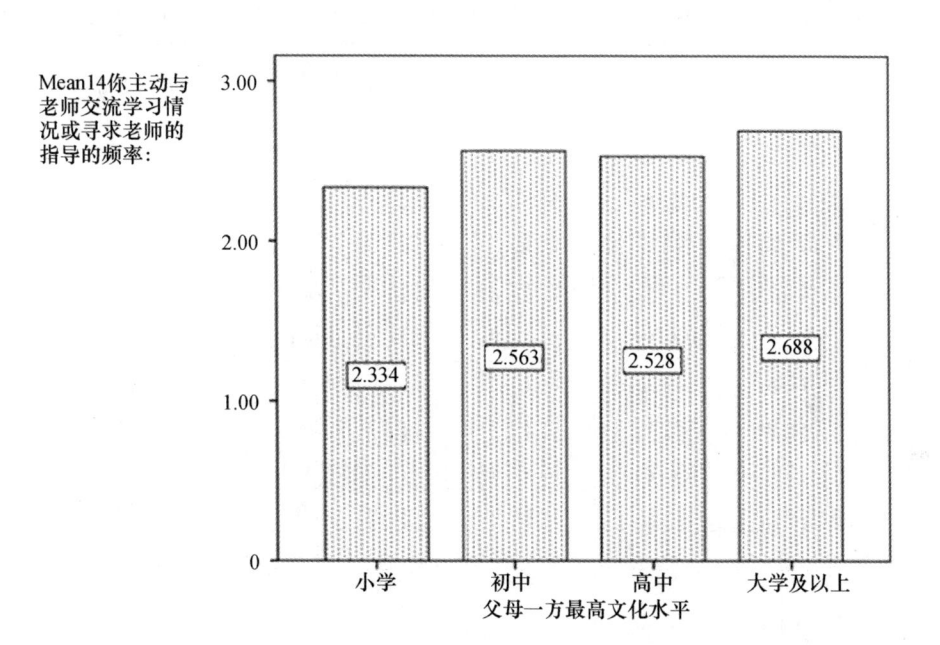

图 4—6—45　不同父母一方最高文化程度的学生师生互动程度分析

由图 4—6—45 可知，父母一方最高文化程度为大学及以上的学生的师生互动程度的得分高于其他的学生，其次是初中，接着是高中，得分最低的为父母一方最高文化程度为小学的学生；即父母一方最高文化程度为大学及以上的学生更不倾向于与老师交流，其中父母一方最高文化程度为小学的学生相较而言倾向于与老师交流，但也仅仅停留在只在必要情况时才选择与老师交流。

表4—6—135　　　　不同父母一方最高文化程度
学生师生互动状况的差异比较

项　目	平方和	自由度	均方	F
组间	37.635	4	9.409	5.077***
组内	6214.477	3353	1.853	
总数	6252.112	3357		

表4—6—136　　不同父母一方最高文化程度学生师生互动状况的均值差异比较

事后检验	(I) 父母一方最高文化水平	(J) 父母一方最高文化水平	均值差异 (I-J)	标准误
LSD	小学	初中	-0.229*	0.065
		高中	-0.195*	0.069
		大学及以上	-0.354*	0.092
	初中	小学	0.229*	0.065
		高中	0.034	0.057
		大学及以上	-0.125	0.083
LSD	高中	小学	0.195*	0.069
		初中	-0.034	0.057
		大学及以上	-0.160	0.087
	大学及以上	小学	0.354*	0.092
		初中	0.125	0.083
		高中	0.160	0.087

通过父母一方最高文化程度的不同对于师生互动状况进行方差分析，表4—6—136表明，小学和初中、高中、大学及以上之间分别存在显著性差异。

原因分析：父母一方最高文化程度为小学的学生受家庭亲密关系及传统观念影响，所以遇到事情会更倾向于有权威感的老师交流解决。

四　社交方式和途径

（一）结交朋友的渠道

社交渠道总体状况分析：

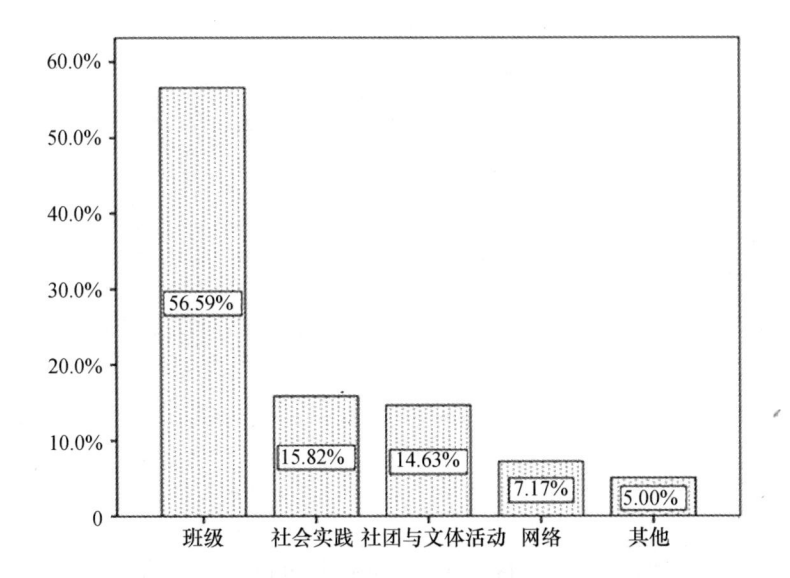

图4—6—46　6所高校学生社交渠道总体状况分析

说明：此图是剔除异常数据后做的；也就是说有些学生未做选择。故表格中的百分比合计<100%。

对6所高校大学生社交渠道的总体情况进行分析，从图4—6—46可以得知：有56.59%的学生结交朋友是通过班级的渠道，15.82%的学生是通过社会实践，有14.63%的学生通过社团与文体活动结交朋友，有7.17%的学生通过网络结交朋友，剩下5%的学生通过其他渠道认识朋友。

不同学校之间学生社交渠道状况比较：

表4—6—137　　不同学校之间学生社交渠道的差异比较

项　目	χ^2
卡方检验	1.588E2 ***

通过对各个高校样本的学生社交渠道进行卡方检验，表4—6—137表明，不同学校学生社交渠道状况的差异达到显著性水平。

表4—6—138　　　　　不同学校之间学生社交渠道比较

学校	班级	社会实践	社团与文体活动	网友	其他	总数
滨州学院	326	56	75	36	31	524
	62.21%	10.69%	14.31%	6.87%	5.92%	
德州学院	241	148	122	38	21	570
	42.28%	25.96%	21.40%	6.67%	3.69%	
菏泽学院	339	63	55	36	22	515
	65.83%	12.23%	10.68%	6.99%	4.27%	
潍坊学院	457	110	90	70	50	777
	58.82%	14.16%	11.58%	9.01%	6.43%	
枣庄学院	248	96	89	23	17	473
	52.43%	20.30%	18.82%	4.86%	3.59%	
泰山学院	292	59	61	38	27	477
	61.22%	12.37%	12.79%	7.97%	5.65%	

从表4—6—138可以得知，各高校学生不同社交渠道的人数及在本学院总人数里的比例。学生总体还是主要以通过班级结交朋友。德州学院的学生通过社会实践和参与社团文体活动结交朋友的比例较高，通过班级较少。

不同年级之间学生社交渠道状况比较：

表4—6—139　　　　　不同年级之间学生社交渠道的差异比较

项　目	χ^2
卡方检验	42.787*

通过对各个年级样本的学生社交渠道进行卡方检验，表4—6—139表明，不同年级学生社交渠道的差异达到显著性水平。

表 4—6—140　　　　　不同年级之间学生社交渠道比较

年级	班级	社会实践	社团与文体活动	网友	其他	总数
大一	567	125	131	61	31	915
	61.97%	13.66%	14.32%	6.67%	3.38%	
大二	570	170	153	92	63	1048
	54.39%	16.22%	14.60%	8.78%	6.01%	
大三	435	135	129	58	39	796
	54.65%	16.96%	16.21%	7.28%	4.90%	
大四	330	101	77	29	35	572
	57.69%	17.66%	13.46%	5.07%	6.12%	

从表 4—6—140 可以得知，各年级学生不同社交渠道的人数及在本年级总人数里的比例。大一的学生通过班级结交朋友的比例较高，通过社会实践较少。大四的学生通过社会实践结交朋友的比例较高，通过参与社团文体活动较少。

原因分析：大一学生初来乍到还没有熟悉环境，结交朋友的渠道基本只有通过班级；大四学生即将踏入社会，大多都在外实践，没有时间参与社团文体活动。

不同性别学生社交渠道状况比较：

表 4—6—141　　　　　不同性别之间学生社交渠道的差异比较

项　目	χ^2
卡方检验	58.090**

通过对不同性别样本的学生社交渠道进行卡方检验，表 4—6—141 表明，不同性别之间存在统计学意义上的显著性差异。

表 4—6—142　　　　不同性别之间学生社交渠道比较

性别	班级	社会实践	社团与文体活动	网友	其他	总数
男	621	195	146	78	59	1099
	56.51%	17.74%	13.28%	7.10%	5.37%	
女	1269	329	339	163	102	2202
	57.63%	14.94%	15.40%	7.40%	4.63%	

从表 4—6—142 可以得知，男生与女生不同社交渠道的人数及在两者总人数里的比例。女生通过社会实践结交朋友的比例较男生低。

原因分析：可能受传统文化观念"女主内男主外"等观念影响，女生参加社会实践活动较少。加之女生在交友时更慎重一些，所以更倾向于从周围熟悉的人群中获得稳定的社交关系。

不同专业之间学生社交渠道状况比较：

表 4—6—143　　　　不同专业之间学生社交渠道的差异比较

项　目	χ^2
卡方检验	86.578***

通过对各个专业样本的学生社交渠道进行卡方检验，表 4—6—143 表明，不同专业的学生社交渠道达到显著性差异水平。

表 4—6—144　　　　不同专业之间学生社交渠道比较

类别	班级	社会实践	社团与文体活动	网友	其他	总数
文科	1018	229	196	101	65	1609
	63.27%	14.23%	12.18%	6.28%	4.04%	
理科	574	185	204	99	50	1112
	51.62%	16.64%	18.34%	8.90%	4.50%	
艺体	300	117	92	41	51	601
	49.92%	19.47%	15.31%	6.82%	8.48%	

从表 4—6—144 可以得知，各专业类别学生不同社交渠道的人数及在本专业类别总人数里的比例。文科的学生通过班级结交朋友的比例较高，通过社会实践和参与社团文体活动较少。艺体的学生通过社会实践结交朋友的比例较高，通过班级的较少。理科的学生通过参与社团文体活动结交朋友的比例较高。

原因分析：文科和理科的学生相对于艺体的学生接触各种文体活动的机会较少，更加注重课程知识理论的积累，而艺体专业更适合实操历练，所以艺体的学生通过社会实践结交朋友的比例较高。

不同家庭来源学生社交渠道状况的比较：

表 4—6—145　　　　不同家庭来源学生社交渠道的差异比较

项目	χ^2
卡方检验	48.745**

通过对不同家庭来源样本的学生社交渠道进行卡方检验，表 4—6—145 表明，不同学校学生社交渠道达到显著性差异水平。

表 4—6—146　　　　不同家庭来源之间学生社交渠道比较

类别	班级	社会实践	社团与文体活动	网友	其他	总数
农村	1280	332	283	148	93	2136
	59.93%	15.54%	13.25%	6.93%	4.35%	
城镇	396	134	146	55	43	774
	51.16%	17.31%	18.86%	7.11%	5.56%	
城市	214	58	60	35	31	398
	53.77%	14.57%	15.08%	8.79%	7.79%	

从表 4—6—146 可以得知，来自不同家庭来源的学生不同社交渠道的人数及在不同家庭来源的总人数里的比例。来自农村的学生通过班级结交朋友的比例较高，通过参与社团文体活动较少。来自城镇的学生通过

社会实践和参与社团文体活动结交朋友的比例较高,通过班级较少。来自城市的学生通过社会实践结交朋友的比例较少。

原因分析:来自农村的学生会因为自卑内向而不敢或不愿参加各种文体活动,因为家庭影响而一直勤奋学习,所以结交朋友的渠道主要是通过班级;而来自城镇的学生没有家庭压力所以会更多的参加活动放松以及发展自己;城市的学生大多是独生子女,生活较优越,很少去进行社会实践。

不同家庭完整状况学生社交渠道状况的比较:

表4—6—147　　　不同家庭完整状况学生社交渠道的差异比较

项　目	χ^2
卡方检验	97.271***

通过对不同家庭完整状况样本的学生社交渠道进行卡方检验,表4—6—147表明,不同家庭完整状况之间不存在统计学意义上的显著性差异。

表4—6—148　　　不同家庭完整状况之间学生社交渠道比较

类别	班级	社会实践	社团与文体活动	网友	其他	总数
健全	1707	413	414	193	146	2873
	59.42%	14.38%	14.41%	6.72%	5.07%	
单亲	131	78	54	24	13	300
	43.67%	26.00%	18.00%	8.00%	4.33%	
离异再组合	43	26	21	17	9	116
	37.07%	22.41%	18.10%	14.66%	7.76%	
寄养	14	13	2	5	0	34
	41.18%	38.24%	5.87%	14.71%	0.00%	

从表4—6—148可以得知,来自不同完整状况家庭的学生不同社交渠道的人数及在其一类状况的家庭总人数里的比例。健全家庭的学生通过班级结交朋友的比例较高,通过社会实践较少。单亲家庭的学生通过参

与社团文体活动结交朋友的比例较高。离异再组合家庭的学生通过参与社团文体活动结交朋友的比例较高,通过班级较少。寄养家庭的学生通过社会实践和上网结交朋友的比例较高,通过参与社团文体活动较少。

原因分析:健全家庭的学生生活有保障,较少进行社会实践,通过班级结交朋友比例较高;单亲家庭和离异再组合的学生,可能因为家庭破裂带给自己的创伤等原因,更加缺乏安全感,会更多地参加团体活动进行弥补;寄养家庭的学生,因为想要感恩或者独立来减轻自己对家庭的负担,会更多地进行社会实践,且因为没有适合交流的对象更可能会找网友交流。

不同父母一方最高文化程度学生社交渠道状况的比较:

表4—6—149 不同父母一方最高文化程度学生社交渠道的差异比较

项目	χ^2
卡方检验	79.218***

通过对父母一方最高文化程度对于学生社交渠道进行卡方检验,表4—6—149表明,不同的父母一方最高文化程度之间存在统计学意义上的显著性差异。

表4—6—150 不同父母一方最高文化程度学生社交渠道比较

类别	班级	社会实践	社团与文体活动	网友	其他	总数
小学	439	92	64	31	17	643
	68.27%	14.31%	9.95%	4.82%	2.65%	
初中	766	239	221	98	69	1393
	54.99%	17.16%	15.87%	7.04%	4.94%	
高中	534	143	142	82	55	956
	55.86%	14.96%	14.85%	8.58%	5.75%	
大学及以上	159	51	63	29	25	327
	48.62%	15.60%	19.27%	8.87%	7.64%	

从表4—6—150可以得知，不同的父母一方最高文化程度学生不同社交渠道的人数及在其一类文化程度的总人数里的比例。小学和初中、高中、大学及以上之间不同社交渠道比例存在显著性差异。父母一方最高文化程度为小学的学生通过班级结交朋友的比例较高，通过社会实践和参与社团文体活动、上网均较少。父母一方最高文化程度为大学及以上的学生通过参与社团文体活动结交朋友的比例较高，通过班级较少。

原因分析：父母文化程度较低的家庭的学生，可能受到家庭环境及传统观念的影响，一方面更加重视学习，另一方面不擅长或不喜欢社交活动，都一定程度上导致学生疏于社会交往，把班级作为主要的社交渠道。父母文化程度较高家庭的学生，受父母开明的思想影响，学生会更多地参与各种团体活动。

(二) 互动采用的方式

学生社交方式总体状况分析：

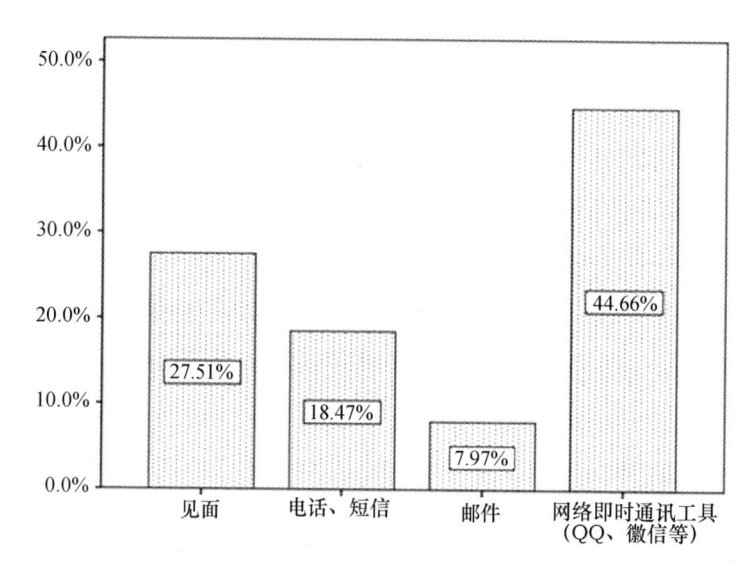

图4—6—47 6所高校学生社交方式总体状况分析

说明：此图是剔除异常数据后做的；也就是说有些学生未做选择。故表格中的百分比合计<100%。

对6所高校大学生与他人互动最常采用的方式的总体情况进行分析，从上图可以得知：44.66%的学生与他人互动最常采用的方式是各种网络即时通信工具，例如QQ、微信，27.51%的学生采用见面的方式，有18.47%

的学生采用电话、短信的方式,剩下 7.97% 的学生使用邮件与他人互动交流。伴随着互联网技术的发展,大学生的交往方式逐渐突破了空间的限制,网络通信工具的迅捷也使得大学生的联系变得更加方便、更加频繁,而书信等方式则惨遭淘汰。进入信息时代,大学生们可以和亲密同学保持较长时间的联系,不用担心会因距离远、长时间不联系导致关系破裂。[①]

不同学校之间学生社交方式比较:

表 4—6—151　　　　不同学校之间学生社交方式的差异比较

项　目	χ^2
卡方检验	2.693E2 ***

通过对各个高校样本的学生社交方式进行卡方检验,表 4—6—151 表明,不同学校学生社交方式达到显著性差异水平。

表 4—6—152　　　　不同学校之间学生社交方式比较

学校	见面	电话、短信	邮件	网络即时通信工具	总数
滨州学院	145	88	21	268	522
	27.78%	16.86%	4.02%	51.34%	
德州学院	189	122	115	138	564
	33.51%	21.63%	20.39%	24.47%	
菏泽学院	129	85	25	276	515
	25.05%	16.50%	4.86%	53.59%	
潍坊学院	188	142	30	413	773
	24.32%	18.37%	3.88%	53.43%	
枣庄学院	150	92	44	185	471
	31.85%	19.53%	9.34%	39.28%	
泰山学院	124	92	33	222	471
	26.33%	19.53%	7.01%	47.13%	

---

① 赵东喆:《90 后大学生社会交往方式的特征及社会支持网络建立的关系研究探讨》,《校园心理》2013 年第 4 期。

从表4—6—152可以得知，各高校学生不同社交方式的人数及在本学院总人数里的比例。学生主要的社交方式还是以见面和网络通信工具为主。德州学院的学生社交方式中见面和邮件的比例较高，网络通信工具较少。菏泽学院和潍坊学院的学生社交方式中网络通信工具的比例较高。

不同年级之间学生社交方式比较：

表4—6—153　　　不同年级之间学生社交方式的差异比较

项　目	χ^2
卡方检验	1.944E2***

通过对各个年级样本的学生社交方式进行卡方检验，表4—6—153表明，不同年级学生的学生社交方式达到显著性差异水平。

表4—6—154　　　不同年级之间学生社交方式比较

年级	见面	电话、短信	邮件	网络即时通信工具	总数
大一	377	116	73	347	913
	41.28%	12.71%	8.00%	38.01%	
大二	202	228	70	540	1040
	19.42%	21.92%	6.73%	51.93%	
大三	191	132	76	394	793
	24.09%	16.65%	9.58%	49.68%	
大四	154	142	48	221	565
	27.26%	25.13%	8.50%	39.11%	

从表4—6—154可以得知，大一学生社交方式中见面的比例较高，电话、短信和网络通信工具较少。大二的学生社交方式中网络通信工具的比例较高，见面较少。大三的学生社交方式中邮件的比例较高。大四的学生社交方式中电话、短信的比例较高，网络通信工具较少。

原因分析：大一的学生刚踏入大学校门，对周围环境充满探究的兴趣希望通过见面等方式建立起与周围人的联系；大二的学生已经熟悉和适应学校的环境与学习，很大程度上放松自己，开始沉迷于网络的较多；大三的学生作业较多，可能较多使用邮件发送作业或者信息；大四学生已经进入求职阶段，即时咨询问题的情况可能较多，所以采取电话交流方式更便捷，效率更高，网络通信工具反而用得少。

不同性别学生社交方式比较：

表 4—6—155　　　不同性别之间学生社交方式的差异比较

项　目	χ^2
卡方检验	1.945E2 ***

通过对不同性别样本的学生社交方式进行卡方检验，表 4—6—155 表明，不同性别之间存在统计学意义上的显著性差异。

表 4—6—156　　　不同性别之间学生社交方式比较

性别	见面	电话、短信	邮件	网络即时通讯工具	总数
男	445	180	110	358	1093
	40.71%	16.47%	10.06%	32.76%	
女	466	435	155	1133	2189
	21.29%	19.87%	7.08%	51.76%	

从表 4—6—156 可以得知，男生与女生不同社交方式的人数及在两者总人数里的比例。男生社交方式中见面和邮件的比例较女生高，电话、短信和网络通信工具较女生少。

原因分析：男生比较理性，可能不太喜欢社交里虚拟的网络世界，没有女生在通讯类型的网络工具上花费的时间多，所以多见面或者使用符合其性格特点的邮件处理事情和信息，不用即时回复或者等待。

不同专业之间学生社交方式比较：

表4—6—157　　　　不同专业之间学生社交方式的差异比较

项　目	χ^2
卡方检验	2.669E2 ***

通过对各个专业样本的学生社交方式进行卡方检验，表4—6—157表明，不同专业的学生社交方式达到显著性差异水平。

表4—6—158　　　　不同专业之间学生社交方式比较

专业	见面	电话、短信	邮件	网络即时通信工具	总数
文科	515	269	90	731	1605
	32.09%	16.76%	5.61%	45.54%	
理科	264	226	99	515	1104
	23.91%	20.47%	8.97%	46.65%	
艺体	143	122	78	251	594
	24.07%	20.54%	13.13%	42.26%	

从表4—6—158可以得知，各专业类别学生不同社交方式的人数及在本专业类别总人数里的比例。文科的学生社交方式中见面的比例较高，电话、短信和邮件较少。理科的学生社交方式中网络通信工具和邮件的比例较高，见面较少。艺体的学生社交方式中邮件的比例较高。

原因分析：文科生更加注重社交时真切的感受，且自由时间较多，有时间可以进行见面式社交；理科生相对于其他专业的学生接触计算机或者智能机器更多，更倾向于网络通信工具进行交流；艺体生专业实践练习时间多，少闲暇时间，所以用邮件收发信息成为其交流的重要方式。

不同家庭来源学生社交方式的比较：

表4—6—159　　　　不同家庭来源学生社交方式的差异比较

项　目	χ^2
卡方检验	69.782 ***

通过对不同家庭来源样本的学生社交方式进行卡方检验，表4—6—159表明，不同学校的学生社交方式达到显著性差异水平。

表4—6—160　　　不同家庭来源之间学生社交方式比较

类型	见面	电话、短信	邮件	网络即时通信工具	总数
农村	631	369	139	986	2125
	29.69%	17.36%	6.54%	46.41%	
城镇	176	180	89	323	768
	22.92%	23.44%	11.59%	42.05%	
城市	108	65	36	187	396
	27.27%	16.41%	9.09%	47.23%	

从表4—6—160分析得知，来自不同家庭来源的学生不同社交方式的人数及在不同家庭来源的总人数里的比例。来自农村的学生社交方式中见面和网络通信工具的比例较高，邮件较少。来自城镇的学生社交方式中电话、短信和邮件的比例较高，见面较少。来自城市的学生社交方式中网络通信工具的比例较高，电话、短信的比例较低。

原因分析：来自农村的学生，一般从大一开始使用智能手机，加之为了多认识或交往新的同学或朋友，所以常常使用流行的网络通信工具或者见面进行社交，对邮件使用较少；来自城市的学生因为网络环境更加普及和便利，会更多地使用适合年轻人的网络通信工具，很少再使用电话、短信。来自城镇的学生，介于两者之间，传统的电话、短信等使用的比例较高。

不同家庭完整状况学生社交方式的比较：

表4—6—161　　　不同家庭完整状况学生社交方式的差异比较

项目	χ^2
卡方检验	91.250***

通过对不同家庭完整状况样本的学生社交方式进行卡方检验，表4—

6—161表明，不同家庭完整状况的学生社交方式存在统计学意义上的显著性差异。

表4—6—162　　不同家庭完整状况之间学生社交方式比较

类型	见面	电话、短信	邮件	网络即时通信工具	总数
健全	810	523	198	1330	2861
	28.31%	18.28%	6.92%	46.49%	
单亲	75	66	45	110	296
	25.34%	22.30%	15.20%	37.16%	
离异再组合	23	21	20	49	113
	20.35%	18.58%	17.70%	43.37%	
寄养	14	9	2	8	33
	42.42%	27.27%	6.06%	24.25%	

从表4—6—162分析得知，来自不同完整状况家庭的学生不同社交方式的人数及在其一类状况的家庭总人数里的比例。来自健全家庭的学生社交方式中网络通信工具的比例较高，邮件较少。来自离异再组合家庭的学生社交方式中网络通信工具和邮件的比例较高。来自寄养家庭的学生社交方式中见面和电话、短信的比例较高，网络通信工具和邮件的比例较低。来自单亲家庭的学生，几种社交方式的使用大致相对平衡。

原因分析：按照流行趋势，网络通信工具已经被大量使用，逐渐取代电话、短信的地位。寄养家庭中，成员交流比较直接，所以直接使用电话、短信或者见面较方便。

不同父母一方最高文化程度学生社交方式的比较：

表4—6—163　　不同父母一方最高文化程度学生社交方式的差异比较

项　目	χ^2
卡方检验	2.654E2 ***

通过对父母一方最高文化程度对于学生社交方式进行卡方检验，表

4—6—163 表明，不同的父母一方最高文化程度之间存在统计学意义上的显著性差异。

表 4—6—164　不同父母一方最高文化程度学生社交方式比较

类型	见面	电话、短信	邮件	网络即时通信工具	总数
小学	321	97	52	167	637
	50.39%	15.23%	8.16%	26.22%	
初中	305	286	119	676	1386
	22.01%	20.63%	8.59%	48.77%	
高中	215	185	75	475	950
	22.64%	19.47%	7.89%	50.00%	
大学及以上	76	48	20	183	327
	23.24%	14.68%	6.12%	55.96%	

从表4—6—164可以得知，不同的父母一方最高文化程度对于不同学生社交方式的人数及在其一类文化程度的总人数里的比例。小学和初中、高中、大学及以上之间不同社交方式存在显著性差异。父母一方最高文化程度为小学的学生社交方式中见面比例较其他三者高，网络通信工具较其他三者少。

原因分析：父母文化程度较低家庭，可能受到家庭经济条件或家庭传统观念等影响，要么家庭网络环境不便捷，或者对网络不熟悉，更愿意采取见面的方式。其他类型父母的家庭，可能在以上网络环境或条件方面更好一些，所以更愿意采取网络交流的方式。

第七节　山东地方新建本科高校大学生情感素质调查

情感素质是指个体在遗传和环境共同作用下经实践形成的相对稳定的、基本的情感心理特征。[①] 大学生情感素质是指大学生个体在其遗传和

---

① 卢家楣：《情感教育心理学》，上海教育出版社2000年版。

环境共同作用下经实践形成的相对稳定的、基本和大学生年龄发展阶段相对应的积极的情感心理特征。大学生情感素质一般包括道德情感、理智情感、审美情感、生活情感、人际情感、操作性情感。①

本研究将从大学生情感素质总体情况、道德情感、理智情感、审美情感、生活情感、人际情感、操作性情感等 7 个方面进行调查，并进行成因分析和讨论。

本研究采用卢家楣等编制的《大学生情感素质》量表②，共有 32 个项目，包括道德情感、理智情感、审美情感、生活情感、人际情感、操作性情感 6 个维度。其中道德情感中包括爱国感、责任感、正直感、信用感、奉献感、公平感、公益感 7 个项目；生活情感中包括自强感、自立感、自尊感、珍爱感、幸福感 5 个项目；理智情感中包括好奇感、探究感、自信感、成就感、乐学感、专业感 6 个项目；人际情感包括亲密感、合作感、宽容感、恋爱感、感恩感、关爱感 6 个项目；审美情感包括自然美感、人文美感、科学美感、仪态美感 4 个项目；操作性情感包括理解他人情绪、表达自己情绪、调控自己情绪、调控他人情绪 4 个项目。根据自身目前能体验到的情感对自己所具备的情感情况进行打分。从 1 分到 10 分表示具备的程度越高。比如你觉得你正处于热恋中，恋爱感可以打 10 分，而如果你非常没有自信，自信感可以打 3 分或者更低。得分越高表示这种情感程度越高，得分越低则表示这种情感程度越低。

一 学校总体状况

图 4—7—1 表明，各高校情感素质总分分数从高到低依次是枣庄学院、潍坊学院、菏泽学院与泰山学院（分数相等）、德州学院、滨州学院。其中分数最高的是枣庄学院 5.135，分数最低的是滨州学院 4.768，但并不能由此得出各高校之间存在显著性差异，它们之间的差异可能是由误差导致的，需要进一步进行差异性检验。

---

① 卢家楣等：《中国当代大学生情感素质的现状及其影响因素》，《心理学报》2017 年第 1 期。

② 同上。

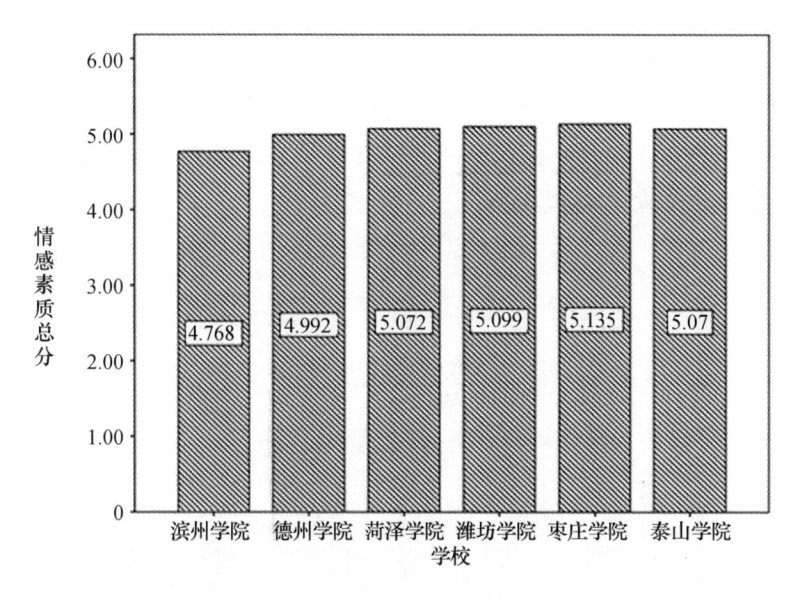

图4—7—1 各高校学生情感素质整体状况分析

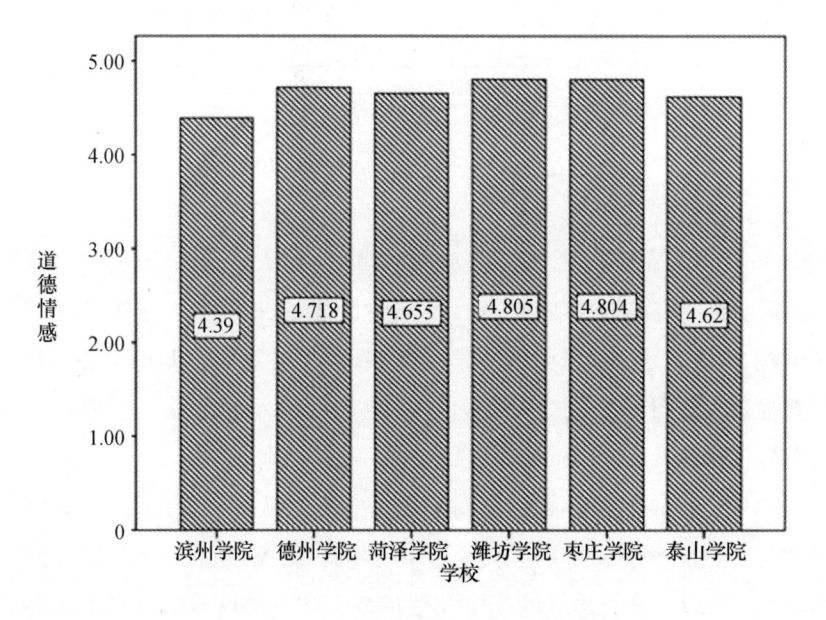

图4—7—2 各高校学生道德情感状况

图4—7—2表明，各高校道德情感分数由高到低依次是潍坊学院、枣庄学院、德州学院、菏泽学院、泰山学院、滨州学院。其中分数最高的是潍坊学院4.805，分数最低的是滨州学院4.39，但并不能由此得出各高校之间存在显著性差异，它们之间的差异可能是由误差导致的，需要进一步进行差异性检验。

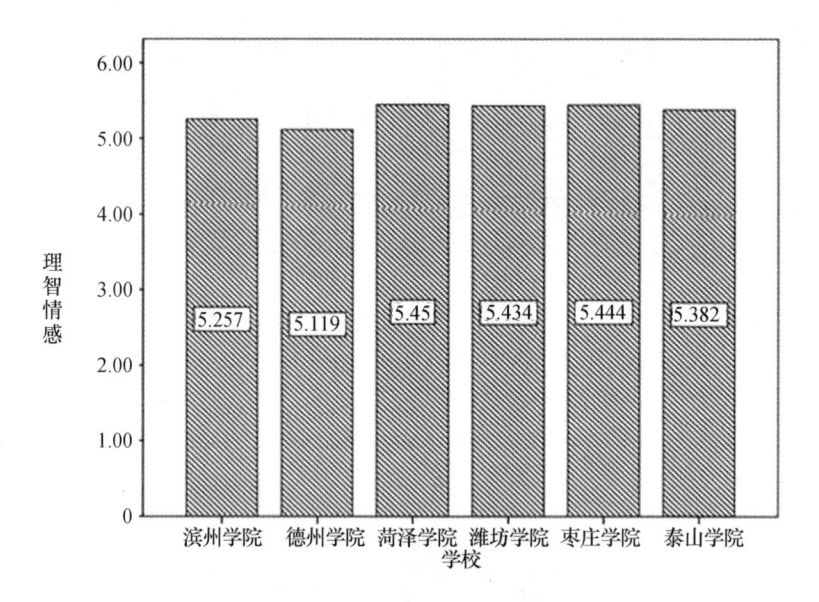

图4—7—3　各高校学生理智情感状况

图4—7—3结果表明，各高校理智情感分数从高到低的是菏泽学院、枣庄学院、潍坊学院、泰山学院、滨州学院、德州学院。分数最高的是菏泽学院5.45，分数最低是德州学院5.119，但并不能由此得出各高校之间存在显著性差异，它们之间的差异可能是由误差导致的，需要进一步进行差异性检验。

图4—7—4表明，各高校之间审美情感分数从高到低的是潍坊学院、菏泽学院、枣庄学院、泰山学院、德州学院、滨州学院。分数最高的是潍坊学院5.329，分数最低的是滨州学院5.093，但并不能由此得出各高校之间存在显著性差异，它们之间的差异可能是由误差导致的，需要进一步进行差异性检验。

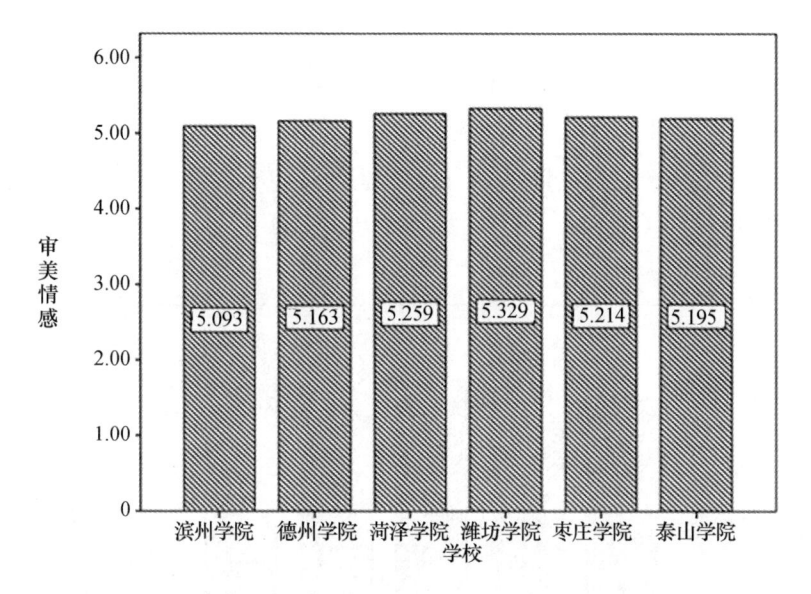

图4—7—4　各高校学生审美情感状况

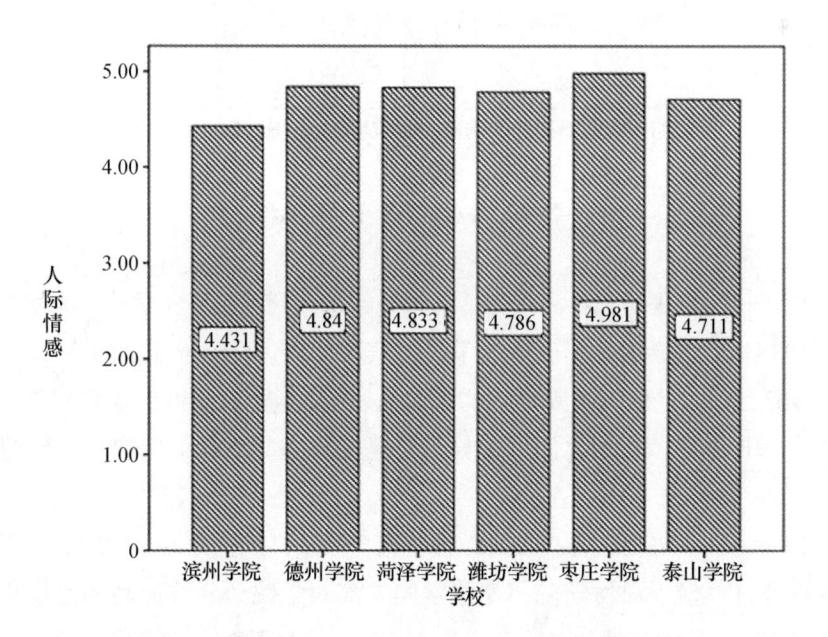

图4—7—5　各高校学生人际情感状况

图4—7—5表明，各高校人际情感分数从高到低是枣庄学院、德州学院、菏泽学院、潍坊学院、泰山学院、滨州学院。分数最高的是枣庄学院4.981，分数最低的是滨州学院4.431，但并不能由此得出各高校之间存在显著性差异，它们之间的差异可能是由误差导致的，需要进一步进行差异性检验。

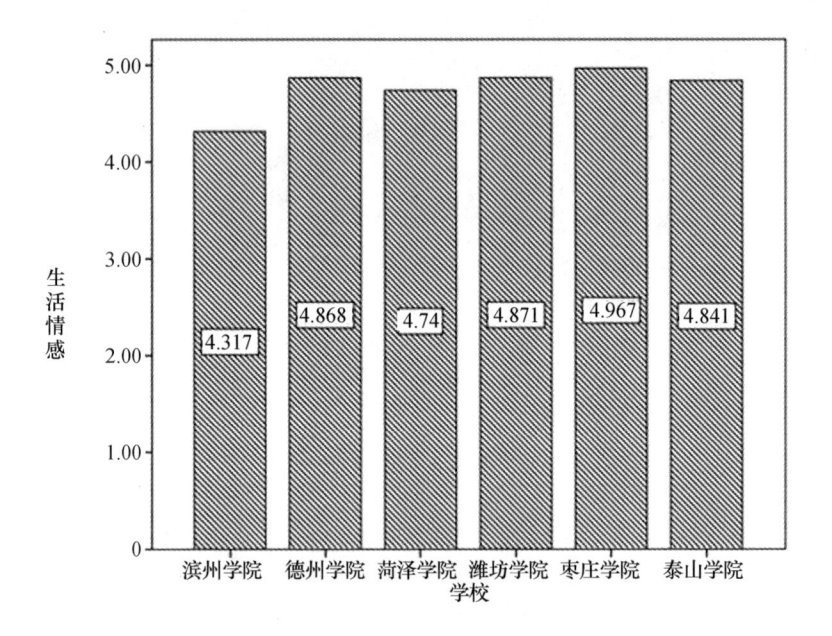

图4—7—6　各高校学生生活情感状况

图4—7—6表明，各高校生活情感分数从高到低是枣庄学院、潍坊学院、德州学院、泰山学院、菏泽学院、滨州学院。分数最高的是枣庄学院4.967，分数最低的是滨州学院4.317，但并不能由此得出各高校之间存在显著性差异，它们之间的差异可能是由误差导致的，需要进一步进行差异性检验。

图4—7—7表明，各高校操作性情感分数从高到低是泰山学院、菏泽学院、枣庄学院、潍坊学院、德州学院、滨州学院。分数最高的是泰山学院5.669，分数最低的是滨州学院5.122，但并不能由此得出各高校之间存在显著性差异，它们之间的差异可能是由误差导致的，需要进一步进行差异性检验。

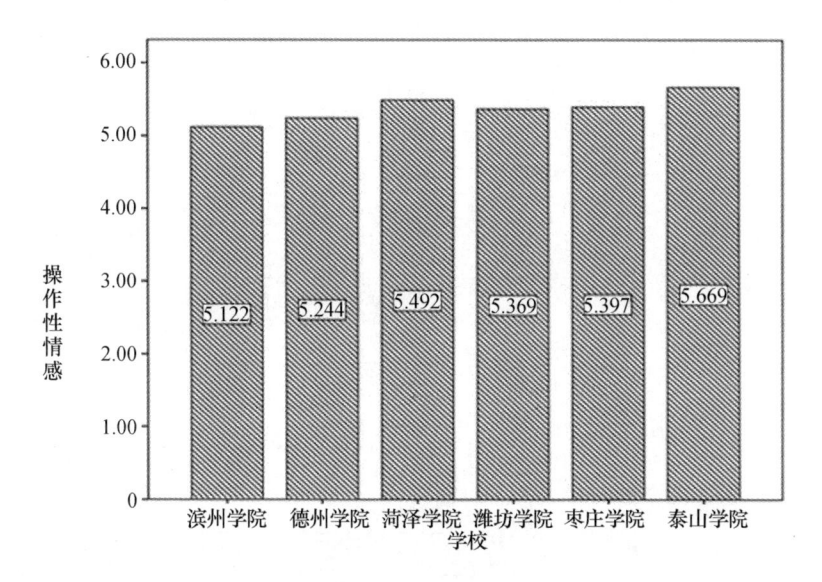

图4—7—7 各高校学生操作性情感状况

滨州学院 5.122
德州学院 5.244
菏泽学院 5.492
潍坊学院 5.369
枣庄学院 5.397
泰山学院 5.669

表4—7—1 各学校之间大学生情感素质状况的差异分析

项目	F
情感素质总分	1.472
道德情感	1.435
理智情感	1.952
审美情感	0.545
生活情感	2.787*
人际情感	1.880
操作性情感	2.280*

注：* 表示 $p<0.05$，** 表示 $p<0.01$，*** 表示 $p<0.001$，下同。

通过对各高校的学生样本的情感素质总分、道德情感、理智情感、审美情感、生活情感、人际情感、操作性情感进行 F 检验，表4—7—1表明，各高校仅在生活情感与操作性情感存在显著性差异，其他情感素质状况之间不存在统计学意义上的显著性差异。

表4—7—2　各高校之间大学生的情感素质状况的均值差异比较

因变量	事后检验	（I）学校	（J）学校	均值差异（I-J）	标准误
情感素质总分	LSD	滨州学院	德州学院	-0.159	0.144
			菏泽学院	-0.279	0.147
			潍坊学院	-0.310*	0.135
			枣庄学院	-0.322*	0.151
			泰山学院	-0.279	0.151
		德州学院	滨州学院	0.159	0.144
			菏泽学院	-0.120	0.144
			潍坊学院	-0.150	0.131
			枣庄学院	-0.162	0.148
			泰山学院	-0.120	0.148
		菏泽学院	滨州学院	0.279	0.147
			德州学院	0.120	0.144
			潍坊学院	-0.031	0.134
			枣庄学院	-0.043	0.151
			泰山学院	-0.000	0.151
		潍坊学院	滨州学院	0.310*	0.135
			德州学院	0.150	0.131
			菏泽学院	0.031	0.134
			枣庄学院	-0.012	0.139
			泰山学院	0.031	0.139
		枣庄学院	滨州学院	0.322*	0.151
			德州学院	0.162	0.148
			菏泽学院	0.043	0.151
			潍坊学院	0.012	0.139
			泰山学院	0.042	0.155
		泰山学院	滨州学院	0.279	0.151
			德州学院	0.120	0.149
			菏泽学院	0.000	0.151
			潍坊学院	-0.031	0.139
			枣庄学院	-0.042	0.155

续表

因变量	事后检验	(I) 学校	(J) 学校	均值差异 (I-J)	标准误
道德情感	LSD	滨州学院	德州学院	-0.260	0.171
			菏泽学院	-0.260	0.175
			潍坊学院	-0.392*	0.160
			枣庄学院	-0.389*	0.179
			泰山学院	-0.221	0.179
		德州学院	滨州学院	0.260	0.171
			菏泽学院	-0.000	0.170
			潍坊学院	-0.132	0.156
			枣庄学院	-0.130	0.176
			泰山学院	0.039	0.175
		菏泽学院	滨州学院	0.260	0.174
			德州学院	0.000	0.170
			潍坊学院	-0.131	0.159
			枣庄学院	-0.129	0.179
			泰山学院	0.039	0.179
		潍坊学院	滨州学院	0.392*	0.160
			德州学院	0.132	0.156
			菏泽学院	0.131	0.159
			枣庄学院	0.003	0.165
			泰山学院	0.170	0.165
		枣庄学院	滨州学院	0.389*	0.179
			德州学院	0.129	0.176
			菏泽学院	0.129	0.179
			潍坊学院	-0.003	0.165
			泰山学院	0.168	0.184
		泰山学院	滨州学院	0.221	0.179
			德州学院	-0.039	0.175
			菏泽学院	-0.039	0.179
			潍坊学院	-0.170	0.165
			枣庄学院	-0.168	0.184

续表

因变量	事后检验	(I) 学校	(J) 学校	均值差异 (I-J)	标准误
理智情感	LSD	滨州学院	德州学院	0.202	0.152
			菏泽学院	-0.172	0.155
			潍坊学院	-0.165	0.142
			枣庄学院	-0.158	0.160
			泰山学院	-0.107	0.160
		德州学院	滨州学院	-0.202	0.152
			菏泽学院	-0.374*	0.152
			潍坊学院	-0.367*	0.139
			枣庄学院	-0.360*	0.156
			泰山学院	-0.309*	0.156
		菏泽学院	滨州学院	0.172	0.155
			德州学院	0.374*	0.152
			潍坊学院	0.007	0.142
			枣庄学院	0.014	0.159
			泰山学院	0.065	0.159
		潍坊学院	滨州学院	0.165	0.142
			德州学院	0.367*	0.139
			菏泽学院	-0.007	0.142
			枣庄学院	0.007	0.147
			泰山学院	0.058	0.149
		枣庄学院	滨州学院	0.158	0.160
			德州学院	0.360*	0.156
			菏泽学院	-0.014	0.159
			潍坊学院	-0.007	0.147
			泰山学院	0.051	0.164
		泰山学院	滨州学院	0.107	0.160
			德州学院	0.309*	0.156
			菏泽学院	-0.065	0.159
			潍坊学院	-0.058	0.147
			枣庄学院	-0.051	0.164

续表

因变量	事后检验	（I）学校	（J）学校	均值差异（I-J）	标准误
审美情感	LSD	滨州学院	德州学院	-0.003	0.176
			菏泽学院	-0.141	0.180
			潍坊学院	-0.219	0.165
			枣庄学院	-0.086	0.185
			泰山学院	-0.136	0.185
		德州学院	滨州学院	0.003	0.176
			菏泽学院	-0.138	0.176
			潍坊学院	-0.216	0.160
			枣庄学院	-0.083	0.181
			泰山学院	-0.133	0.181
		菏泽学院	滨州学院	0.141	0.180
			德州学院	0.137	0.176
			潍坊学院	-0.078	0.164
			枣庄学院	0.055	0.184
			泰山学院	0.005	0.184
		潍坊学院	滨州学院	0.219	0.165
			德州学院	0.216	0.160
			菏泽学院	0.078	0.164
			枣庄学院	0.133	0.170
			泰山学院	0.083	0.170
		枣庄学院	滨州学院	0.086	0.185
			德州学院	0.083	0.181
			菏泽学院	-0.055	0.184
			潍坊学院	-0.133	0.170
			泰山学院	-0.050	0.189
		泰山学院	滨州学院	0.136	0.185
			德州学院	0.133	0.181
			菏泽学院	-0.005	0.184
			潍坊学院	-0.083	0.160
			枣庄学院	0.050	0.189

续表

因变量	事后检验	（I）学校	（J）学校	均值差异（I-J）	标准误
生活情感	LSD	滨州学院	德州学院	-0.504*	0.179
			菏泽学院	-0.399*	0.183
			潍坊学院	-0.538*	0.168
			枣庄学院	-0.584*	0.188
			泰山学院	-0.490*	0.188
		德州学院	滨州学院	0.504*	0.179
			菏泽学院	0.105	0.179
			潍坊学院	-0.034	0.163
			枣庄学院	-0.080	0.184
			泰山学院	0.015	0.184
		菏泽学院	滨州学院	0.399*	0.183
			德州学院	-0.105	0.179
			潍坊学院	-0.139	0.167
			枣庄学院	-0.185	0.188
			泰山学院	-0.090	0.187
		潍坊学院	滨州学院	0.538*	0.168
			德州学院	0.034	0.163
			菏泽学院	0.139	0.167
			枣庄学院	-0.046	0.173
			泰山学院	0.049	0.172
		枣庄学院	滨州学院	0.584*	0.188
			德州学院	0.080	0.184
			菏泽学院	0.185	0.188
			潍坊学院	0.046	0.173
			泰山学院	0.094	0.192
		泰山学院	滨州学院	0.490*	0.188
			德州学院	-0.015	0.184
			菏泽学院	0.090	0.187
			潍坊学院	-0.049	0.172
			枣庄学院	-0.094	0.192

续表

因变量	事后检验	（I）学校	（J）学校	均值差异（I-J）	标准误
人际情感	LSD	滨州学院	德州学院	-0.333*	0.162
			菏泽学院	-0.356*	0.165
			潍坊学院	-0.319*	0.151
			枣庄学院	-0.479*	0.170
			泰山学院	-0.219	0.169
		德州学院	滨州学院	0.333*	0.162
			菏泽学院	-0.024	0.161
			潍坊学院	0.0140	0.147
			枣庄学院	-0.147	0.166
			泰山学院	0.114	0.166
		菏泽学院	滨州学院	0.356*	0.165
			德州学院	0.024	0.161
			潍坊学院	0.038	0.151
			枣庄学院	-0.123	0.169
			泰山学院	0.137	0.169
		潍坊学院	滨州学院	0.319*	0.151
			德州学院	-0.014	0.147
			菏泽学院	-0.038	0.151
			枣庄学院	-0.161	0.156
			泰山学院	0.100	0.156
		枣庄学院	滨州学院	0.479*	0.170
			德州学院	0.147	0.166
			菏泽学院	0.123	0.169
			潍坊学院	0.161	0.156
			泰山学院	0.260	0.174
		泰山学院	滨州学院	0.219	0.169
			德州学院	-0.114	0.166
			菏泽学院	-0.137	0.169
			潍坊学院	-0.100	0.156
			枣庄学院	-0.260	0.174

续表

因变量	事后检验	（I）学校	（J）学校	均值差异（I-J）	标准误
操作性情感	LSD	滨州学院	德州学院	-0.059	0.167
			菏泽学院	-0.346*	0.170
			潍坊学院	-0.227	0.156
			枣庄学院	-0.234	0.175
			泰山学院	-0.502*	0.175
		德州学院	滨州学院	0.059	0.167
			菏泽学院	-0.287	0.166
			潍坊学院	-0.168	0.152
			枣庄学院	-0.175	0.171
			泰山学院	-0.443*	0.171
		菏泽学院	滨州学院	0.346*	0.170
			德州学院	0.287	0.166
			潍坊学院	0.119	0.155
			枣庄学院	0.113	0.174
			泰山学院	-0.156	0.174
		潍坊学院	滨州学院	0.227	0.156
			德州学院	0.168	0.152
			菏泽学院	-0.119	0.155
			枣庄学院	-0.007	0.161
			泰山学院	-0.275	0.160
		枣庄学院	滨州学院	0.234	0.175
			德州学院	0.175	0.171
			菏泽学院	-0.113	0.174
			潍坊学院	0.007	0.161
			泰山学院	-0.268	0.179
		泰山学院	滨州学院	0.502*	0.175
			德州学院	0.443*	0.171
			菏泽学院	0.156	0.174
			潍坊学院	0.275	0.160
			枣庄学院	0.268	0.179

通过分析表4—7—2，可以得出以下结论：

（1）各高校情感素质总分、道德情感均值差异比较情况。

从具体分数表现看，滨州学院得分显著低于潍坊学院、枣庄学院，潍坊学院、枣庄学院得分显著高于滨州学院。因此，结论是：

①滨州学院仅与潍坊学院、枣庄学院之间存在显著性差异，与其他高校均不存在统计学意义上的显著性差异。②德州学院、菏泽学院、泰山学院与其他高校均不存在统计学意义上的显著性差异。③枣庄学院、潍坊学院仅与滨州学院存在显著性差异，与其他高校均不存在统计学意义上的显著性差异。

（2）各高校理智情感均值差异比较情况。

从具体分数表现看，德州学院得分显著低于菏泽学院、潍坊学院、枣庄学院、泰山学院，菏泽学院、枣庄学院、泰山学院得分显著高于德州学院。因此，结论是：德州学院仅与滨州学院不存在统计学意义上的显著性差异，与其他高校均存在显著性差异，其他高校之间不存在统计学意义上的显著性差异。

（3）各高校审美情感均值比较情况。

从具体分数表现看，各高校之间均不存在统计学意义上的显著性差异。

（4）各高校生活情感均值差异比较情况。

从具体分数表现看，滨州学院得分显著低于德州学院、菏泽学院、枣庄学院、潍坊学院、泰山学院，德州学院、菏泽学院、潍坊学院、枣庄学院、泰山学院得分显著高于滨州学院。因此，结论是：滨州学院与其他高校均存在显著性差异，其他高校之间均不存在统计学意义上的显著性差异。

（5）各高校人际情感均值差异比较情况。

从具体分数表现看，滨州学院得分显著低于德州学院、菏泽学院、枣庄学院、潍坊学院，德州学院、菏泽学院、枣庄学院、潍坊学院得分显著高于滨州学院。因此，结论是：滨州学院仅与泰山学院不存在统计学意义上的显著性差异，与其他高校之间均存在显著性差异，其他高校之间不存在统计学意义上的显著性差异。

(6) 各高校操作性情感均值差异比较现状。

从具体分数表现看,滨州学院得分显著低于菏泽学院、泰山学院,德州学院得分显著低于泰山学院,菏泽学院得分显著高于滨州学院,泰山学院得分显著高于滨州学院、德州学院。因此,结论是:①滨州学院仅与菏泽学院、泰山学院存在显著性差异,与其他高校均不存在统计学意义上的显著性差异。②德州学院仅与泰山学院存在显著性差异,与其他高校均不存在统计学意义上的显著性差异。③菏泽学院仅与滨州学院存在显著性差异,与其他高校均不存在统计学意义上的显著性差异。④潍坊学院、枣庄学院与其他高校均不存在统计学意义上的显著性差异。⑤泰山学院与滨州学院、德州学院存在显著性差异,与其他高校不存在统计学意义上的显著性差异。

二 性别差异

图4—7—8表明,女生的情感素质总分高于男生,但并不能由此得出男女之间存在显著性差异,它们之间的差异可能是由误差导致的,需要进一步进行差异性检验。

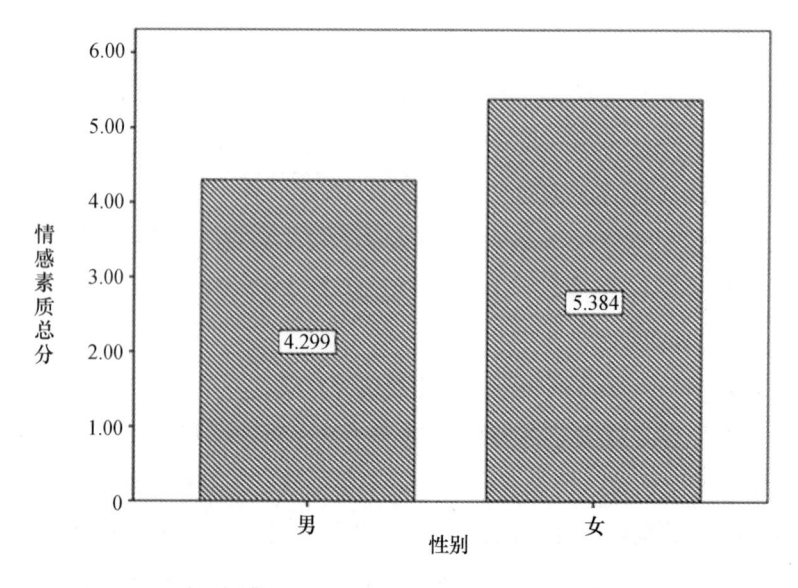

图4—7—8 男女生情感素质状况

第四章 研究结果与分析 / 361

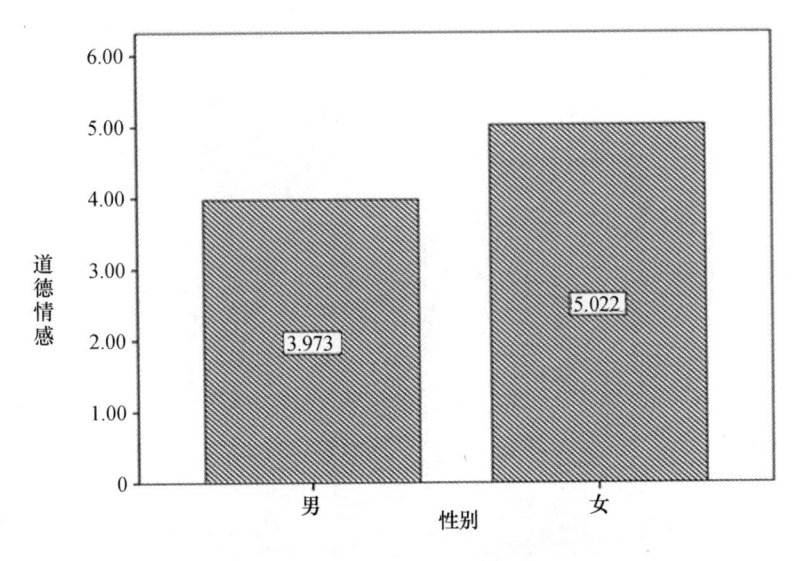

图4—7—9 男女生道德情感状况

图4—7—9表明，女生的道德情感分数高于男生，但并不能由此得出男女之间存在显著性差异，它们之间的差异可能是由误差导致的，需要进一步进行差异性检验。

图4—7—10表明，女生的理智情感分数高于男生，但并不能由此得出男女之间存在显著性差异，它们之间的差异可能是由误差导致的，需要进一步进行差异性检验。

图4—7—11表明，女生的审美情感分数高于男生，但并不能由此得出男女之间存在显著性差异，它们之间的差异可能是由误差导致的，需要进一步进行差异性检验。

图4—7—12表明，女生的生活情感分数高于男生，但并不能由此得出男女之间存在显著性差异，它们之间的差异可能是由误差导致的，需要进一步进行差异性检验。

图4—7—13表明，女生的人际情感分数高于男生，但并不能由此得出男女之间存在显著性差异，它们之间的差异可能是由误差导致的，需要进一步进行差异性检验。

图4—7—14表明，女生的操作性情感分数高于男生，但并不能由此

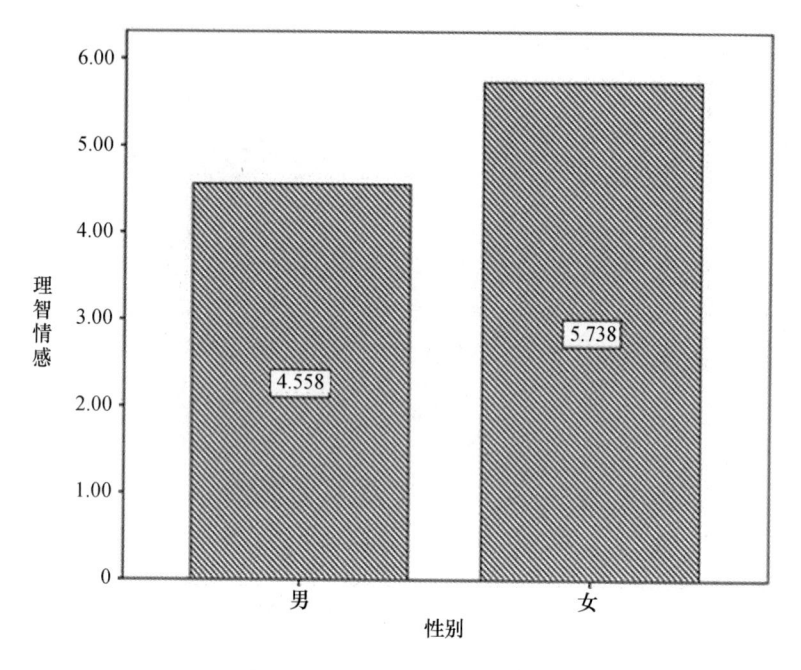

图 4—7—10　男女生理智情感状况

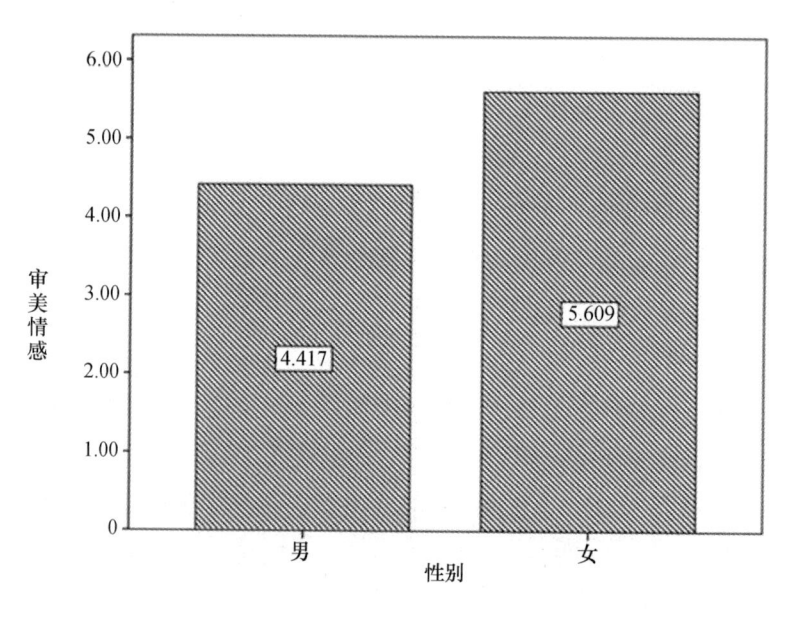

图 4—7—11　男女生审美情感状况

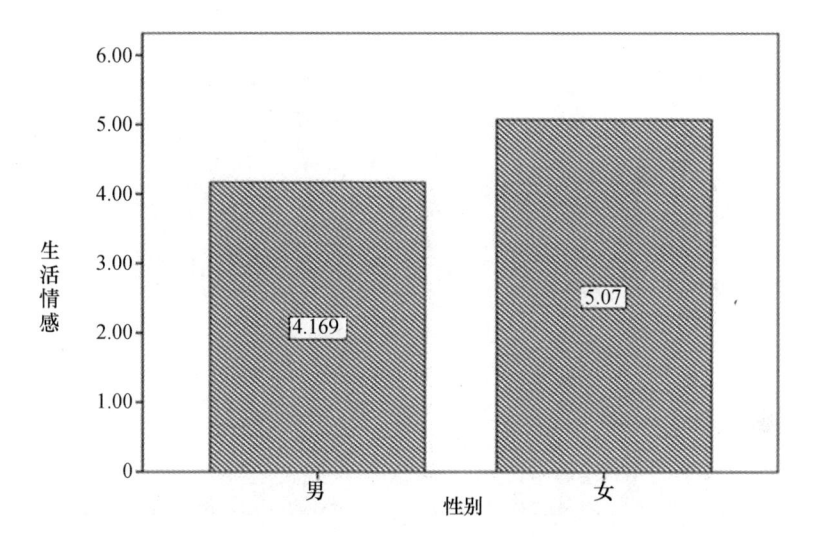

图 4—7—12 男女生生活情感状况

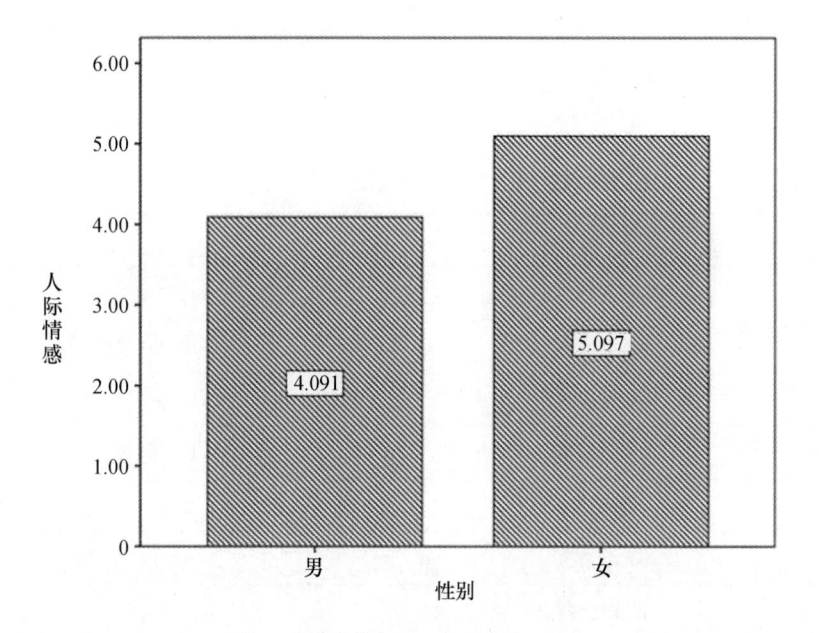

图 4—7—13 男女生人际情感状况

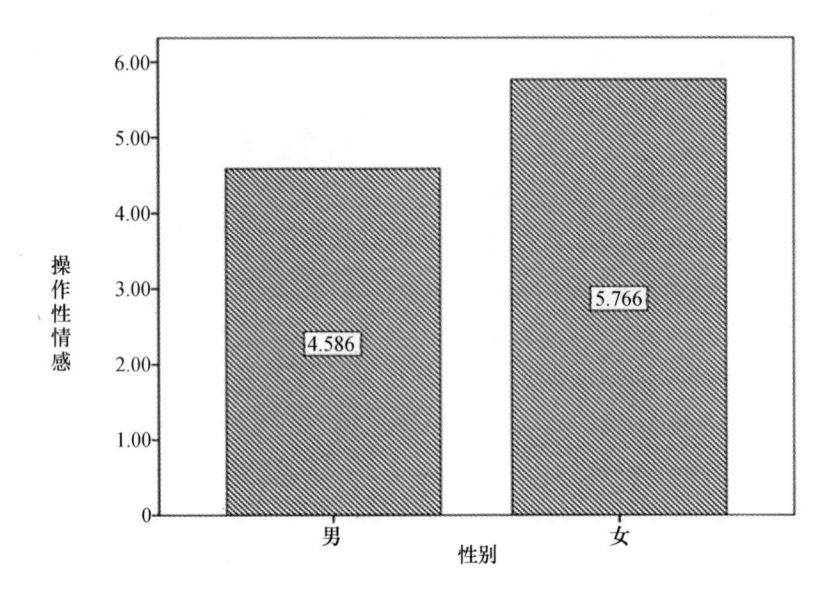

图 4—7—14　男女生操作性情感状况

得出男女之间存在显著性差异，它们之间的差异可能是由误差导致的，需要进一步进行差异性检验。

表 4—7—3　　不同性别之间大学生情感素质状况的差异分析

项　目	t
情感素质总分	-11.816***
道德情感	-10.201***
理智情感	-11.980***
审美情感	-10.864***
生活情感	-8.217***
人际情感	-9.967***
操作性情感	-11.291***

通过对不同性别的大学生的情感素质总分、道德情感、理智情感、审美情感、生活情感、人际情感、操作性情感进行 t 检验可以得出显著性水平，表4—7—3 表明，男女之间均存在显著性差异。

原因分析：从男女性别上，一般认为女性情感要比男性丰富，发展水平更高，这一点在人际情感上表现明显。女生在人际情感及其下属的亲密感、恋爱感上得分高于男生，原因可能与女大学生的亲密能力较强，人际信任水平较高有关。[①] 此外，在自尊感上女生也有一定优势。也有研究发现，在内隐自尊与外显自尊的总体水平上虽然不存在性别差异，但在外显自尊的一般水平上，女生社会取向的自尊显著高于男生。[②]

三 年级差异

图4—7—15 表明，各年级情感素质总分分数从高到低依次是三年级、

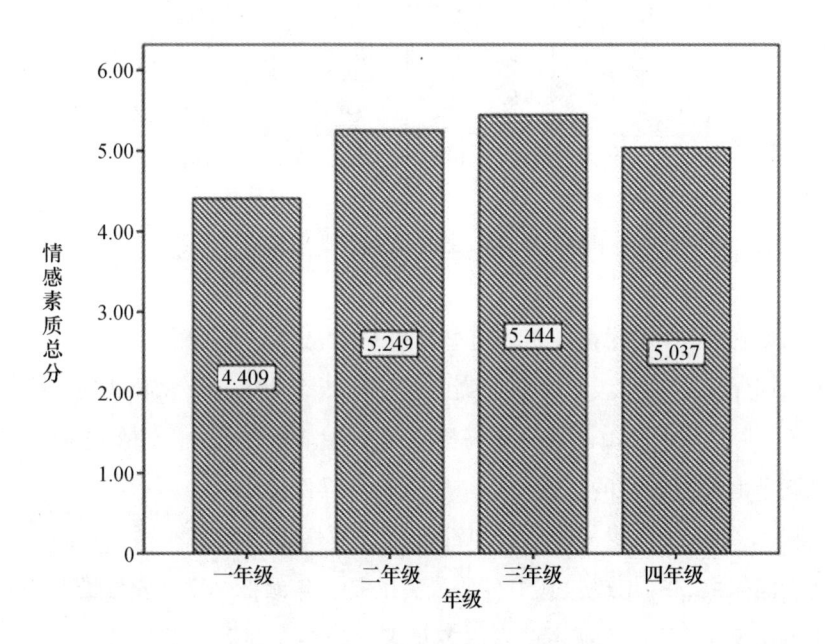

图4—7—15 各年级情感素质状况

[①] 刘翠英、张联社：《大学生人际亲密能力研究综述》，《现代交际》2015 年第 1 期。
[②] 赵娟娟、司继伟：《大学生内隐、外显自尊与嫉妒行为的关系》，《中国临床心理学杂志》2009 年第 2 期。

二年级、四年级、一年级，分数最高的是三年级 5.444，分数最低的是一年级 4.409，但并不能由此得出各年级之间存在显著性差异，它们之间的差异可能是由误差导致的，需要进一步进行差异性检验。

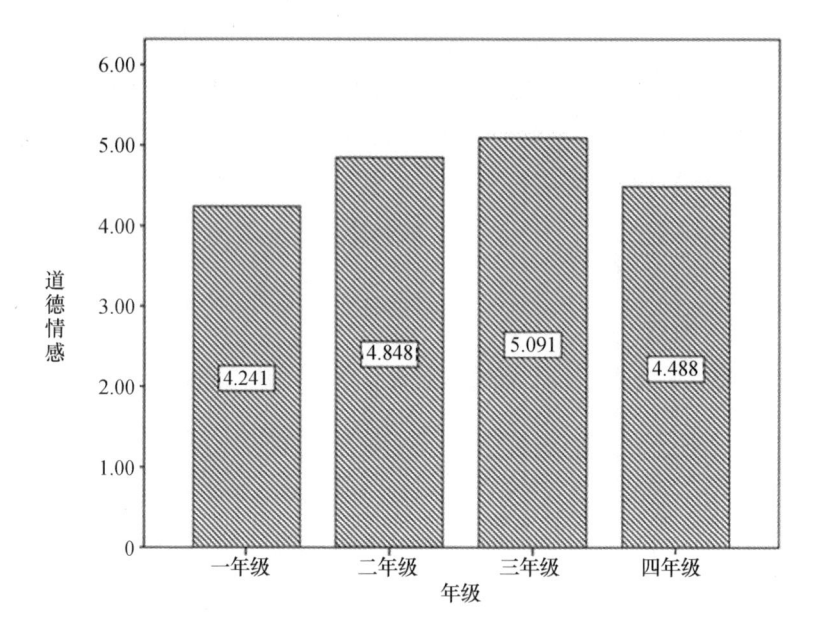

图4—7—16　各年级道德情感状况

图 4—7—16 表明，各年级道德情感分数从高到低依次是三年级、二年级、四年级、一年级，分数最高的是三年级 5.091，分数最低的是一年级 4.241，但并不能由此得出各高校之间存在显著性差异。它们之间的差异可能是由误差导致的，需要进一步进行差异性检验。

图 4—7—17 表明，各年级理智情感分数从高到低依次是三年级、二年级、四年级、一年级，其中分数最高的是三年级 5.707，分数最低的是一年级 4.564，但并不能由此得出各年级之间存在显著性差异，它们之间的差异可能是由误差导致的，需要进一步进行差异性检验。

图 4—7—18 表明，各年级审美情感分数从高到低依次是三年级、二年级、四年级、一年级，其中分数最高的是三年级 5.683，分数最低的是一年级 4.486，但并不能由此得出各年级之间存在显著性差异，它们之间

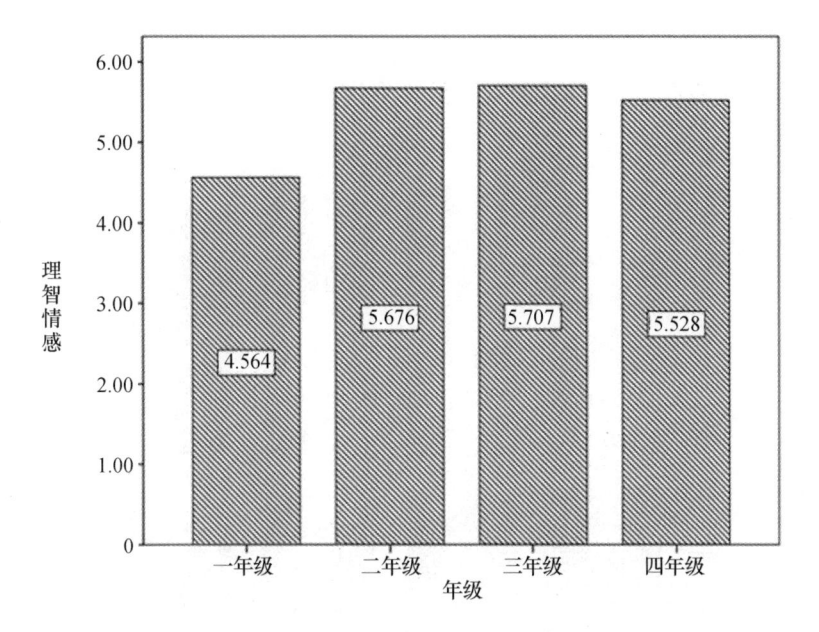

图 4—7—17　各年级理智情感状况

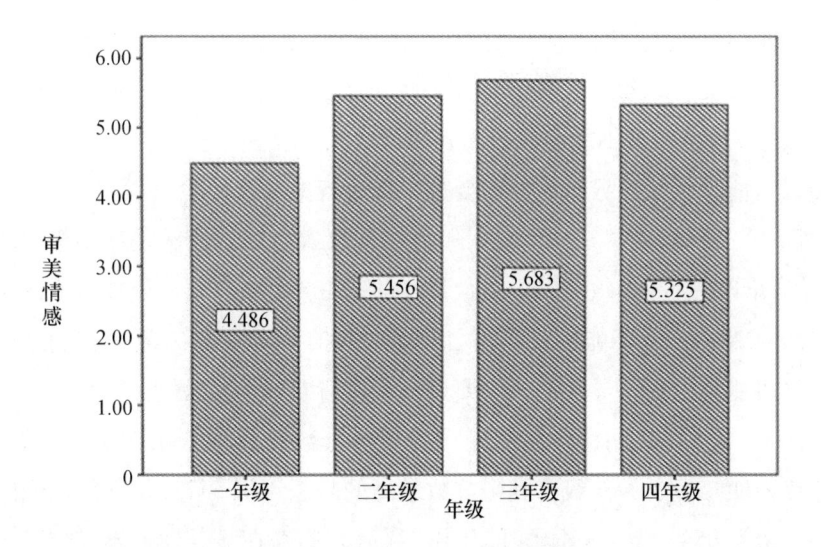

图 4—7—18　各年级审美情感状况

的差异可能是由误差导致的，需要进一步进行差异性检验。

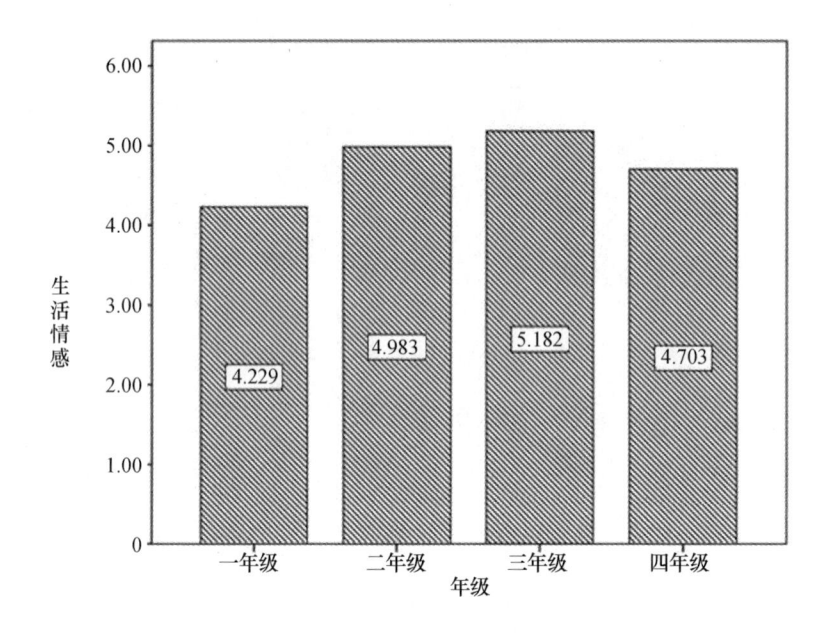

图4—7—19　各年级生活情感状况

图4—7—19表明，各年级生活情感分数从高到低依次是三年级、二年级、四年级、一年级，其中分数最高的是三年级5.182，分数最低的是一年级4.229，但并不能由此得出各年级之间存在显著性差异，它们之间的差异可能是由误差导致的，需要进一步进行差异性检验。

图4—7—20表明，各年级人际情感分数从高到低依次是三年级、二年级、四年级、一年级，其中分数最高的是三年级5.206，分数最低的是一年级4.28，但并不能由此得出各年级之间存在显著性差异，它们之间的差异可能是由误差导致的，需要进一步进行差异性检验。

图4—7—21表明，各年级操作性情感分数从高到低依次是三年级、二年级、四年级、一年级，其中分数最高的是三年级5.795，分数最低的是一年级4.654，但并不能由此得出各年级之间存在显著性差异，它们之间的差异可能是由误差导致的，需要进一步进行差异性检验。

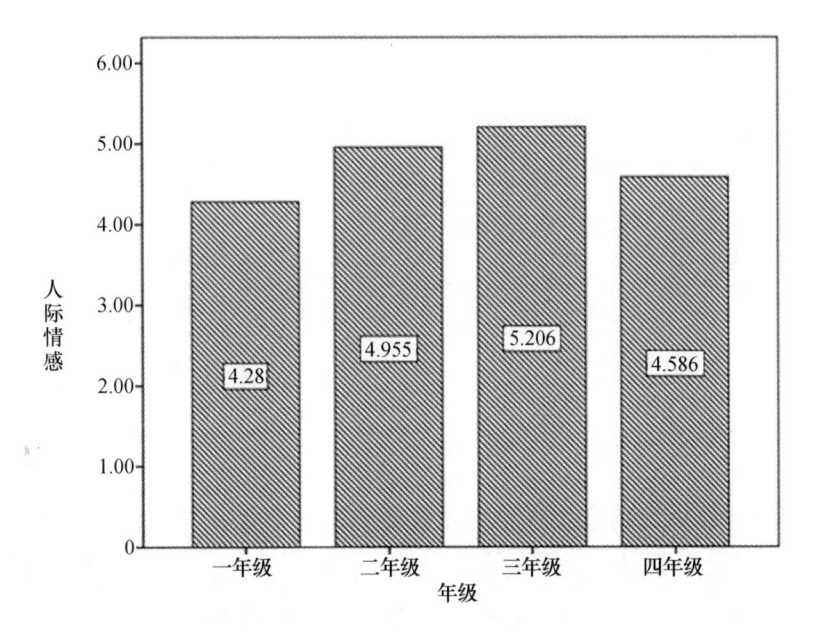

图 4—7—20　各年级人际情感状况

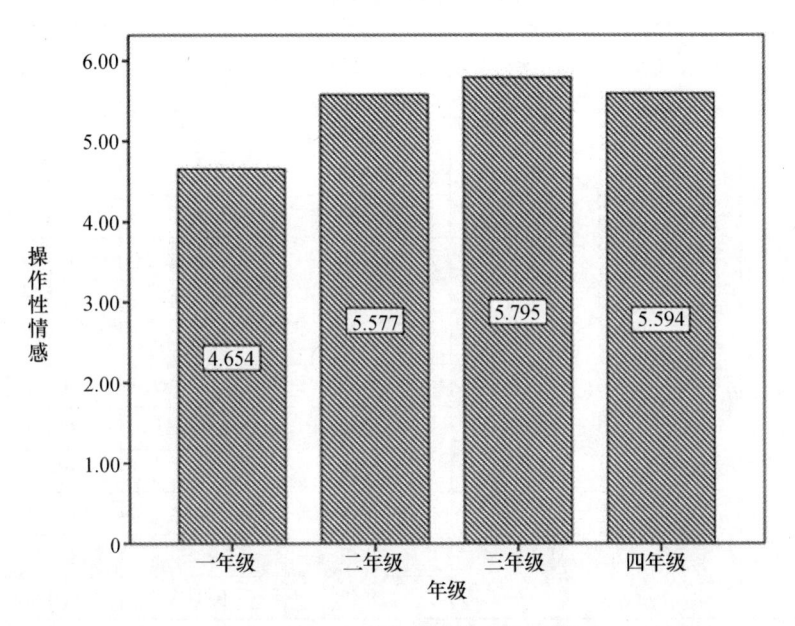

图 4—7—21　各年级操作性情感状况

表4—7—4　各年级之间大学生情感素质状况的差异分析

项 目	F
情感素质总分	31.755***
道德情感	14.850***
理智情感	42.294***
审美情感	28.550***
生活情感	16.864***
人际情感	19.376***
操作性情感	30.895***

通过对各年级的学生样本的情感素质总分、道德情感、理智情感、审美情感、生活情感、人际情感、操作性情感进行F检验可以得出显著性水平，表4—7—4表明各年级之间均存在显著性差异。

表4—7—5　各年级之间大学生情感素质状况的均值差异分析

因变量	事后检验	(I)年级	(J)年级	均差分析(I-J)	标准误
情感素质总分	LSD	一年级	二年级	-0.858*	0.106
			三年级	-0.997*	0.114
			四年级	-0.624*	0.125
		二年级	一年级	0.858*	0.106
			三年级	-0.139	0.111
			四年级	0.234	0.123
		三年级	一年级	0.997*	0.114
			二年级	0.139	0.111
			四年级	0.373*	0.130
		四年级	一年级	0.624*	0.125
			二年级	-0.234	0.123
			三年级	-0.373*	0.130

续表

因变量	事后检验	(I) 年级	(J) 年级	均差分析 (I-J)	标准误
道德情感	LSD	一年级	二年级	-0.633*	0.127
			三年级	-0.815*	0.136
			四年级	-0.242	0.150
		二年级	一年级	0.633*	0.127
			三年级	-0.182	0.132
			四年级	0.391*	0.146
		三年级	一年级	0.815*	0.136
			二年级	0.182	0.132
			四年级	0.573*	0.155
		四年级	一年级	0.242	0.150
			二年级	-0.391*	0.146
			三年级	-0.573*	0.155
理智情感	LSD	一年级	二年级	-1.117*	0.111
			三年级	-1.100*	0.120
			四年级	-0.928*	0.132
		二年级	一年级	1.117*	0.111
			三年级	0.0179	0.117
			四年级	0.190	0.129
		三年级	一年级	1.100*	0.120
			二年级	-0.0179	0.117
			四年级	0.172	0.136
		四年级	一年级	0.928*	0.132
			二年级	-0.190	0.129
			三年级	-0.172	0.136
审美情感	LSD	一年级	二年级	-0.982*	0.130
			三年级	-1.152*	0.139
			四年级	-0.845*	0.153
		二年级	一年级	0.982*	0.130
			三年级	-0.170	0.136
			四年级	0.137	0.150

续表

因变量	事后检验	（I）年级	（J）年级	均差分析（I-J）	标准误
审美情感	LSD	三年级	一年级	1.152*	0.139
			二年级	0.170	0.136
			四年级	0.307	0.158
		四年级	一年级	0.845*	0.153
			二年级	-0.137	0.150
			三年级	-0.307	0.158
生活情感	LSD	一年级	二年级	-0.771*	0.133
			三年级	-0.914*	0.143
			四年级	-0.479*	0.157
		二年级	一年级	0.771*	0.133
			三年级	-0.143	0.139
			四年级	0.292	0.153
		三年级	一年级	0.914*	0.143
			二年级	0.143	0.139
			四年级	0.435*	0.162
		四年级	一年级	0.479*	0.157
			二年级	-0.292	0.153
			三年级	-0.435*	0.162
人际情感	LSD	一年级	二年级	-0.694*	0.120
			三年级	-0.888*	0.129
			四年级	-0.306*	0.141
		二年级	一年级	0.694*	0.120
			三年级	-0.194	0.125
			四年级	0.388*	0.138
		三年级	一年级	0.888*	0.129
			二年级	0.194	0.125
			四年级	0.581*	0.146
		四年级	一年级	0.306*	0.141
			二年级	-0.388*	0.138
			三年级	-0.581*	0.146

续表

因变量	事后检验	（I）年级	（J）年级	均差分析 （I-J）	标准误
操作性情感	LSD	一年级	二年级	-0.949*	0.123
			三年级	-1.114*	0.132
			四年级	-0.944*	0.145
		二年级	一年级	0.949*	0.123
			三年级	-0.165	0.128
			四年级	0.006	0.142
		三年级	一年级	1.114*	0.132
			二年级	0.165	0.128
			四年级	0.170	0.150
		四年级	一年级	0.944*	0.145
			二年级	-0.006	0.142
			三年级	-0.170	0.150

通过分析表4—7—5，可以得出以下结论：

（1）各年级情感素质总分状况、生活情感状况均值差异比较情况。

从具体分数表现看，一年级得分显著低于二年级、三年级、四年级；二年级得分显著高于一年级；三年级得分显著高于一年级、四年级；四年级得分显著高于一年级、低于三年级。因此，结论是：①一年级与其他年级均存在显著性差异。②二年级仅与一年级存在显著性差异，与其他年级均不存在统计学意义上的显著性差异。③三年级仅与二年级不存在统计学意义上的显著性差异，与其他年级均存在显著性差异。④四年级仅与二年级不存在统计学意义上的显著性差异，与其他年级均存在显著性差异。

（2）各年级道德情感状况均值差异比较情况。

从具体分数表现看，一年级得分显著低于二年级、三年级，二年级得分显著高于一年级、四年级，三年级得分显著高于一年级、四年级，四年级得分显著低于二年级、三年级。因此，结论为：①一年级仅与四年级不存在统计学意义上的显著性差异，与其他年级均存在显著性差异。

②二年级仅与三年级不存在统计学意义上的显著性差异，与其他年级均存在显著性差异。③三年级仅与二年级不存在统计学意义上的显著性差异，与其他年级均存在显著性差异。④四年级仅与一年级不存在统计学意义上的显著性差异，与其他年级均存在显著性差异。

（3）各年级人际情感状况均值差异比较情况。

从具体分数表现看，一年级得分显著低于二年级、三年级、四年级，二年级得分显著高于一年级、四年级，三年级得分显著高于一年级、四年级，四年级得分显著高于一年级、低于二年级、三年级。因此，结论是：①一年级与其他年级均存在显著性差异。②二年级仅与三年级不存在统计学意义上的显著性差异，与其他年级均存在显著性差异。③三年级仅与二年级不存在统计学意义上的显著性差异，与其他年级均存在显著性差异。④四年级与其他年级均存在显著性差异。

（4）各年级审美情感状况、理智情感状况、操作性情感状况均值差异比较现状。

从具体分数表现看，一年级得分显著低于二年级、三年级、四年级，二年级、三年级、四年级得分显著高于一年级。因此，结论是：①一年级与其他年级均存在显著性差异。②二年级仅与一年级存在显著性差异，与其他年级均不存在统计学意义上的显著性差异。③三年级仅与一年级存在显著性差异，与其他年级均不存在统计学意义上的显著性差异。④四年级仅与一年级存在显著性差异，与其他年级均不存在统计学意义上的显著性差异。

原因分析：大学一年级的学生大多来自四面八方，离开了自己的安全区域，进入一个全新的环境。在家时很多问题都不需要自己解决，父母会给孩子洗衣做饭，收拾房间。而来到大学，学生需要自己独立生活、处理问题，随着年级的变化，大学生的自立感、自强感越来越强，因此一年级的学生在处理生活琐事方面远远不如二年级、三年级、四年级的学生。四年级的学生开始面临就业、考研等问题，开始要对自己的人生做出选择，就业压力、考研压力、是否出国等问题接踵而来。另外，一年级的学生刚刚接触大学，开始改变自我的很多方面。在上大学之前接受的都是努力读书的观念，很多父母在意的都是孩子的学习状况，在审美美感、理智情感、操作性情感方面缺乏一定的学习,而在大学中,学校不仅仅在意专业课的学习,还会开设很多其他方面的课程(比如:化妆课、插花课、情绪管理课)来帮助学生学会自我管理情绪、学会生活。[①]

四 专业差异

图 4—7—22 表明,各专业的情感素质总分分数由高到低依次是理科、艺体、文科,其中分数最高的是理科,分数最低的是文科,但并不能由此得出各专业之间存在显著性差异,它们之间的差异可能是由误差导致的,需要进一步进行差异性检验。

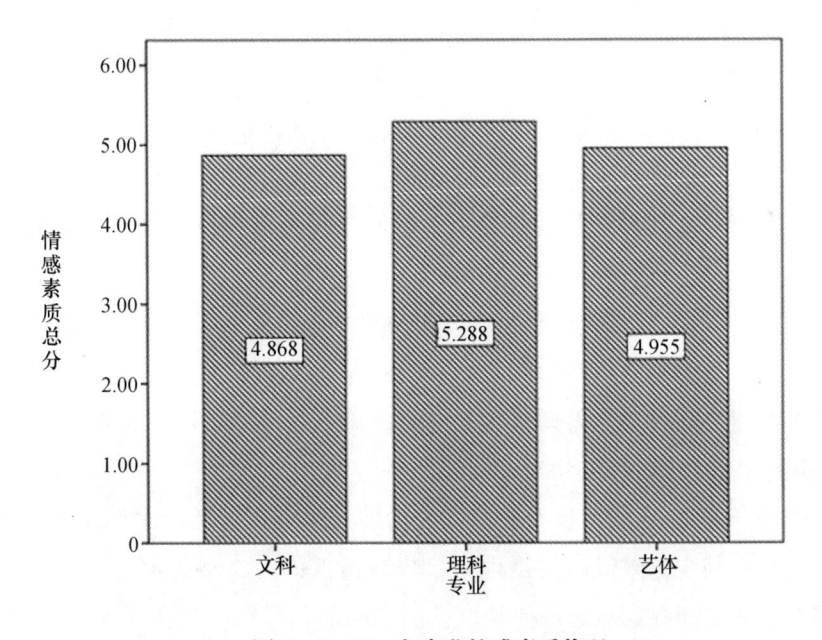

图 4—7—22 各专业情感素质状况

图 4—7—23 表明,各专业的道德素质总分分数由高到低依次是理科、艺体、文科,其中分数最高的是理科,分数最低的是文科,但并不能由

---

① 陈宁:《论大学生情感素质的培养》,《上海青年管理干部学院学报》2013 年第 1 期。

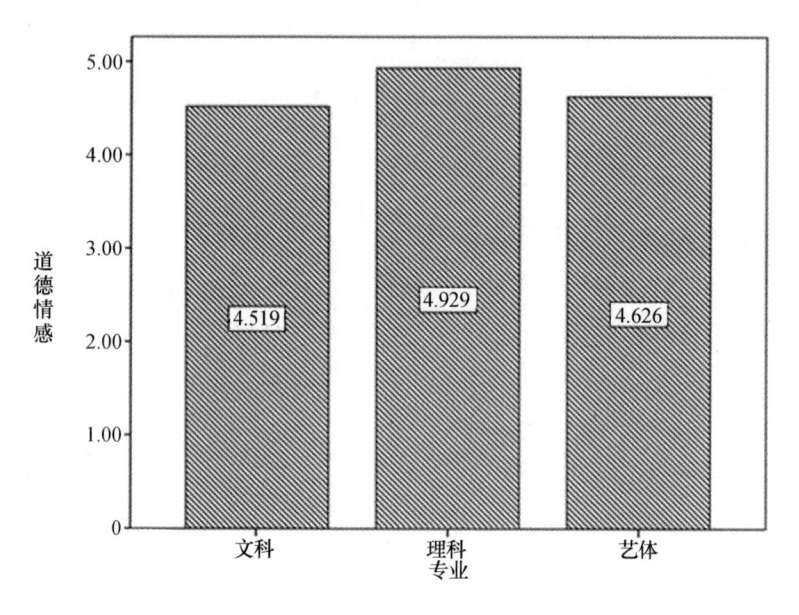

图4—7—23　各专业的道德素质状况

此得出各专业之间存在显著性差异，它们之间的差异可能是由误差导致的，需要进一步进行差异性检验。

图4—7—24表明，各专业的理智情感分数由高到低依次是理科、艺体、文科，其中分数最高的是理科，分数最低的是文科，但并不能由此得出各专业之间存在显著性差异，它们之间的差异可能是由误差导致的，需要进一步进行差异性检验。

图4—7—25表明，各专业的审美情感分数由高到低依次是理科、艺体、文科，其中分数最高的是理科，分数最低的是文科，但并不能由此得出各专业之间存在显著性差异，它们之间的差异可能是由误差导致的，需要进一步进行差异性检验。

图4—7—26表明，各专业的生活情感分数由高到低依次是理科、艺体、文科，其中分数最高的是理科，分数最低的是文科，但并不能由此得出各专业之间存在显著性差异，它们之间的差异可能是由误差导致的，需要进一步进行差异性检验。

图4—7—27表明，各专业的人际情感分数由高到低依次是理科、艺

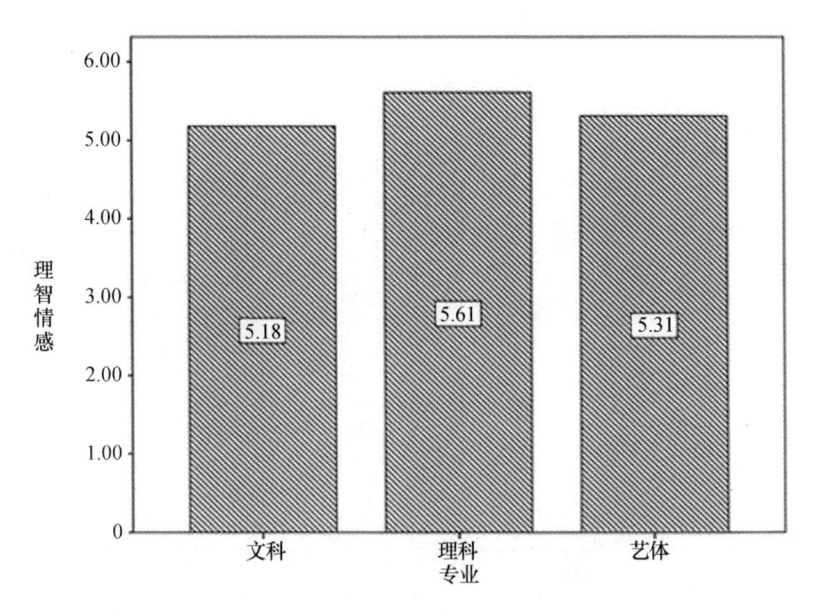

图 4—7—24　各专业的理智情感素质状况

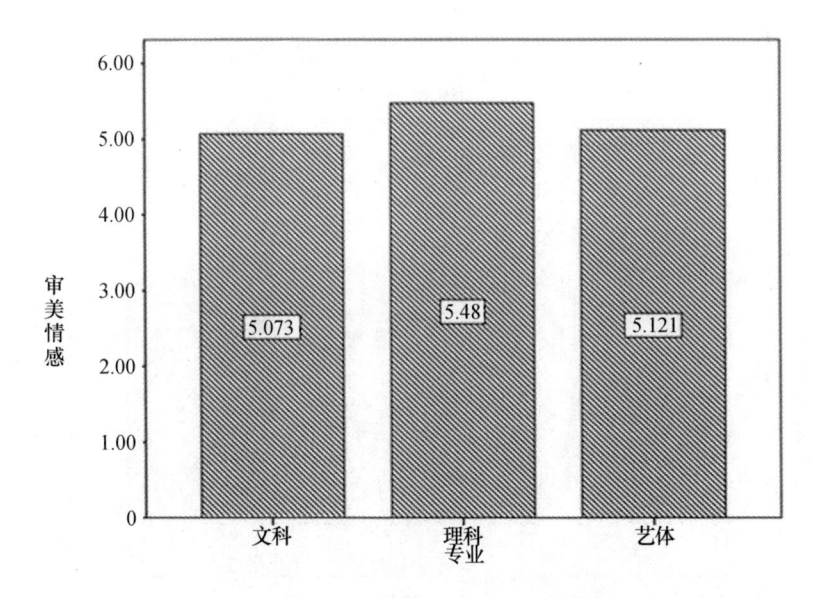

图 4—7—25　各专业的审美情感状况

体、文科，其中分数最高的是理科，分数最低的是文科，但并不能由此

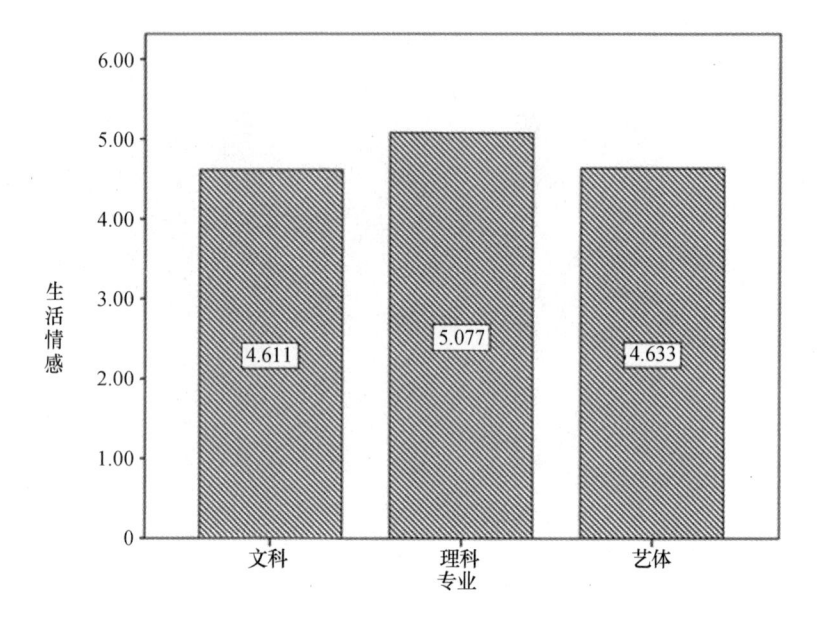

图4—7—26　各专业的生活情感状况

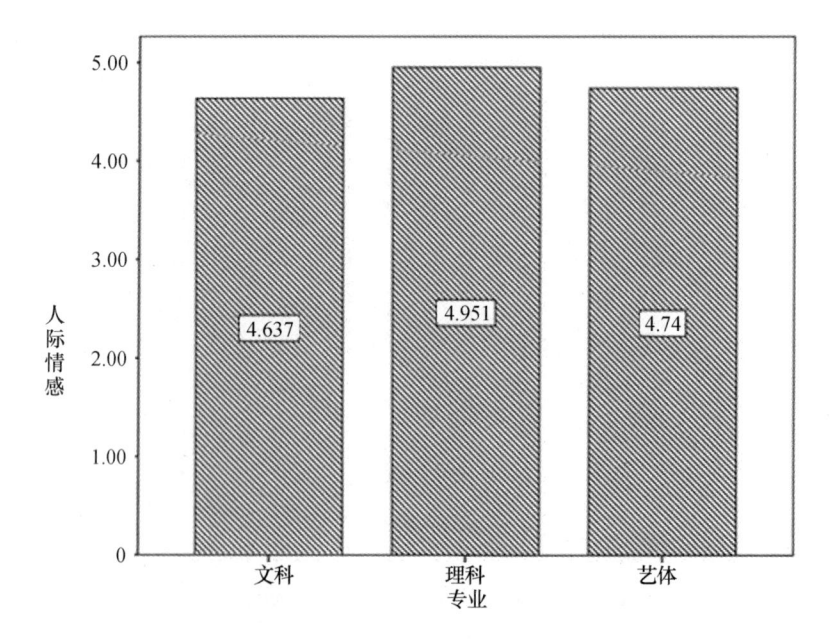

图4—7—27　各专业的人际情感状况

得出各专业之间存在显著性差异,它们之间的差异可能是由误差导致的,需要进一步进行差异性检验。

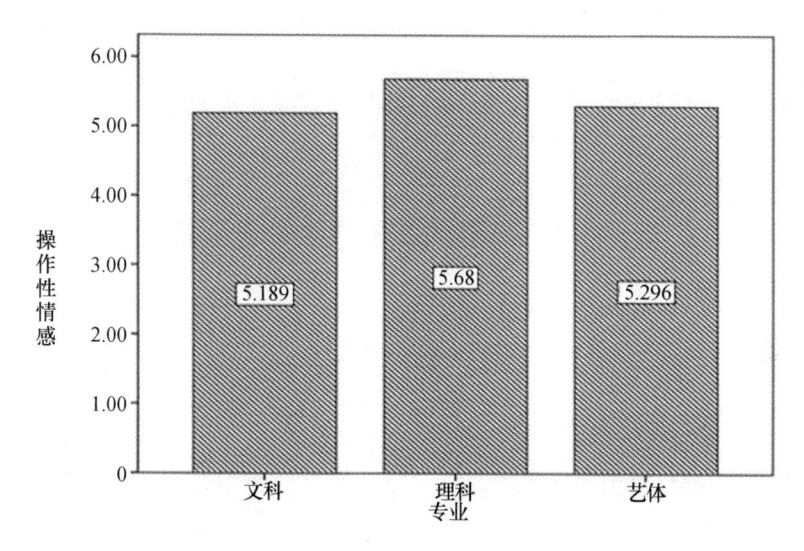

图4—7—28　各专业的操作性情感状况

图4—7—28表明,各专业的操作性情感分数由高到低依次是理科、艺体、文科,其中分数最高的是理科5.68,分数最低的是文科5.189,但并不能由此得出各专业之间存在显著性差异,它们之间的差异可能是由误差导致的,需要进一步进行差异性检验。

表4—7—6　　各专业之间大学生情感素质的差异分析

项　目	F
情感素质总分	10.132***
道德情感	7.237***
理智情感	9.254***
审美情感	7.588***
生活情感	8.274***
人际情感	3.840**
操作性情感	9.802***

通过对各专业的学生样本的情感素质总分、道德情感、理智情感、审美情感、生活情感、人际情感、操作性情感进行 F 检验，可以得出显著性水平，表4—7—6 表明各专业之间均存在显著性差异。

表4—7—7　各专业之间大学生情感素质状况的均值差异分析

因变量	事后检验	(I) 专业	(J) 专业	均差分析（I-J）	标准误
情感素质总分	LSD	文科	理科	-0.414*	0.093
			艺体	-0.091	0.112
		理科	文科	0.414*	0.093
			艺体	0.323*	0.119
		艺体	文科	0.091	0.112
			理科	-0.322*	0.119
道德情感	LSD	文科	理科	-0.417*	0.111
			艺体	-0.109	0.133
		理科	文科	0.417*	0.111
			艺体	0.308*	0.142
		艺体	文科	0.109	0.133
			理科	-0.308*	0.142
理智情感	LSD	文科	理科	-0.422*	0.098
			艺体	-0.142	0.119
		理科	文科	0.422*	0.098
			艺体	0.281*	0.126
		艺体	文科	0.142	0.119
			理科	-0.281*	0.126
审美情感	LSD	文科	理科	-0.428*	0.114
			艺体	-0.043	0.137
		理科	文科	0.428*	0.114
			艺体	0.385*	0.146
		艺体	文科	0.043	0.137
			理科	-0.385*	0.146

续表

因变量	事后检验	（I）专业	（J）专业	均差分析（I-J）	标准误
生活情感	LSD	文科	理科	-0.453*	0.116
			艺体	-0.037	0.140
		理科	文科	0.453*	0.116
			艺体	0.417*	0.149
		艺体	文科	0.037	0.140
			理科	-0.416*	0.149
人际情感	LSD	文科	理科	-0.290*	0.105
			艺体	-0.100	0.126
		理科	文科	0.290*	0.105
			艺体	0.190	0.134
		艺体	文科	0.100	0.126
			理科	-0.190	0.134
操作性情感	LSD	文科	理科	-0.472*	0.108
			艺体	-0.116	0.130
		理科	文科	0.472*	0.108
			艺体	0.356*	0.138
		艺体	文科	0.116	0.130
			理科	-0.356*	0.138

通过分析表4—7—7，可以得出以下结论：

（1）各年级情感素质总分状况、生活情感状况、道德情感状况、理智情感状况、生活情感状况、操作性情感状况均值差异比较情况。

从具体分数表现看，文科、艺体得分显著低于理科，理科得分显著高于文科、艺体。因此，结论是：理科与文科、艺体均存在显著性差异，而文科与艺体之间不存在统计学意义上的显著性差异。

（2）各年级人际情感状况均值差异比较情况。

从具体分数表现看，文科得分显著低于理科，理科得分显著高于文科。因此，结论是：文科与理科之间存在显著性差异，而艺体与文科、理科均不存在统计学意义上的显著性差异。

原因分析：理科生抽象逻辑相对见长，擅长对客观问题的解决，文科生擅长语言，形象思维见长，因此，理科生在好奇感、探究感、理解他人情绪、表达自己的情绪等方面要明显优于文科生。理科生毕业之后的就业、薪酬情况普遍比文科生好，文科生学的东西不像理科的技能，学起来没有"实感"，很多人可能学完都不知道自己到底掌握了什么。因此，理科生的成就感、自信感、自尊感、公平感等方面明显优于文科生。在人际关系方面，理科生比文科生更擅长与人打交道。①

五　是否担任班干部差异

图4—7—29表明，非班干部的情感素质总分分数高于班干部，但并不能由此得出非班干部与班干部之间存在显著性差异，它们之间的差异可能是由误差导致的，需要进一步进行差异性检验。

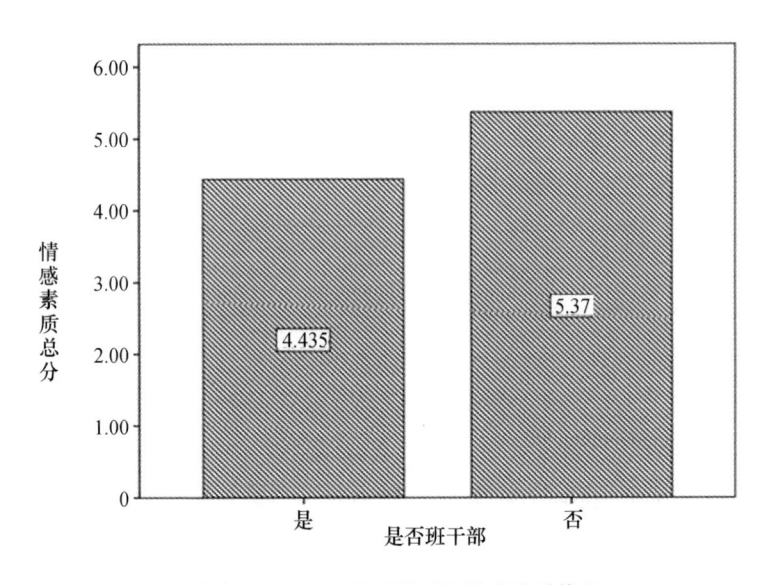

图4—7—29　是否班干部情感素质状况

图4—7—30表明，非班干部的道德情感分数高于班干部，但并不能由此得出非班干部与班干部之间存在显著性差异，它们之间的差异可能是由误差导致的，需要进一步进行差异性检验。

---

① 陈宁：《论大学生情感素质的培养》，《上海青年管理干部学院学报》2013年第1期。

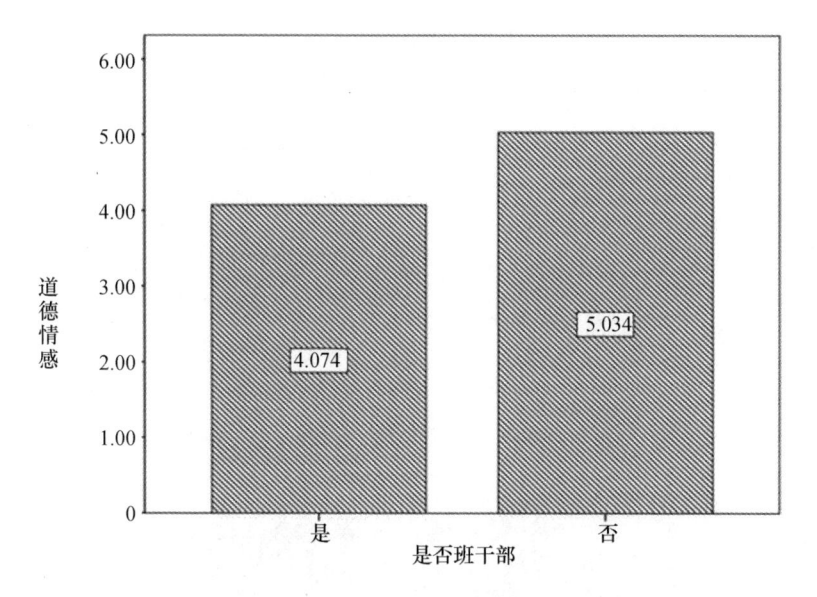

图 4—7—30　是否班干部道德情感状况

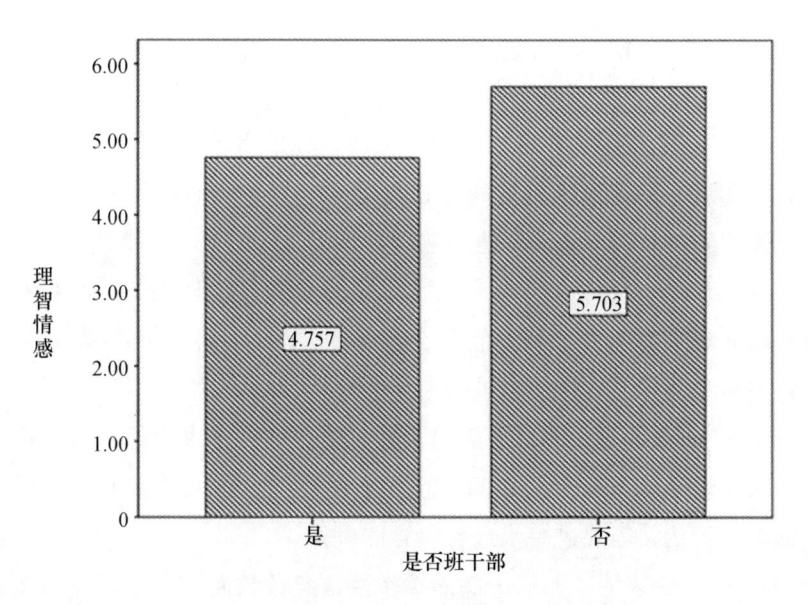

图 4—7—31　是否班干部理智情感状况

图4—7—31表明，非班干部的理智情感分数高于班干部，但并不能由此得出非班干部与班干部之间存在显著性差异，它们之间的差异可能是由误差导致的，需要进一步进行差异性检验。

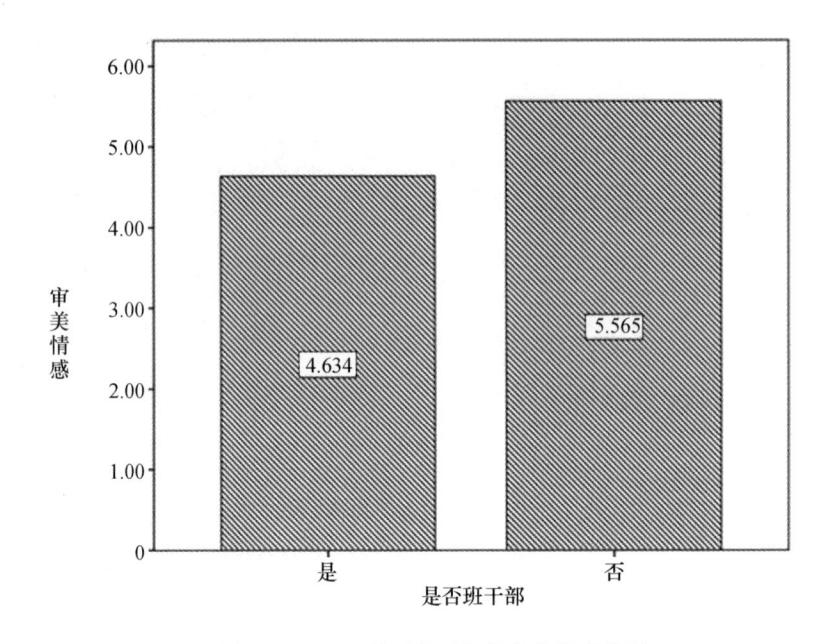

图4—7—32 是否班干部的审美情感状况

图4—7—32表明，非班干部的审美情感分数高于班干部，但并不能由此得出非班干部与班干部之间存在显著性差异，它们之间的差异可能是由误差导致的，需要进一步进行差异性检验。

图4—7—33表明，非班干部的生活情感分数高于班干部，但并不能由此得出非班干部与班干部之间存在显著性差异，它们之间的差异可能是由误差导致的，需要进一步进行差异性检验。

图4—7—34表明，非班干部的人际情感分数高于班干部，但并不能由此得出非班干部与班干部之间存在显著性差异，它们之间的差异可能是由误差导致的，需要进一步进行差异性检验。

图4—7—35表明，非班干部的操作性情感分数高于班干部，但并不能由此得出非班干部与班干部之间存在显著性差异，它们之间的差异可能是由误差导致的，需要进一步进行差异性检验。

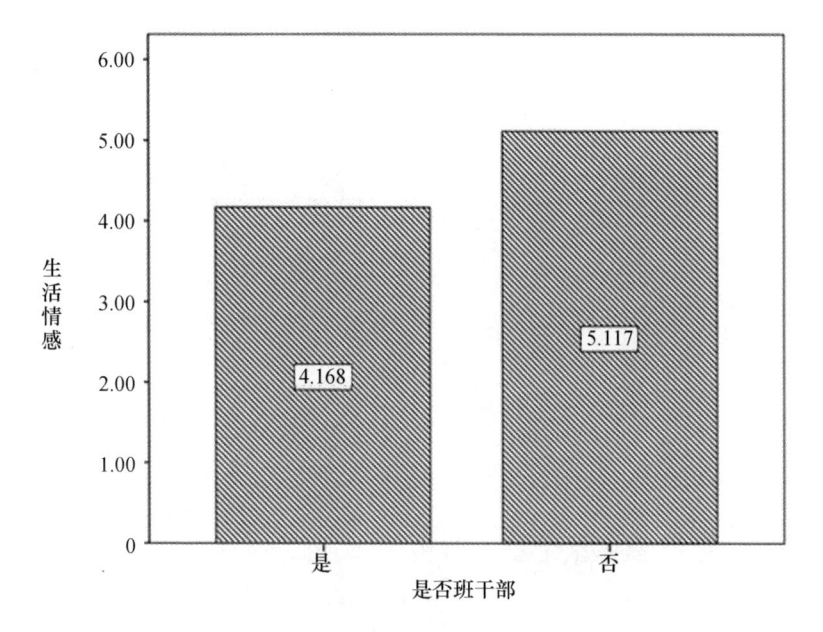

图 4—7—33 是否班干部生活情感状况

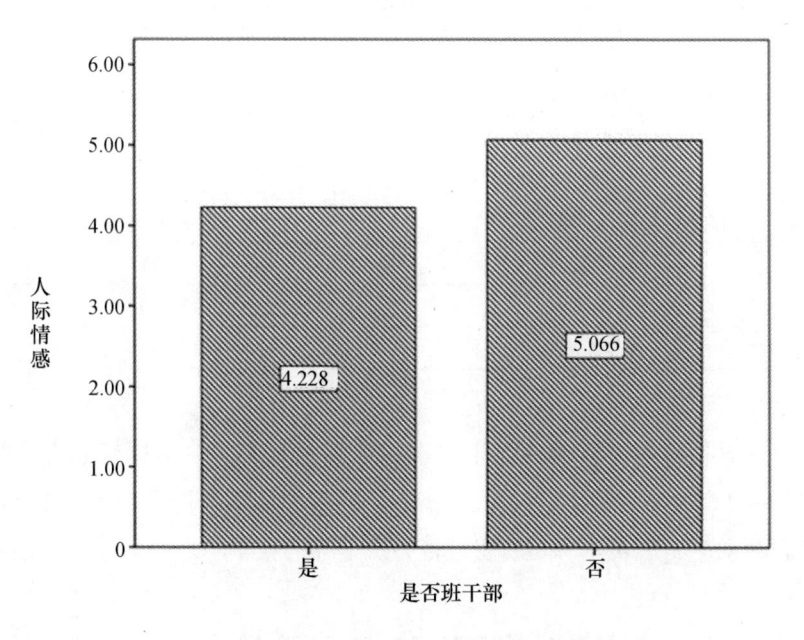

图 4—7—34 是否班干部人际情感状况

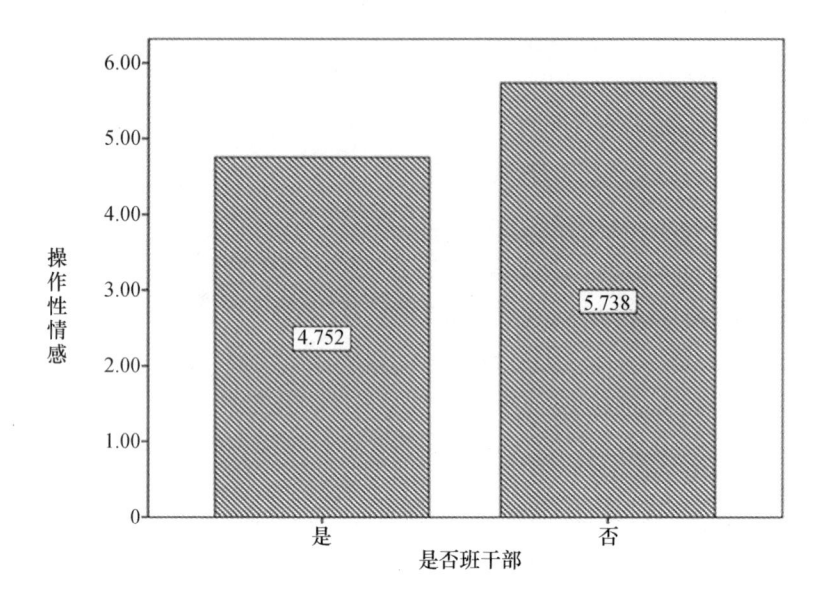

图 4—7—35　是否班干部操作性情感状况

表 4—7—8　　是否为班干部的大学生情感素质状况差异分析

项　目	t
情感素质总分	－10.472***
道德情感	－9.306***
理智情感	－9.918***
审美情感	－8.637***
生活情感	－8.777***
人际情感	－8.409***
操作性情感	－9.613***

通过对是否为班干部的学生样本的情感素质总分、道德情感、理智情感、审美情感、生活情感、人际情感、操作性情感进行 t 检验，可以得出显著性水平，表 4—7—8 表明是否为班干部的大学生之间均存在显著性差异。

原因分析：班干部的大多数时间要用于服务同学、服务老师，在很多班级活动、院校级活动也要付出大量精力。而非班干部的学生有大量时间来享受生活中的乐趣,参加课外活动、课程实践,因此,在情感素质的诸方面都明显优于班干部。

六 家庭来源差异

图4—7—36表明,不同家庭来源的情感素质总分分数由高到低依次是城镇、城市、农村,其中分数最高的是城镇,分数最低的是农村,但并不能由此得出各家庭来源之间存在显著性差异,它们之间的差异可能是由误差导致的,需要进一步进行差异性检验。

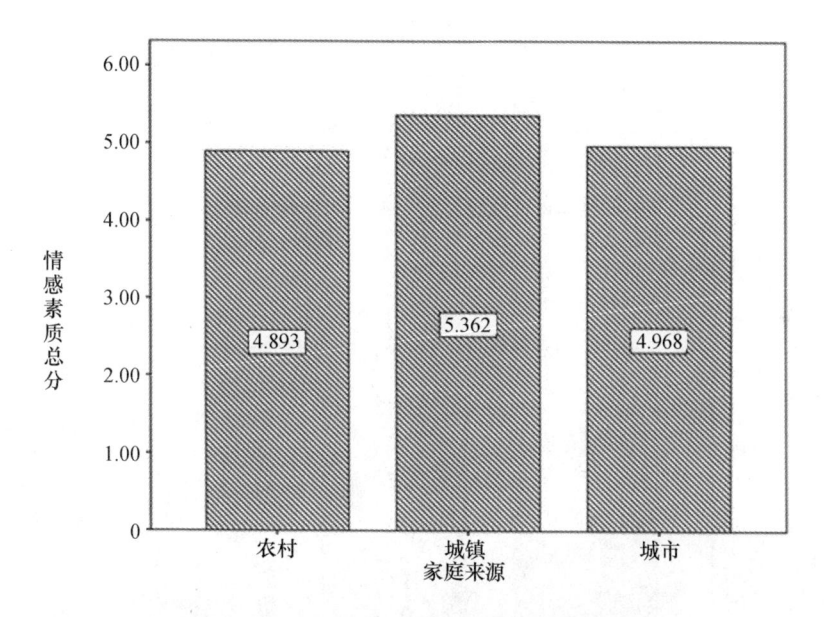

图4—7—36 不同家庭来源的情感素质状况

图4—7—37表明,不同家庭来源的道德情感分数由高到低依次是城镇、城市、农村,其中分数最高的是城镇,分数最低的是农村,但并不能由此得出各家庭来源之间存在显著性差异,它们之间的差异可能是由误差导致的,需要进一步进行差异性检验。

图4—7—38表明,不同家庭来源的理智情感分数由高到低依次是城镇、城市、农村,其中分数最高的是城镇,分数最低的是农村,但并不能由此得出各家庭来源之间存在显著性差异,它们之间的差异可能是由

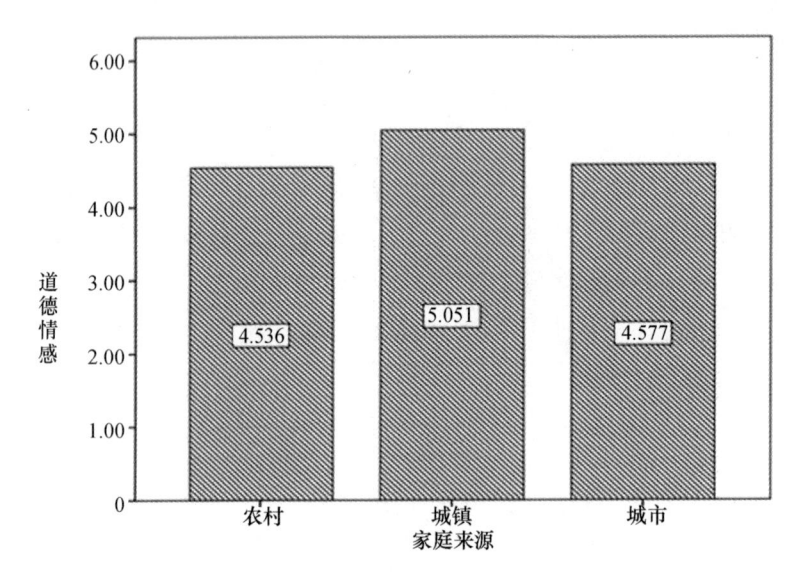

图4—7—37 不同家庭来源的道德情感状况

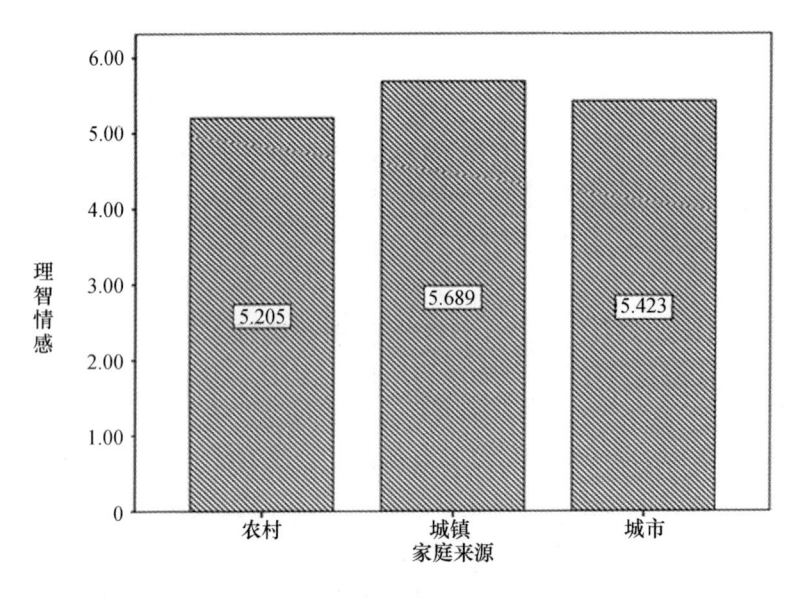

图4—7—38 不同家庭来源的理智情感状况

误差导致的，需要进一步进行差异性检验。

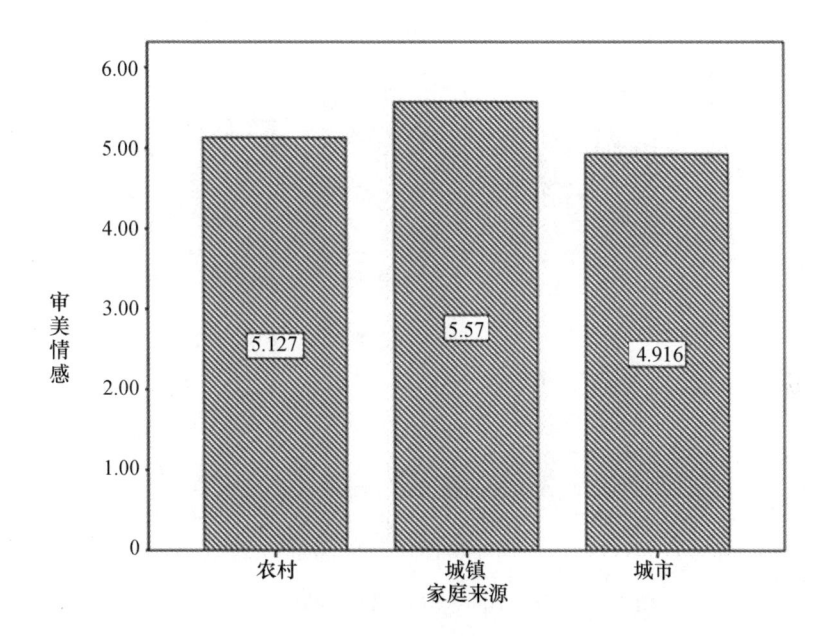

图4—7—39　不同家庭来源的审美情感状况

图4—7—39表明，不同家庭来源的审美情感分数由高到低依次是城镇、农村、城市，其中分数最高的是城镇，分数最低的是城市，但并不能由此得出各家庭来源之间存在显著性差异，它们之间的差异可能是由误差导致的，需要进一步进行差异性检验。

图4—7—40结果表明，不同家庭来源的生活情感分数由高到低依次是城镇、城市、农村，其中分数最高的是城镇，分数最低的是农村，但并不能由此得出各家庭来源之间存在显著性差异，它们之间的差异可能是由误差导致的，需要进一步进行差异性检验。

图4—7—41表明，不同家庭来源的人际情感分数由高到低依次是城镇、城市、农村，其中分数最高的是城镇，分数最低的是农村，但并不能由此得出各家庭来源之间存在显著性差异，它们之间的差异可能是由误差导致的，需要进一步进行差异性检验。

图4—7—42表明，不同家庭来源的操作性情感分数由高到低依次是

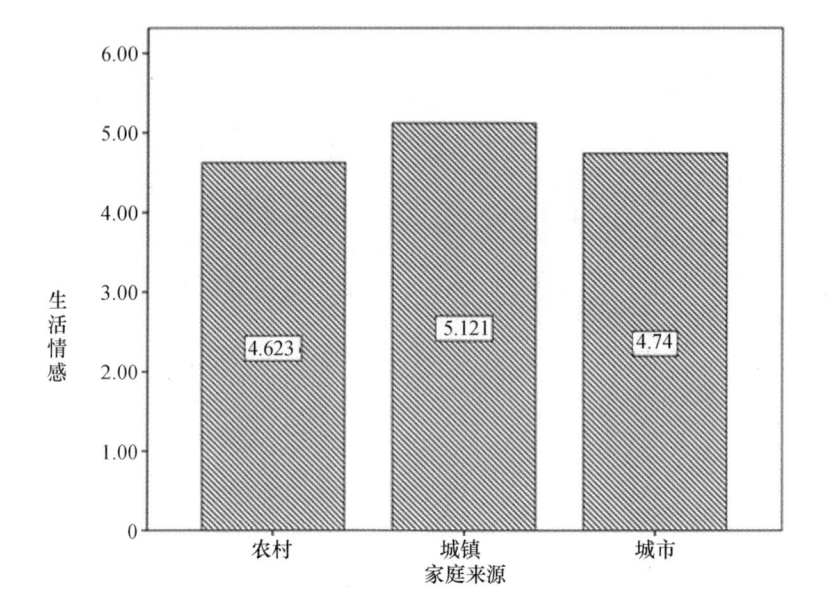

图4—7—40　不同家庭来源的生活情感状况

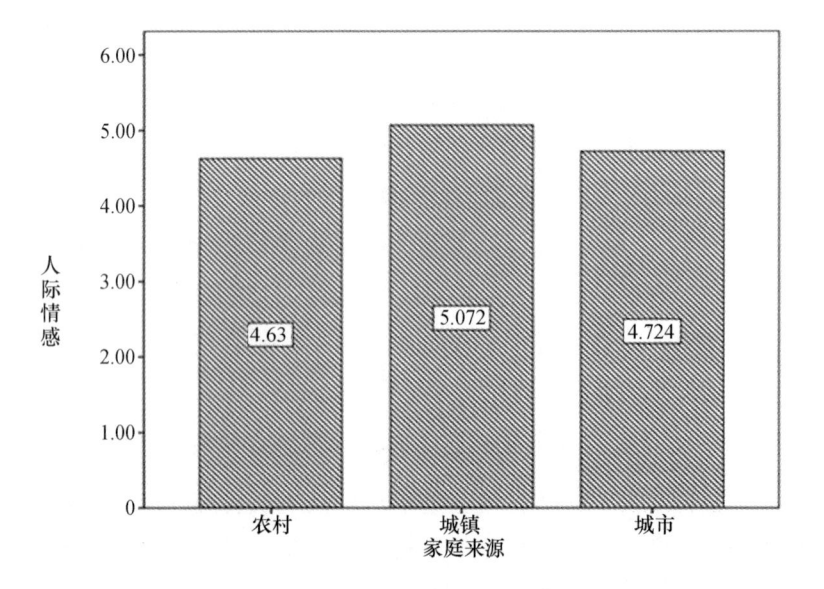

图4—7—41　不同家庭来源的人际情感状况

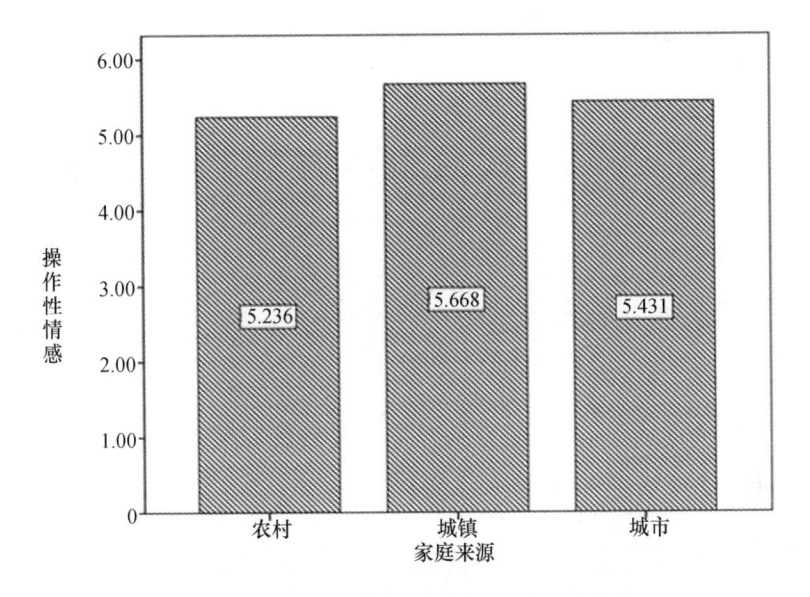

图 4—7—42 不同家庭来源的操作性情感状况

城镇、城市、农村，其中分数最高的是城镇，分数最低的是农村，但并不能由此得出各家庭来源之间存在显著性差异，它们之间的差异可能是由误差导致的，需要进一步进行差异性检验。

表 4—7—9　不同家庭来源的大学生情感素质的差异分析

项　目	F
情感素质总分	10.810***
道德情感	9.292***
理智情感	10.847***
审美情感	8.505***
生活情感	7.961***
人际情感	7.759***
操作性情感	6.778***

通过对不同家庭来源的学生样本的情感素质总分、道德情感、理智情感、审美情感、生活情感、人际情感、操作性情感进行 F 检验，可以得出显著性水平，表 4—7—9 表明，不同家庭来源之间均存在显著性差异。

表 4—7—10　不同家庭来源学生的情感素质状况的均值差异分析

因变量	事后检验	（I）家庭来源	（J）家庭来源	均值差异（I－J）	标准误
情感素质总分	LSD	农村	城镇	－0.462*	0.100
			城市	－0.071	0.129
		城镇	农村	0.462*	0.100
			城市	0.392*	0.146
		城市	农村	0.071	0.129
			城镇	－0.392*	0.146
道德情感	LSD	农村	城镇	－0.505*	0.118
			城市	－0.041	0.153
		城镇	农村	0.505*	0.118
			城市	0.465*	0.173
		城市	农村	0.041	0.153
			城镇	－0.465*	0.174
理智情感	LSD	农村	城镇	－0.487*	0.105
			城市	－0.211	0.136
		城镇	农村	0.487*	0.105
			城市	0.276	0.154
		城市	农村	0.211	0.136
			城镇	－0.276	0.154
审美情感	LSD	农村	城镇	－0.428*	0.122
			城市	0.222	0.158
		城镇	农村	0.428*	0.122
			城市	0.650*	0.179
		城市	农村	－0.222	0.158
			城镇	－0.650*	0.179
生活情感	LSD	农村	城镇	－0.496*	0.124
			城市	－0.118	0.161
		城镇	农村	0.496*	0.124
			城市	0.377*	0.182
		城市	农村	0.118	0.161
			城镇	－0.377*	0.182

续表

因变量	事后检验	（I）家庭来源	（J）家庭来源	均值差异（I-J）	标准误
人际情感	LSD	农村	城镇	-0.440*	0.112
			城市	-0.070	0.145
		城镇	农村	0.440*	0.112
			城市	0.370*	0.164
		城市	农村	0.070	0.145
			城镇	-0.370*	0.164
操作性情感	LSD	农村	城镇	-0.419*	0.116
			城市	-0.205	0.150
		城镇	农村	0.419*	0.116
			城市	0.214	0.169
		城市	农村	0.205	0.150
			城镇	-0.214	0.169

通过分析表4—7—10，可以得出以下结论：

（1）不同家庭来源的情感素质状况、道德情感状况、审美情感状况、生活情感状况、人际情感状况均值差异比较情况。

从具体分数表现看，农村的得分显著低于城镇，城镇的得分显著高于农村、城市，城市的得分显著低于城镇。因此，结论是：城镇与农村、城市均存在显著性差异，而农村与城市之间不存在统计学意义上的显著性差异。

（2）不同家庭来源的理智情感状况、操作性情感状况均值差异比较情况。

从具体分数表现看，农村得分显著低于城镇，城镇得分显著高于农村。因此，结论是：农村与城镇之间存在显著性差异，而农村、城镇与城市不存在显著性差异。

原因分析：农村在发展方面较缓慢，在生活品质、教育设备等方面相对落后，城市发展速度较快，父母对孩子要求也相对较高，学生有较多心理方面的压力。而城镇发展快于农村，在教育设备、生活品质方面较好，同时没有城市发展快，没有那么多接踵而来的压力，城镇的幸福感要明显高于农村、城市。家庭来自城镇的学生对生活有很大的兴趣，有良好的人际交往能力，同时家庭情况良好，相对于比来自农村的学生更自信。而来自农村的学生，父母在其很多方面无法提供自己的建议，在教育条件方面要相对低于城镇的孩子。在操作性情感方面，来自城镇的学生也明显优于城市。[①]

七　家庭完整状况差异

图4—7—43表明，不同家庭完整状况的情感素质总分分数从高到低依次是单亲、离异再组合、健全、寄养，其中分数最高的是单亲，分数最低的是寄养，但并不能由此得出各高校不同家庭状况之间存在显著性差异，它们之间的差异可能是由误差导致的，需要进一步进行差异性检验。

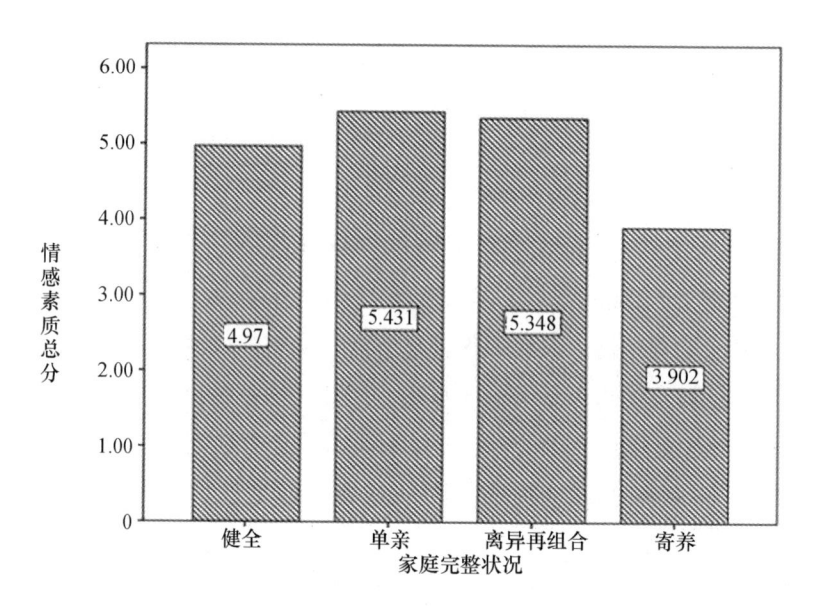

图4—7—43　不同家庭完整状况的情感素质状况

图4—7—44表明，不同家庭完整状况的道德情感分数从高到低依次是单亲、离异再组合、健全、寄养，其中分数最高的是单亲，分数最低的是寄养，但并不能由此得出各高校不同家庭状况之间存在显著性差异，它们之间的差异可能是由误差导致的，需要进一步进行差异性检验。

---

① 陈宁：《论大学生情感素质的培养》，《上海青年管理干部学院学报》2013年第1期。

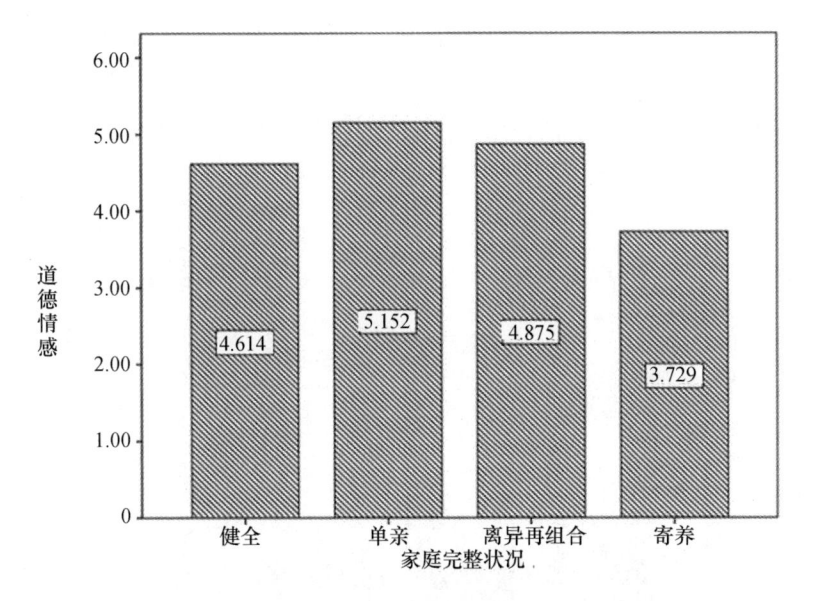

图 4—7—44　不同家庭完整状况的道德情感状况

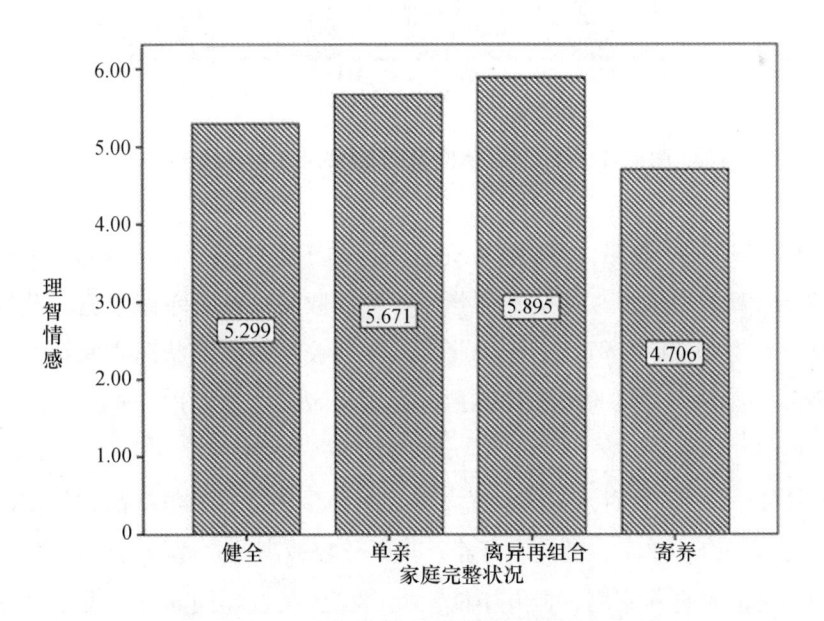

图 4—7—45　不同家庭完整状况的理智情感状况

图 4—7—45 表明，不同家庭完整状况的理智情感分数从高到低依次

是离异再组合、单亲、健全、寄养,其中分数最高的是离异再组合家庭,分数最低的是寄养家庭,但并不能由此得出各高校不同家庭状况之间存在显著性差异,它们之间的差异可能是由误差导致的,需要进一步进行差异性检验。

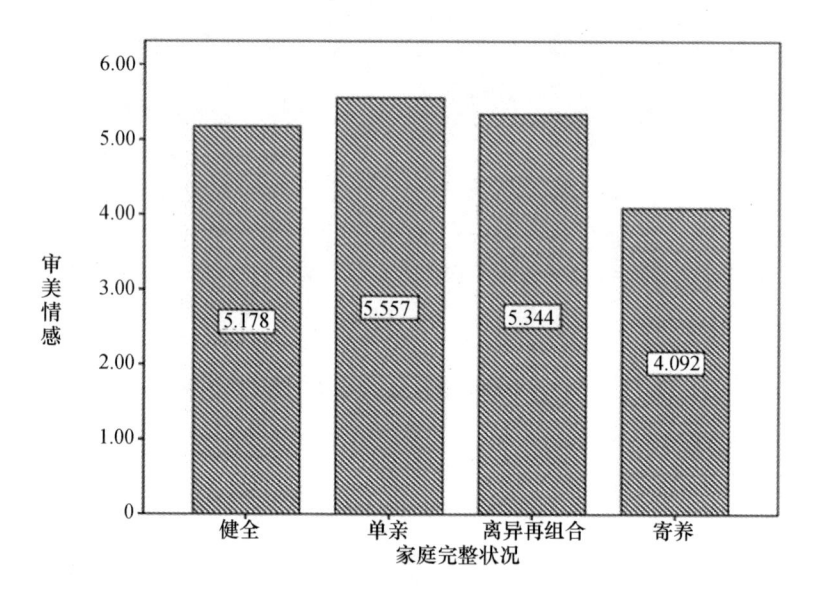

图 4—7—46 不同家庭完整状况的审美情感状况

图 4—7—46 表明,不同家庭完整状况的审美情感分数从高到低依次是单亲、离异再组合、健全、寄养,其中分数最高的是单亲家庭,分数最低的是寄养家庭,但并不能由此得出各高校不同家庭状况之间存在显著性差异,它们之间的差异可能是由误差导致的,需要进一步进行差异性检验。

图 4—7—47 表明,不同家庭完整状况的生活情感分数从高到低依次是离异再组合、单亲、健全、寄养,其中分数最高的是离异再组合家庭,分数最低的是寄养家庭,但并不能由此得出各高校不同家庭状况之间存在显著性差异,它们之间的差异可能是由误差导致的,需要进一步进行差异性检验。

图 4—7—48 表明,不同家庭完整状况的人际情感分数从高到低依次是

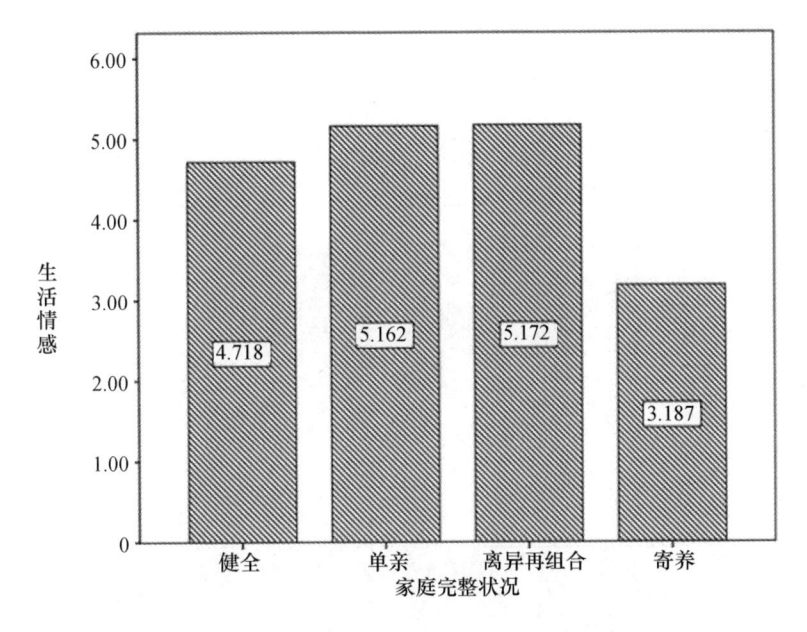

图 4—7—47 不同家庭完整状况的生活情感状况

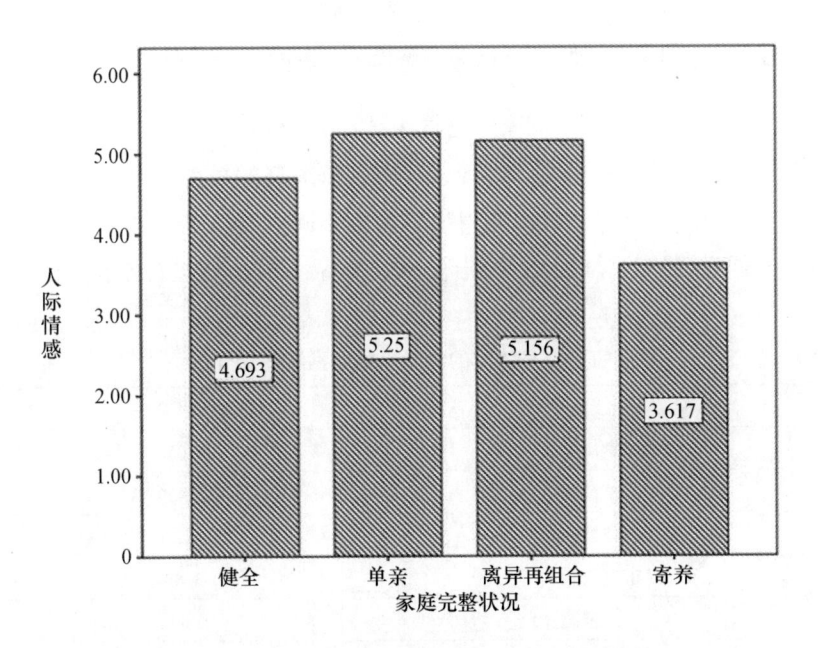

图 4—7—48 不同家庭完整状况的人际情感状况

单亲、离异再组合、健全、寄养,其中分数最高的是单亲家庭,分数最低的是寄养家庭,但并不能由此得出各高校不同家庭状况之间存在显著性差异,它们之间的差异可能是由误差导致的,需要进一步进行差异性检验。

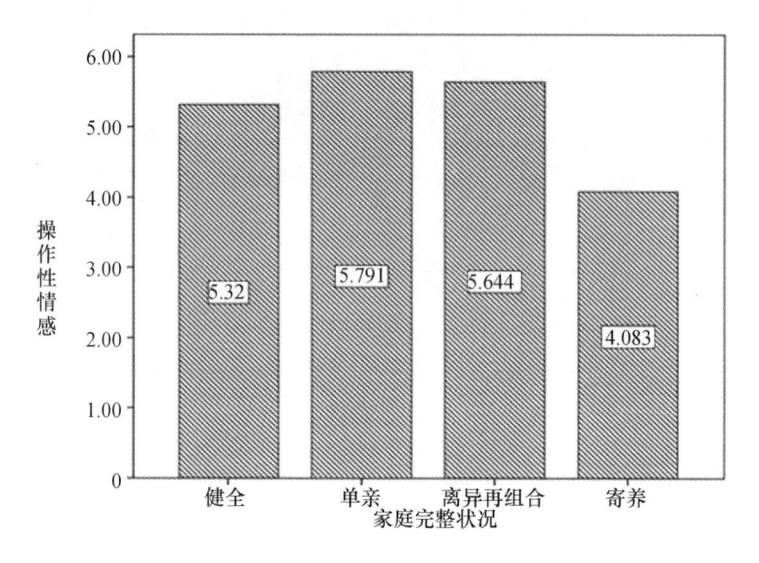

图 4—7—49　不同家庭完整状况的操作性情感状况

图 4—7—49 表明,不同家庭完整状况的操作性情感分数从高到低依次是单亲、离异再组合、健全、寄养,其中分数最高的是单亲家庭,分数最低的是寄养家庭,但并不能由此得出各高校不同家庭状况之间存在显著性差异,它们之间的差异可能是由误差导致的,需要进一步进行差异性检验。

表 4—7—11　不同家庭完整状况的大学生情感素质差异分析

项　目	F
情感素质总分	7.057 ***
道德情感	5.459 ***
理智情感	4.276 **
审美情感	3.831 **
生活情感	6.111 ***
人际情感	7.374 ***
操作性情感	5.503 ***

通过对不同家庭完整状况的学生样本的情感素质总分、道德情感、理智情感、审美情感、生活情感、人际情感、操作性情感进行 F 检验,可以得出显著性水平,表4—7—11 表明不同家庭完整状况之间均存在显著性差异。

表4—7—12　不同家庭完整状况大学生情感素质的均值差异比较

因变量	事后检验	(I) 家庭完整状况	(J) 家庭完整状况	均值差异 (I-J)	标准误
情感素质总分	LSD	健全	单亲	-0.447*	0.146
			离异再组合	-0.316	0.235
			寄养	1.465*	0.470
		单亲	健全	0.447*	0.146
			离异再组合	0.131	0.269
			寄养	1.912*	0.488
		离异再组合	健全	0.316	0.235
			单亲	-0.131	0.269
			寄养	1.781*	0.521
		寄养	健全	-1.465*	0.470
			单亲	-1.912*	0.488
			离异再组合	-1.781*	0.521
道德情感	LSD	健全	单亲	-0.520*	0.173
			离异再组合	-0.223	0.279
			寄养	1.416*	0.557
		单亲	健全	0.520*	0.173
			离异再组合	0.298	0.320
			寄养	1.936*	0.579
		离异再组合	健全	0.223	0.279
			单亲	-0.298	0.320
			寄养	1.638*	0.619
		寄养	健全	-1.416*	0.557
			单亲	-1.936*	0.579
			离异再组合	-1.638*	0.619

续表

因变量	事后检验	(I) 家庭完整状况	(J) 家庭完整状况	均值差异 (I-J)	标准误
理智情感	LSD	健全	单亲	-0.375*	0.154
			离异再组合	-0.496*	0.248
			寄养	0.872	0.497
		单亲	健全	0.375*	0.154
			离异再组合	-0.121	0.285
			寄养	1.247*	0.516
		离异再组合	健全	0.496*	0.248
			单亲	0.121	0.285
			寄养	1.369*	0.551
		寄养	健全	-0.872	0.497
			单亲	-1.247*	0.516
			离异再组合	-1.369*	0.551
审美情感	LSD	健全	单亲	-0.368*	0.178
			离异再组合	-0.084	0.287
			寄养	1.506*	0.574
		单亲	健全	0.368*	0.178
			离异再组合	0.284	0.329
			寄养	1.874*	0.596
		离异再组合	健全	0.084	0.287
			单亲	-0.284	0.329
			寄养	1.590*	0.637
		寄养	健全	-1.506*	0.574
			单亲	-1.874*	0.596
			离异再组合	-1.590*	0.637
生活情感	LSD	健全	单亲	-0.427*	0.182
			离异再组合	-0.430	0.292
			寄养	1.886*	0.585
		单亲	健全	0.427*	0.182
			离异再组合	-0.002	0.335
			寄养	2.314*	0.607

续表

因变量	事后检验	(I) 家庭完整状况	(J) 家庭完整状况	均值差异 (I-J)	标准误
生活情感	LSD	离异再组合	健全	0.430	0.292
			单亲	0.002	0.335
			寄养	2.316*	0.649
		寄养	健全	-1.886*	0.585
			单亲	-2.314*	0.607
			离异再组合	-2.316*	0.649
人际情感	LSD	健全	单亲	-0.537*	0.164
			离异再组合	-0.401	0.263
			寄养	1.568*	0.527
		单亲	健全	0.537*	0.164
			离异再组合	0.136	0.302
			寄养	2.105*	0.547
		离异再组合	健全	0.401	0.263
			单亲	-0.136	0.302
			寄养	1.970*	0.585
		寄养	健全	-1.568*	0.527
			单亲	-2.105*	0.547
			离异再组合	-1.970*	0.585
操作性情感	LSD	健全	单亲	-0.455*	0.169
			离异再组合	-0.261	0.272
			寄养	1.543*	0.543
		单亲	健全	0.455*	0.169
			离异再组合	0.194	0.312
			寄养	1.998*	0.565
		离异再组合	健全	0.261	0.272
			单亲	-0.194	0.312
			寄养	1.804*	0.603
		寄养	健全	-1.543*	0.543
			单亲	-1.998*	0.564
			离异再组合	-1.804*	0.603

通过分析表4—7—12，可以得出以下结论：

不同家庭完整状况的情感素质状况、道德情感状况、审美情感状况、生活情感状况、人际情感状况、操作性情感状况均值差异比较现状：

从具体分数表现看，健全家庭得分显著低于单亲、高于寄养家庭，单亲家庭得分显著高于健全、寄养家庭，离异再组合家庭得分显著高于寄养家庭，寄养家庭得分显著低于健全、单亲、离异再组合家庭。因此，结论是：①健全与单亲、寄养家庭之间存在显著性差异，而与其他家庭完整状况不存在统计学意义上的显著性差异。②单亲与健全、寄养家庭之间存在显著性差异，而与其他家庭完整状况不存在统计学意义上的显著性差异。③离异再组合家庭仅与寄养家庭存在显著性差异，而与其他家庭完整状况不存在统计学意义上的显著性差异。④寄养家庭与其他家庭完整状况均存在显著性差异。

原因分析：健全家庭的学生，父母对其或多或少会比较宠爱，孩子在处理生活琐事的能力较弱，但在幸福感方面明显高于寄养的家庭。单亲家庭，父或母在孩子很多方面会给予更大的宽容，更努力地让孩子感受到爱，父母内心对孩子是充满歉意的，会尽可能的弥补孩子，给孩子更好的教育条件。寄养家庭，孩子与其父母并没有血缘关系，在很大程度上会让孩子产生不自信，有些内向，人际交往能力偏低，在情感方面明显低于单亲、离异再组合、健全家庭。[①]

八　父母一方最高文化水平差异

图4—7—50表明，不同的父母一方最高文化水平的情感素质总分分数从高到低依次是初中、大学及以上、高中、小学，其中分数最高的是初中，分数最低的是小学，但并不能由此得出各高校不同父母文化水平之间存在显著性差异，它们之间的差异可能是由误差导致的，需要进一步进行差异性检验。

图4—7—51表明，不同的父母一方最高文化水平的道德情感分数从高到低依次是初中、大学及以上、高中、小学，其中分数最高的是初中，

---

①　陈宁：《论大学生情感素质的培养》，《上海青年管理干部学院学报》2013年第1期。

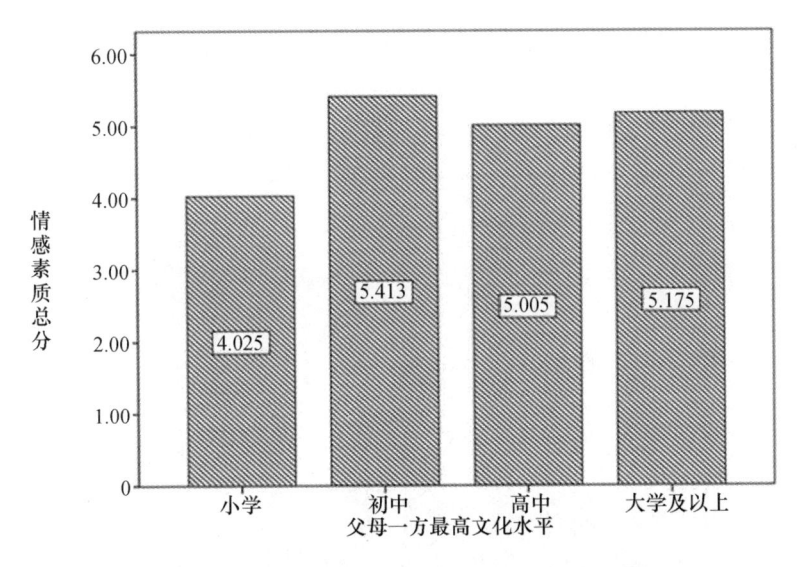

图4—7—50 不同父母一方最高文化水平的情感素质状况

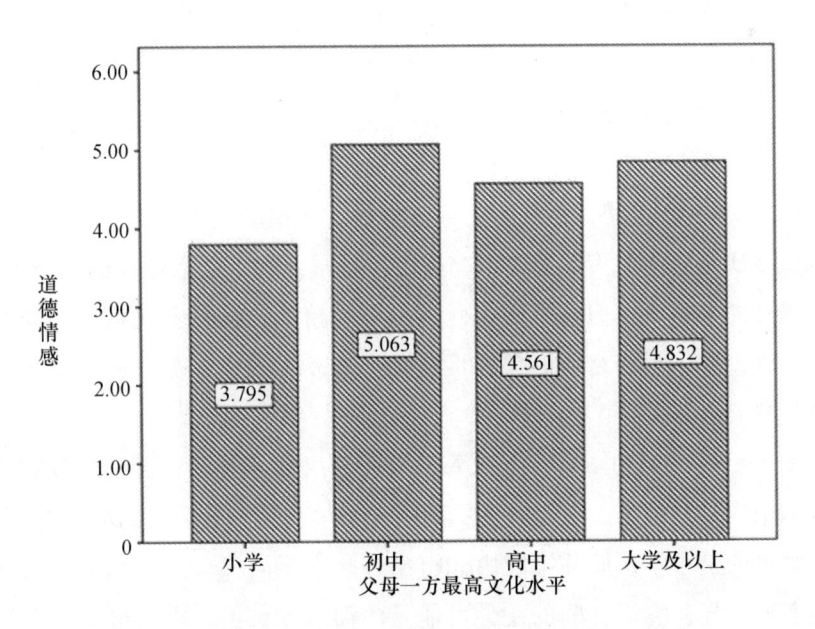

图4—7—51 不同父母一方最高文化水平的道德情感状况

分数最低的是小学,但并不能由此得出各高校不同父母文化水平之间存在显著性差异,它们之间的差异可能是由误差导致的,需要进一步进行差异性检验。

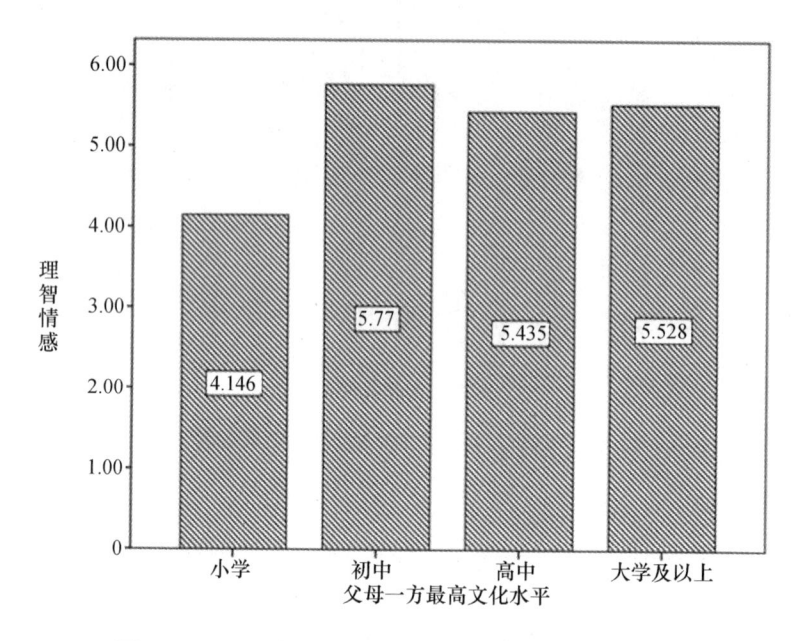

图4—7—52　不同父母一方最高文化水平的理智情感状况

图4—7—52表明,不同的父母一方最高文化水平的理智情感分数从高到低依次是初中、大学及以上、高中、小学,其中分数最高的是初中,分数最低的是小学,但并不能由此得出各高校不同父母文化水平之间存在显著性差异,它们之间的差异可能是由误差导致的,需要进一步进行差异性检验。

图4—7—53表明,不同的父母一方最高文化水平的审美情感分数从高到低依次是初中、大学及以上、高中、小学,其中分数最高的是初中,分数最低的是小学,但并不能由此得出各高校不同父母文化水平之间存在显著性差异,它们之间的差异可能是由误差导致的,需要进一步进行差异性检验。

图4—7—54表明,不同的父母一方最高文化水平的生活情感分数从

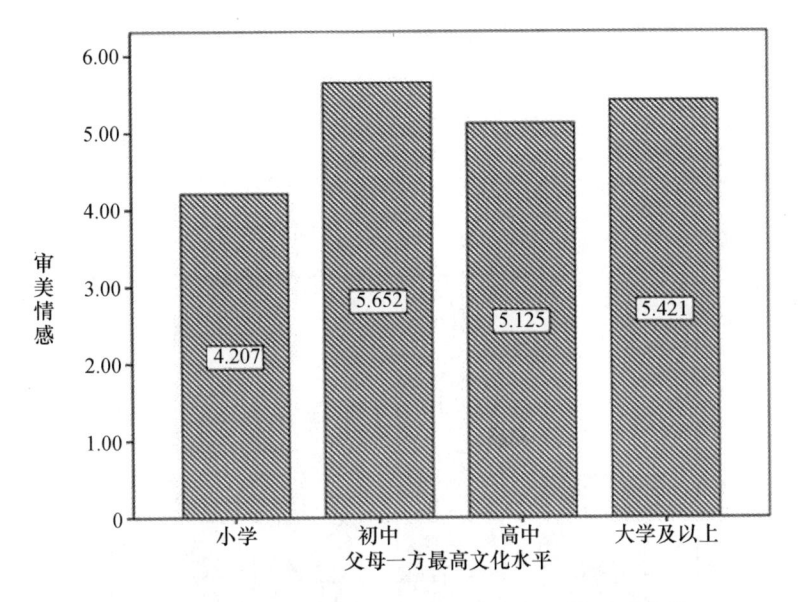

图4—7—53 不同父母一方最高文化水平的审美情感状况

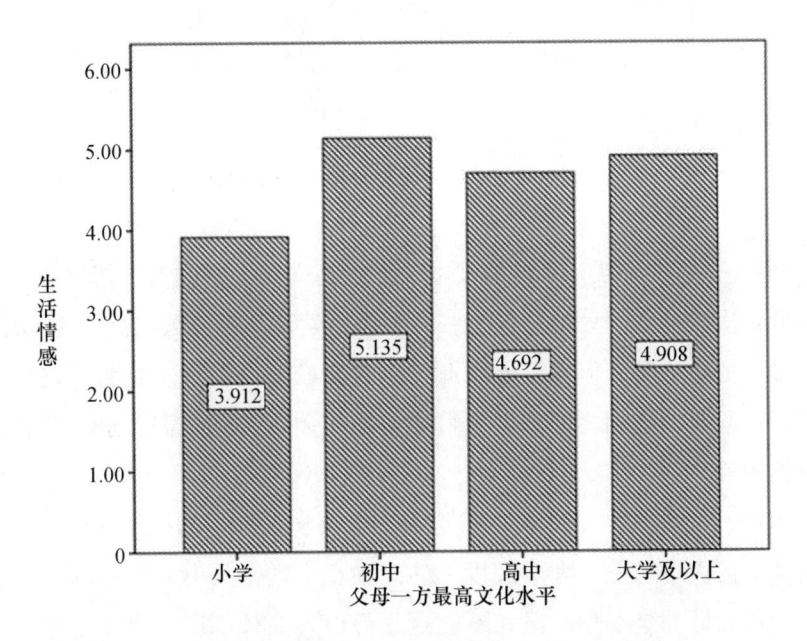

图4—7—54 不同父母一方最高文化水平的生活情感状况

高到低依次是初中、大学及以上、高中、小学，其中分数最高的是初中，分数最低的是小学，但并不能由此得出各高校不同父母文化水平之间存在显著性差异，它们之间的差异可能是由误差导致的，需要进一步进行差异性检验。

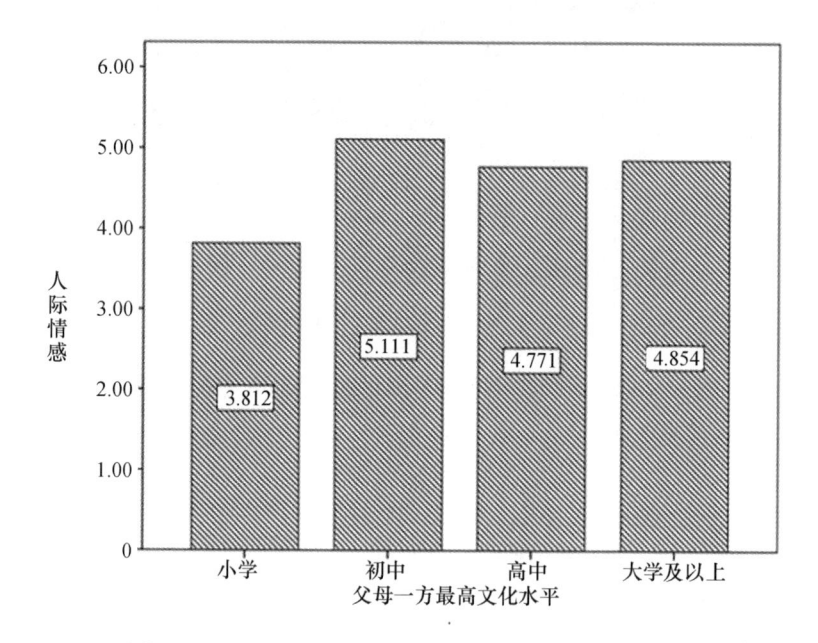

图4—7—55　不同父母一方最高文化水平的人际情感状况

图4—7—55表明，不同的父母一方最高文化水平的人际情感分数从高到低依次是初中、大学及以上、高中、小学，其中分数最高的是初中，分数最低的是小学，但并不能由此得出各高校不同父母文化水平之间存在显著性差异，它们之间的差异可能是由误差导致的，需要进一步进行差异性检验。

图4—7—56表明，不同的父母一方最高文化水平的操作性情感分数从高到低依次是初中、大学及以上、高中、小学，其中分数最高的是初中，分数最低的是小学，但并不能由此得出各高校不同父母文化水平之间存在显著性差异，它们之间的差异可能是由误差导致的，需要进一步进行差异性检验。

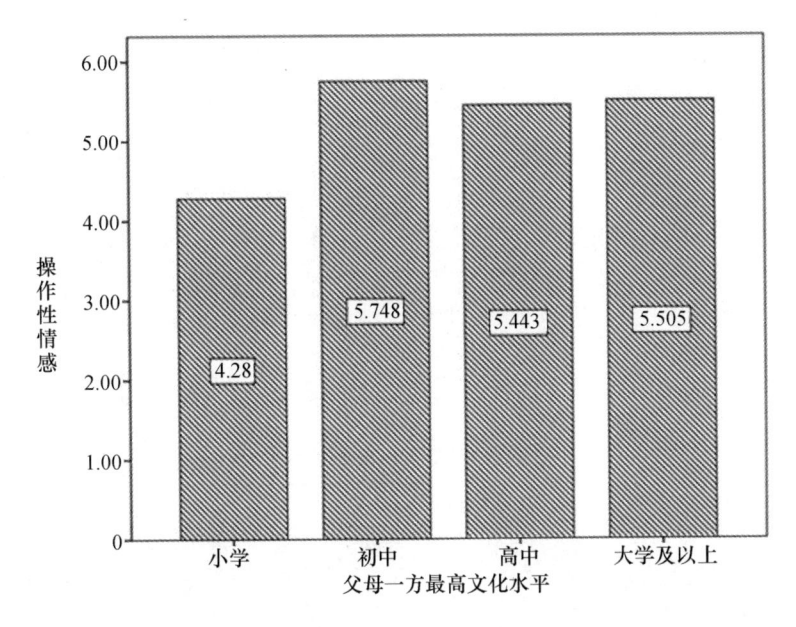

图 4—7—56　不同父母一方最高文化水平的操作性情感状况

表 4—7—13　不同父母一方文化水平的大学生情感素质的差异分析

项　目	F
情感素质总分	52.185 ***
道德情感	31.059 ***
理智情感	66.427 ***
审美情感	38.089 ***
生活情感	25.041 ***
人际情感	35.862 ***
操作性情感	43.963 ***

通过对不同的父母一方最高文化水平的学生样本的情感素质总分、道德情感、理智情感、审美情感、生活情感、人际情感、操作性情感进行 F 检验，可以得出显著性水平，表 4—7—13 表明，不同的父母一方最高文化水平之间均存在显著性差异。

表 4—7—14 不同家庭完整状况大学生情感素质的均值差异比较

因变量	事后检验	（I）父母一方最高文化水平	（J）父母一方最高文化水平	均值差异（I-J）	标准误
情感素质总分	LSD	小学	初中	-1.381*	0.111
			高中	-0.992*	0.119
			大学及以上	-1.151*	0.160
		初中	小学	1.381*	0.111
			高中	0.390*	0.098
			大学及以上	0.231	0.145
		高中	小学	0.992*	0.119
			初中	-0.390*	0.098
			大学及以上	-0.159	0.151
		大学及以上	小学	1.151*	0.160
			初中	-0.231	0.145
			高中	0.159	0.151
道德情感	LSD	小学	初中	-1.269*	0.133
			高中	-0.791*	0.142
			大学及以上	-1.047*	0.191
		初中	小学	1.269*	0.133
			高中	0.478*	0.117
			大学及以上	0.222	0.173
		高中	小学	0.791*	0.142
			初中	-0.478*	0.117
			大学及以上	-0.256	0.180
		大学及以上	小学	1.047*	0.191
			初中	-0.222	0.173
			高中	0.256	0.180
理智情感	LSD	小学	初中	-1.620*	0.117
			高中	-1.305*	0.125
			大学及以上	-1.387*	0.168
		初中	小学	1.621*	0.117
			高中	0.315*	0.102
			大学及以上	0.233	0.152

续表

因变量	事后检验	(I) 父母一方最高文化水平	(J) 父母一方最高文化水平	均值差异 (I-J)	标准误
理智情感	LSD	高中	小学	1.305*	0.125
			初中	-0.315*	0.102
			大学及以上	-0.082	0.158
		大学及以上	小学	1.387*	0.168
			初中	-0.233	0.152
			高中	0.082	0.158
审美情感	LSD	小学	初中	-1.445*	0.137
			高中	-0.926*	0.146
			大学及以上	-1.204*	0.196
		初中	小学	1.445*	0.137
			高中	0.519*	0.120
			大学及以上	0.241	0.178
		高中	小学	0.926*	0.146
			初中	-0.519*	0.120
			大学及以上	-0.278	0.185
		大学及以上	小学	1.204*	0.196
			初中	-0.241	0.178
			高中	0.278	0.185
生活情感	LSD	小学	初中	-1.201*	0.140
			高中	-0.779*	0.150
			大学及以上	-0.994*	0.201
		初中	小学	1.201*	0.140
			高中	0.422*	0.123
			大学及以上	0.207	0.182
		高中	小学	0.779*	0.150
			初中	-0.422*	0.123
			大学及以上	-0.215	0.189
		大学及以上	小学	0.994*	0.201
			初中	-0.207	0.182
			高中	0.215	0.189

续表

因变量	事后检验	(I) 父母一方最高文化水平	(J) 父母一方最高文化水平	均值差异 (I-J)	标准误
人际情感	LSD	小学	初中	-1.295*	0.126
			高中	-0.974*	0.134
			大学及以上	-1.027*	0.180
		初中	小学	1.295*	0.126
			高中	0.321*	0.110
			大学及以上	0.268	0.163
		高中	小学	0.974*	0.134
			初中	-0.321*	0.110
			大学及以上	-0.053	0.170
		大学及以上	小学	1.027*	0.180
			初中	-0.268	0.163
			高中	0.053	0.170
操作性情感	LSD	小学	初中	-1.458*	0.129
			高中	-1.174*	0.138
			大学及以上	-1.244*	0.185
		初中	小学	1.458*	0.129
			高中	0.283*	0.113
			大学及以上	0.213	0.168
		高中	小学	1.174*	0.138
			初中	-0.283*	0.113
			大学及以上	-0.070	0.175
		大学及以上	小学	1.244*	0.185
			初中	-0.213	0.168
			高中	0.070	0.175

通过分析表4—7—14，可以得出以下结论：

不同的父母一方最高文化水平的情感素质状况、道德情感状况、审美情感状况、生活情感状况、人际情感状况、操作性情感状况均值差异比较情况。

从具体分数表现看，父母一方最高文化水平为小学的得分显著低于文化水平为初中、高中、大学及以上的,父母一方最高文化水平为初中的得分显著高于文化水平为小学、高中的,父母一方最高文化水平为高中的得分显著高于文化水平为小学的、低于初中的,父母一方最高文化水平为大学及以上的得分显著高于小学的。因此,结论是:①小学与其他父母一方最高文化水平均存在显著性差异。②初中与小学、高中均存在显著性差异,与大学及以上不存在统计学意义上的显著性差异。③高中与小学、初中均存在显著性差异,与大学及以上不存在统计学意义上的显著性差异。④大学及以上仅与小学存在显著性差异,与其他父母一方最高文化水平不存在统计学意义上的显著性差异。

原因分析:文化水平为小学的父母在教育方面是欠缺的,受到自身文化限制,对孩子的情感方面并不能作出有效的反馈。文化水平为初中的父母对孩子成绩方面的要求要低于为高中的父母,文化水平为高中的父母由于自己没有上大学内心会有些遗憾,并希望自己的孩子可以更好地上大学,孩子的压力比父母为初中的高,在情感方面与父母为初中的相比较低。文化水平为大学及以上的父母自身文化水平较高,在教育孩子方面要优于为小学的父母,对孩子情感方面也会给予适当的反馈。[①]

第八节　山东新建本科高校大学生生涯适应力状况调查

大学生生涯适应力是指大学生个体对于可预测的生涯任务、所参与的生涯角色与面对生涯变化或不可预测的生涯问题的准备程度与应对能力,被视为个体在快速变化的现代社会中获得生涯成功的关键能力。本调查将从"生涯关注""生涯好奇""生涯控制""生涯自信"4 个维度对大学生的生涯适应力进行调查。[②] 其中,"生涯关注"的核心问题是"我有未来吗",即对未来能有所关注;"生涯好奇"是指能够展现出对未

---

① 陈宁:《论大学生情感素质的培养》,《上海青年管理干部学院学报》2013 年第 1 期。
② 赵小云:《大学生生涯适应力研究——结构、特点及其与相关因素的关系》,硕士学位论文,南京师范大学,2011 年。

来情景探索的好奇心；"生涯控制"是指能够强化自己对未来生涯的掌控感；"生涯自信"是指能够不断增进自己对实现生涯目标的信心。

本研究采用侯志金等人修订的大学生生涯适应力量表。[①] 该量表由"生涯关注""生涯好奇""生涯控制""生涯自信"4个维度24个具体题目构成。采用Likert 5点制计分，从1到5分别代表完全不符合、大部分不符合、一般符合、大部分符合、完全符合，总分越高，代表生涯适应力越强，该量表总的Cronbach's α系数为0.89。4个分量表的内部相关性在0.51－0.64，并与适应力总体的相关性为0.79－0.87，信效度都很好。

一 学校差异

由图4—8—1可知，6所高校之间按生涯适应力总体分数从高到低排列分别为泰山学院、滨州学院、潍坊学院、菏泽学院、德州学院、枣庄学院，其中泰山学院的生涯适应力分数最高为3.951，枣庄学院的生涯适应力得分最低为3.439，但并不能得出6所学校之间是否存在显著性差异，它们之间的差异可能是由误差导致的，需要进一步进行差异性检验。

由图4—8—2可知，6所高校之间按生涯关注分数从高到低排列分别为泰山学院、滨州学院、潍坊学院、菏泽学院、德州学院、枣庄学院，其中泰山学院的生涯关注分数最高为3.936，枣庄学院的生涯关注得分最低为3.385，但并不能得出6所学校之间是否存在显著性差异，它们之间的差异可能是由误差导致的，需要进一步进行差异性检验。

由图4—8—3可知，6所高校之间按生涯控制分数从高到低排列分别为泰山学院、滨州学院、潍坊学院、菏泽学院、德州学院、枣庄学院，其中泰山学院的生涯控制分数最高为4.03，枣庄学院的生涯适应力得分最低为3.483，但并不能得出6所学校之间是否存在显著性差异，它们之间的差异可能是由误差导致的，需要进一步进行差异性检验。

由图4—8—4可知，6所高校之间按生涯好奇分数从高到低排列分别

[①] Hou, Z. -J., S. A. Leung, et al. Career Adapt－Abilities Scal—China Form: Construction and initial validation. Journal of Vocational Behavior, 2012, 80 (3): 686－691.

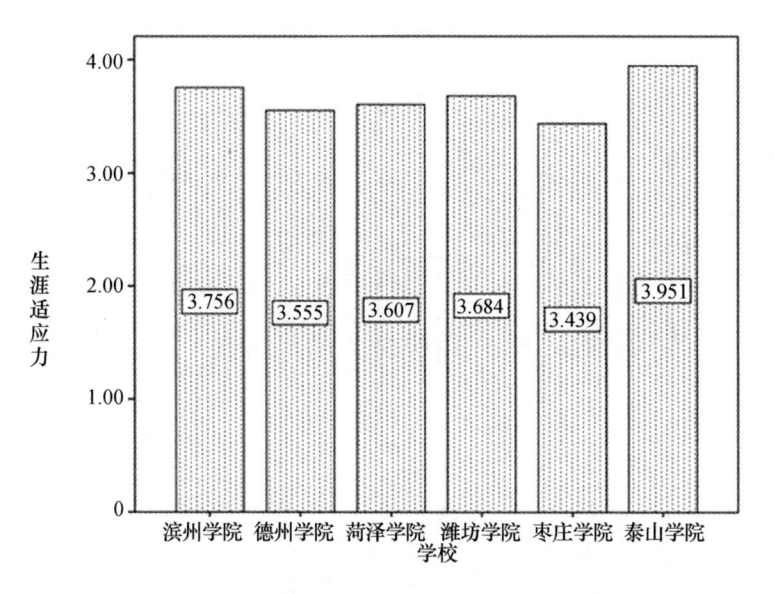

图 4—8—1　6 所高校学生生涯适应力总体状况得分比较

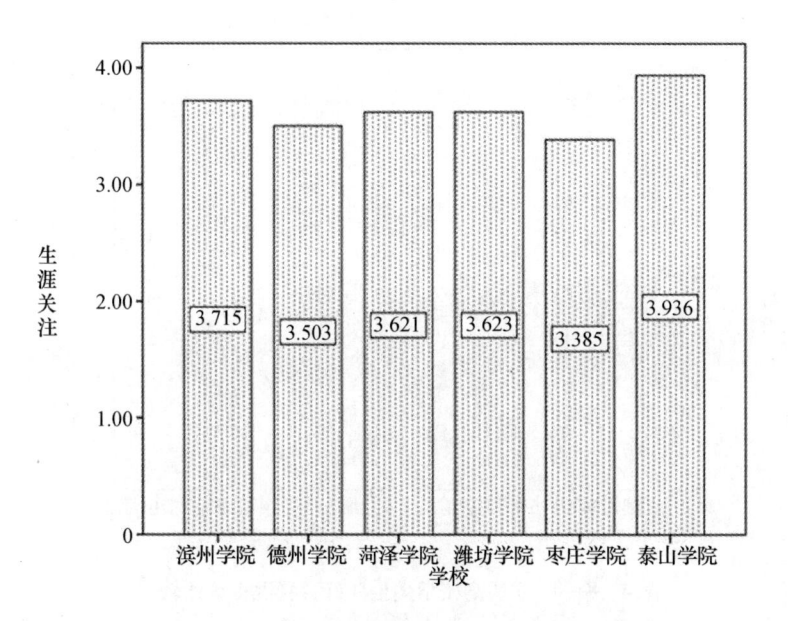

滨州学院 3.756　德州学院 3.555　菏泽学院 3.607　潍坊学院 3.684　枣庄学院 3.439　泰山学院 3.951

图 4—8—2　6 所高校学生生涯关注状况得分比较

滨州学院 3.715　德州学院 3.503　菏泽学院 3.621　潍坊学院 3.623　枣庄学院 3.385　泰山学院 3.936

为泰山学院、滨州学院、潍坊学院、德州学院、菏泽学院、枣庄学院，其中泰山学院的生涯好奇分数最高为 3.927，枣庄学院的生涯好奇得分最

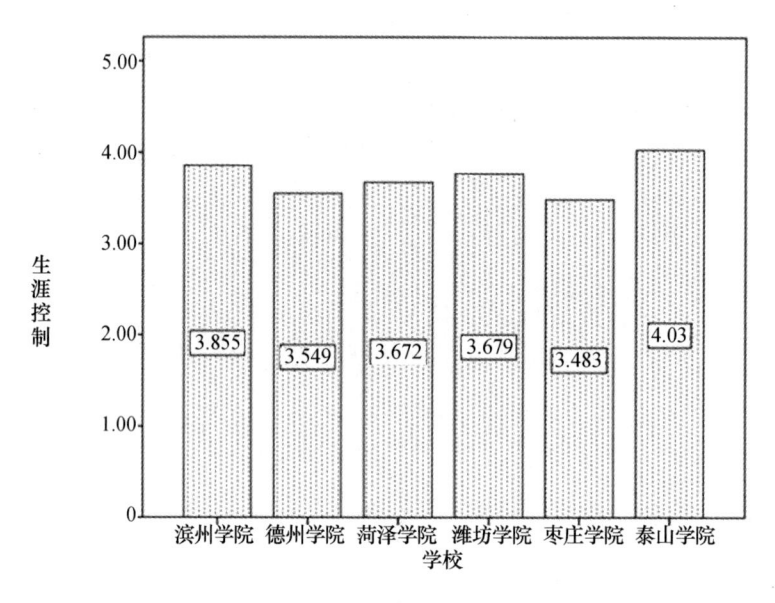

图4—8—3　6所高校学生生涯控制状况得分比较

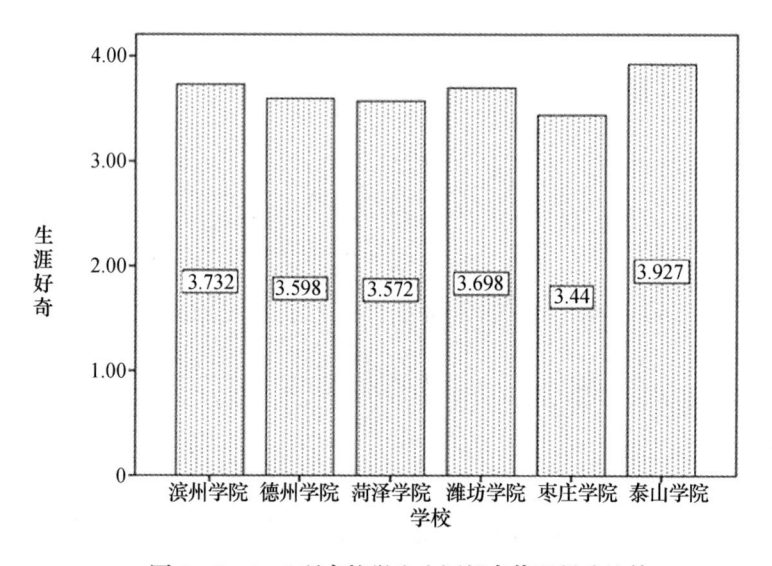

滨州学院 3.855　德州学院 3.549　菏泽学院 3.672　潍坊学院 3.679　枣庄学院 3.483　泰山学院 4.03

图4—8—4　6所高校学生生涯好奇状况得分比较

滨州学院 3.732　德州学院 3.598　菏泽学院 3.572　潍坊学院 3.698　枣庄学院 3.44　泰山学院 3.927

低为3.44，但并不能得出6所学校之间是否存在显著性差异，它们之间的差异可能是由误差导致的，需要进一步进行差异性检验。

由图4—8—5可知，6所高校之间按生涯信心分数从高到低排列分别

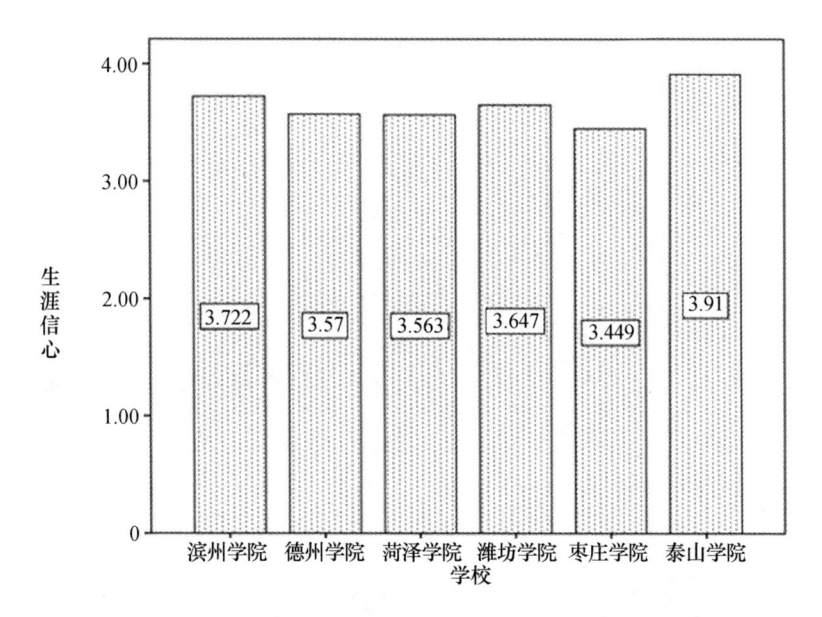

图4—8—5 6所高校学生生涯信心状况得分比较

为泰山学院、滨州学院、潍坊学院、德州学院、菏泽学院、枣庄学院，其中泰山学院的生涯信心分数最高为3.91，枣庄学院的生涯信心得分最低为3.449，但并不能得出6所学校之间是否存在显著性差异，它们之间的差异可能是由误差导致的，需要进一步进行差异性检验。

表4—8—1　　　　各学校之间大学生生涯适应力差异分析

项　目	F
生涯适应力	16.458***
生涯关注	16.601***
生涯控制	18.722***
生涯好奇	12.974***
生涯信心	11.498***

注：* 表示 $p<0.05$，** 表示 $p<0.01$，*** 表示 $p<0.001$，下同。

由表4—8—1可知，通过F检验，生涯适应力、生涯关注、生涯控制、生涯好奇、生涯信心在6所高校中都存在显著性差异。

表4—8—2 各高校之间大学生生涯适应力状况均值差异比较

因变量	事后检验	(I) 学校	(J) 学校	均值差异 (I-J)	标准误
生涯适应力	LSD	滨州学院	德州学院	0.201*	0.058
			菏泽学院	0.149*	0.059
			潍坊学院	0.071	0.054
			枣庄学院	0.317*	0.061
			泰山学院	-0.195*	0.061
		德州学院	滨州学院	-0.201*	0.058
			菏泽学院	-0.052	0.058
			潍坊学院	-0.130*	0.053
			枣庄学院	0.115	0.060
			泰山学院	-0.396*	0.060
		菏泽学院	滨州学院	-0.149*	0.059
			德州学院	0.052	0.058
			潍坊学院	-0.077	0.054
			枣庄学院	0.168*	0.061
			泰山学院	-0.344*	0.061
		潍坊学院	滨州学院	-0.072	0.054
			德州学院	0.130*	0.053
			菏泽学院	0.077	0.054
			枣庄学院	0.245*	0.056
			泰山学院	-0.267*	0.056
		枣庄学院	滨州学院	-0.317*	0.061
			德州学院	-0.115	0.060
			菏泽学院	-0.168*	0.061
			潍坊学院	-0.245*	0.056
			泰山学院	-0.512*	0.063
		泰山学院	滨州学院	0.195*	0.061
			德州学院	0.396*	0.060
			菏泽学院	0.344*	0.061
			潍坊学院	0.267*	0.056
			枣庄学院	0.512*	0.063

续表

因变量	事后检验	（I）学校	（J）学校	均值差异（I-J）	标准误
生涯关注	LSD	滨州学院	德州学院	0.213*	0.062
			菏泽学院	0.095	0.063
			潍坊学院	0.092	0.058
			枣庄学院	0.330*	0.065
			泰山学院	-0.221*	0.065
		德州学院	滨州学院	-0.213*	0.062
			菏泽学院	-0.118	0.061
			潍坊学院	-0.120*	0.056
			枣庄学院	0.117	0.063
			泰山学院	-0.434*	0.063
		菏泽学院	滨州学院	-0.095	0.063
			德州学院	0.118	0.061
			潍坊学院	-0.002	0.057
			枣庄学院	0.235*	0.064
			泰山学院	-0.316*	0.064
		潍坊学院	滨州学院	-0.092	0.058
			德州学院	0.120*	0.056
			菏泽学院	0.002	0.057
			枣庄学院	0.238*	0.059
			泰山学院	-0.313*	0.059
		枣庄学院	滨州学院	-0.330*	0.065
			德州学院	-0.117	0.063
			菏泽学院	-0.235*	0.064
			潍坊学院	-0.238*	0.059
			泰山学院	-0.551*	0.066
		泰山学院	滨州学院	0.221*	0.065
			德州学院	0.434*	0.063
			菏泽学院	0.316*	0.064
			潍坊学院	0.313*	0.059
			枣庄学院	0.551*	0.066

续表

因变量	事后检验	(I) 学校	(J) 学校	均值差异 (I-J)	标准误
生涯控制	LSD	滨州学院	德州学院	0.306*	0.063
			菏泽学院	0.182*	0.064
			潍坊学院	0.085	0.059
			枣庄学院	0.372*	0.066
			泰山学院	-0.175*	0.066
		德州学院	滨州学院	-0.306*	0.063
			菏泽学院	-0.123*	0.063
			潍坊学院	-0.220*	0.057
			枣庄学院	0.066	0.065
			泰山学院	-0.481*	0.065
		菏泽学院	滨州学院	-0.182*	0.064
			德州学院	0.123*	0.063
			潍坊学院	-0.097	0.059
			枣庄学院	0.190*	0.066
			泰山学院	-0.358*	0.066
		潍坊学院	滨州学院	-0.085	0.059
			德州学院	0.220*	0.057
			菏泽学院	0.097	0.059
			枣庄学院	0.287*	0.061
			泰山学院	-0.260*	0.061
		枣庄学院	滨州学院	-0.372*	0.066
			德州学院	-0.066	0.065
			菏泽学院	-0.190*	0.066
			潍坊学院	-0.287*	0.061
			泰山学院	-0.547*	0.068
		泰山学院	滨州学院	0.175*	0.066
			德州学院	0.481*	0.065
			菏泽学院	0.358*	0.066
			潍坊学院	0.260*	0.061
			枣庄学院	0.547*	0.068

续表

因变量	事后检验	（I）学校	（J）学校	均值差异（I-J）	标准误
生涯好奇	LSD	滨州学院	德州学院	0.135*	0.061
			菏泽学院	0.160*	0.063
			潍坊学院	0.035	0.057
			枣庄学院	0.292*	0.064
			泰山学院	-0.195*	0.064
		德州学院	滨州学院	-0.135*	0.061
			菏泽学院	0.025	0.061
			潍坊学院	-0.100	0.056
			枣庄学院	0.157*	0.063
			泰山学院	-0.330*	0.063
		菏泽学院	滨州学院	-0.160*	0.063
			德州学院	-0.025	0.061
			潍坊学院	-0.126*	0.057
			枣庄学院	0.132*	0.064
			泰山学院	-0.355*	0.064
		潍坊学院	滨州学院	-0.035	0.057
			德州学院	0.100	0.056
			菏泽学院	0.126*	0.057
			枣庄学院	0.257*	0.059
			泰山学院	-0.229*	0.059
		枣庄学院	滨州学院	-0.292*	0.064
			德州学院	-0.157*	0.063
			菏泽学院	-0.132*	0.064
			潍坊学院	-0.257*	0.059
			泰山学院	-0.487*	0.066
		泰山学院	滨州学院	0.195*	0.064
			德州学院	0.330*	0.063
			菏泽学院	0.355*	0.064
			潍坊学院	0.229*	0.059
			枣庄学院	0.487*	0.066

续表

因变量	事后检验	(I) 学校	(J) 学校	均值差异 (I-J)	标准误
生涯信心	LSD	滨州学院	德州学院	0.152*	0.063
			菏泽学院	0.158*	0.064
			潍坊学院	0.074	0.058
			枣庄学院	0.273*	0.066
			泰山学院	-0.189*	0.066
		德州学院	滨州学院	-0.152*	0.063
			菏泽学院	0.007	0.062
			潍坊学院	-0.077	0.057
			枣庄学院	0.121	0.064
			泰山学院	-0.340*	0.064
		菏泽学院	滨州学院	-0.158*	0.064
			德州学院	-0.007	0.062
			潍坊学院	-0.084	0.058
			枣庄学院	0.115	0.065
			泰山学院	-0.347*	0.065
		潍坊学院	滨州学院	-0.074	0.058
			德州学院	0.077	0.057
			菏泽学院	0.084	0.058
			枣庄学院	0.198*	0.060
			泰山学院	-0.263*	0.060
		枣庄学院	滨州学院	-0.273*	0.066
			德州学院	-0.121	0.064
			菏泽学院	-0.115	0.065
			潍坊学院	-0.198*	0.060
			泰山学院	-0.461*	0.067
		泰山学院	滨州学院	0.189*	0.066
			德州学院	0.340*	0.064
			菏泽学院	0.347*	0.065
			潍坊学院	0.263*	0.060
			枣庄学院	0.461*	0.067

分析表4—8—2，可以得出以下结论：

（1）关于生涯适应力

从具体分数表现上看：

①滨州学院得分显著高于菏泽学院、德州学院、枣庄学院，且显著低于泰山学院。

②德州学院得分显著低于泰山学院、滨州学院、潍坊学院。

③菏泽学院得分显著高于枣庄学院，显著低于泰山学院、滨州学院。

④潍坊学院得分显著高于德州学院、枣庄学院，且显著低于泰山学院。

⑤枣庄学院得分显著低于泰山学院、滨州学院、潍坊学院、菏泽学院。

⑥泰山学院得分显著高于滨州学院、潍坊学院、菏泽学院、德州学院、枣庄学院。

综上，结论是：

①滨州学院与德州学院、菏泽学院、枣庄学院、泰山学院之间存在统计学意义上的显著性差异，滨州学院与潍坊学院之间不存在统计学意义上的显著性差异。

②德州学院与滨州学院、潍坊学院、泰山学院之间存在统计学意义上的显著性差异，德州学院与菏泽学院、枣庄学院之间不存在统计学意义上的显著性差异。

③菏泽学院与滨州学院、枣庄学院、泰山学院之间存在统计学意义上的显著性差异，菏泽学院与德州学院、潍坊学院之间不存在统计学意义上的显著性差异。

④潍坊学院与德州学院、枣庄学院、泰山学院之间存在统计学意义上的显著性差异，潍坊学院与滨州学院、菏泽学院之间不存在统计学意义上的显著性差异。

⑤枣庄学院与滨州学院、菏泽学院、潍坊学院、泰山学院之间存在统计学意义上的显著性差异，枣庄学院与德州学院之间不存在统计学意义上的显著性差异。

⑥泰山学院与滨州学院、德州学院、菏泽学院、潍坊学院、枣庄学

院之间都存在统计学意义上的显著性差异。

（2）关于生涯关注

从具体分数表现上看：

①滨州学院得分显著高于德州学院、枣庄学院，且显著低于泰山学院。

②德州学院得分显著低于泰山学院、滨州学院、潍坊学院。

③菏泽学院得分显著高于枣庄学院，且显著低于泰山学院。

④潍坊学院得分显著高于德州学院、枣庄学院，且显著低于泰山学院。

⑤枣庄学院得分显著低于泰山学院、滨州学院、潍坊学院、菏泽学院。

⑥泰山学院得分显著高于滨州学院、潍坊学院、菏泽学院、德州学院、枣庄学院。

综上，结论是：

①滨州学院与德州学院、枣庄学院、泰山学院之间存在统计学意义上的显著性差异，滨州学院与菏泽学院、潍坊学院之间不存在统计学意义上的显著性差异。

②德州学院与滨州学院、潍坊学院、泰山学院之间存在统计学意义上的显著性差异，德州学院与菏泽学院、枣庄学院之间不存在统计学意义上的显著性差异。

③菏泽学院与枣庄学院、泰山学院之间存在统计学意义上的显著性差异，菏泽学院与滨州学院、德州学院、潍坊学院之间不存在统计学意义上的显著性差异。

④潍坊学院与德州学院、枣庄学院、泰山学院之间存在统计学意义上的显著性差异，潍坊学院与滨州学院、菏泽学院之间不存在统计学意义上的显著性差异。

⑤枣庄学院与滨州学院、菏泽学院、潍坊学院、泰山学院之间存在统计学意义上的显著性差异，枣庄学院与德州学院之间不存在统计学意义上的显著性差异。

⑥泰山学院与滨州学院、德州学院、菏泽学院、潍坊学院、枣庄学

院之间都存在统计学意义上的显著性差异。

（3）关于生涯控制

从具体分数表现上看：

①滨州学院得分显著高于菏泽学院、德州学院、枣庄学院，且显著低于泰山学院。

②德州学院得分显著低于泰山学院、滨州学院、潍坊学院、菏泽学院。

③菏泽学院得分显著高于德州学院、枣庄学院，且显著低于泰山学院、滨州学院。

④潍坊学院得分显著高于德州学院、枣庄学院，且显著低于泰山学院。

⑤枣庄学院得分显著低于泰山学院、滨州学院、潍坊学院、菏泽学院。

⑥泰山学院得分显著高于滨州学院、潍坊学院、菏泽学院、德州学院、枣庄学院。

综上，结论是：

①滨州学院与德州学院、菏泽学院、枣庄学院、泰山学院之间存在统计学意义上的显著性差异，滨州学院与潍坊学院之间不存在统计学意义上的显著性差异。

②德州学院与滨州学院、菏泽学院、潍坊学院、泰山学院之间存在统计学意义上的显著性差异，德州学院与枣庄学院之间不存在统计学意义上的显著性差异。

③菏泽学院与滨州学院、德州学院、枣庄学院、泰山学院之间存在统计学意义上的显著性差异，菏泽学院与潍坊学院之间不存在统计学意义上的显著性差异。

④潍坊学院与德州学院、枣庄学院、泰山学院之间存在统计学意义上的显著性差异，潍坊学院与滨州学院、菏泽学院之间不存在统计学意义上的显著性差异。

⑤枣庄学院与滨州学院、菏泽学院、潍坊学院、泰山学院之间存在统计学意义上的显著性差异，枣庄学院与德州学院之间不存在统计学意

义上的显著性差异。

⑥泰山学院与滨州学院、德州学院、菏泽学院、潍坊学院、枣庄学院之间都存在统计学意义上的显著性差异。

（4）关于生涯好奇

从具体分数表现上看：

①滨州学院得分显著高于德州学院、菏泽学院、枣庄学院，且显著低于泰山学院。

②德州学院得分显著高于枣庄学院，且显著低于泰山学院、滨州学院、潍坊学院。

③菏泽学院得分显著高于枣庄学院，且显著低于泰山学院、滨州学院、潍坊学院。

④潍坊学院得分显著高于菏泽学院、枣庄学院，且显著低于泰山学院。

⑤枣庄学院得分显著低于泰山学院、滨州学院、潍坊学院、德州学院、菏泽学院。

⑥泰山学院得分显著高于滨州学院、潍坊学院、德州学院、菏泽学院、枣庄学院。

综上，结论是：

①滨州学院与德州学院、菏泽学院、枣庄学院、泰山学院之间存在统计学意义上的显著性差异，滨州学院与潍坊学院之间不存在统计学意义上的显著性差异。

②德州学院与滨州学院、枣庄学院、泰山学院之间存在统计学意义上的显著性差异，德州学院与菏泽学院、潍坊学院之间不存在统计学意义上的显著性差异。

③菏泽学院与滨州学院、潍坊学院、枣庄学院、泰山学院之间存在统计学意义上的显著性差异，菏泽学院与德州学院之间不存在统计学意义上的显著性差异。

④潍坊学院与菏泽学院、枣庄学院、泰山学院之间存在统计学意义上的显著性差异，潍坊学院与滨州学院、德州学院之间不存在统计学意义上的显著性差异。

⑤枣庄学院与滨州学院、德州学院、菏泽学院、潍坊学院、泰山学院之间都存在统计学意义上的显著性差异。

⑥泰山学院与滨州学院、德州学院、菏泽学院、潍坊学院、枣庄学院之间都存在统计学意义上的显著性差异。

（5）关于生涯信心

从具体分数表现上看：

①滨州学院得分显著高于德州学院、菏泽学院、枣庄学院，且显著低于泰山学院。

②德州学院得分显著低于泰山学院、滨州学院。

③菏泽学院得分显著低于泰山学院、滨州学院。

④潍坊学院得分显著高于枣庄学院，且显著低于泰山学院。

⑤枣庄学院得分显著低于泰山学院、滨州学院、潍坊学院。

⑥泰山学院得分显著高于滨州学院、潍坊学院、德州学院、菏泽学院、枣庄学院。

综上，结论是：

①滨州学院与德州学院、菏泽学院、枣庄学院、泰山学院之间存在统计学意义上的显著性差异，滨州学院与潍坊学院之间不存在统计学意义上的显著性差异。

②德州学院与滨州学院、泰山学院之间存在统计学意义上的显著性差异，德州学院与菏泽学院、潍坊学院、枣庄学院之间不存在统计学意义上的显著性差异。

③菏泽学院与滨州学院、泰山学院之间存在统计学意义上的显著性差异，菏泽学院与德州学院、潍坊学院、泰山学院之间不存在统计学意义上的显著性差异。

④潍坊学院与枣庄学院、泰山学院之间存在统计学意义上的显著性差异，潍坊学院与滨州学院、德州学院、菏泽学院之间不存在统计学意义上的显著性差异。

⑤枣庄学院与滨州学院、潍坊学院、泰山学院之间存在统计学意义上的显著性差异，枣庄学院与德州学院、菏泽学院之间不存在统计学意义上的显著性差异。

⑥泰山学院与滨州学院、德州学院、菏泽学院、潍坊学院、枣庄学院之间都存在统计学意义上的显著性差异。

二 年级差异

由图4—8—6可知，不同年级之间按生涯适应力分数从高到低排列为：四年级、二年级、三年级、一年级，其中四年级生涯适应力分数最高为3.907，一年级生涯适应力分数最低为3.172，但并不能得出各年级之间是否存在显著性差异，它们之间的差异可能是由误差导致的，需要进一步进行差异性检验。

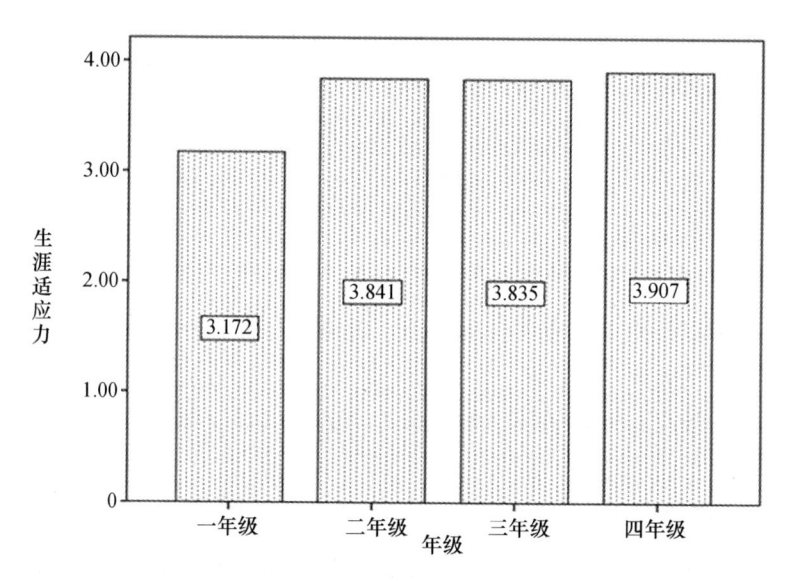

图4—8—6 不同年级学生生涯适应力得分比较

由图4—8—7可知，不同年级之间按生涯关注分数从高到低排列为：四年级、二年级、三年级、一年级，其中四年级生涯关注分数最高为3.925，一年级生涯关注分数最低为3.105，但并不能得出各年级之间是否存在显著性差异，它们之间的差异可能是由误差导致的，需要进一步进行差异性检验。

由图4—8—8可知，不同年级之间按生涯控制分数从高到低排列为：

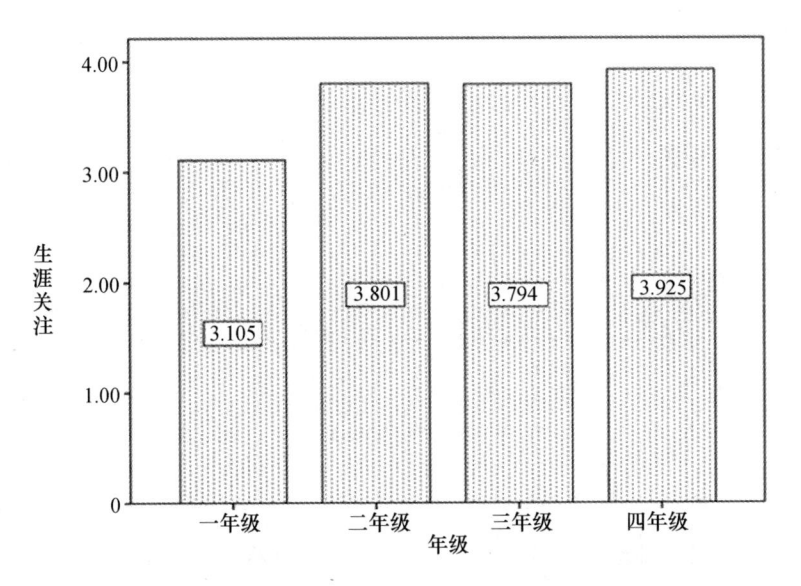

图4—8—7　不同年级学生生涯关注得分比较

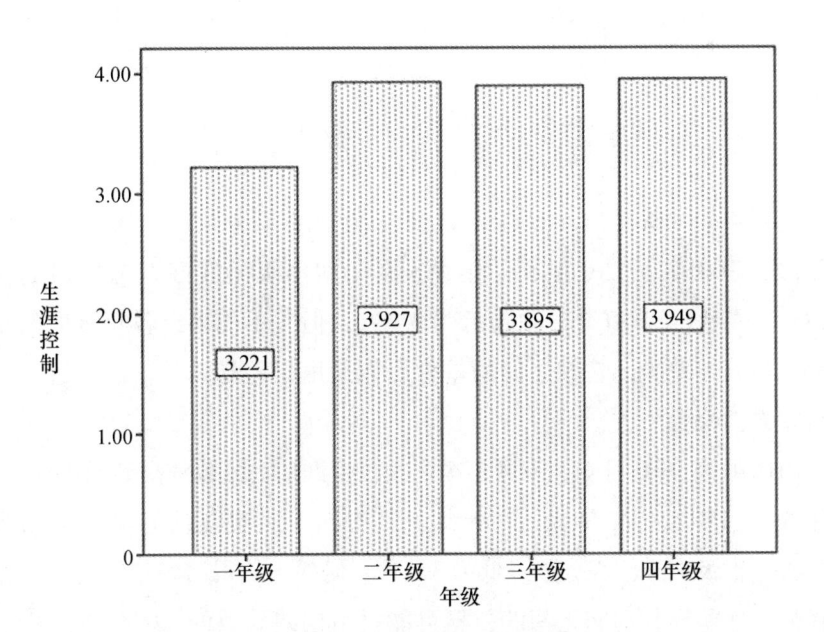

一年级 3.105　二年级 3.801　三年级 3.794　四年级 3.925

图4—8—8　不同年级学生生涯控制得分比较

一年级 3.221　二年级 3.927　三年级 3.895　四年级 3.949

四年级、二年级、三年级、一年级,其中四年级生涯控制分数最高为3.949,一年级生涯控制分数最低为3.221,但并不能得出各年级之间是否存在显著性差异,它们之间的差异可能是由误差导致的,需要进一步进行差异性检验。

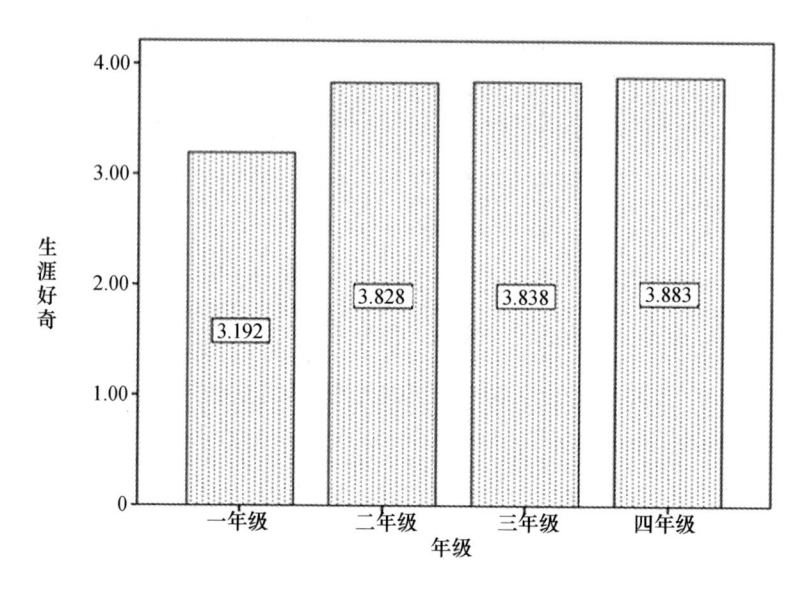

图4—8—9 不同年级学生生涯好奇得分比较

由图4—8—9可知,不同年级之间按生涯好奇分数从高到低排列为:四年级、三年级、二年级、一年级,其中四年级生涯好奇分数最高为3.883,一年级生涯好奇分数最低为3.192,但并不能得出各年级之间是否存在显著性差异,它们之间的差异可能是由误差导致的,需要进一步进行差异性检验。

由图4—8—10可知,不同年级之间按生涯信心分数从高到低排列为:四年级、三年级、二年级、一年级,其中四年级生涯信心分数最高为3.87,一年级生涯信心分数最低为3.171,但并不能得出各年级之间是否存在显著性差异,它们之间的差异可能是由误差导致的,需要进一步进行差异性检验。

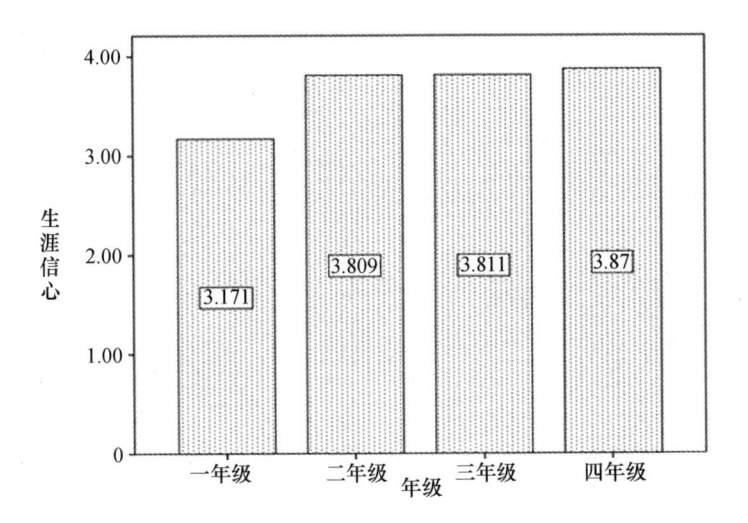

图 4—8—10　不同年级学生的生涯信心得分比较

表 4—8—3　　不同年级之间大学生生涯适应力差异分析

项　目	F
生涯适应力	122.180 ***
生涯关注	124.335 ***
生涯控制	108.390 ***
生涯好奇	98.985 ***
生涯信心	95.641 ***

通过 F 检验，由表 4—8—3 可知，生涯适应力、生涯关注、生涯控制、生涯好奇、生涯信心在不同年级中存在显著性差异。

表 4—8—4　　不同年级之间大学生生涯适应力状况均值差异比较

因变量	事后检验	（I）年级	（J）年级	均值差异（I-J）	标准误
生涯适应力	LSD	一年级	二年级	-0.669 *	0.042
			三年级	-0.662 *	0.045
			四年级	-0.735 *	0.049
		二年级	一年级	0.669 *	0.042
			三年级	0.007	0.044
			四年级	-0.066	0.048

续表

因变量	事后检验	(I) 年级	(J) 年级	均值差异 (I-J)	标准误
生涯适应力	LSD	三年级	一年级	0.662*	0.045
			二年级	-0.007	0.044
			四年级	-0.072	0.051
		四年级	一年级	0.735*	0.049
			二年级	0.066	0.048
			三年级	0.072	0.051
生涯关注	LSD	一年级	二年级	-0.696*	0.044
			三年级	-0.689*	0.047
			四年级	-0.820*	0.052
		二年级	一年级	0.696*	0.044
			三年级	0.007	0.046
			四年级	-0.124*	0.051
		三年级	一年级	0.689*	0.047
			二年级	-0.007	0.046
			四年级	-0.131*	0.054
		四年级	一年级	0.820*	0.052
			二年级	0.124*	0.051
			三年级	0.131*	0.054
生涯控制	LSD	一年级	二年级	-0.706*	0.045
			三年级	-0.674*	0.049
			四年级	-0.728*	0.054
		二年级	一年级	0.706*	0.045
			三年级	0.032	0.047
			四年级	-0.022	0.052
		三年级	一年级	0.674*	0.049
			二年级	-0.032	0.047
			四年级	-0.054	0.055
		四年级	一年级	0.728*	0.054
			二年级	0.022	0.052
			三年级	0.054	0.055

续表

因变量	事后检验	(I) 年级	(J) 年级	均值差异 (I-J)	标准误
生涯好奇	LSD	一年级	二年级	-0.636*	0.044
			三年级	-0.646*	0.048
			四年级	-0.692*	0.052
		二年级	一年级	0.636*	0.044
			三年级	-0.010	0.046
			四年级	-0.056	0.051
		三年级	一年级	0.646*	0.048
			二年级	0.010	0.046
			四年级	-0.046	0.054
		四年级	一年级	0.692*	0.052
			二年级	0.056	0.051
			三年级	0.046	0.054
生涯信心	LSD	一年级	二年级	-0.638*	0.045
			三年级	-0.640*	0.048
			四年级	-0.699*	0.053
		二年级	一年级	0.638*	0.045
			三年级	-0.002	0.047
			四年级	-0.061	0.052
		三年级	一年级	0.640*	0.048
			二年级	0.002	0.047
			四年级	-0.059	0.055
		四年级	一年级	0.699*	0.053
			二年级	0.061	0.052
			三年级	0.059	0.055

对上述不同年级学生样本进行 F 检验，分析表4—8—4，可以得出以下结论：

（1）关于生涯适应力

从具体分数表现看：

①一年级得分显著低于四年级、二年级、三年级；②二年级得分显著高于一年级；③三年级得分显著高于一年级；④四年级得分显著高于

一年级。

综上，结论是：

①一年级与二年级、三年级、四年级之间都存在统计学意义上的显著性差异。

②二年级与一年级之间存在统计学意义上的显著性差异，二年级与三年级、四年级之间不存在统计学意义上的显著性差异。

③三年级与一年级之间存在统计学意义上的显著性差异，三年级与二年级、四年级之间不存在统计学意义上的显著性差异。

④四年级与一年级之间存在统计学意义上的显著性差异，四年级与二年级、三年级之间不存在统计学意义上的显著性差异。

（2）关于生涯关注

从具体分数表现看：

①一年级得分显著低于四年级、二年级、三年级；②二年级得分显著高于一年级，且显著低于四年级；③三年级得分显著高于一年级，且显著低于四年级；④四年级得分显著高于二年级、三年级、一年级。

综上，结论是：

①一年级与二年级、三年级、四年级之间都存在统计学意义上的显著性差异。

②二年级与一年级、四年级之间存在统计学意义上的显著性差异，二年级与三年级之间不存在统计学意义上的显著性差异。

③三年级与一年级、四年级之间存在统计学意义上的显著性差异，三年级与二年级之间不存在统计学意义上的显著性差异。

④四年级与一年级、二年级、三年级之间都存在统计学意义上的显著性差异。

（3）关于生涯控制

从具体分数表现看：

①一年级得分显著低于四年级、二年级、三年级；②二年级得分显著高于一年级；③三年级得分显著高于一年级；④四年级得分显著高于一年级。

综上，结论是：

①一年级与二年级、三年级、四年级之间都存在统计学意义上的显著性差异。

②二年级与一年级之间存在统计学意义上的显著性差异，二年级与三年级、四年级之间不存在统计学意义上的显著性差异。

③三年级与一年级之间存在统计学意义上的显著性差异，三年级与二年级、四年级之间不存在统计学意义上的显著性差异。

④四年级与一年级之间存在统计学意义上的显著性差异，四年级与二年级、三年级之间不存在统计学意义上的显著性差异。

（4）关于生涯好奇

从具体分数表现看：

①一年级得分显著低于四年级、二年级、三年级；②二年级得分显著高于一年级；③三年级得分显著高于一年级；④四年级得分显著高于一年级。

综上，结论是：

①一年级与二年级、三年级、四年级之间都存在统计学意义上的显著性差异。

②二年级与一年级之间存在统计学意义上的显著性差异，二年级与三年级、四年级之间不存在统计学意义上的显著性差异。

③三年级与一年级之间存在统计学意义上的显著性差异，三年级与二年级、四年级之间不存在统计学意义上的显著性差异。

④四年级与一年级之间存在统计学意义上的显著性差异，四年级与二年级、三年级之间不存在统计学意义上的显著性差异。

（5）关于生涯信心

从具体分数表现看：

①一年级得分显著低于四年级、二年级、三年级；②二年级得分显著高于一年级；③三年级得分显著高于一年级；④四年级得分显著高于一年级。

综上，结论是：

①一年级与二年级、三年级、四年级之间都存在统计学意义上的显著性差异。

②二年级与一年级之间存在统计学意义上的显著性差异，二年级与三年级、四年级之间不存在统计学意义上的显著性差异。

③三年级与一年级之间存在统计学意义上的显著性差异，三年级与二年级、四年级之间不存在统计学意义上的显著性差异。

④四年级与一年级之间存在统计学意义上的显著性差异，四年级与二年级、三年级之间不存在统计学意义上的显著性差异。

三 性别差异

由图4—8—11可知，不同性别之间的生涯适应力分数分别为：男3.275，女3.857。但并不能得出不同性别之间是否存在显著性差异，它们之间的差异可能是由误差导致的，需要进一步进行差异性检验。

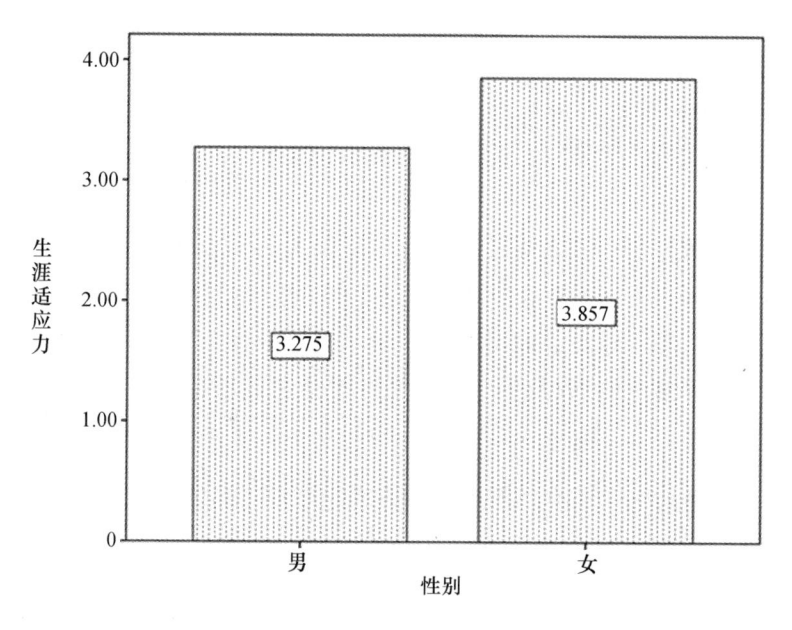

图4—8—11 不同性别学生的生涯适应力得分比较

由图4—8—12可知，不同性别之间的生涯关注分数分别为：男3.216，女3.83。但并不能得出不同性别之间是否存在显著性差异，它们之间的差异可能是由误差导致的，需要进一步进行差异性检验。

由图4—8—13可知，不同性别之间的生涯控制分数分别为：男

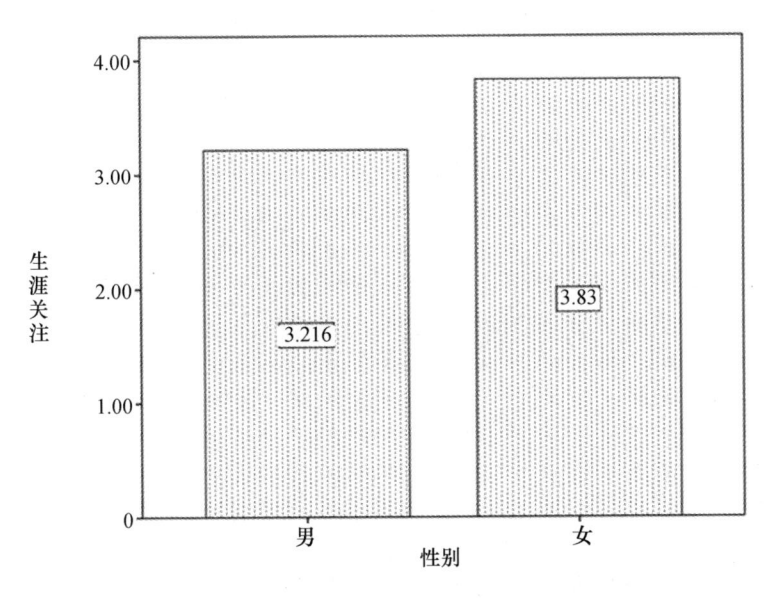

图 4—8—12　不同性别学生的生涯关注得分比较

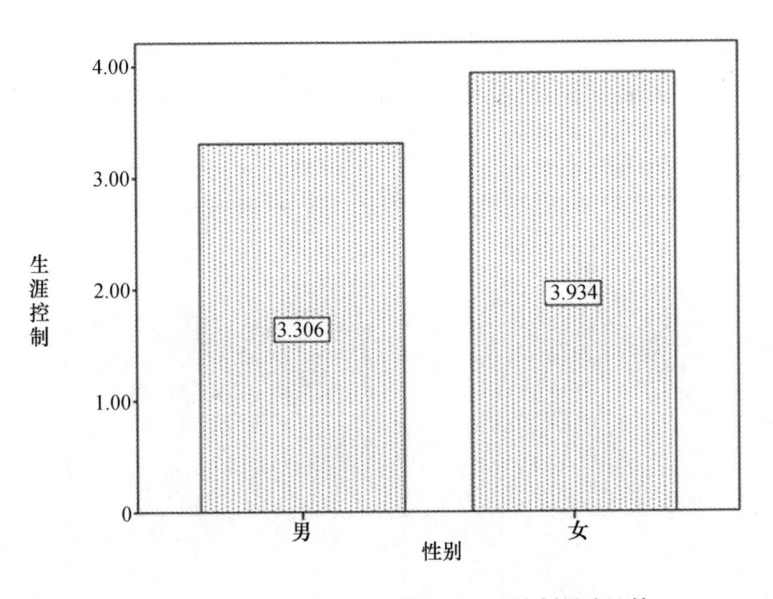

图 4—8—13　不同性别学生的生涯控制得分比较

3.306，女3.934。但并不能得出不同性别之间是否存在显著性差异，它们之间的差异可能是由误差导致的，需要进一步进行差异性检验。

由图4—8—14可知，不同性别之间的生涯好奇分数分别为：男

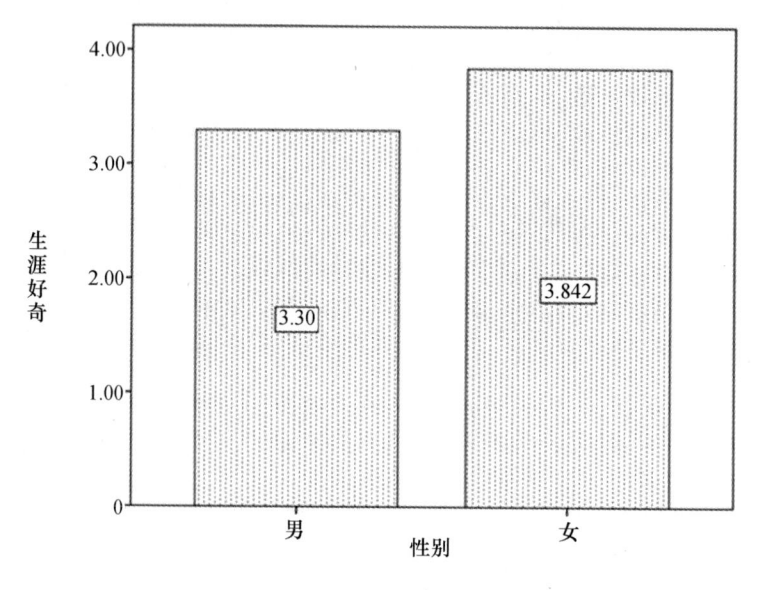

图 4—8—14 不同性别学生的生涯好奇得分比较

3.30，女 3.842。但并不能得出不同性别之间是否存在显著性差异，它们之间的差异可能是由误差导致的，需要进一步进行差异性检验。

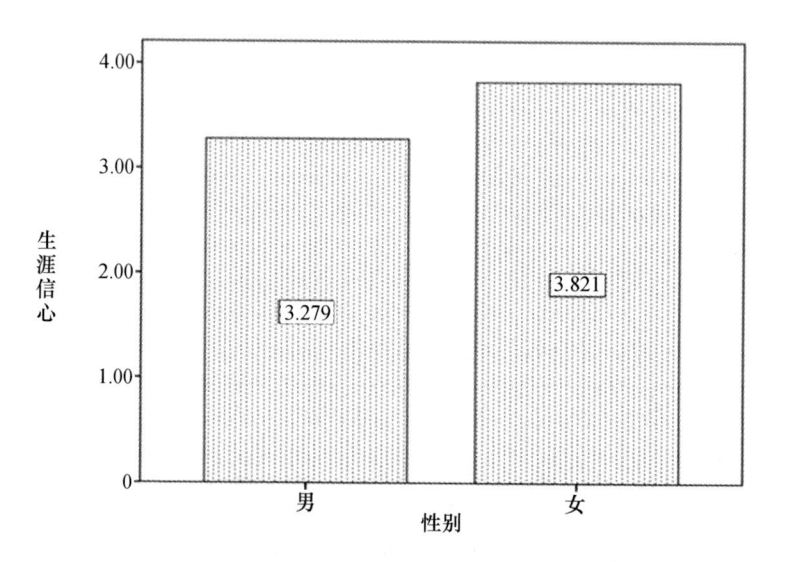

图 4—8—15 不同性别学生的生涯信心得分比较

由图 4—8—15 可知，不同性别之间的生涯信心分数分别为：男 3.279，女 3.821。但并不能得出不同性别之间是否存在显著性差异，它们之间的差异可能是由误差导致的，需要进一步进行差异性检验。

表 4—8—5　　　不同性别之间大学生生涯适应力差异分析

项　目	t
生涯适应力	-13.923***
生涯关注	-14.335***
生涯控制	-14.256***
生涯好奇	-12.491***
生涯信心	-12.358***

通过 t 检验，由表 4—8—5 可知，生涯适应力、生涯关注、生涯控制、生涯好奇、生涯信心在不同性别中都存在显著性差异。

结论：生涯适应力、生涯关注、生涯控制、生涯好奇、生涯信心都表现为女生得分显著高于男生。

原因分析：主要原因可归于社会落后观念的影响，在封建社会男尊女卑的观念下，事业主要是男人的任务，但由于社会观念的转变，女性与男性有了基本平等的竞争机会，享受平等的教育，同样关注自己的生涯发展，导致部分女性更想证明自己的能力不比男性差，付出更多努力。所以生涯适应力、生涯关注、生涯控制、生涯好奇、生涯信心都表现为女生得分显著高于男生。

四　专业差异

由图 4—8—16 可知，不同专业之间按生涯适应力分数从高到低排列分别为艺体、理科、文科，其中艺体的生涯适应力分数最高为 3.858，文科的生涯适应力得分最低为 3.507，但并不能得出不同专业之间是否存在显著性差异，它们之间的差异可能是由误差导致的，需要进一步进行差异性检验。

由图 4—8—17 可知，不同专业之间按生涯关注分数从高到低排列分

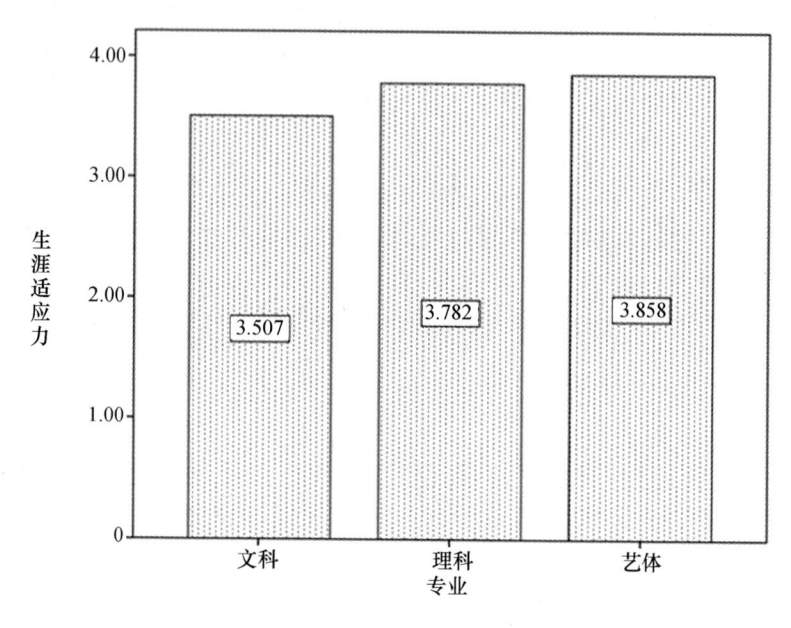

图 4—8—16　不同专业之间学生生涯适应力得分比较

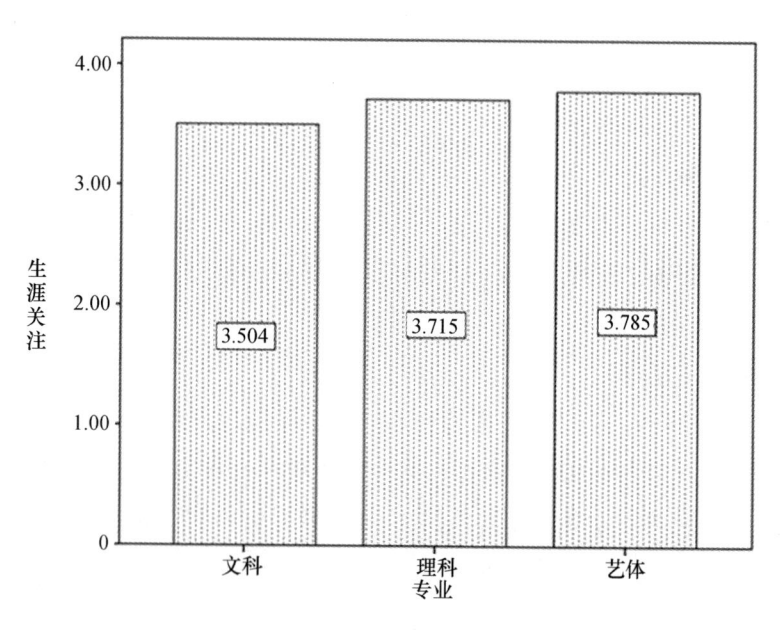

图 4—8—17　不同专业之间学生生涯关注得分比较

别为艺体、理科、文科,其中艺体的生涯关注分数最高为3.785,文科的生涯关注得分最低为3.504,但并不能得出不同专业之间是否存在显著性差异,它们之间的差异可能是由误差导致的,需要进一步进行差异性检验。

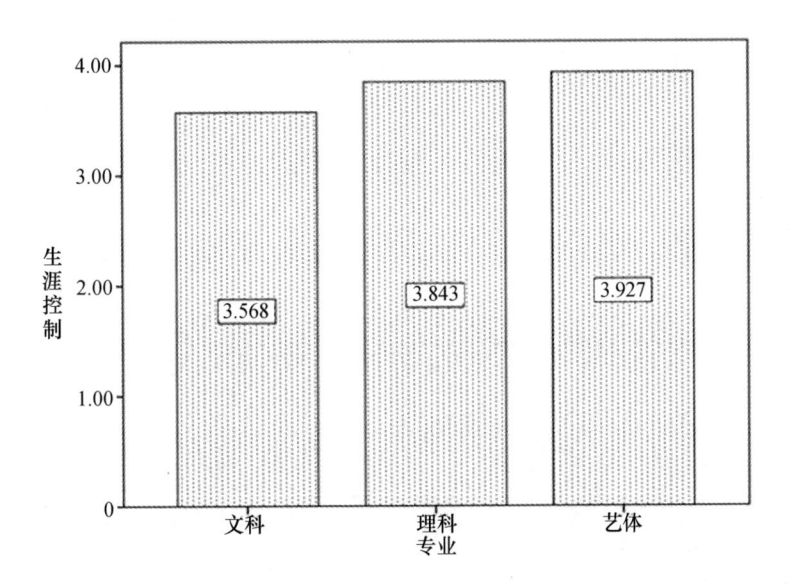

图4—8—18 不同专业之间学生生涯控制得分比较

由图4—8—18可知,不同专业之间按生涯控制分数从高到低排列分别为艺体、理科、文科,其中艺体的生涯控制分数最高为3.927,文科的生涯控制得分最低为3.568,但并不能得出不同专业之间是否存在显著性差异,它们之间的差异可能是由误差导致的,需要进一步进行差异性检验。

由图4—8—19可知,不同专业之间按生涯好奇分数从高到低排列分别为艺体、理科、文科,其中艺体的生涯好奇分数最高为3.858,文科的生涯好奇得分最低为3.493,但并不能得出不同专业之间是否存在显著性差异,它们之间的差异可能是由误差导致的,需要进一步进行差异性检验。

由图4—8—20可知,不同专业之间按生涯信心分数从高到低排列分

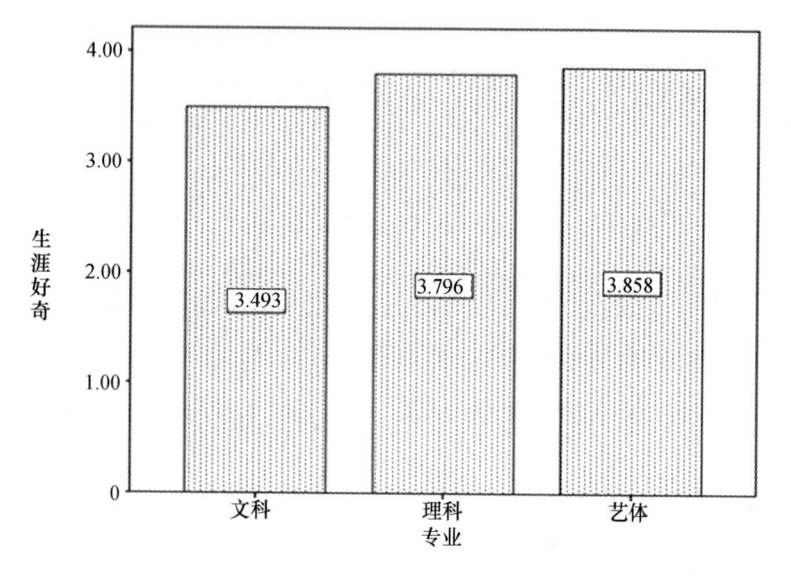

图 4—8—19 不同专业之间学生生涯好奇得分比较

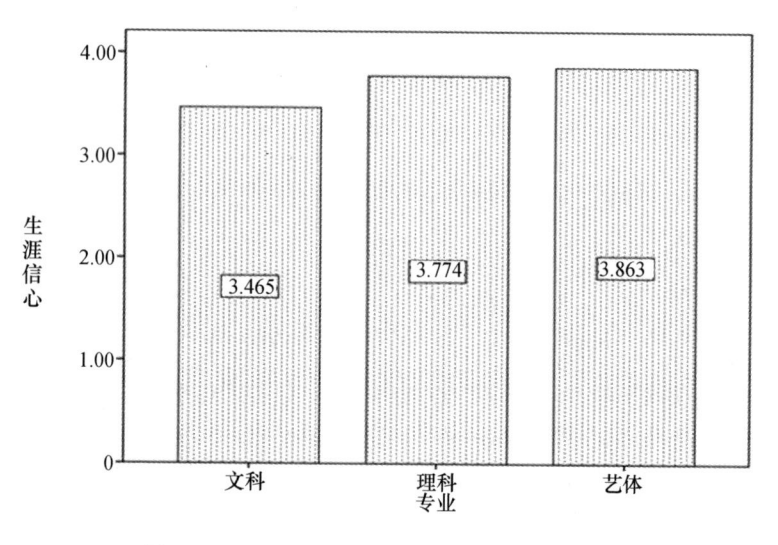

图 4—8—20 不同专业之间学生生涯信心得分比较

别为艺体、理科、文科，其中艺体的生涯信心分数最高为 3.863，文科的生涯信心得分最低为 3.465，但并不能得出不同专业之间是否存在显著性差异，它们之间的差异可能是由误差导致的，需要进一步进行差异性检验。

表4—8—6　　不同专业之间大学生生涯适应力差异分析

项　目	F
生涯适应力	41.959***
生涯关注	22.994***
生涯控制	36.729***
生涯好奇	43.495***
生涯信心	46.930***

通过 F 检验，由表 4—8—6 可知，生涯适应力、生涯关注、生涯控制、生涯好奇、生涯信心在不同专业中都存在显著性差异。

表4—8—7　　不同专业之间大学生生涯适应力状况均值差异比较

因变量	事后检验	（I）专业	（J）专业	均值差异（I-J）	标准误
生涯适应力	LSD	文科	理科	-0.274*	0.038
			艺体	-0.350*	0.046
		理科	文科	0.274*	0.038
			艺体	-0.076	0.048
		艺体	文科	0.350*	0.046
			理科	0.076	0.048
生涯关注	LSD	文科	理科	-0.211*	0.040
			艺体	-0.281*	0.048
		理科	文科	0.211*	0.040
			艺体	-0.070	0.051
		艺体	文科	0.281*	0.048
			理科	0.070	0.051
生涯控制	LSD	文科	理科	-0.275*	0.041
			艺体	-0.359*	0.049
		理科	文科	0.275*	0.041
			艺体	-0.084	0.052
		艺体	文科	0.359*	0.049
			理科	0.084	0.052

续表

因变量	事后检验	（I）专业	（J）专业	均值差异（I－J）	标准误
生涯好奇	LSD	文科	理科	－0.302*	0.040
			艺体	－0.364*	0.048
		理科	文科	0.302*	0.040
			艺体	－0.062	0.051
		艺体	文科	0.364*	0.048
			理科	0.062	0.051
生涯信心	LSD	文科	理科	－0.308*	0.040
			艺体	－0.397*	0.049
		理科	文科	0.308*	0.040
			艺体	－0.089	0.052
		艺体	文科	0.397*	0.049
			理科	0.089	0.052

对上述不同专业学生样本进行 F 检验表 4—8—7 结果表明：

（1）关于生涯适应力

从具体分数表现看：文科得分显著低于艺体、理科；理科得分显著高于文科；艺体得分显著高于文科。

综上，结论是：

①文科与理科、艺体之间都存在统计学意义上的显著性差异。

②理科与文科之间存在统计学意义上的显著性差异，理科与艺体之间不存在统计学意义上的显著性差异。

③艺体与文科之间存在统计学意义上的显著性差异，艺体与理科之间不存在统计学意义上的显著性差异。

（2）关于生涯关注

从具体分数表现看：文科得分显著低于艺体、理科；理科得分显著高于文科；艺体得分显著高于文科。

综上，结论是：

①文科与理科、艺体之间都存在统计学意义上的显著性差异。

②理科与文科之间存在统计学意义上的显著性差异，理科与艺体之

间不存在统计学意义上的显著性差异。

③艺体与文科之间存在统计学意义上的显著性差异，艺体与理科之间不存在统计学意义上的显著性差异。

（3）关于生涯控制

从具体分数表现看：文科得分显著低于艺体、理科；理科得分显著高于文科；艺体得分显著高于文科。

综上，结论是：

①文科与理科、艺体之间都存在统计学意义上的显著性差异。

②理科与文科之间存在统计学意义上的显著性差异，理科与艺体之间不存在统计学意义上的显著性差异。

③艺体与文科之间存在统计学意义上的显著性差异，艺体与理科之间不存在统计学意义上的显著性差异。

（4）关于生涯好奇

从具体分数表现看：文科得分显著低于艺体、理科；理科得分显著高于文科；艺体得分显著高于文科。

综上，结论是：

①文科与理科、艺体之间都存在统计学意义上的显著性差异。

②理科与文科之间存在统计学意义上的显著性差异，理科与艺体之间不存在统计学意义上的显著性差异。

③艺体与文科之间存在统计学意义上的显著性差异，艺体与理科之间不存在统计学意义上的显著性差异。

（5）关于生涯信心

从具体分数表现看：文科得分显著低于艺体、理科；理科得分显著高于文科；艺体得分显著高于文科。

综上，结论是：

①文科与理科、艺体之间都存在统计学意义上的显著性差异。

②理科与文科之间存在统计学意义上的显著性差异，理科与艺体之间不存在统计学意义上的显著性差异。

③艺体与文科之间存在统计学意义上的显著性差异，艺体与理科之间不存在统计学意义上的显著性差异。

原因分析：艺体与理科学生在生涯适应的各个维度上得分均显著高于文科学生，原因可能在于艺体和理科学生的专业知识实用性强，较易获得未来从事某种职业所需要的专业技能，社会实践机会多，对自己未来要从事什么职业有较明确的目标，因而在生涯适应力、生涯关注、生涯控制、生涯好奇、生涯信心得分各方面得分均高于文科生。

五　是否班干部差异

由图4—8—21可知，是否班干部的生涯适应力分数分别为：班干部得分3.409，非班干部得分3.82。但并不能得出班干部与非班干部之间是否存在显著性差异，它们之间的差异可能是由误差导致的，需要进一步进行差异性检验。

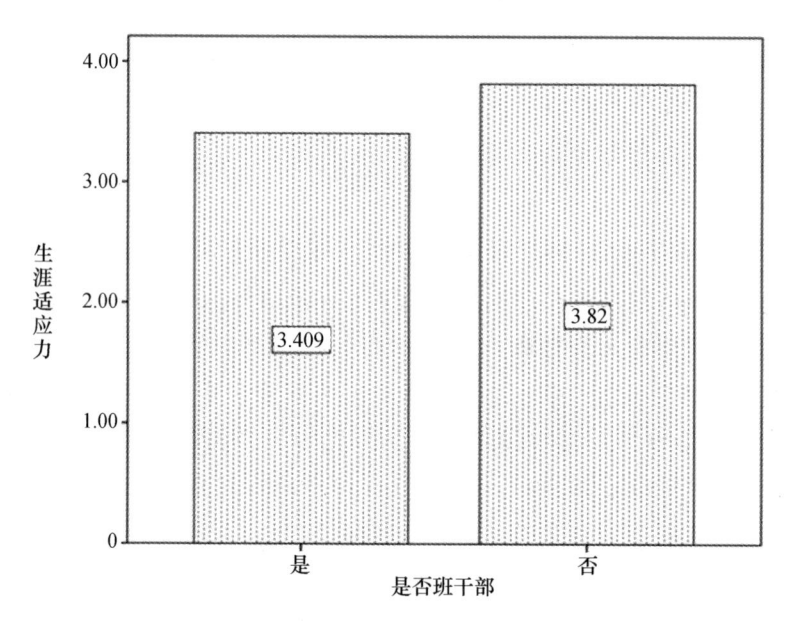

图4—8—21　是否班干部学生的生涯适应力得分比较

由图4—8—22可知，是否班干部的生涯关注分数分别为：班干部得分3.362，非班干部得分3.788。但并不能得出班干部与非班干部之间是否存在显著性差异，它们之间的差异可能是由误差导致的，需要进一步进行差异性检验。

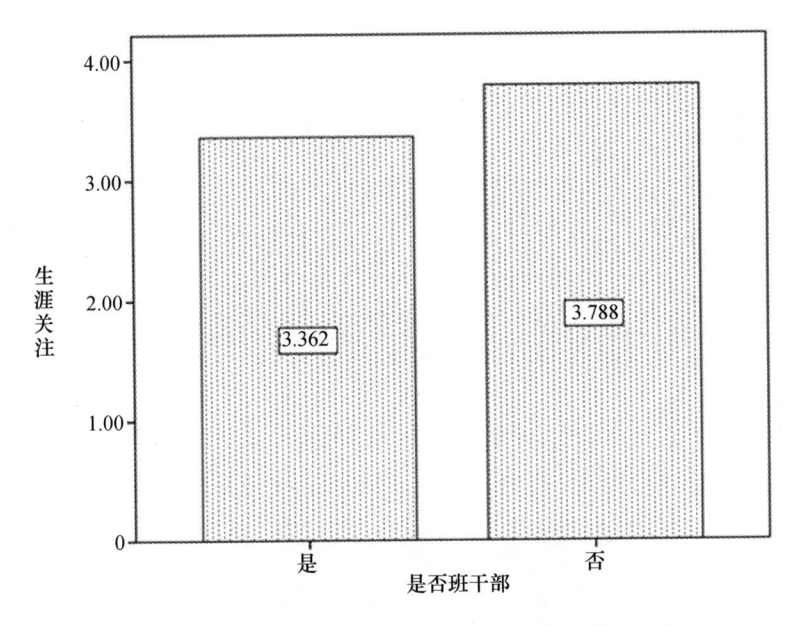

图 4—8—22　是否班干部学生的生涯关注得分比较

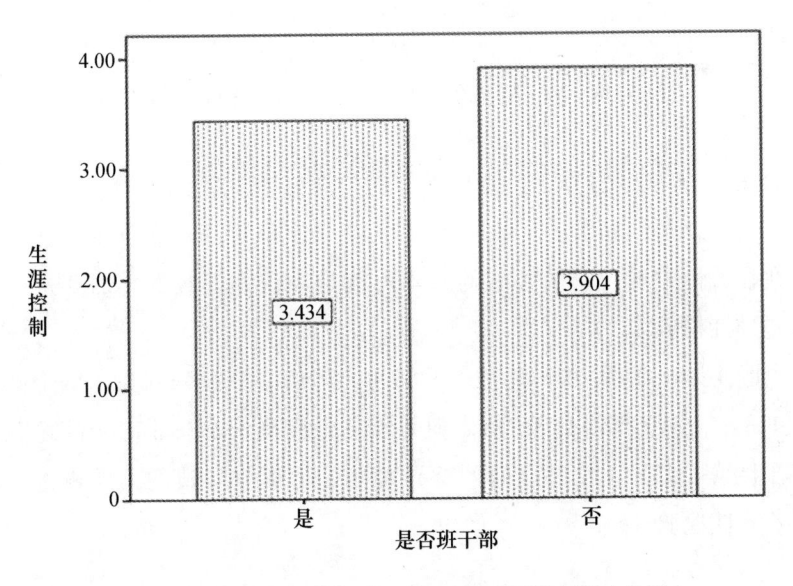

图 4—8—23　是否班干部学生的生涯控制得分比较

由图 4—8—23 可知，是否班干部的生涯控制分数分别为：班干部得分 3.434，非班干部得分 3.904。但并不能得出班干部与非班干部之间是否存在显著性差异，它们之间的差异可能是由误差导致的，需要进一步进行差异性检验。

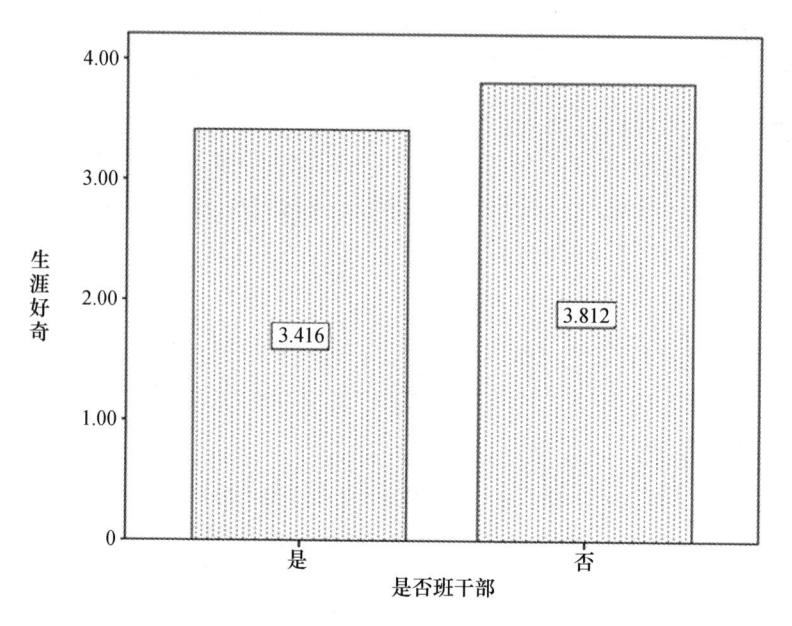

图4—8—24　是否班干部学生的生涯好奇得分比较

由图4—8—24可知，是否班干部的生涯好奇分数分别为：班干部得分3.416，非班干部得分3.812。但并不能得出班干部与非班干部之间是否存在显著性差异，它们之间的差异可能是由误差导致的，需要进一步进行差异性检验。

由图4—8—25可知，是否班干部的生涯信心分数分别为：班干部得分3.423，非班干部得分3.775。但并不能得出班干部与非班干部之间是否存在显著性差异，它们之间的差异可能是由误差导致的，需要进一步进行差异性检验。

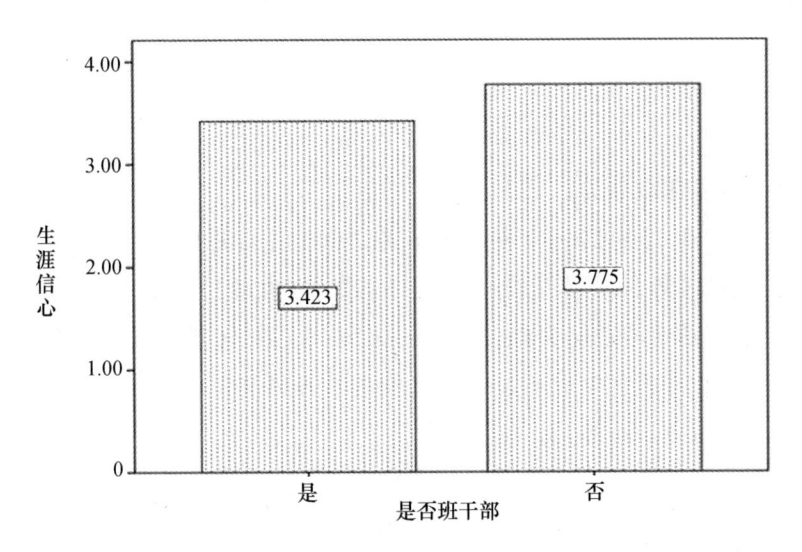

图 4—8—25　是否班干部学生的生涯信心得分比较

表 4—8—8　　　　　　　是否班干部生涯适应力差异分析

项　目	t
生涯适应力	－10.577***
生涯关注	－10.590***
生涯控制	－11.402***
生涯好奇	－9.781***
生涯信心	－8.548***

通过 t 检验，由表 4—8—8 可知，生涯适应力、生涯关注、生涯控制、生涯好奇、生涯信心在是否班干部之间都存在显著性差异。

结论：生涯适应力、生涯关注、生涯控制、生涯好奇、生涯信心都表现为非班干部学生显著高于班干部学生。

原因分析：主要原因可能是，作为班干部需要花费大量时间用于服务同学、服务老师，还要为各种学校活动花费精力和时间，所以班干部的空闲时间远远少于非班干部。所以，非班干部就可以把这些空闲时间用来进行社会实践,通过实践锻炼来丰富自己的就业体验和经验。从而在生涯适应力、生涯关注、生涯控制、生涯好奇、生涯信心得分都是非班干部显著高于班干部。

六 家庭来源差异

由图4—8—26可知,不同家庭来源之间按生涯适应力分数从高到低排列分别为城市、城镇、农村,其中城市的生涯适应力分数最高为3.914,农村的生涯适应力得分最低为3.549,但并不能得出不同家庭来源之间是否存在显著性差异,它们之间的差异可能是由误差导致的,需要进一步进行差异性检验。

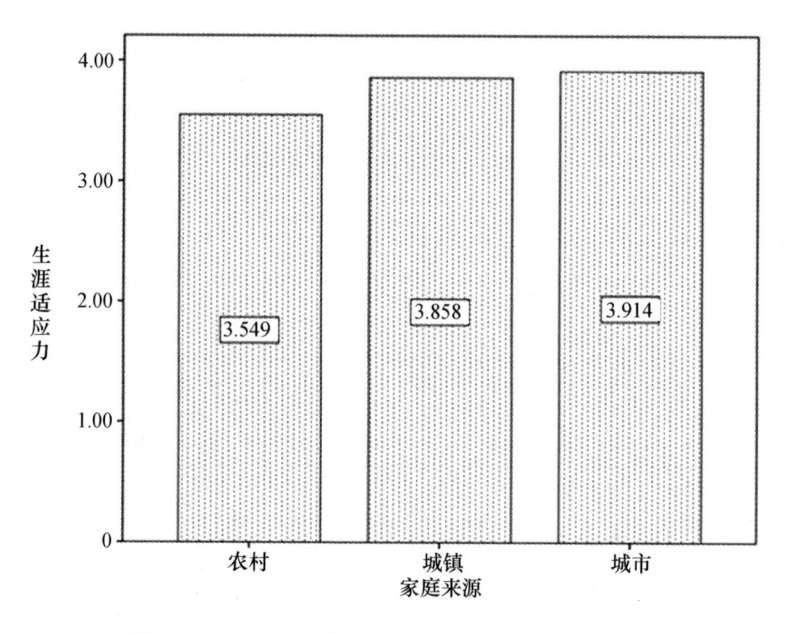

图4—8—26 不同家庭来源学生生涯适应力得分比较

由图4—8—27可知,不同家庭来源之间按生涯关注分数从高到低排列分别为城市、城镇、农村,其中城市的生涯关注分数最高为3.852,农村的生涯关注得分最低为3.52,但并不能得出不同家庭来源之间是否存在显著性差异,它们之间的差异可能是由误差导致的,需要进一步进行

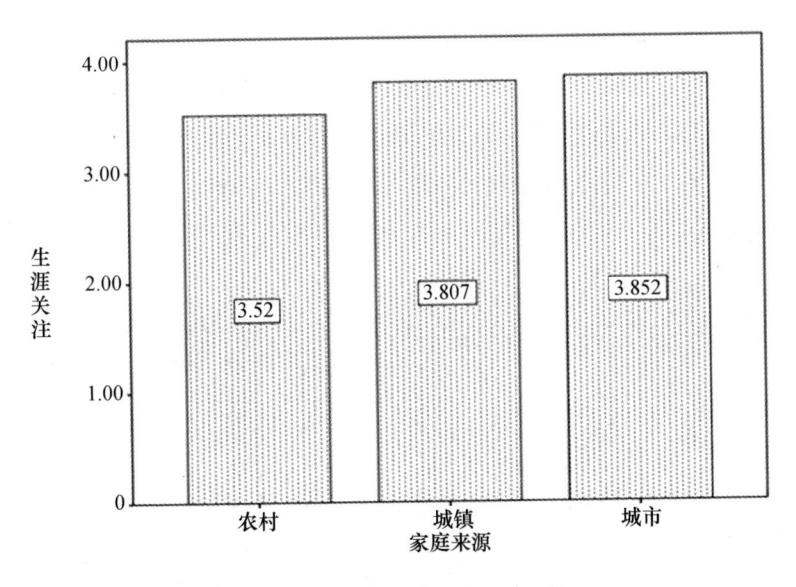

图4—8—27 不同家庭来源学生生涯关注得分比较

差异性检验。

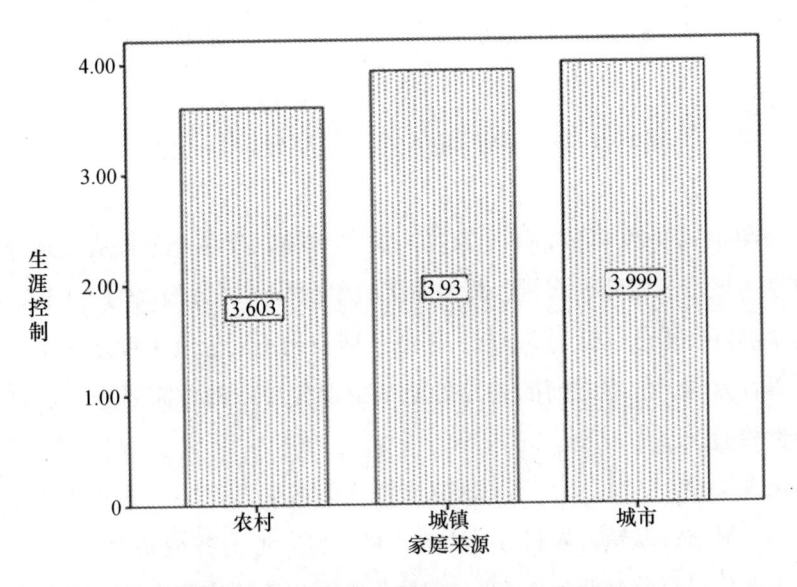

图4—8—28 不同家庭来源学生生涯控制得分比较

由图 4—8—28 可知，不同家庭来源之间按生涯控制分数从高到低排列分别为城市、城镇、农村，其中城市的生涯控制分数最高为 3.999，农村的生涯控制得分最低为 3.603，但并不能得出不同家庭来源之间是否存在显著性差异，它们之间的差异可能是由误差导致的，需要进一步进行差异性检验。

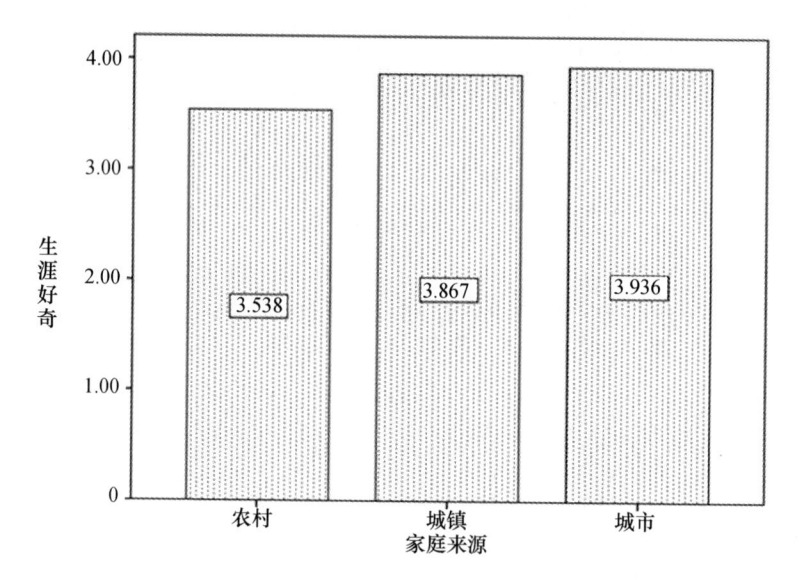

图 4—8—29 不同家庭来源学生生涯好奇得分比较

由图 4—8—29 可知，不同家庭来源之间按生涯好奇分数从高到低排列分别为城市、城镇、农村，其中城市的生涯好奇分数最高为 3.936，农村的生涯好奇得分最低为 3.538，但并不能得出不同家庭来源之间是否存在显著性差异，它们之间的差异可能是由误差导致的，需要进一步进行差异性检验。

由图 4—8—30 可知，不同家庭来源之间按生涯信心分数从高到低排列分别为城市、城镇、农村，其中城市的生涯信心分数最高为 3.871，农村的生涯信心得分最低为 3.533，但并不能得出不同家庭来源之间是否存在显著性差异，它们之间的差异可能是由误差导致的，需要进一步进行差异性检验。

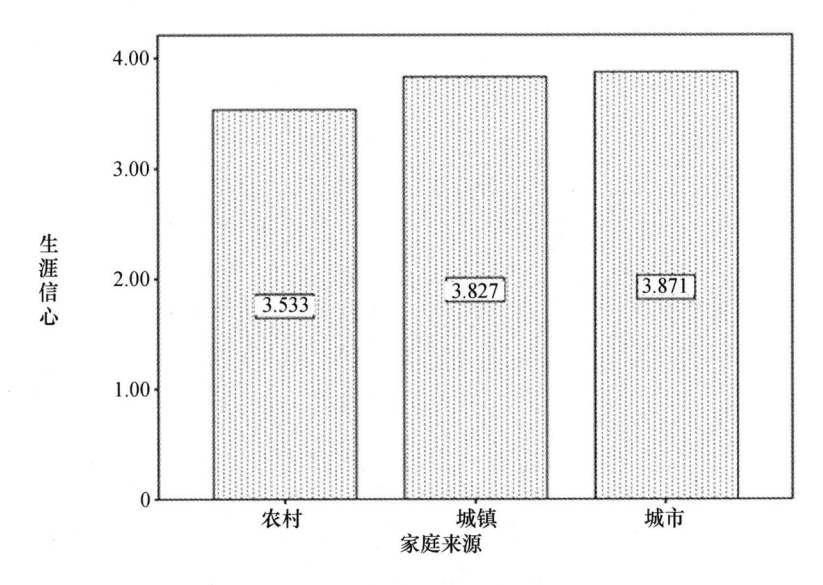

图 4—8—30　不同家庭来源学生生涯信心得分比较

表 4—8—9　　　　　不同家庭来源学生生涯适应力差异分析

项　目	F
生涯适应力	44.790***
生涯关注	33.440***
生涯控制	43.733***
生涯好奇	46.781***
生涯信心	34.337***

通过 F 检验，由表 4—8—9 可知，生涯适应力、生涯关注、生涯控制、生涯好奇、生涯信心在不同家庭来源中存在显著性差异。

表 4—8—10　　不同家庭来源之间大学生生涯适应力状况均值差异比较

因变量	事后检验	(I) 家庭来源	(J) 家庭来源	均值差异 (I-J)	标准误
生涯适应力	LSD	农村	城镇	-0.310*	0.040
			城市	-0.365*	0.052
		城镇	农村	0.310*	0.040
			城市	-0.056	0.059
		城市	农村	0.365*	0.052
			城镇	0.056	0.059

续表

因变量	事后检验	(I) 家庭来源	(J) 家庭来源	均值差异 (I-J)	标准误
生涯关注	LSD	农村	城镇	-0.287*	0.043
		农村	城市	-0.331*	0.055
		城镇	农村	0.287*	0.043
		城镇	城市	-0.044	0.063
		城市	农村	0.331*	0.055
		城市	城镇	0.044	0.063
生涯控制	LSD	农村	城镇	-0.328*	0.044
		农村	城市	-0.396*	0.057
		城镇	农村	0.328*	0.044
		城镇	城市	-0.068	0.064
		城市	农村	0.396*	0.057
		城市	城镇	0.068	0.064
生涯好奇	LSD	农村	城镇	-0.329*	0.042
		农村	城市	-0.397*	0.055
		城镇	农村	0.329*	0.042
		城镇	城市	-0.067	0.062
		城市	农村	0.397*	0.055
		城市	城镇	0.067	0.062
生涯信心	LSD	农村	城镇	-0.294*	0.043
		农村	城市	-0.338*	0.056
		城镇	农村	0.294*	0.043
		城镇	城市	-0.044	0.064
		城市	农村	0.338*	0.056
		城市	城镇	0.044	0.064

对上述不同家庭来源学生样本进行 F 检验，分析表4—8—10，可以得出以下结论：

（1）关于生涯适应力

从具体分数表现看：

农村分数显著低于城市、城镇；城镇分数显著高于农村；城市分数显著高于农村。

综上，结论是：

①农村与城镇、城市之间都存在统计学意义上的显著性差异。

②城镇与农村之间存在统计学意义上的显著性差异，城镇与城市之间不存在统计学意义上的显著性差异。

③城市与农村之间存在统计学意义上的显著性差异，城市与城镇之间不存在统计学意义上的显著性差异。

（2）关于生涯关注

从具体分数表现看：

农村分数显著低于城市、城镇；城镇分数显著高于农村；城市分数显著高于农村。

综上，结论是：

①农村与城镇、城市之间都存在统计学意义上的显著性差异。

②城镇与农村之间存在统计学意义上的显著性差异，城镇与城市之间不存在统计学意义上的显著性差异。

③城市与农村之间存在统计学意义上的显著性差异，城市与城镇之间不存在统计学意义上的显著性差异。

（3）关于生涯控制

从具体分数表现看：

农村分数显著低于城市、城镇；城镇分数显著高于农村；城市分数显著高于农村。

综上，结论是：

①农村与城镇、城市之间都存在统计学意义上的显著性差异。

②城镇与农村之间存在统计学意义上的显著性差异，城镇与城市之间不存在统计学意义上的显著性差异。

③城市与农村之间存在统计学意义上的显著性差异，城市与城镇之间不存在统计学意义上的显著性差异。

（4）关于生涯好奇

从具体分数表现看：

农村分数显著低于城市、城镇；城镇分数显著高于农村；城市分数显著高于农村。

综上，结论是：

①农村与城镇、城市之间都存在统计学意义上的显著性差异。

②城镇与农村之间存在统计学意义上的显著性差异，城镇与城市之间不存在统计学意义上的显著性差异。

③城市与农村之间存在统计学意义上的显著性差异，城市与城镇之间不存在统计学意义上的显著性差异。

（5）关于生涯信心

从具体分数表现看：

农村分数显著低于城市、城镇；城镇分数显著高于农村；城市分数显著高于农村。

综上，结论是：

①农村与城镇、城市之间都存在统计学意义上的显著性差异。

②城镇与农村之间存在统计学意义上的显著性差异，城镇与城市之间不存在统计学意义上的显著性差异。

③城市与农村之间存在统计学意义上的显著性差异，城市与城镇之间不存在统计学意义上的显著性差异。

原因分析：部分学者认为，家庭经济地位与生涯发展成正相关，且家庭经济地位越高的个体其生涯发展水平也越高。比如，来自农村的学生比较缺乏外部社会资源，而来自城镇、城市的学生比来自农村的学生有更多的社会资本支持，因此在职业探索和选择方面更丰富，对职业的了解和经验也更多。所以生涯适应力、生涯关注、生涯控制、生涯好奇、生涯信心得分都是来自农村的学生显著低于来自城市、城镇的学生。

七 家庭完整状况差异

由图4—8—31可知，不同家庭完整状况按生涯适应力分数从高到低排列分别为：寄养家庭、离异再组合家庭、单亲家庭、健全家庭，其中寄养家庭生涯适应力分数最高为3.847，健全家庭生涯适应力分数最低为3.655，但并不能得出不同家庭完整状况之间是否存在显著性差异，它们之间的差异可能是由误差导致的，需要进一步进行差异性检验。

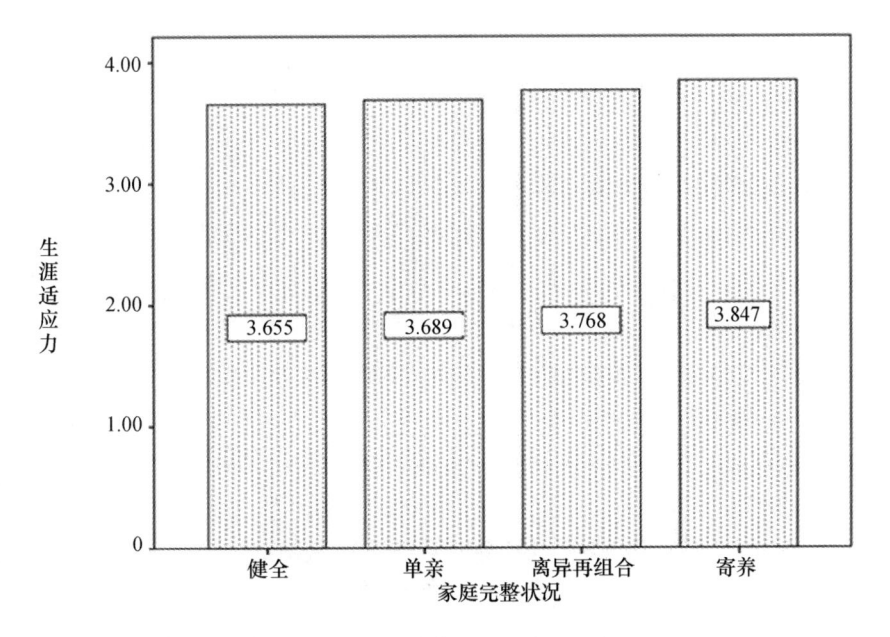

```
          4.00
           
生         3.00
涯
适
应         2.00   [3.655]   [3.689]   [3.768]   [3.847]
力
           1.00

              0
                  健全      单亲    离异再组合    寄养
                             家庭完整状况
```

图 4—8—31　不同家庭完整状况学生生涯适应力得分比较

由图 4—8—32 可知，不同家庭完整状况按生涯关注分数从高到低排列分别为：寄养家庭、离异再组合家庭、单亲家庭、健全家庭，其中寄养家庭生涯关注分数最高为 3.859，健全家庭生涯关注分数最低为 3.616，但并不能得出不同家庭完整状况之间是否存在显著性差异，它们之间的差异可能是由误差导致的，需要进一步进行差异性检验。

由图 4—8—33 可知，不同家庭完整状况按生涯控制分数从高到低排列分别为：寄养家庭、离异再组合家庭、单亲家庭、健全家庭，其中寄养家庭生涯控制分数最高为 3.840，健全家庭生涯控制分数最低为 3.722，但并不能得出不同家庭完整状况之间是否存在显著性差异，它们之间的差异可能是由误差导致的，需要进一步进行差异性检验。

由图 4—8—34 可知，不同家庭完整状况按生涯好奇分数从高到低排列分别为：寄养家庭、离异再组合家庭、单亲家庭、健全家庭，其中寄养家庭生涯好奇分数最高为 3.833，健全家庭生涯好奇分数最低为 3.654，但并不能得出不同家庭完整状况之间是否存在显著性差异，它们之间的

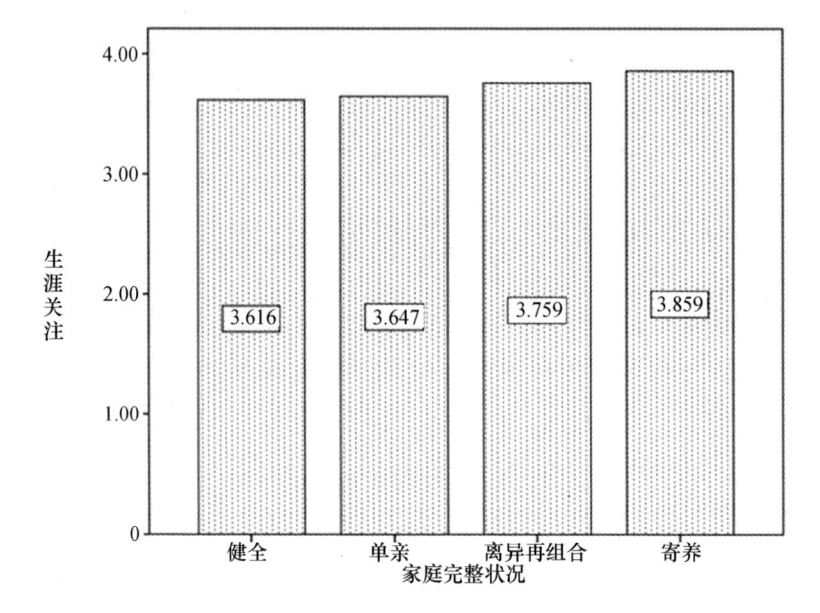

图 4—8—32 不同家庭完整状况学生生涯关注得分比较

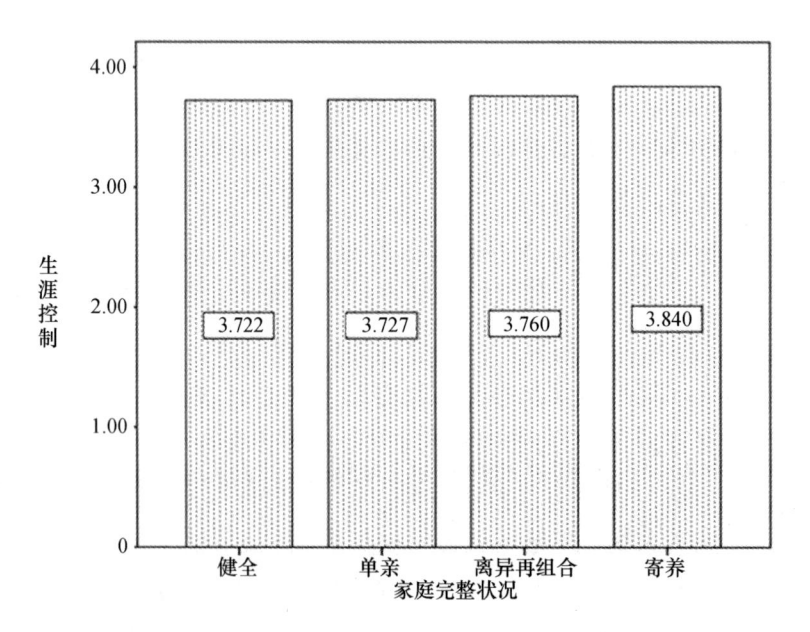

图 4—8—33 不同家庭完整状况学生生涯控制得分比较

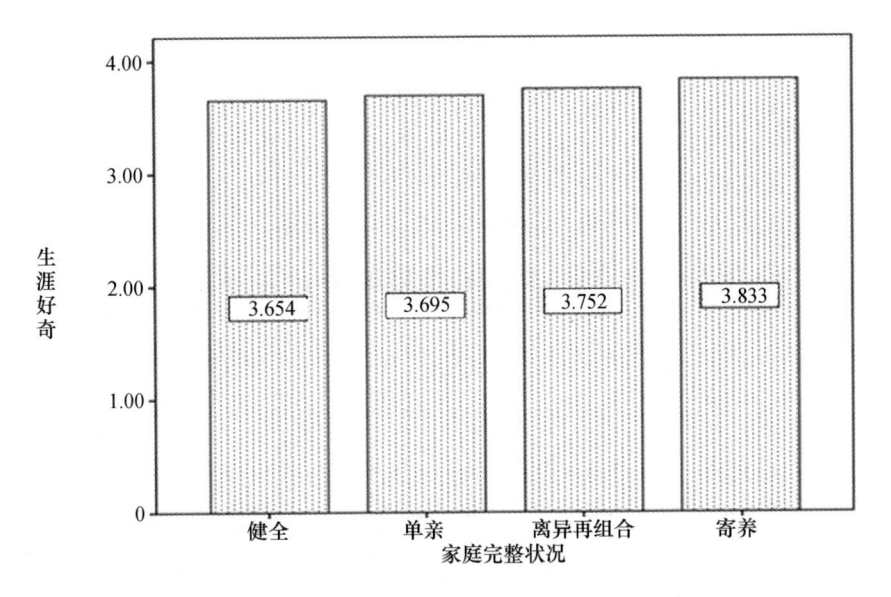

图 4—8—34　不同家庭完整状况学生生涯好奇得分比较

差异可能是由误差导致的，需要进一步进行差异性检验。

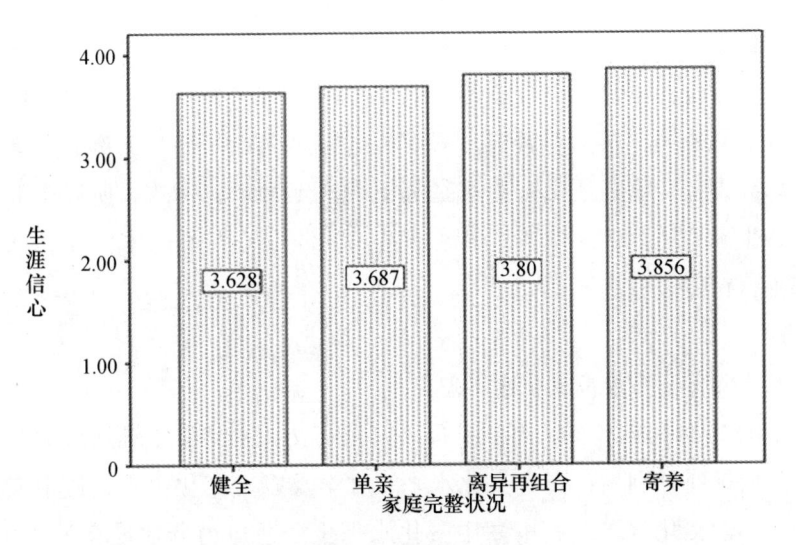

图 4—8—35　不同家庭完整状况学生生涯信心得分比较

由图4—8—35可知，不同家庭完整状况按生涯信心分数从高到低排列分别为：寄养家庭、离异再组合家庭、单亲家庭、健全家庭，其中寄养家庭生涯信心分数最高为3.856，健全家庭生涯信心分数最低为3.628，但并不能得出不同家庭完整状况之间是否存在显著性差异，它们之间的差异可能是由误差导致的，需要进一步进行差异性检验。

表4—8—11　　不同家庭完整状况学生生涯适应力差异分析

项目	F	显著性（p）
生涯适应力	0.887	0.447
生涯关注	1.183	0.314
生涯控制	0.155	0.926
生涯好奇	0.723	0.538
生涯信心	1.575	0.193

通过F检验，由表4—8—11可知，生涯适应力、生涯关注、生涯控制、生涯好奇、生涯信心在不同家庭完整状况中都不存在统计学意义上的显著性差异。

原因分析：主要原因可能是，个体生涯发展水平高低的家庭影响力小于社会影响力，虽然与教养方式有关，但是无论是健全家庭、单亲家庭、离异再组合家庭还是寄养家庭都不能决定其教养方式，所以生涯适应力、生涯关注、生涯控制、生涯好奇、生涯信心在不同家庭完整状况中都不存在显著性差异。

八　父母一方最高文化水平差异

由图4—8—36可知，不同父母一方最高文化水平按生涯适应力分数从高到低排列分别为：高中文化水平、大学及以上文化水平、初中文化水平、小学文化水平，其中高中文化水平生涯适应力分数最高为3.92，小学文化水平生涯适应力分数最低为2.82，但并不能得出父母一方最高文化水平之间是否存在显著性差异，它们之间的差异可能是由误差导致的，需要进一步进行差异性检验。

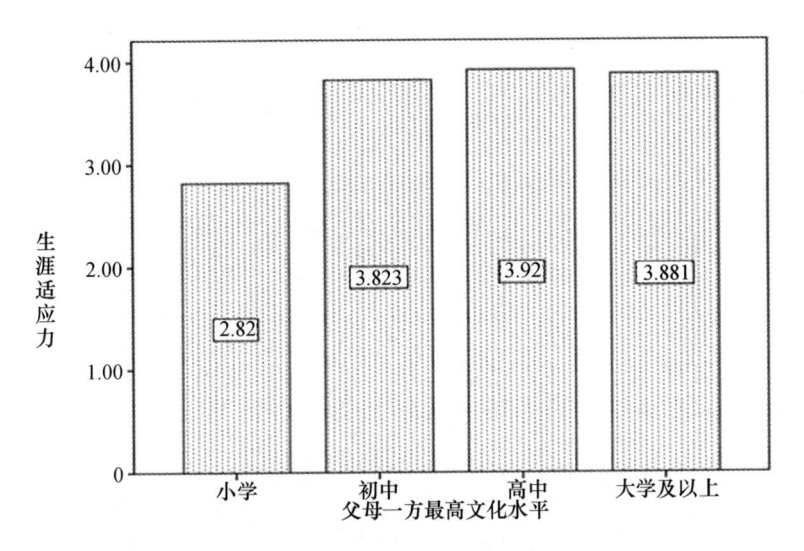

图4—8—36　不同父母一方最高文化水平学生生涯适应力得分比较

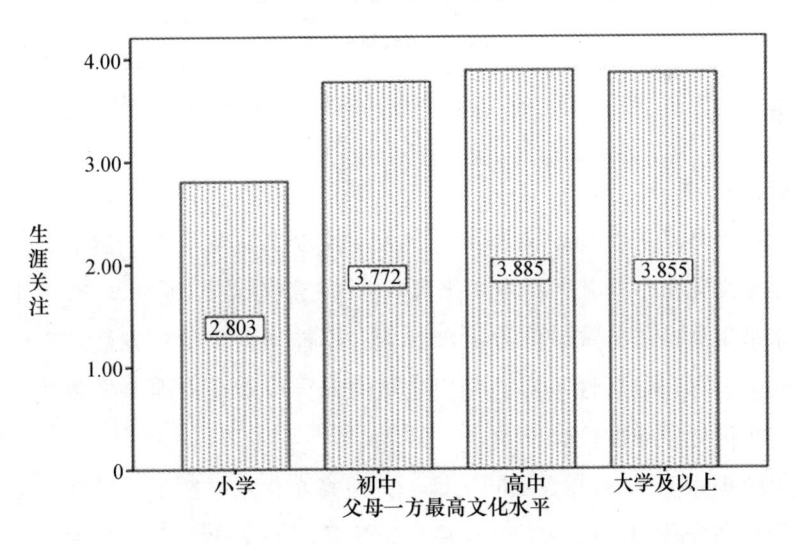

图4—8—37　不同父母一方最高文化水平学生生涯关注得分比较

由图4—8—37可知，不同父母一方最高文化水平按生涯关注分数从高到低排列分别为：高中文化水平、大学及以上文化水平、初中文化水平、小学文化水平,其中高中文化水平生涯关注分数最高为 3.885,小学文化水平生涯关注分数最低为 2.803,但并不能得出父母一方最高文化水平之间是否存在显著性差异,它们之间的差异可能是由误差导致的,需要进一步进行差异性检验。

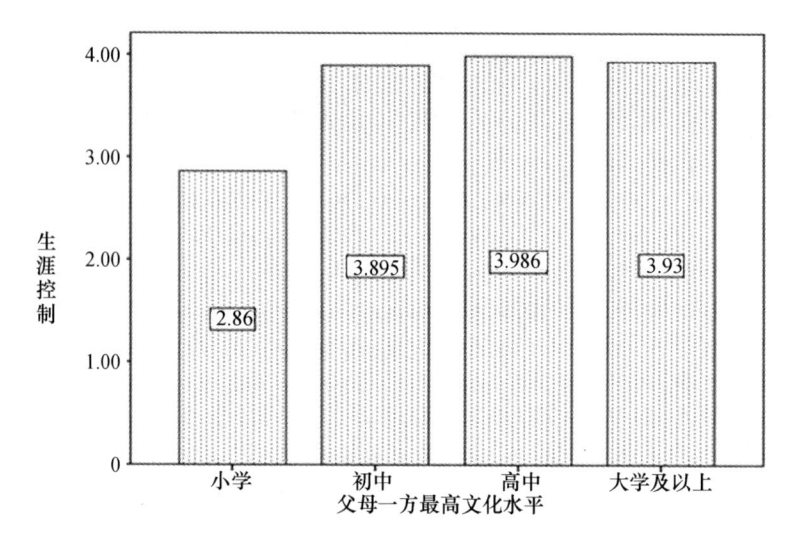

图 4—8—38　不同父母一方最高文化水平学生生涯控制得分比较

由图 4—8—38 可知,不同父母一方最高文化水平按生涯控制分数从高到低排列分别为:高中文化水平、大学及以上文化水平、初中文化水平、小学文化水平,其中高中文化水平生涯控制分数最高为 3.986,小学文化水平生涯控制分数最低为 2.86,但并不能得出父母一方最高文化水平之间是否存在显著性差异,它们之间的差异可能是由误差导致的,需要进一步进行差异性检验。

由图 4—8—39 可知,不同父母一方最高文化水平按生涯好奇分数从高到低排列分别为:高中文化水平、大学及以上文化水平、初中文化水平、小学文化水平,其中高中文化水平生涯好奇分数最高为 3.923,小学文化水平生涯好奇分数最低为 2.817,但并不能得出父母一方最高文化水平之间是否存在显著性差异,它们之间的差异可能是由误差导致的,需要进一步进行差异性检验。

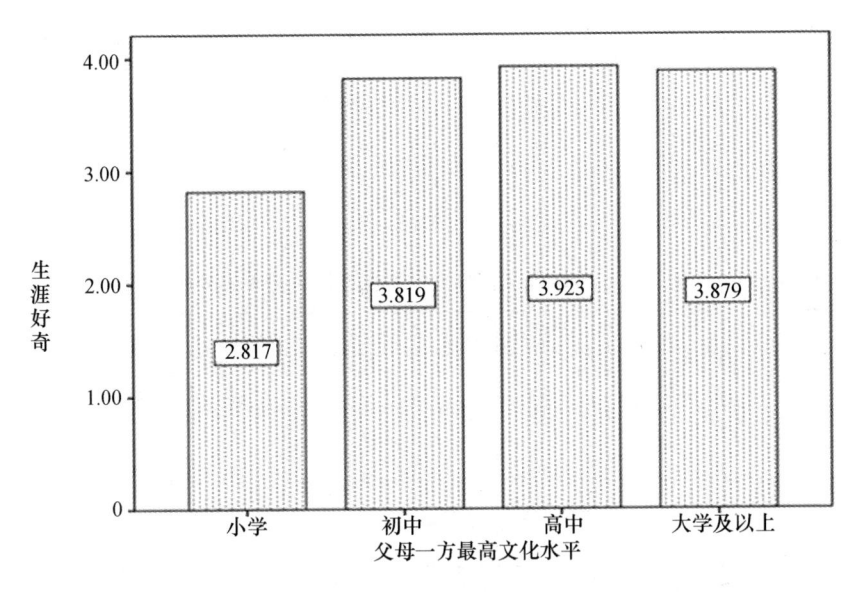

图 4—8—39　不同父母一方最高文化水平学生生涯好奇得分比较

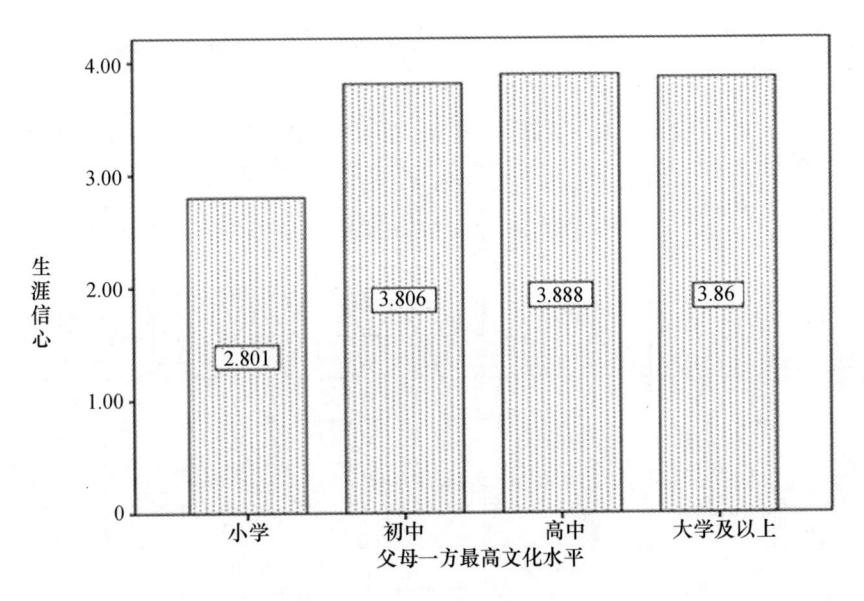

图 4—8—40　不同父母一方最高文化水平学生生涯信心得分比较

由图 4—8—40 可知，不同父母一方最高文化水平按生涯信心分数从高到低排列分别为：高中文化水平、大学及以上文化水平、初中文化水平、小学文化水平,其中高中文化水平生涯信心分数最高为 3.888,小学文化水平生涯信心分数最低为 2.801,但并不能得出父母一方最高文化水平之间是否存在显著性差异,它们之间的差异可能是由误差导致的,需要进一步进行差异性检验。

表 4—8—12　不同父母一方最高文化水平学生生涯适应力差异分析

项　目	F
生涯适应力	241.315***
生涯关注	200.079***
生涯控制	211.065***
生涯好奇	215.018***
生涯信心	203.177***

通过 F 检验,由表 4—8—12 可知,生涯适应力、生涯关注、生涯控制、生涯好奇、生涯信心在不同父母一方最高文化水平中都存在显著性差异。

表 4—8—13　不同父母一方最高文化水平学生生涯适应力状况均值差异比较

因变量	事后检验	(I) 父母一方最高文化水平	(J) 父母一方最高文化水平	均值差异 (I-J)	标准误
生涯适应力	LSD	小学	初中	-0.998*	0.042
			高中	-1.095*	0.045
			大学及以上	-1.055*	0.060
		初中	小学	0.998*	0.042
			高中	-0.097*	0.037
			大学及以上	-0.058	0.055
		高中	小学	1.095*	0.045
			初中	0.097*	0.037
			大学及以上	0.040	0.057
		大学及以上	小学	1.055*	0.060
			初中	0.058	0.055
			高中	-0.040	0.057

续表

因变量	事后检验	（I）父母一方最高文化水平	（J）父母一方最高文化水平	均值差异（I-J）	标准误
生涯关注	LSD	小学	初中	-0.964*	0.045
			高中	-1.077*	0.048
			大学及以上	-1.047*	0.065
		初中	小学	0.964*	0.045
			高中	-0.113*	0.040
			大学及以上	-0.082	0.059
		高中	小学	1.077*	0.048
			初中	0.113*	0.040
			大学及以上	0.030	0.061
		大学及以上	小学	1.047*	0.065
			初中	0.082	0.059
			高中	-0.030	0.061
生涯控制	LSD	小学	初中	-1.029*	0.046
			高中	-1.120*	0.049
			大学及以上	-1.064*	0.066
		初中	小学	1.029*	0.046
			高中	-0.092*	0.041
			大学及以上	-0.035	0.060
		高中	小学	1.120*	0.049
			初中	0.092*	0.041
			大学及以上	0.056	0.062
		大学及以上	小学	1.064*	0.066
			初中	0.035	0.060
			高中	-0.056	0.062
生涯好奇	LSD	小学	初中	-0.997*	0.045
			高中	-1.100*	0.048
			大学及以上	-1.056*	0.064
		初中	小学	0.997*	0.045
			高中	-0.104*	0.039
			大学及以上	-0.060	0.058

续表

因变量	事后检验	（I）父母一方最高文化水平	（J）父母一方最高文化水平	均值差异（I-J）	标准误
生涯好奇	LSD	高中	小学	1.100*	0.048
			初中	0.104*	0.039
			大学及以上	0.044	0.061
		大学及以上	小学	1.056*	0.064
			初中	0.060	0.058
			高中	-0.044	0.061
生涯信心	LSD	小学	初中	-1.000*	0.046
			高中	-1.082*	0.049
			大学及以上	-1.054*	0.066
		初中	小学	1.000*	0.046
			高中	-0.081*	0.040
			大学及以上	-0.053	0.059
		高中	小学	1.082*	0.049
			初中	0.081*	0.040
			大学及以上	0.028	0.062
		大学及以上	小学	1.054*	0.066
			初中	0.053	0.059
			高中	-0.028	0.062

对上述不同父母一方最高文化水平学生样本进行 F 检验，分析表4—8—13，可以得出以下结论。

（1）关于生涯适应力

从具体分数表现看：

①小学文化水平分数显著低于高中文化水平、大学及以上文化水平、初中文化水平；②初中文化水平分数显著高于小学文化水平，且显著低于高中文化水平；③高中文化水平分数显著高于初中文化水平、小学文化水平；④大学及以上文化水平显著高于小学文化水平。

综上，结论是：

①小学文化水平与初中文化水平、高中文化水平、大学及以上文化

水平之间都存在统计学意义上的显著性差异。

②初中文化水平与小学文化水平、高中文化水平之间存在统计学意义上的显著性差异，初中文化水平与大学及以上文化水平之间不存在统计学意义上的显著性差异。

③高中文化水平与小学文化水平、初中文化水平之间存在统计学意义上的显著性差异，高中文化水平与大学及以上文化水平之间不存在统计学意义上的显著性差异。

④大学及以上文化水平与小学文化水平之间存在统计学意义上的显著性差异，大学及以上文化水平与初中文化水平、高中文化水平之间不存在统计学意义上的显著性差异。

（2）关于生涯关注

从具体分数表现看：

①小学文化水平分数显著低于高中文化水平、大学及以上文化水平、初中文化水平；②初中文化水平分数显著高于小学文化水平，且显著低于高中文化水平；③高中文化水平分数显著高于初中文化水平、小学文化水平；④大学及以上文化水平显著高于小学文化水平。

综上，结论是：

①小学文化水平与初中文化水平、高中文化水平、大学及以上文化水平之间都存在统计学意义上的显著性差异。

②初中文化水平与小学文化水平、高中文化水平之间存在统计学意义上的显著性差异，初中文化水平与大学及以上文化水平之间不存在统计学意义上的显著性差异。

③高中文化水平与小学文化水平、初中文化水平之间存在统计学意义上的显著性差异，高中文化水平与大学及以上文化水平之间不存在统计学意义上的显著性差异。

④大学及以上文化水平与小学文化水平之间存在统计学意义上的显著性差异，大学及以上文化水平与初中文化水平、高中文化水平之间不存在统计学意义上的显著性差异。

（3）关于生涯控制

从具体分数表现看：

①小学文化水平分数显著低于高中文化水平、大学及以上文化水平、初中文化水平；②初中文化水平分数显著高于小学文化水平，且显著低于高中文化水平；③高中文化水平分数显著高于初中文化水平、小学文化水平；④大学及以上文化水平显著高于小学文化水平。

综上，结论是：

①小学文化水平与初中文化水平、高中文化水平、大学及以上文化水平之间都存在统计学意义上的显著性差异。

②初中文化水平与小学文化水平、高中文化水平之间存在统计学意义上的显著性差异，初中文化水平与大学及以上文化水平之间不存在统计学意义上的显著性差异。

③高中文化水平与小学文化水平、初中文化水平之间存在统计学意义上的显著性差异，高中文化水平与大学及以上文化水平之间不存在统计学意义上的显著性差异。

④大学及以上文化水平与小学文化水平之间存在统计学意义上的显著性差异，大学及以上文化水平与初中文化水平、高中文化水平之间不存在统计学意义上的显著性差异。

(4) 关于生涯好奇

从具体分数表现看：

①小学文化水平分数显著低于高中文化水平、大学及以上文化水平、初中文化水平；②初中文化水平分数显著高于小学文化水平，且显著低于高中文化水平；③高中文化水平分数显著高于初中文化水平、小学文化水平；④大学及以上文化水平显著高于小学文化水平。

综上，结论是：

①小学文化水平与初中文化水平、高中文化水平、大学及以上文化水平之间都存在统计学意义上的显著性差异。

②初中文化水平与小学文化水平、高中文化水平之间存在统计学意义上的显著性差异，初中文化水平与大学及以上文化水平之间不存在统计学意义上的显著性差异。

③高中文化水平与小学文化水平、初中文化水平之间存在统计学意义上的显著性差异，高中文化水平与大学及以上文化水平之间不存在统

计学意义上的显著性差异。

④大学及以上文化水平与小学文化水平之间存在统计学意义上的显著性差异，大学及以上文化水平与初中文化水平、高中文化水平之间不存在统计学意义上的显著性差异。

（5）关于生涯信心

从具体分数表现看：

①小学文化水平分数显著低于高中文化水平、大学及以上文化水平、初中文化水平；②初中文化水平分数显著高于小学文化水平，且显著低于高中文化水平；③高中文化水平分数显著高于初中文化水平、小学文化水平；④大学及以上文化水平显著高于小学文化水平。

综上，结论是：

①小学文化水平与初中文化水平、高中文化水平、大学及以上文化水平之间都存在统计学意义上的显著性差异。

②初中文化水平与小学文化水平、高中文化水平之间存在统计学意义上的显著性差异，初中文化水平与大学及以上文化水平之间不存在统计学意义上的显著性差异。

③高中文化水平与小学文化水平、初中文化水平之间存在统计学意义上的显著性差异，高中文化水平与大学及以上文化水平之间不存在统计学意义上的显著性差异。

④大学及以上文化水平与小学文化水平之间存在统计学意义上的显著性差异，大学及以上文化水平与初中文化水平、高中文化水平之间不存在统计学意义上的显著性差异。

原因分析：主要原因可归于父母一方如果只有小学文化水平，对孩子的生涯指导并不能产生较大的影响，因为自身文化水平限制，并没有重视影响孩子生涯发展的方法。所以生涯适应力、生涯关注、生涯控制、生涯好奇、生涯信心在父母一方最高文化水平中，小学文化水平得分显著低于高中文化水平、大学及以上文化水平、初中文化水平。而达到初中文化水平的父母相较于小学文化水平的父母有了一个层次的提高，但对于高中文化水平的父母还是有一定的差距，当父母文化水平达到高中文化水平、大学及以上文化水平，他自身可选择的工作相较于小学文化水平、初中文化水平来说会有更多，能够对不同工作有更多的了解和经验，所以对孩子的生涯发展教育也更加重视。所以生涯适应力、生涯关注、生涯控制、生涯好奇、生涯信心在父母一方最高文化水平中，初中文化水平得分显著低于高中文化得分。而达到大学文化水平的父母，可能对事业付出心血、时间会更多，对孩子的生涯教育虽然能有更好的方法，但由于花费时间的长短，起到的效果会和初中文化水平、高中文化水平的父母相差不多，所以生涯适应力、生涯关注、生涯控制、生涯好奇、生涯信心在父母一方最高文化水平中，大学及以上文化水平与高中文化水平、初中文化水平没有显著性差异。

第九节 山东新建地方本科高校大学生择业感受（焦虑）现状调查

择业感受（焦虑），是指个体（尤其是初次就业的大学生）在面临职业选择时产生的一种紧张、不安、强烈、持久的情绪体验，并引起相应的生理和行为改变。择业焦虑是一种状态性焦虑，随着择业、就业问题的凸显而逐步升高，随着该问题的解决，择业焦虑即会解除。因此可将择业焦虑作为一般性焦虑进行测量和研究。[①] 总的来说，择业焦虑就是即将步入社会的大学生由于对未来职业的不了解自己又无法应对而产生的恐惧心理，并由此产生的生理和行为反应。

通过对新建本科院校毕业生的择业焦虑问题进行调查研究，可以了解到引起他们择业焦虑的心理、家庭原因，有效地了解到影响择业焦虑的主要的影响因素，有利于明确对新建本科院校的学生的辅导方向，有利于丰富择业心理的研究体系，在分析择业焦虑成因的基础上提出预防和减轻择业焦虑情绪的对策，为大学生毕业求职的指导理论体系的完善提供新的理论依据。

本研究采用颜菁 2014 年在张玉柱、陈中永 2006 年编制的高校毕业生

---

① 耿刚:《农村大学生择业焦虑及影响因素研究》，硕士学位论文，华东师范大学，2011年。

择业焦虑问卷基础上修订的问卷。① 该问卷包含 26 个项目，量表采用 5 点计分法，其中"1"表示非常不符合，"2"表示比较不符合，"3"表示一般符合，"4"表示比较符合，"5"表示非常符合，该量表总得分越高，说明被试在择业上越焦虑，问卷的信度和效度均较好。

一 学校差异

图 4—9—1 表明，各院校在择业感受上的得分从高到低依次是泰山学院、德州学院、枣庄学院、潍坊学院、菏泽学院、滨州学院，分数最高的是泰山学院 2.990，分数最低的是滨州学院 2.684，由此可以看出泰山学院的被试在择业上比较焦虑，但并不能由此得出 6 个学院之间存在显著性差异，它们之间的差异可能是由误差导致的，需要进一步进行差异性检验。

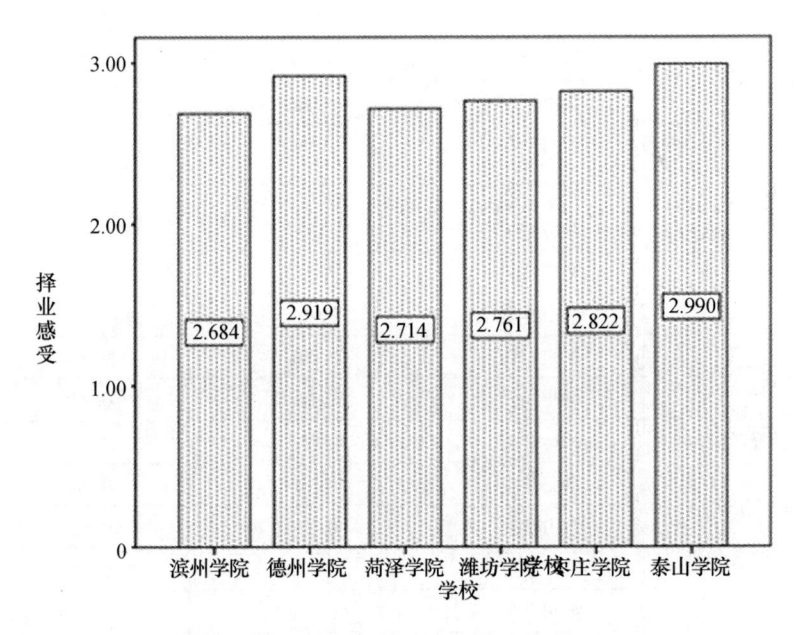

图 4—9—1　不同学校在择业感受上的情况分析

---

① 张玉柱、陈中永：《高校毕业生择业焦虑问卷的初步编制》，《中国心理卫生杂志》2006 年第 8 期。

表4—9—1　　　　　　不同学校影响择业感受的差异比较

项目	F
择业感受	9.744***

注：* 表示 $p<0.05$，** 表示 $p<0.01$，*** 表示 $p<0.001$，下同。

通过对各学校的被试的择业感受进行 F 检验，其中 $p<0.001$ 达到显著性水平，由表4—9—1可以得出各学院之间在择业感受上存在显著性差异。

表4—9—2　　　　　不同学校影响择业感受的均值差异比较（LSD）

（I）学校	（J）学校	均值差异（I-J）	标准误
滨州学院	德州学院	-0.235*	0.053
	菏泽学院	-0.301	0.054
	潍坊学院	-0.077	0.050
	枣庄学院	-0.138*	0.056
	泰山学院	-0.306*	0.056
德州学院	滨州学院	0.235*	0.053
	菏泽学院	0.204*	0.053
	潍坊学院	0.158*	0.048
	枣庄学院	0.097	0.054
	泰山学院	-0.072	0.054
菏泽学院	滨州学院	0.031	0.054
	德州学院	-0.204*	0.053
	潍坊学院	-0.047	0.050
	枣庄学院	-0.108	0.056
	泰山学院	-0.277*	0.056
潍坊学院	滨州学院	0.077	0.050
	德州学院	-0.158*	0.043
	菏泽学院	0.047	0.050
	枣庄学院	-0.061	0.051
	泰山学院	-0.230*	0.051

续表

（I）学校	（J）学校	均值差异（I-J）	标准误
枣庄学院	滨州学院	0.138*	0.056
	德州学院	-0.097	0.054
	菏泽学院	0.108	0.056
	潍坊学院	0.061	0.051
	泰山学院	-0.168*	0.057
泰山学院	滨州学院	0.306*	0.056
	德州学院	0.072	0.054
	菏泽学院	0.276*	0.056
	潍坊学院	0.230*	0.051
	枣庄学院	0.168*	0.057

通过分析表4—9—2，可以得出以下结论：

（1）滨州学院的被试与德州学院、枣庄学院、泰山学院的被试之间在择业感受上存在显著性差异，具体表现为滨州学院的被试的择业感受得分显著低于德州学院、枣庄学院、泰山学院的被试，滨州学院与菏泽学院、潍坊学院的被试之间不存在统计学意义上的显著差异。

（2）德州学院的被试与滨州学院、菏泽学院、潍坊学院的被试之间存在显著性差异，具体表现为德州学院的被试的择业感受得分显著高于滨州学院、菏泽学院、潍坊学院的被试，德州学院与枣庄学院、泰山学院的被试之间不存在统计学意义上的显著差异。

（3）菏泽学院的被试与德州学院、泰山学院的被试之间存在显著性差异，具体表现为菏泽学院的被试的择业感受得分显著低于德州学院、泰山学院，菏泽学院与滨州学院、潍坊学院、枣庄学院的被试之间不存在统计学意义上的显著差异。

（4）潍坊学院的被试与德州学院、泰山学院的被试之间存在显著性差异，具体表现为潍坊学院的被试的择业感受得分显著低于德州学院、泰山学院，潍坊学院与滨州学院、菏泽学院、枣庄学院的被试之间不存在统计学意义上的显著差异。

（5）枣庄学院的被试与滨州学院、泰山学院的被试之间存在显著性差异，具体表现为枣庄学院被试的择业感受得分显著高于滨州学院、低于泰山学院，枣庄学院与德州学院、菏泽学院、潍坊学院的被试之间不存在统计学意义上的显著差异。

（6）泰山学院的被试与滨州学院、菏泽学院、潍坊学院、枣庄学院的被试之间存在显著性差异，具体表现为泰山学院的被试在择业感受得分上显著高于滨州学院、菏泽学院、潍坊学院、枣庄学院，泰山学院与德州学院的被试之间不存在统计学意义上的显著差异。

二 年级差异

图4—9—2表明，各年级在择业感受上的得分从高到低依次是大三、大二、大四、大一，分数最高的是大三3.011，分数最低的是大一2.440，由此可以看出大三的被试在择业时比较焦虑，但并不能由此得出各年级之间存在显著性差异，它们之间的差异可能是由误差导致的，需要进一步进行差异性检验。

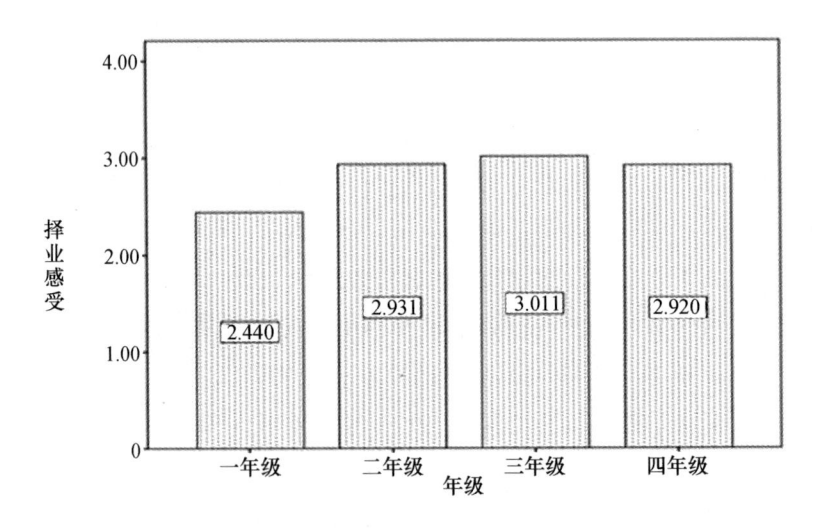

图4—9—2 不同年级在择业感受上的情况分析

表4—9—3　　　　　　　不同年级影响择业感受的差异比较

项　目	F
择业感受	50.160***

通过对不同年级的被试的择业感受进行 F 检验,其中 $p<0.001$ 达到显著性水平,由表4—9—3可知,不同年级之间在择业感受上存在显著性差异。进一步对不同年级学生的择业感受进行多重分析(LSD)。

表4—9—4　　不同年级之间学生对择业感受的均值差异比较(LSD)

(I) 年级	(J) 年级	均值差异(I-J)	标准误
一年级	二年级	-0.512*	0.042
	三年级	-0.577*	0.045
	四年级	-0.500*	0.050
二年级	一年级	0.512*	0.042
	三年级	-0.065	0.036
	四年级	0.012*	0.042
三年级	一年级	0.577*	0.045
	二年级	0.065	0.036
	四年级	0.077*	0.046
四年级	一年级	0.500*	0.050
	二年级	-0.012*	0.042
	三年级	-0.077*	0.046

通过分析表4—9—4,可以得出以下结论:

(1) 大一年级与大二、大三、大四年级存在显著差异,具体表现为大一的被试在择业感受的得分上显著低于大二、大三、大四年级的被试。

(2) 大二年级的被试与大一、大四年级存在显著性差异,具体表现为大二的被试在择业感受的得分上显著高于大一、大四的被试,大二的被试与大三的被试则不存在统计学意义上的显著差异。

(3) 大三年级的被试与大一、大四年级存在显著性差异,具体表现为大三的被试在择业感受的得分上显著高于大一、大四的被试,大三的被试与大二的被试则不存在统计学意义上的显著差异。

（4）大四年级的被试与大一、大二、大三年级均存在显著性差异，具体表现为大四年级的被试在择业感受上的得分显著高于大一年级的被试，同时显著低于大二、大三年级的被试。

原因分析：

（1）大一学生没有任何社会实践的经历和经验，对客观现实的认识还处在理想化的阶段，再加上大一的学生刚进入大学不久，认为自己离毕业还很远，对自己、对职业有一个比较好的预期，所以大一被试在择业感受上的得分最低，即大一的择业焦虑低于大二、大三、大四的被试。

（2）大三的被试处于一个中间地带，大学过半，他们开始反思自己，开始意识到自己并没有扎实的学科知识，临近毕业更自觉底气不足，对自己没有足够的自信，各方面都觉得不踏实，所以大三的被试在择业方面比大二较焦虑，相对于大四的来说，大三的被试没有太多的实践经验，在择业方面对于求职技巧了解得较少，所以大三的被试较大四的被试而言，在择业感受上得分高，较焦虑。

（3）大二的被试较大一的接触到更多的专业知识，进一步了解到自己专业的就业相关的知识，大致了解到自己专业在就业方面的竞争率，步入大学不久的他们在学习方面还处于不太认真的阶段，较经验比较丰富的大四学生来说，他们对于就业问题仍感到焦虑。[①]

三　性别差异

图4—9—3表示，男、女被试的择业感受的得分女生高于男生，这说明女生在择业时比男生更焦虑，但并不能由此得出是不同性别的被试之间存在显著性差异，它们之间的差异可能是由误差导致的，需要进一步进行差异性检验。

---

① 李桂芳：《新建本科院校毕业生自我概念与择业焦虑的相关研究》，硕士学位论文，西南大学，2008年。

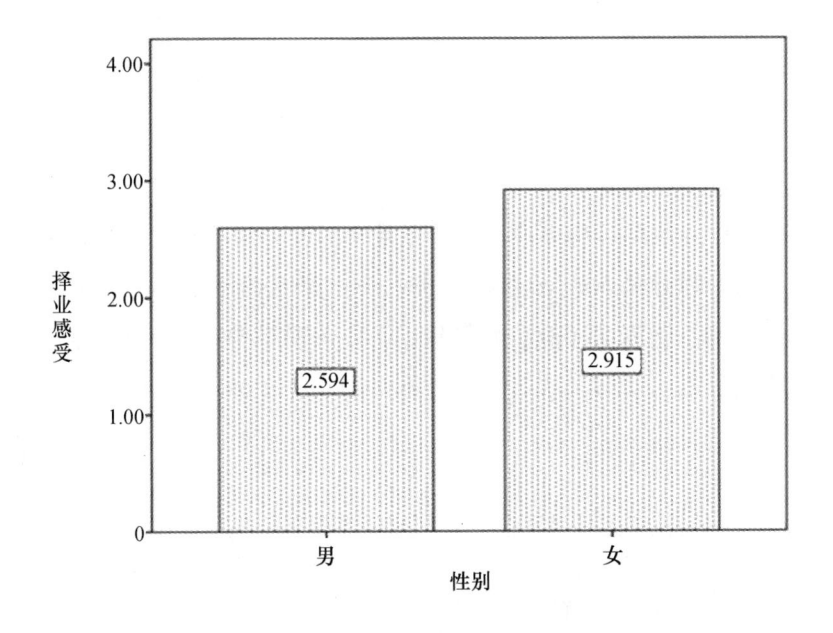

图 4—9—3 不同性别在择业感受上的情况分析

表 4—9—5　　　　　　不同性别大学生择业感受差异比较

项　目	t
择业感受	-8.818***

通过对不同性别的被试的择业感受进行 t 检验，结果发现男女差异达到显著性水平，女生得分显著高于男生。

原因分析：日益严峻的就业形势使得女生在择业时比较焦虑。[①] 社会潜在的性别歧视，部分岗位只招收男生，使得女生在求职时易紧张。在求职意向方面上，女生期望得到一份比较稳定的工作，而男生比较具有冒险精神，在求职意向上比较宽泛，不拘泥于稳定的工作，所以男性得到工作的几率大于女性。另外，女生在求职时对自己的外貌较为注重，在求职时容易害羞。而男生则比较大方，不太注重个人外貌，这一方面

---

① 李桂芳：《新建本科院校毕业生自我概念与择业焦虑的相关研究》，硕士学位论文，西南大学，2008 年。

也容易引起女生的焦虑感。所以，女性在择业感受得分较高，焦虑水平大于男性。

四 专业类别差异

图4—9—4表明，各专业在择业感受上的得分从高到低依次是理科、艺体、文科，得分最高的是理科2.932，分数最低的是文科类2.692，由此可以看出理科的被试在择业时易焦虑，但并不能由此得出各专业之间存在显著性差异，它们之间的差异可能是由误差导致的，需要进一步进行差异性检验。

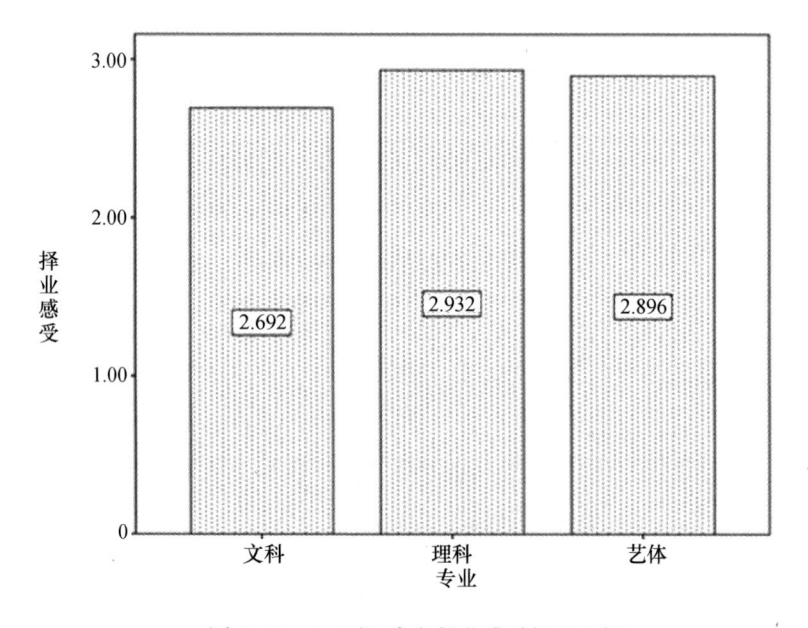

图4—9—4 不同专业择业感受情况分析

表4—9—6　　　　　不同专业影响择业感受的差异比较

项　目	F
择业感受	14.200 ***

通过对不同专业的被试的择业感受进行 F 检验，其中 $p<0.001$ 达到

显著性水平，由表4—9—6可以得出，不同专业之间在择业感受上存在显著性差异。

表4—9—7　不同专业之间学生对择业感受（焦虑）的均值差异比较（LSD）

（I）专业	（J）专业	均值差异（I-J）	标准误
文科	理科	-0.249*	0.033
	艺体	-0.209	0.045
理科	文科	0.249*	0.033
	艺体	0.040*	0.043
艺体	文科	0.209	0.045
	理科	-0.040*	0.043

通过分析表4—9—7，可以得出以下结论：

（1）文科与理科存在显著性差异，具体表现为文科的被试在择业感受的得分显著低于理科的被试，文科的被试与艺体的被试则不存在统计学意义上的显著差异。

（2）理科与文科、艺体类存在显著性差异，具体表现为理科的被试在择业感受上的得分显著高于文科和艺体类的被试。

（3）艺体类与理科存在显著性差异，具体表现为艺体类的被试在择业感受上的得分显著低于理科的被试，艺体类的被试与文科的被试则不存在统计学意义上的显著差异。

原因分析：

（1）"学好数理化，走遍天下都不怕"的传统观念仍然影响着社会的方方面面，再加上高校开设的理科类专业较多，导致选择理科的人数猛增，毕业人数增加，竞争压力变大，使得理科类的学生在求职时比较焦虑。另外，理科类专业的教学更加注重培养学生的专业技能，对一般能力（如人际交往能力、组织协调能力等）的教育培养相对欠缺。因而，理科类的学生在择业时焦虑程度比文科、艺体专业类别要高。

（2）随着现在影视业的发展以及艺体院校的扩招，艺体类相对于文科、理科类专业易考取大学，使得报考艺体类的学生呈现增高趋势，毕业生人数增加,择业竞争压力加大;再加上艺体类学生形象思维发达、易情绪化等个性特点较突出,很容易受到就业不良形势负面宣传的刺激和干扰,容易产生焦虑。文科类的学生在学习、工作时比较踏实、肯干,就业途径较多,所以文科类的学生的择业焦虑低于艺体类的学生。

五 是否班干部差异

从图4—9—5可以看出,是否班干部的被试在择业感受上的得分从高到低是非班干部被试和担任班干部的被试,分数高的是非班干部的被试2.933,分数低的是曾担任班干部的被试2.600,由此可以看出非班干部的被试在择业时易焦虑,但并不能由此得出是否为班干部的被试之间存在显著性差异,它们之间的差异可能是由误差导致的,需要进一步进行差异性检验。

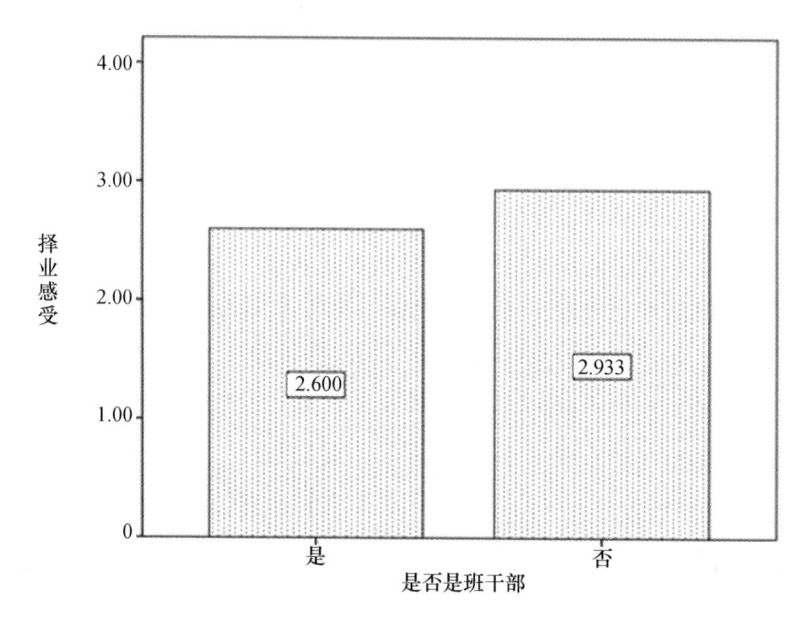

图4—9—5 是否班干部择业感受情况分析

表4—9—8 是否班干部影响择业感受的差异比较

项目	t
择业感受	-9.936^{***}

通过对是否为班干部的被试的择业感受进行 t 检验，其差异达到显著性水平，非班干部同学在择业感受上得分显著高于是班干部同学。

原因分析：班干部群体在大学时接触到更多的事物，在任职期间帮助老师处理过各类事件，在处理问题方面更加得心应手；有的人在学生会任干部，接触形形色色的人，在人际交往方面比较擅长；有的在校期间组织或参加过各种模拟的、真实的招聘会，他们熟知求职的各种技巧，所以这类人在求职时更易展现出自信的风采，同一水平的求职者，班干部群体往往在其中面试时占据优势地位。非班干部群体在校期间参加的各种活动相对少，对社会的了解以及求职技巧方面的知识相对欠缺，所以求职时更易产生焦虑心理。

六 家庭来源差异

图 4—9—6 表明，不同家庭来源的被试在择业感受上的得分从高到低依次是城镇、城市、农村，得分最高的是城镇 2.921，得分最低的是农村 2.762，由此可以看出城镇的被试在择业时易焦虑，但并不能由此得出不

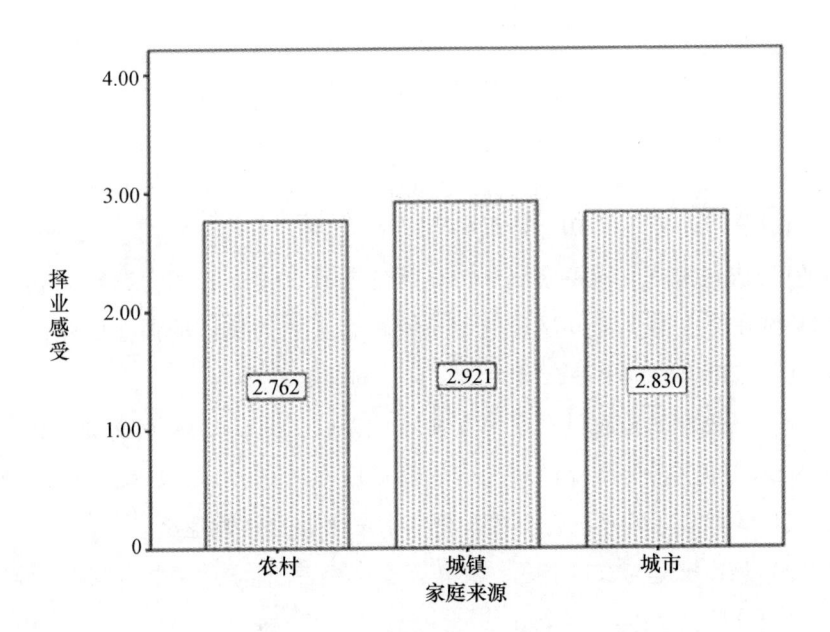

图 4—9—6 不同家庭来源学生择业感受情况分析

同家庭来源之间存在显著性差异，它们之间的差异可能是由误差导致的，需要进一步进行差异性检验。

表4—9—9　不同家庭来源影响择业感受的差异比较

项　目	F
择业感受	6.090***

通过对不同家庭来源的被试的择业感受进行 F 检验，其中 $p<0.001$ 达到显著性水平，由表4—9—9可以得出，不同家庭来源之间在择业感受上存在显著性差异。

表4—9—10　不同家庭来源影响择业感受的均值差异比较（LSD）

（I）家庭来源	（J）家庭来源	均值差异（I-J）	标准误
农村	城镇	-0.159*	0.037
	城市	-0.068	0.048
城镇	农村	0.159*	0.037
	城市	0.091	0.054
城市	农村	0.068	0.048
	城镇	-0.091	0.054

通过分析表4—9—10，可以得出以下结论：

（1）农村家庭与城镇家庭存在显著性差异，具体表现为农村家庭来源的被试在择业感受得分显著低于城镇家庭来源的被试的择业感受，农村家庭与城市家庭则不存在统计学意义上的显著差异。

（2）城镇家庭与农村家庭存在显著性差异，具体表现为城镇家庭来源的被试的择业感受得分显著高于农村家庭来源的被试，城镇家庭来源的被试与城市家庭的被试则不存在统计学意义上的显著差异。

（3）城市家庭与农村家庭、城镇家庭不存在统计学意义上的显著差异。

原因分析：

（1）城镇家庭来源的被试处于城市和农村的中间地带，他们对择业方面有一部分的感知力，但是又不如城市家庭的被试，他们急于通过各种方式来证明自己，想要跻身于更大的城市之中，他们对自己将来的工作期望过高，担心工作环境和福利待遇不好，找到的工作发展前景不好，担心工作枯燥乏味，等等。这样就导致他们在择业时急于求成，比较焦虑，所以城镇家庭来源的被试较城市、农村家庭来源的被试来说更加焦虑。

（2）城市家庭来源的被试父母一般情况下的文化水平相对较高，对自己的孩子也就有着较高的要求，他们会极力为孩子提供最好的环境和资源，供孩子学习和成长，让他们没有后顾之忧，所以城市家庭来源的被试在就业时一般会有更高的追求，希望能够进入自己心目中理想的单位。他们对自己有较高的期望，所以他们在择业时难免会挑挑拣拣，这样也会导致他们产生焦虑心理。而农村来源的被试则易满足，更加积极向上，在求职时容易得到面试官的青睐。所以城市家庭来源的被试在择业上比农村家庭来源的被试焦虑。

七　家庭完整状况差异

图4—9—7表明，不同家庭状况的被试在择业感受上的得分从高到低依次是寄养、离异再组合、单亲、健全家庭，得分最高的是寄养家庭中成长的被试3.162，得分最低的是健全家庭中成长的被试2.773，由此可以看出寄养家庭下成长的被试在择业时易焦虑，但并不能由此得出不同家庭状况在择业感受上存在显著性差异，它们之间的差异可能是由误差导致的，需要进一步进行差异性检验。

表4—9—11　　　　不同家庭完整状况影响择业感受的差异比较

项　目	F
择业感受	9.767***

通过对不同家庭状况下的被试的择业感受进行 F 检验，其中 $p <$ 0.001达到显著性水平，由表4—9—11可以得出，不同家庭状况之间在

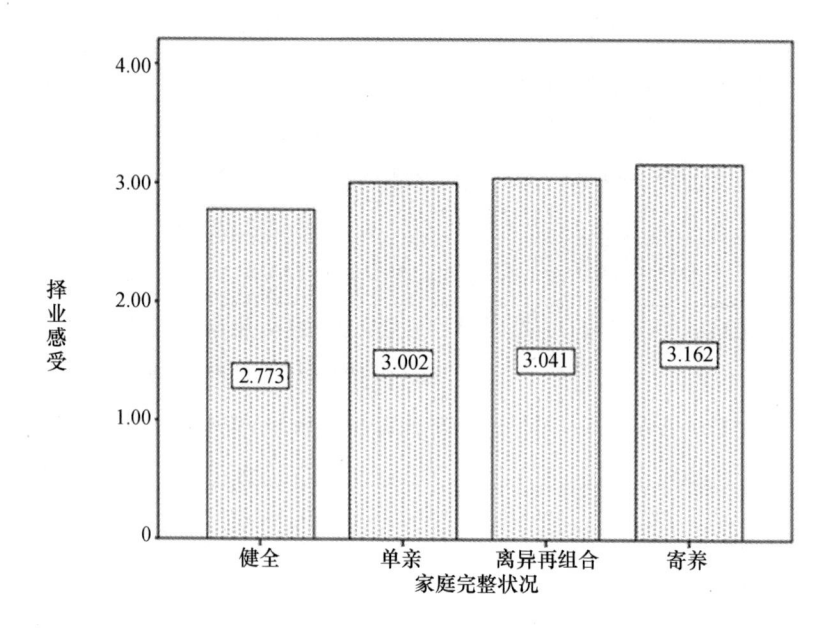

图4—9—7 不同家庭完整状况学生择业感受情况分析

择业感受上存在显著性差异。

表4—9—12　　不同家庭完整状况影响择业感受的均值差异比较（LSD）

（I）家庭完整状况	（J）家庭完整状况	均值差异（I-J）	标准误
健全	单亲	-0.230*	0.052
	离异再组合	-0.269*	0.080
	寄养	-0.389*	0.150
单亲	健全	0.230*	0.052
	离异再组合	-0.039	0.092
	寄养	-0.160	0.157
离异再组合	健全	0.269*	0.080
	单亲	0.039	0.093
	寄养	-0.121	0.168
寄养	健全	0.389*	0.150
	单亲	0.160	0.157
	离异再组合	0.121	0.168

通过分析表4—9—12，可以得出以下结论：

（1）在健全家庭成长的被试与在单亲、离异再组合、寄养家庭成长的被试在择业感受之间存在显著性差异。具体表现为在健全家庭成长的被试的择业感受得分显著低于在单亲、离异再组合、寄养家庭成长的被试的择业感受。

（2）在单亲家庭成长的被试与在健全家庭成长的被试在择业感受上存在显著性差异，具体表现为在单亲家庭成长的被试择业感受得分显著高于在健全家庭成长的被试，在单亲家庭下成长的被试与在离异再组合、寄养家庭下成长的被试在择业感受上则不存在统计学意义上的显著差异。

（3）在离异再组合家庭成长的被试的择业感受与在健全家庭成长的被试在择业感受上存在显著性差异，具体表现为在离异再组合家庭成长的被试的择业感受得分显著高于在健全家庭成长的被试，在离异再组合家庭成长的被试与在单亲、寄养家庭成长的被试在择业感受上则不存在统计学意义上的显著差异。

（4）在寄养家庭成长的被试与在健全家庭成长的被试在择业感受上存在显著性差异，具体表现为在寄养家庭成长的被试的择业感受得分显著高于在健全家庭成长的被试，在寄养家庭成长的被试与在单亲、离异再组合家庭成长的被试在择业感受上则不存在统计学意义上的显著差异。

原因分析：

（1）如果一个人从小就受到好的家庭氛围的熏陶，那么他可能会更加自信，良好的家庭氛围会帮助他们掌握更多、更全面的知识，培养出健全的人格，所以在日后的职场生活中会更加得心应手，表现得更加自信，所以在健全家庭下成长的被试在择业感受上的得分较低，即他们在择业时的焦虑感较在寄养、离异再组合、单亲家庭成长的被试低。

（2）寄养家庭成长的被试由祖辈或父母的亲朋好友抚养长大，这样环境下成长的被试无论是在金钱上还是在关爱上都得不到太多的满足，由于家庭环境和生活背景的影响，他们在面对求职时会表现得更拘谨，技巧上稍显生硬，因而容易丧失一些重要的机会，导致择业失败，产生焦虑情绪。同时他们还缺乏客观的期望和评价，把握机遇的能力也较差。因此他们在择业时比较易焦虑，相对于单亲和离异再组合家庭环境成长的被试,他们缺少父母的关爱,更易产生焦虑心理。

(3) 由于单亲家庭成长的被试长期与父母一方生活在一起,他们与抚养者的关系比较融洽,抚养者也会花费更多的时间与精力抚养他们,以让他们养成良好的行为习惯,离异再组合家庭成长的被试,其抚养者往往会把爱分享给其他的家人,让被试觉得自己不被疼爱,容易养成偏激的性格,所以他们在求职时容易碰壁,易产生焦虑心理。所以离异再组合家庭成长的被试较单亲家庭的被试易焦虑。

八 父母一方最高文化水平的差异

图4—9—8结果表明,不同父母一方最高文化水平的被试在择业感受上的得分从高到低依次是初中、大学及以上、高中、小学,得分最高的是父母文化水平是初中的被试2.938,得分最低的是父母文化水平是小学的被试2.356,由此可以看出父母一方最高文化水平是初中的被试在择业时易焦虑,但并不能由此得出父母不同文化水平的被试之间存在显著性差异,它们之间的差异可能是由误差导致的,需要进一步进行差异性检验。

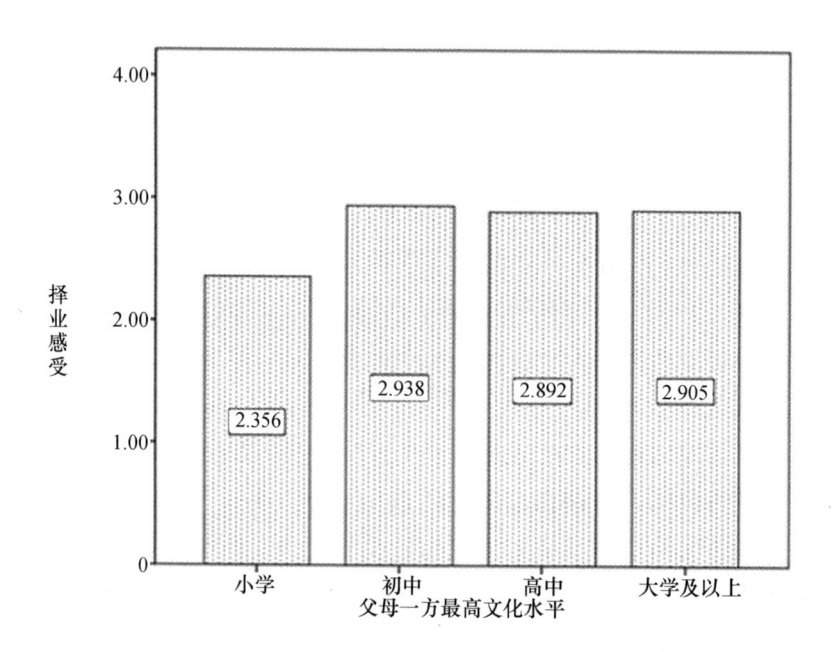

图4—9—8 不同父母一方最高文化水平学生择业感受情况分析

表4—9—13　父母一方最高文化水平影响择业感受的差异比较

项　目	F
择业感受	58.181***

通过对父母一方最高文化水平的被试的择业感受进行 F 检验，其中 $p<0.001$ 达到显著性水平，由表4—9—13得知，父母一方最高文化水平的被试在择业感受上存在显著性差异。

表4—9—14　父母一方最高文化水平影响择业感受的均值差异比较

事后检验	（I）父母一方最高文化水平	（J）父母一方最高文化水平	均值差异（I-J）	标准误
LSD	小学	初中	-0.583*	0.041
		高中	-0.537*	0.044
		大学及以上	-0.549*	0.058
	初中	小学	0.583*	0.041
		高中	0.046	0.036
		大学及以上	0.034	0.052
	高中	小学	0.538*	0.044
		初中	-0.046	0.036
		大学及以上	-0.013	0.055
	大学及以上	小学	0.549*	0.051
		初中	-0.034	0.052
		高中	0.013	0.055

通过分析表4—9—14，可以得出以下结论：

（1）父母一方最高文化水平是小学的被试的择业感受与父母一方最高文化水平是初中、高中、大学及以上的被试的择业感受存在显著性差异。具体表现为父母文化水平是小学的被试的择业感受得分显著低于父母文化水平是初中、高中、大学及以上的被试的择业感受。

（2）父母一方最高文化水平是初中的被试与父母一方最高文化水平是小学的被试之间存在显著性差异，具体表现为父母文化水平是初中的被试的择业感受得分显著高于父母文化水平是小学的被试的择业感受，父母文化水平是初中的择业感受的被试与父母一方最高文化水平是高中、大学及以上的被试则不存在统计学意义上的显著差异。

（3）父母一方最高文化水平是高中的被试与父母一方最高文化水平是小学的被试存在显著性差异，具体表现为父母文化水平是高中的被试的择业感受得分显著高于父母文化水平是小学的被试的择业感受，父母文化水平是高中的被试的择业感受与父母一方最高文化水平是初中以及大学以上的被试之间则不存在统计学意义上的显著差异。

（4）父母一方最高文化水平是大学及以上的被试与父母文化水平是小学的被试之间存在显著性差异，具体表现为父母文化水平为大学及以上的被试的择业感受得分显著高于父母文化水平为小学的被试的择业感受，父母一方文化水平为大学及以上的被试的择业感受与父母一方最高文化水平是初中、高中的被试之间则不存在统计学意义上的显著差异。

原因分析：

（1）由于父母文化水平是初中的被试，其父母对其要求比较高，又加上他们缺乏社会经验，难以应付社会上种种复杂的局面，他们的知识技能不足以承担重任，经济基础不能负担日益增长的生活物质需求，他们缺乏客观的期望和评价，把握机遇的能力也较差。在求职时比较期望选择高收入的工作，在严酷的竞争压力、经济压力下和初战受挫的经历中，他们往往易产生焦虑心理，所以父母文化水平是初中的被试的择业感受得分高于父母文化水平是大学及以上、高中、小学的被试。

（2）父母文化水平是小学的被试，其父母对于被试的现状较满意，不会给予被试更大的压力，并且由于父母受到认知局限的限制，更倾向于让被试自由发展；同时，父母文化水平是小学的被试，一般在学习时比较努力，在大学中也会找各种兼职，丰富自己的阅历，因为他们经常经历各种兼职，熟知各种求职技巧，所以这导致他们在择业感受方面的得分比父母文化水平是大学及以上、高中的被试低。

（3）父母文化水平是大学及以上的被试，在日常生活中接触过各种资源，父母对其的要求比较高，父母期望他们能够获得更好的工作，他们也想用较好的职业证明自己,所以他们的择业焦虑仅次于父母文化水平是初中的被试;而父母文化水平是高中的被试,其父母要求相对较低,所以他们在择业感受上的得分低于父母文化水平是大学及以上的被试。

主要参考文献

著作部分

史秋衡、汪雅霜：《大学生学习情况调查研究》，教育科学出版社2015年版。

徐延宇：《云南省中小学生学习动机的调查研究》，云南大学出版社2018年版。

梁成艾：《教育"9＋3"计划背景下中职生学习动机与质量研究》，西南交通大学出版社2016年版。

王林发：《学习动机的激发与培养》，教育科学出版社2013年版。

詹逸思：《工科生学习动机研究》，社会科学文献出版社2019年版。

苗玉青：《大学生学习与创新研究》，江西人民出版社2017年版。

陶国富、王祥兴主编：《新世纪大学生心理研究：大学生学习心理》，华东理工大学出版社2003年版。

原一川：《汉语国际教育学习与教学动机和策略研究》，云南大学出版社2015年版。

葛明贵：《大学生学习心理研究》，合肥工业大学出版社2010年版。

张志红主编：《大学生学习风格与学习指导》，国际文化出版公司2009年版。

刘佳主编：《大学生心灵成长课堂》，陕西师范大学出版社2013年版。

严明主编：《英语学习策略理论研究》，吉林出版社2009年版。

文秋芳主编：《英语学习策略实证研究》，陕西师范大学出版社2003年版。

李洁：《大学生人生态度现状与转化研究》，上海人民出版社 2015 年版。

［美］约翰·N. 加德钠（John N. Gardner）、［美］A. 杰罗姆·朱厄尔（A. Jerome Jewler）：《大学生学习 & 生活全攻略》，黄义军译，首都师范大学出版社 2005 年版。

郭培良等主编：《成长 成才 成功 大学生学习生活指南》，山东大学出版社 2004 年版。

张宏如：《大学生心理学》，企业管理出版社 2006 年版。

柯江林：《大学生心理资本研究》，知识产权出版社 2015 年版。

李进宏主编：《当代大学生心理解读》，武汉理工大学出版社 2003 年版。

刘建新编著：《大学生常见心理问题及疏导》，暨南大学出版社 2005 年版。

欧阳光磊主编：《大学生发展导航》，华中师范大学出版社 2010 年版。

汪雅霜：《基于 IEO 模型的大学生学习投入度研究》，南京大学出版社 2018 年版。

上海师范大学高等教育研究所项目组编著：《大学生学习性投入的理论与实践》，上海教育出版社 2015 年版。

李敏：《学习要懂心理学》，天津科技出版社 2009 年版。

郭本禹、姜飞月：《自我效能理论及其应用》，上海教育出版社 2008 年版。

边玉芳：《学习的自我效能》，浙江教育出版社 2004 年版。

耿彦君、张振平：《大学生就业心理指导》，河北教育出版社 2012 年版。

萧枫、姜忠喆主编：《看透学生的心理》，吉林出版社 2012 年版。

应力、岳晓东：《心理化教育七日谈》，同济大学出版社 2011 年版。

张大均：《当代中国青少年心理问题及教育对策》，四川教育出版社 2010 年版。

山东师范大学研究生学院编：《建构与探索 山东师范大学教育硕士专业学位论文选粹》（上篇），山东人民出版社 2007 年版。

山东师范大学研究生学院编：《建构与探索 山东师范大学教育硕士专业学位论文选粹》（中篇），山东人民出版社 2007 年版。

山东师范大学研究生学院编：《建构与探索 山东师范大学教育硕士专业学

位论文选粹》（下篇），山东人民出版社 2007 年版。

赵慧杰：《我国社会转型背景下大学师生交往比较研究》，北京交通大学出版社 2016 年版。

李洁：《大学生人生态度现状与转化研究》，上海人民出版社 2015 年版。

中国青少年研究中心、中国青少年发展基金会编：《新学子—当代大学生研究报告》，文心出版社 2002 年版。

高湘萍、崔丽莹：《当代大学生人际关系行为模式研究》，上海社会科学院出版社 2008 年版。

黄希庭主编：《大学生心理健康教育》，华东师范大学出版社 2004 年版。

张妍、黄素蓉、赵琴琴：《大学生情感心理的实证研究》，华中科技大学出版社 2017 年版。

童西荣主编：《菁菁华政—大学生情感与生活》，上海三联书店 2002 年版。

张玉茹：《情感与人际——与当代大学生的心灵对话》，浙江科学技术出版社 2011 年版。

陈昌霞：《大学生情感规划与性健康教育》，清华大学出版社 2018 年版。

论文部分：

董薇：《大学生学习动机现状调查及其动机激发策略》，《山西青年》2019 年第 10 期。

卫鹏：《大学生学习动机现状及原因分析》，《现代交际》2016 年第 12 期。

陈为宝：《当代大学生学习动机现状与原因探究》，《教育》2016 年第 7 期。

王小娇：《大学生学习动机现状研究》，《现代交际》2013 年第 6 期。

张涵佩、王清漩：《大学生学习动机现状的调查研究》，《中学生导报（教学研究）》2014 年第 26 期。

肖海鸥、龙慧：《大学生学习动机现状与原因分析》，《教育教学论坛》2014 年第 53 期。

张倩：《大学生的学习动机现状及教育对策》，《知识文库》2014 年第

9期。

刘垣杉:《音乐专业大学生学习动机现状研究》,《四川戏剧》2014年第5期。

牛婷婷:《论当代大学生学习动机现状及学习动机的激发和培养》,《青年文学家》2015年第11期。

王欣丛:《独立学院大学生学习动机现状调查与对策研究》,《新课程研究》(中旬)2015年第10期。

江婕、况扬:《大学生学习动机现状和激发策略的研究》,《科教导刊》2012年第31期。

高光珍、贾天俊:《大学生学习动机现状调查》,《唐山师范学院学报》2011年第5期。

丁红燕、王佳权:《大学生学习动机现状研究》,《江西青年职业学院学报》2010年第1期。

徐学智、罗建国:《大学生学习动机的现状及对策》,《教书育人》2009年第4期。

俞旭东、费江波:《大学生学习策略现状问卷调查报告》,《读书文摘》2015年第16期。

马喜亭、杜智敏、冯立光:《大学生学习策略的现状分析与建议》,《北京航空航天大学学报》(社会科学版)1999年第12期。

马丁、郑兰琴:《大学生学习策略现状及学习方法培养策略研究》,《中国电化教育杂志》2008年第7期。

解永菲:《大学生学习拖延状况调查研究——以山西省某高校为例》,《教育教学论坛》2015年第4期。

张玉妹:《大学生学习拖延状况及其干预——以广东海洋大学为例》,《广东海洋大学学报》2013年第2期。

王艳丽、陈跃、范锐:《大学生学习投入对满意度影响的实证研究》,《社科纵横》2016年第4期。

沈正舜、朱财、骆仁林:《大学生学习动机对学业拖延影响的实证研究》,《管理观察》2016年第10期。

韩宝平:《大学生学习投入影响因素分析》,《国家教育行政学院学报》

2014 年第 8 期。

李灿、胡浪、雷子欣：《地方院校大学生学习投入的影响因素研究》，《高等理科教育》2015 年第 6 期。

杨立军、张薇：《大学生学习投入的影响因素及其作用机制》，《高教发展与评估》2016 第 32 期。

肖志玲：《大学生学业自我效能与成就动机的关系》，《湖北工业大学学报》2003 年第 4 期。

王斌：《高校大学生学习投入度对学习成就的影响研究》，《青年与社会》2018 年第 30 期。

程族桁、李功平：《大学生时间管理倾向与学业自我效能实证研究：以有效教育模式为中心》，《黑龙江高教研究》2014 年第 10 期。

陈向丽：《大学生成就目标、学业自我效能与学业作弊关系研究》，《中国临床心理学杂志》2009 年第 2 期。

杨坡：《大学生情感教育存在的问题与对策研究》，《才智》2018 年第 9 期。

王娟、张玮平、靳博：《论大学生的社会交往》，《长春理工大学学报》（高教版）2009 年第 7 期。

李斌：《拓展训练对大学生社会交往影响的实验研究》，《教育与职业》2013 年第 12 期。

王佳欣：《大学生社会交往策略的探究》，《教育理论与实践》2007 年第 2 期。

李笑燃、姜永志、刘勇、阿拉坦巴根、李敏、刘桂芹：《大学生社会交往困扰与手机移动网络过度使用的关系》，《中国健康教育》2017 年第 33 期。

吴应荣、卢淋淋、单颖：《当代大学生情感智力状况调查与分析》，《校园心理》2017 年第 15 期。

胡晓红：《大学生生涯适应力现状调查及提升路径探析》，《陕西教育》（高教）2019 年第 2 期。

韩燕霞、陈雅彬：《大学生生涯适应力和专业认同度关系研究》，《河北农业大学学报》（农林教育版）2017 年第 4 期。

傅文第、华欣：《大学生生涯适应力调查与对策研究》，《学理论》2015年第30期。

石静、刘志财：《当前大学生择业观调查分析》，《法制与社会》2016年第4期。

许家烨：《大学生择业观与就业意愿调查分析》，《大学生心理健康》2017年第2期。

朱婷：《论宁波大学生情感素质现状和培养途径》，《青年时代》2019年第8期。

后　　记

　　《地方新建本科高校大学生学习与发展研究报告》一书即将出版。该书是 2015 年度山东省高等学校本科教学改革重点研究项目"基于动机需求的大学生学习指导改革实验研究"（项目编号：2015Z092）的结题成果。从项目立项开始研究，到项目结题验收、鉴定，再到联系出版社正式出版，整整用了 4 年的时间。

　　4 年前，项目立项的初衷是基于"现在的大学生都怎么了"的疑问开始的。当时，作为即将从教 30 年的一名教育学专任教师，看到我们的课堂没有生机、没有活力，每次用心的课堂设计基本上都是在"曲高和寡"的状况下结束的。有的课堂即便"到课率"较高，但"抬头率"却不高，偶尔的情况下"抬头率"较高，却不能持久。学者无意，甚至麻木；教者无趣，感觉无奈。"现在的学生到底怎么了""我们的课程、课堂真的做到了'曲高'了吗"……一串串的疑问，引起了我们的深思。解决问题的唯一办法就是要真实、客观了解教育对象的学习与发展、思想与生活等诸方面的现状，找出存在的问题与症结，才有可能有针对性的施教，从而做到药到病除。

　　特别幸运的是，我们的项目得以成功立项，并确定为"重点项目"，获得了山东省教育厅有史以来教学改革研究项目最高资助经费 10 万元。足以看出，国家、省教育行政部门对项目研究的重视程度，以及研究的紧迫性。对此，我们既兴奋，又忐忑。无以回报，只能竭尽全力开展研究，以期取得有价值的成果，为学校以及高等教育的发展做出应有的贡献。

在本书出版之际，谨向山东省教育厅、潍坊学院诸位领导和专家、潍坊学院"大学学习与发展"研究团队的诸位成员以及项目研究合作高校诸位领导和专家，对课题研究的大力支持和帮助表示衷心的感谢。潍坊学院的王玲、王金素、王元元等老师全程参加了问卷的设计与编制、数据的统计与分析、书稿的修改和完善等工作，2015 级应用心理学专业的丁天娇、张永芳、单法强、王明月、蒋艳萍、陈丽菁、林秋贤、窦文慧、李佳林、吴红霞共 10 位同学参与了数据的统计与分析以及调查报告初稿的撰写等任务，还有泰山学院的李芳、滨州学院的张道祥、枣庄学院的孙守超、菏泽学院的李民、德州学院的张秀琴等诸位专家与同人对调查工作给予了极大支持和帮助。在此，对以上诸位的支持与帮助、辛苦与辛劳再次表示由衷的感激与感谢。特别要指出的是，中国社会科学出版社的孔继萍老师，为该书的出版克服了不少困难，付出了不少的心血，并给予了诸多精准的建议和指导，更增加了我们团队的信心和力量。

今年，适逢祖国 70 周岁华诞、个人毕业从教 30 周年纪念日，我想把此书献给祖国 70 周岁华诞、个人毕业从教 30 周年纪念日的礼物；同时，还要献给我们亲爱的、荣辱与共的家人们，是他们的支持、帮助和奉献，给了我们不断努力的信心和奋勇向前的勇气。

在编写本书的过程中，我们借鉴和引用了不少专家学者精彩的观点和新颖的理念，在此一并表示感谢。同时，在编写过程中，由于研究时间较短，每个人的理解和能力所限，对诸多问题的看法难免有不当之处，敬请同行与学者不吝赐教！

魏晨明

2019 年 10 月 4 日于鸢都